都市ガスコージェネレーションの
計画・設計と運用

公益社団法人　空気調和・衛生工学会

発 刊 の 辞

　空気調和・衛生工学会では，コージェネレーションが日本で拡大しはじめて間もない1992年に"コージェネレーションシステム設計法に関する研究委員会"を設置し，その検討結果をとりまとめ，1994年6月に"都市ガスによるコージェネレーションシステム 計画・設計と評価"を出版した．当図書は，当時十分認知されていなかったコージェネレーションを建築設備関係者が理解するために大きく貢献した．

　その後，建築設備機器や技術は進化し，あるいは設計にかかわる基本データの整備が進んだ．また，日本のエネルギーの状況も大きく変化した．1990年代初頭までのエネルギー政策は，石油依存度低減および資源枯渇への対応を主な目的としたものであったが，その後，地球温暖化対策が大きな課題となり，温暖化対策としての省エネルギー規制の強化，新エネルギーの普及促進が進められた．

　さらに，2011年の東日本大震災とその後の電力需給ひっ迫は，日本国民のエネルギーに対する意識を大きく変化させ，エネルギーの安定供給があらためて重視されることとなった．政府は原子力発電の依存度低減を目指すこととなり，エネルギー，特に電力の確保があらためて長期的な課題となった．一方，米国におけるシェールガス革命により天然ガスの供給構造が世界レベルで変化している．日本国内においては電気事業制度の大幅な改変も進められている．まさに，エネルギー需給のパラダイムシフトが起こっている．

　このような状況の中，コージェネレーションについてもあらためて情報発信を行うべく，2013年，当学会に"新時代のコージェネレーションシステム設計法に関する研究会"を設置し，その検討結果をとりまとめ，本書"都市ガスコージェネレーションの計画・設計と運用"として発行することとした．

　本書は，1994年出版図書の改訂版としての位置づけもあるが，建築設備業務に携わる方々が，コージェネレーションの計画・設計を行うにあたり，実務的かつ段階的に知見が得られるように，構成を大きく変更し，新刊図書として発行することとした．第1章で基礎的な解説を行った後，第2章では導入の可否を判断するための情報および施設計画に必要な情報，第3章では実際の導入の設計に必要な情報，第4章では設置後に対する配慮を行うために運用段階で必要な情報を解説した．技術的な詳細情報および政策的位置づけについては，必要に応じて確認できるよう後半に配置した．

　また，可能なかぎり平易に解説しており，実務者のみならず学生の方々にも活用していただけるものと期待している．

　本書がより多くの方の手元に置かれ，設計資料として活用されれば幸いである．

2015年3月

新時代のコージェネレーションシステム設計法に関する研究会
委員長　川瀬　貴晴

目　　次

第1章　コージェネレーションの基礎

1.1　コージェネレーションの概要 ………………………………………………………… 2
　1.1.1　コージェネレーションとは ………………………………………………………… 2
　1.1.2　コージェネレーションの構成 ……………………………………………………… 3
　1.1.3　都市ガスとコージェネレーション ………………………………………………… 3
　1.1.4　コージェネレーションの効用 ……………………………………………………… 4
　1.1.5　国などの普及促進策 ………………………………………………………………… 8
1.2　コージェネレーションの種類と特徴 ………………………………………………… 9
　1.2.1　発電方式による分類と特徴 ………………………………………………………… 9
　1.2.2　排熱回収方式による分類と特徴 …………………………………………………… 11
　1.2.3　都市ガスコージェネレーションの概略仕様 ……………………………………… 14
　1.2.4　排熱利用機器の種類と特徴 ………………………………………………………… 15
　参　考　資　料 …………………………………………………………………………… 16
1.3　施設用途とコージェネレーション …………………………………………………… 17
　1.3.1　施設用途からみたコージェネレーションの活用 ………………………………… 17
　1.3.2　熱利用からみた導入形態 …………………………………………………………… 18
　1.3.3　電力利用からみた導入形態 ………………………………………………………… 22

第2章　コージェネレーションの導入計画

2.1　計画の進め方 …………………………………………………………………………… 26
2.2　導入対象の条件設定 …………………………………………………………………… 27
　2.2.1　建物条件と需要特性 ………………………………………………………………… 27
　2.2.2　電気・熱需要の想定 ………………………………………………………………… 27
　参　考　資　料 …………………………………………………………………………… 35
2.3　エネルギーシステムの計画 …………………………………………………………… 36
　2.3.1　電気システムの計画 ………………………………………………………………… 36
　2.3.2　運　転　形　態 ……………………………………………………………………… 39
　2.3.3　発電設備の計画 ……………………………………………………………………… 40
　2.3.4　熱システムの計画 …………………………………………………………………… 42
　2.3.5　主な建物用途での配慮事項 ………………………………………………………… 43
2.4　導入効果の評価の考え方 ……………………………………………………………… 45
　2.4.1　比較対象の考え方 …………………………………………………………………… 45
　2.4.2　評価範囲の設定 ……………………………………………………………………… 46

目　　次

- 2.5　経済性の評価 … 48
  - 2.5.1　設備費の計算 … 48
  - 2.5.2　エネルギー料金 … 49
  - 2.5.3　メンテナンス料金 … 49
  - 2.5.4　経済性評価方法 … 50
- 2.6　省エネルギー性の評価 … 52
  - 2.6.1　コージェネレーションの機器効率と省エネルギー性評価 … 52
  - 2.6.2　燃料の発熱量と高位発熱量基準（HHV）・低位発熱量基準（LHV） … 53
  - 2.6.3　電気の一次エネルギー換算値 … 54
  - 2.6.4　コージェネレーションのエネルギー性能指標 … 55
  - 2.6.5　コージェネレーションの電気・熱のエネルギー換算値 … 56
  - 参 考 資 料 … 57
- 2.7　環境性（CO_2 排出）の評価 … 59
  - 2.7.1　コージェネレーションの環境性評価の注意点 … 59
  - 2.7.2　比較評価に用いる系統電力の CO_2 排出係数 … 60
  - 2.7.3　都市ガスなどの燃料の CO_2 排出係数 … 60
  - 2.7.4　コージェネレーションの発電電力・排熱を外部へ供給する場合の CO_2 排出係数 … 61
  - 参 考 資 料 … 62
- 2.8　電力需要平準化の評価 … 63
  - 2.8.1　電力需要平準化の意義 … 63
  - 2.8.2　電力需要平準化の評価指標 … 63
  - 参 考 資 料 … 65
- 2.9　コージェネレーション導入効果のエネルギーシミュレーション … 66
  - 2.9.1　エネルギーシミュレーションの考え方 … 66
  - 2.9.2　エネルギーシミュレーションによる評価 … 67
- 2.10　エネルギーサービス手法での導入 … 68
  - 2.10.1　ＥＳＣＯ事業 … 68
  - 2.10.2　ＥＳＰ方式 … 69
- 2.11　ＢＣＰ対応 … 70
- 2.12　ノンエナジーベネフィット … 71
  - 2.12.1　ノンエナジーベネフィットの評価項目と評価方法 … 71
  - 2.12.2　容積率の緩和 … 74
  - 参 考 資 料 … 74
- 2.13　燃料供給設備 … 75
  - 2.13.1　都市ガス供給について … 75
  - 2.13.2　中圧供給都市ガス設備について … 76
  - 2.13.3　常用防災兼用発電設備とガス発電設備用ガス供給系統 … 76
- 2.14　導入スケジュール … 77
  - 2.14.1　事業性検討段階 … 77
  - 2.14.2　基本設計段階 … 77
  - 2.14.3　詳細設計段階 … 77

2.14.4 現地工事～竣工 ………………………………………………………………… 77
2.15 既存建物への導入計画 …………………………………………………………… 80
  2.15.1 既存建物への新規導入検討 …………………………………………………… 80
  2.15.2 コージェネレーションのリプレース検討 …………………………………… 81

第3章 コージェネレーションの実施設計

3.1 実施設計にあたっての留意点 …………………………………………………… 84
  3.1.1 計画段階での条件の確認 ……………………………………………………… 84
  3.1.2 実施設計時の確認事項 ………………………………………………………… 85
  3.1.3 評 価 確 認 …………………………………………………………………… 85
3.2 電気システム ……………………………………………………………………… 86
  3.2.1 設計条件の設定 ………………………………………………………………… 86
  3.2.2 受電システム設計 ……………………………………………………………… 86
  3.2.3 配電システム設計 ……………………………………………………………… 89
  3.2.4 その他の留意事項 ……………………………………………………………… 90
  参 考 資 料 ……………………………………………………………………………… 92
3.3 機械システム ……………………………………………………………………… 93
  3.3.1 設 計 の 手 順 ………………………………………………………………… 93
  3.3.2 排熱利用システム設計 ………………………………………………………… 93
  3.3.3 機器設置設計 …………………………………………………………………… 97
  3.3.4 付帯設備設計 …………………………………………………………………… 100
  参 考 資 料 ……………………………………………………………………………… 103
3.4 制御と監視方式 …………………………………………………………………… 104
  3.4.1 発電機の制御 …………………………………………………………………… 104
  3.4.2 監 視 方 式 …………………………………………………………………… 106
  参 考 資 料 ……………………………………………………………………………… 106
3.5 BCP対応コージェネレーションと常用防災兼用発電設備 …………………… 107
  3.5.1 BCP対応システム設計の留意点 ……………………………………………… 107
  3.5.2 常用防災兼用発電設備の留意点 ……………………………………………… 110
3.6 既存建物への導入における留意点 ……………………………………………… 113
  3.6.1 配 置 検 討 …………………………………………………………………… 113
  3.6.2 荷 重 検 討 …………………………………………………………………… 114
  3.6.3 搬 入 検 討 …………………………………………………………………… 114
  3.6.4 電気系統の検討 ………………………………………………………………… 114
  3.6.5 換気ほか付帯設備の検討 ……………………………………………………… 114
  3.6.6 その他の留意事項 ……………………………………………………………… 115
3.7 関 連 法 規 ……………………………………………………………………… 116
  3.7.1 電 気 事 業 法 ………………………………………………………………… 116
  3.7.2 消　　防　　法 ………………………………………………………………… 116
  3.7.3 窒素酸化物規制 ………………………………………………………………… 117
  3.7.4 労働安全衛生法 ………………………………………………………………… 117

目 次

第4章 コージェネレーションの運用管理

- 4.1 計測と評価 ······ 120
  - 4.1.1 計　測 ······ 120
  - 4.1.2 評　価 ······ 122
- 4.2 メンテナンス ······ 123
  - 4.2.1 ガスエンジン ······ 123
  - 4.2.2 ガスタービン ······ 123
  - 参 考 資 料 ······ 125
- 4.3 運用開始に必要な届出など ······ 126
  - 4.3.1 運転管理に必要な資格者 ······ 126
  - 4.3.2 運用時の必要手続（届出など） ······ 127

第5章 コージェネレーションの構成機器

- 5.1 原　動　機 ······ 130
  - 5.1.1 ガスエンジン ······ 130
  - 5.1.2 ガスタービン ······ 133
  - 参 考 資 料 ······ 137
- 5.2 発　電　機 ······ 138
  - 5.2.1 同期発電機の特長 ······ 138
  - 5.2.2 発電機の動作原理 ······ 138
  - 参 考 資 料 ······ 139
- 5.3 排熱回収装置 ······ 140
  - 5.3.1 温水熱交換器 ······ 140
  - 5.3.2 排ガス熱交換器 ······ 141
  - 5.3.3 排ガスボイラ ······ 141
  - 5.3.4 ガスエンジン冷却水からの排熱回収方法 ······ 143
  - 参 考 資 料 ······ 143
- 5.4 排熱利用機器 ······ 144
  - 5.4.1 吸収冷凍技術の原理 ······ 144
  - 5.4.2 温水吸収冷凍機 ······ 145
  - 5.4.3 排熱投入型ガス吸収冷温水機（ジェネリンク） ······ 145
  - 5.4.4 蒸気吸収冷凍機 ······ 147
  - 5.4.5 吸着冷凍機 ······ 147
  - 5.4.6 デシカント空調機 ······ 148
  - 参 考 資 料 ······ 149
- 5.5 放　熱　装　置 ······ 150
  - 5.5.1 冷　却　塔 ······ 150
  - 5.5.2 ラジエータ ······ 151
  - 参 考 資 料 ······ 151
- 5.6 電　気　設　備 ······ 152

目　　次

5.6.1　発電設備 ……………………………………………………………………… 152
5.6.2　受変電設備 ……………………………………………………………………… 152
参考資料 ……………………………………………………………………………… 154

5.7　制御および計測・監視装置 …………………………………………………………… 155
5.7.1　制御装置 ………………………………………………………………………… 155
5.7.2　計測・監視装置 ………………………………………………………………… 155
5.7.3　BEMS（Building Energy Management System） …………………………… 155

5.8　NO_x低減技術 ……………………………………………………………………………… 156
5.8.1　NO_x低減技術の概要 …………………………………………………………… 156
5.8.2　NO_x低減技術の種類 …………………………………………………………… 156
5.8.3　ガスエンジンのNO_x低減技術 ………………………………………………… 157
5.8.4　ガスタービンのNO_x低減技術 ………………………………………………… 158
参考資料 ……………………………………………………………………………… 159

5.9　小型ガスエンジンコージェネレーション …………………………………………… 160
5.9.1　マイクロコージェネレーション（ジェネライト） ………………………… 160
5.9.2　家庭用ガスエンジンコージェネレーションシステム ……………………… 161

5.10.　燃料電池 ………………………………………………………………………………… 162
5.10.1　燃料電池の原理と特徴 ………………………………………………………… 162
5.10.2　開発および市場導入の状況と今後の展望 …………………………………… 164
5.10.3　家庭用燃料電池コージェネレーションシステム（エネファーム） ……… 165
参考資料 ……………………………………………………………………………… 166

5.11　停電対応システム ……………………………………………………………………… 167
5.11.1　停電対応機（ブラックアウトスタート（BOS）対応機） ………………… 167
5.11.2　常用防災兼用発電設備 ………………………………………………………… 167
5.11.3　無停電電源装置（UPS：Uninterruptible Power Supply） ……………… 167
参考資料 ……………………………………………………………………………… 168

5.12　その他関連技術 ………………………………………………………………………… 169
5.12.1　排熱温水の蒸気利用システム ………………………………………………… 169
5.12.2　スクリュー式蒸気発電 ………………………………………………………… 171
5.12.3　蒸気駆動式空気圧縮機 ………………………………………………………… 172
5.12.4　バイオガスエンジン …………………………………………………………… 172
5.12.5　バイナリー発電 ………………………………………………………………… 173

第6章　コージェネレーションと各種政策

6.1　エネルギー・環境政策とコージェネレーションの位置づけ ……………………… 176
6.1.1　エネルギー・環境政策の変遷 ………………………………………………… 176
6.1.2　エネルギーの総合政策（長期エネルギー需給見通し，エネルギー基本計画） ……… 176
6.1.3　省エネルギー政策 ……………………………………………………………… 178
6.1.4　新エネルギー政策 ……………………………………………………………… 180
6.1.5　地球温暖化対策政策 …………………………………………………………… 181
6.1.6　電力需要平準化政策 …………………………………………………………… 182

目　　次

  6.1.7　国土強靭化政策 ·· 183
 参　考　資　料 ··· 183
6.2　コージェネレーション関連の規制緩和の流れ ··· 184
 6.2.1　電気事業制度上の動き（2016 年までの制度） ·· 184
 6.2.2　あらたな電気事業制度 ··· 185
 6.2.3　保安規制上の動き ··· 186
 参　考　資　料 ··· 188
6.3　スマートエネルギーネットワーク・面的利用 ··· 189
 6.3.1　スマートエネルギーネットワークによるメリット ·· 189
 6.3.2　エネルギーの面的利用 ··· 190
 参　考　資　料 ··· 191
6.4　系統電力の CO_2 排出係数について ·· 192
 6.4.1　系統電力の CO_2 排出係数の考え方 ·· 192
 6.4.2　マージナル電源排出係数の設定と国内制度での取扱い ··································· 193
 6.4.3　海外での取扱い（GHG プロトコル（The Greenhouse Gas Protocol）） ··············· 194
 参　考　資　料 ··· 195

第 7 章　コージェネレーションの設置事例

7.1　札幌医科大学附属病院 ·· 198
7.2　聖マリアンナ医科大学菅生キャンパス ·· 200
7.3　ホテル椿山荘東京 ·· 202
7.4　豊田市役所東庁舎 ·· 204
7.5　東京イースト 21 ··· 206
7.6　マルイト難波ビル ·· 208
7.7　イオンモール大阪ドームシティ ·· 210

付　　録

付 1　関連法令 ·· 214
 付 1.1　電気事業法 ··· 214
  付 1.1.1　工事計画の届出 ·· 215
  付 1.1.2　主任技術者 ·· 216
  付 1.1.3　保安規程 ··· 218
  付 1.1.4　安全管理検査制度 ·· 218
 付 1.2　消防法 ·· 220
  付 1.2.1　火を使用する設備等に対する規制 ··· 220
  付 1.2.2　危険物の貯蔵または取扱い ··· 220
  付 1.2.3　消防用設備等の設置 ··· 222
  付 1.2.4　コージェネレーションを常用防災兼用発電設備として用いる場合の基準 ······· 222
 付 1.3　建築基準法 ··· 224
  付 1.3.1　建築設備の確認，中間検査，完了検査 ·· 224
  付 1.3.2　危険物の数量規制 ·· 224

目　次

- 付 1.3.3　防災設備の予備電源 …………………………………………………… 225
- 付 1.4　大気汚染防止法 ……………………………………………………………… 225
  - 付 1.4.1　ばい煙発生施設の定義 ………………………………………………… 225
  - 付 1.4.2　ばい煙の排出基準 ……………………………………………………… 225
  - 付 1.4.3　ばいじんの排出基準 …………………………………………………… 226
  - 付 1.4.4　地方条例による NOx 排出基準 ……………………………………… 226
- 付 1.5　騒音規制法，振動規制法 …………………………………………………… 228
  - 付 1.5.1　規制される特定施設 …………………………………………………… 228
  - 付 1.5.2　規　制　の　基　準 …………………………………………………… 228
  - 付 1.5.3　特定施設の設置の届出 ………………………………………………… 229
- 付 1.6　水質汚濁防止法 ……………………………………………………………… 230
- 付 1.7　労働安全衛生法 ……………………………………………………………… 230
  - 付 1.7.1　ボイラー及び圧力容器の規定 ………………………………………… 231
  - 付 1.7.2　ボイラー設置に関する届出 …………………………………………… 232
  - 付 1.7.3　ボイラーの定期自主検査 ……………………………………………… 232
- 付 1.8　高圧ガス保安法 ……………………………………………………………… 233
  - 付 1.8.1　高圧ガスの定義 ………………………………………………………… 233
  - 付 1.8.2　貯蔵所の許可・届出 …………………………………………………… 234
  - 付 1.8.3　特定高圧ガス消費届 …………………………………………………… 234
- 付 1.9　エネルギーの使用の合理化等に関する法律 ……………………………… 235
- 付 2　設置に係る手続き ……………………………………………………………… 239
- 付 3　系統連系に係る規程 …………………………………………………………… 240
- 付 4　普　及　支　援　策 …………………………………………………………… 250
  - 付 4.1　経　済　的　措　置 ……………………………………………………… 250
  - 付 4.2　容　積　率　緩　和 ……………………………………………………… 251
- 付 5　普　及　状　況 ………………………………………………………………… 255
- 付 6　電力・熱需要想定例 …………………………………………………………… 256
  - 付 6.1　需要想定の概要 …………………………………………………………… 256
    - 付 6.1.1　建　物　モ　デ　ル ………………………………………………… 256
    - 付 6.1.2　需要想定に用いたプログラム ……………………………………… 256
    - 付 6.1.3　検　討　条　件 ……………………………………………………… 256
  - 付 6.2　需要想定の結果 …………………………………………………………… 257
- 参　考　資　料 ………………………………………………………………………… 257
  - 付 6.2.1　病院の需要想定（例） ………………………………………………… 258
  - 付 6.2.2　ホテルの需要想定（例） …………………………………………… 264
  - 付 6.2.3　事務所の需要想定（例） …………………………………………… 270
  - 付 6.2.4　商業施設の需要想定（例） ………………………………………… 275
- 付 7　燃料・電気・熱のエネルギー換算値・CO_2 排出係数 ……………………… 280
  - 付 7.1　燃料のエネルギー換算値（発熱量）・CO_2 排出係数 ………………… 280
  - 付 7.2　電気の一次エネルギー換算値・CO_2 排出係数 ………………………… 281
    - 付 7.2.1　電気の一次エネルギー換算値 ……………………………………… 281

目　　次

　　　付 7.2.2　電気の CO_2 排出係数 ……………………………………………………… 281
　付 7.3　熱の一次エネルギー換算値・CO_2 排出係数 ……………………………………… 281
　　　付 7.3.1　熱の一次エネルギー換算値 …………………………………………………… 281
　　　付 7.3.2　熱の CO_2 排出係数 …………………………………………………………… 282
　付 7.4　系統電力の LHV/HHV 換算係数 ………………………………………………… 282

執筆者一覧 ……………………………………………………………………………………… 283

索　　引 ………………………………………………………………………………………… 285

第1章 コージェネレーションの基礎

本章では，コージェネレーションの導入を検討するにあたり，基礎的な知見を得るための解説を行う．具体的な計画・設計の手法および技術的解説などについては第2章以降を参照されたい．

第1章 コージェネレーションの基礎

1.1 コージェネレーションの概要

1.1.1 コージェネレーションとは

コージェネレーションとは,一つのエネルギー源から二つ以上のエネルギーを出力することをいう.狭義では,出力するエネルギーは電気と熱であるが,広義では,出力するエネルギーに動力も含まれ,コンプレッサ用駆動動力と熱を出力することもコージェネレーションである.最近は,狭義の意味で用いられることがほとんどである.具体的には,天然ガスや油などの燃料で発電を行い,同時に発生する排熱を利用するものである(図1.1).

排熱は,給湯,暖房に利用できるほか,排熱利用冷凍機(1.2.4項参照)を用いて冷房にも利用できる.

コージェネレーションシステムと表現する場合には,出力される電気・熱の利用設備までを含めることも多い.JIS B 8121 "コージェネレーションシステム用語"では,電気・熱を出力する機器単体をコージェネレーションユニット,これに電気・熱の利用設備その他周辺設備を含めたものをコージェネレーションシステムと区別している(図1.2).

本書では,特に必要がない限りユニットとシステムの区別をせず"コージェネレーション"と表記する.また,略号として"CGS"(Co-Generation System)を用いることもある.

欧米では,コージェネレーションを"CHP"(Combined Heat and Power)と称することが多い.

図1.1 コージェネレーションの概念

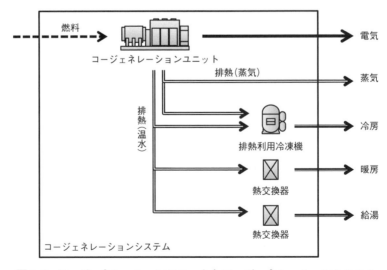

図1.2 コージェネレーションユニットとコージェネレーションシステム

1.1 コージェネレーションの概要

また，排熱の利用方法として温熱（暖房・給湯など）利用だけでなく，冷熱（冷房など）利用を行う場合には，電気・温熱・冷熱でトリジェネレーション（Tri-Generation）と呼ばれることもある．

トリジェネレーションの呼称は，電気，熱とともに原動機からの排ガスに含まれるCO_2を農作物育成に役立てる場合に用いられることもある．日本ではコージェネレーションは電気と熱を出力し，熱を冷暖房に利用するという考え方をするため，トリジェネレーションはCO_2を利用する場合に用いられる．

1.1.2 コージェネレーションの構成

コージェネレーションは図1.3に示すように，発電を行うための原動機・発電機，原動機からの排熱を回収するための排熱回収装置，その排熱を冷暖房・給湯などに利用するための排熱利用機器，さらには余剰となった排熱を放熱するための放熱装置，外部へ排気するための排気設備，その他各種の電気設備，制御装置などで構成される．このうち，原動機，発電機，排熱回収装置は，通常コージェネレーションメーカーがコージェネレーションユニットとして納入するが，排熱利用機器や放熱装置は別途設置が必要となる（放熱装置はコージェネレーションメーカーが納入する場合もある）．

1.1.3 都市ガスとコージェネレーション

日本における都市ガス事業者の多くは主に天然ガスを供給している．天然ガスはメタンが主成分であるため，発熱量あたりのCO_2の発生量が化石燃料の中で最も少なく，ばいじんやSOx（硫黄酸化

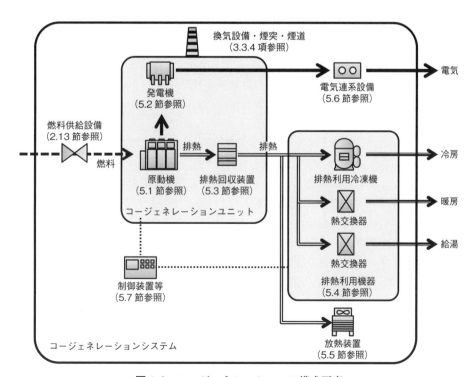

図1.3 コージェネレーションの構成要素

第1章 コージェネレーションの基礎

表1.1 化石燃料の CO_2, SO_x 排出比率

同一発熱量あたりの石炭を 100 とした場合の比率

	石炭	石油	天然ガス
CO_2	100	80	60
SO_x	100	70	0

出典：Natural Gas Prospects, 1986 / IEA
　　　火力発電所大気影響評価技術実証　調査報告書（1990-3），エネルギー総合工学研究所

物）などの有害物質の排出もほとんどない（**表1.1**）.

　また，石油に比べ世界の広範囲で産出されることから供給安定性も高い．最近では，米国におけるシェールガス[*1]の開発もあり，さらに安定した供給が見込まれる．

　このようなことから，コージェネレーションの燃料として天然ガス，すなわち都市ガスが有望である．このため，本書では，都市ガスを燃料としたコージェネレーションを中心に解説する．

1.1.4　コージェネレーションの効用

　エネルギーシステムは，地域インフラや施設上の制約の中で，経済性のみならず社会的な効用についても重視され，その採用が判断される．特に，省エネルギー性はコージェネレーション採用の大きな動機となっている．ここでは効用の概要を解説し，具体的な評価方法については，第2章以降で解説する．

〔1〕　経　済　性

　コージェネレーションは，一般の空調，給湯システムより追加的な投資が必要となるが，通常は，コージェネレーション稼働のための燃料費の増加よりも，自家発電による購入電力料金の削減，排熱利用による燃料費の削減が大きいためランニングコストが安価となる．イニシャルコストの増加，エネルギー費の減少，メンテナンス費の増加のバランスを考慮してメリットがある場合にコージェネレーションは採用される（**2.5節**参照）．

〔2〕　省エネルギー性

　コージェネレーションは，発電と同時に発生する熱を利用することで，エネルギー利用効率を高めようとするものである．

　従来の大規模系統による電力供給では，発電時に発生する熱を海などに廃棄し，送電ロスもあるため，需要場所に到達するエネルギーは発電所で投入されるエネルギーの約 40 %（LHV）（LHVについては**2.6.2項**参照）程度となるが，コージェネレーションの場合は，発電時に出る熱を需要地で活用することで，投入したエネルギーの約 70～85 %（LHV）を利用できる（**図1.4**）．

　すなわち，コージェネレーションの省エネルギー性は排熱を十分利用することが前提となる．熱の利用が不十分であれば，省エネルギー性は大幅に低下することになる．このため，コージェネレーションの導入を計画・設計するにあたっては，年間を通じて，どの程度排熱が利用できるかを含めて

　[*1]　在来型天然ガスは通常地中に滞留したガスを採掘するが，シェールガスは天然ガス生成後，頁岩に分散して閉じ込められたものである．近年，これを経済的なレベルで採掘する技術が開発され，主に米国において採掘量が拡大している．

1.1 コージェネレーションの概要

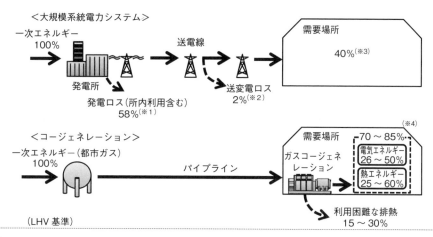

<設定根拠>
大規模系統電力システムの効率：**表 2.11** における全日値を LHV に変換（LHV については **2.6.2 項**参照）
※1　58 % ≒ (100 % − 40.85 % ÷ 0.93（※5）) + (40.85 % ÷ 0.93（※5）× 0.045)
　　※5　系統電力の LHV/HHV 換算係数（**付録 7.4** 参照）
※2　2 % ≒ (40.85 % × (1 − 0.045) − 36.90 %) ÷ 0.93
※3　40 % ≒ 36.90 % ÷ 0.93
※4　コージェネレーションの効率：**表 1.4** ガスエンジンの効率より

図 1.4　コージェネレーションと大規模系統電力システムとの比較

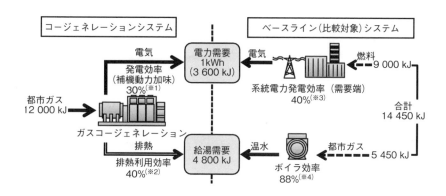

省エネルギー率 =（14 450 − 12 000）/ 14 450 × 100 = 17 %

(LHV 基準)

<設定根拠>
※1　**表 1.4** のガスエンジン（中型）発電効率中央値に補機動力など 5 % 分を加味した概数（LHV）
※2　**表 1.4** のガスエンジン（中型）排熱回収効率中央値に 80 % の排熱利用率を加味した概数（LHV）
※3　**図 1.4** 系統電力需要端発電効率（LHV）
※4　88 % ≒ 79.4 %（※5）÷ 0.9（※6）
　　※5　**図 2.28** の"一般的なボイラなどによる熱生成"の値より計算（HHV）
　　　　79.4 % = 1 ÷ 1.26 × 100
　　※6　都市ガス LHV/HHV 換算係数（**2.6.2 項**，**付録 7.1** 参照）

図 1.5　コージェネレーションの省エネルギー性評価例（温水利用の場合，単位発電量あたりの試算）

検討を行う必要がある．

省エネルギー性を評価する場合は，出力されるエネルギー，特に排熱をどのように利用するかを設定し，コージェネレーションが導入されなかった場合（ベースラインまたは従来システムと呼ぶ）を想定して比較評価を行う（**2.4 節**，**2.6 節**参照）．

排熱を給湯に利用する場合の評価例（単位発電量あたりの試算）を**図 1.5** に示す．

〔3〕 環　境　性

省エネルギー性と同様に，熱を有効利用できれば，コージェネレーションは，大幅な CO_2 削減に寄与する可能性がある．環境性評価（CO_2 評価）を行う場合，コージェネレーションの発電により削減される系統電力の CO_2 削減効果をどのように考えるかによって，大きく評価が異なる（**2.7 節**参照）．コージェネレーションの発電によって系統電力の火力発電所の発電量が削減されるとして算定した場合の評価を**図 1.6** に示す．

NO_x については，大気汚染防止法および自治体の条例規制に従い対策を行う．コージェネレーション本体で低 NO_x 化が図られているものも多いが，必要に応じて脱硝装置を設置することもある（**5.8 節**参照）．

〔4〕 電力需要平準化（ピークカット対策）

系統電力ピーク時にコージェネレーションを稼働させれば，その発電分で系統電力のピークカットが図れる．2011 年の東日本大震災後の電力需給ひっ迫時以降，この効用が大きく評価されている．

コージェネレーションの排熱を利用し空調を行い，電気の空調を代替することができれば，さらに

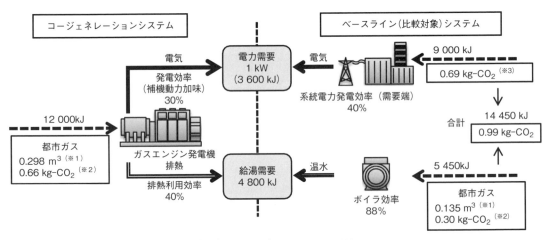

図 1.6　コージェネレーションの環境性評価例（温水利用の場合，単位発電量あたりの試算）

1.1 コージェネレーションの概要

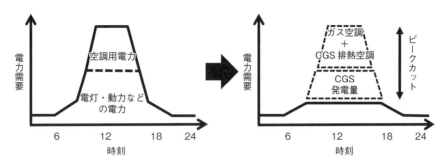

図 1.7 コージェネレーションの電力ピークカット効果

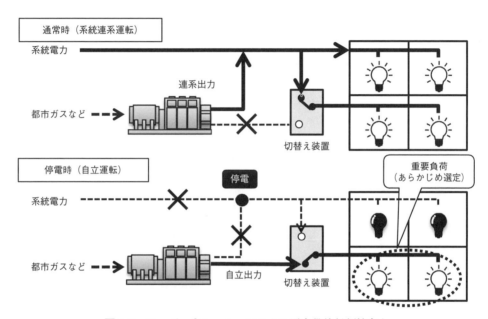

図 1.8 コージェネレーションによる電力供給信頼性向上

電力ピークカットに貢献する（**図 1.7**）．

〔5〕 電力供給信頼性

　系統電力の停電時にコージェネレーションが稼働できるようシステム化すると，部分的に電源の二重化を図ることができ，停電時に施設内の重要な系統に電力を供給できる（**図 1.8**）．

　特に 2011 年の東日本大震災後，災害対応の一手段としてこの効用が大きく評価された（**2.11 節**，**3.5 節**参照）．

1.1.5 国などの普及促進策

コージェネレーションの効用，特に省エネルギー性は，従来から高く評価されており，国などで各種促進策が講じられてきた（**6.1 節**参照）．

過去には，新エネルギー法（新エネルギー利用等の促進に関する特別措置法）の対象として天然ガスコージェネレーションが扱われ，補助制度の対象とされた．その後，新エネルギー法の改正により直接の法対象ではなくなったが，省エネルギー設備への支援などでコージェネレーションの普及促進が継続された．

税制においては，過去，エネルギー需給構造改革推進投資促進税制，エネルギー環境負荷低減推進税制（グリーン投資減税）の適用対象とされ，2014年からは生産性向上設備投資促進税制の適用対象とされ，国の支援を受けている．

具体的な支援策については**付録4**を参照されたい．ただし，支援策は頻繁に変更されるため，活用する際には最新情報を入手して対応する必要がある．

1.2 コージェネレーションの種類と特徴

コージェネレーションは,発電を行う方式,出力する熱の形態により,その性能,利用形態が大きく異なる.本節では,発電方式,排熱回収方式で整理し,コージェネレーションの特徴を解説する.また,コージェネレーションの主要要素である排熱利用機器についても概略を解説する.

1.2.1 発電方式による分類と特徴

コージェネレーションの発電方式は,回転型発電機と電気化学的に発電する燃料電池に大別され,前者は発電機を駆動する原動機によって分類される.表1.2におおよその分類を示す.なお,このうちディーゼルエンジンについては,一般には気体燃料が用いられないため,本書では以後解説しない.

〔1〕 ガスエンジン方式

天然ガス,LPG,バイオガスなどの気体燃料を用いて駆動するピストン(往復動式)エンジンで発電機を回転させる方式である(図1.9).

エンジンの回転原理は一般的な自動車のガソリンエンジンと同じで,燃料と空気を混合させた気体をピストンに導き,それを圧縮,燃焼させることを繰り返し,ピストンを往復運動させ,これをクランクを用いて回転運動に変える.

容量は家庭用の1 kWの機種から10 000 kW程度のものが商用化されている.

発電効率は容量によって異なるが,26〜50 %(LHV).熱は温水,蒸気の取出しが可能である.

表1.2 コージェネレーションの発電方式による分類

方 式			内 容
回転型	内燃機関	ガスエンジン	天然ガス,LPG,バイオガスなどの気体燃料を用いて駆動するピストン(往復動式)エンジンで発電機を回転させる(1.2.1〔1〕)
		ガスタービン	天然ガスなど気体燃料,油燃料などの連続燃焼により生成した高温の燃焼ガスでタービン(羽根車)を回転させ,その動力で発電機を回転させる(1.2.1〔2〕)
		ディーゼルエンジン	A重油,軽油,灯油などを燃料として駆動するピストン(往復動式)エンジンで発電機を回転させる
	蒸気タービン(BTG)		天然ガスなど各種燃料を用いボイラで蒸気を生成し,その蒸気でタービンを回転させ,発電機を回転させる.BTG(ボイラ・タービン・ジェネレータ)方式とも呼ばれる(1.2.1〔3〕)
	コンバインド(複合発電)		ガスタービンまたはガスエンジンで発電を行うとともに,排熱回収して得られた蒸気を用い蒸気タービン発電機で発電を行う.一般には,蒸気発生量が大きいガスタービンと蒸気タービンが組み合わされる(1.2.1〔4〕)
電気化学型	燃料電池		水の電気分解と逆の原理で,水素と酸素を反応させて発電を行う.現段階では,水素は主に天然ガスなど化石燃料を改質して生成させる.発電に用いられる電解質(電子の移動媒体)の種類によってリン酸形,固体高分子形,固体酸化物形,溶融炭酸塩形などに分類される(1.2.1〔5〕)

第1章　コージェネレーションの基礎

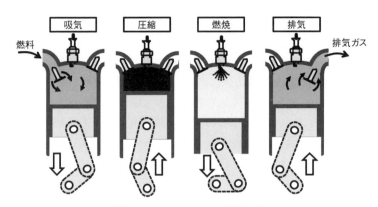

図 1.9　ガスエンジンの仕組み[1]

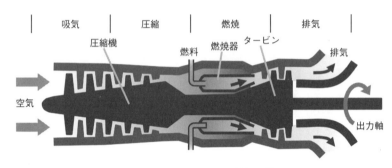

図 1.10　ガスタービンの仕組み[1]

〔2〕　ガスタービン方式

　天然ガスなどの気体燃料および油燃料の連続燃焼により生成した高温の燃焼ガスでタービン（羽根車）を回転させ，その動力で発電機を回転させる方式である（図 1.10）．

　30～50 000 kW 程度のものが商用化されているが，一般には 1 000 kW 以上のものが用いられる．30～300 kW 程度のものはマイクロガスタービンと呼ばれている．

　発電効率は，20～40 ％とガスエンジン方式よりは低い傾向にあるが，排熱を高温高圧の蒸気で回収できるため，熱の利用価値が高い．

　機械体積容量あたりの発電容量が大きく，出力される熱の利用価値が高いため，大規模かつ熱需要の大きい工場，地域冷暖房プラントなどで用いられる．

〔3〕　蒸気タービン方式（BTG（ボイラ・タービン・ジェネレータ）方式）

　ボイラで製造した蒸気で，タービンを回転させ発電する方式である（図 1.11）．タービンの途中または最終段階で圧力が低くなった蒸気を取り出し利用する場合には，システムから電気と熱を得られるためコージェネレーションと扱われることもあるが，発電に伴い発生する熱とはいえないので，コージェネレーションとして扱われない場合もある．通常は，大容量の発電システムとなるため，主に工場，電気事業用に用いられる．

　タービンの途中で蒸気を取り出すタイプの蒸気タービンは，抽気タービンと呼ばれる．蒸気を十分発電に用いた後，発電に利用できない低圧低温の蒸気を利用する場合の蒸気タービンを背圧タービンと呼ぶ．

　抽気タービンの場合，抽気の量をコントロールすることで，出力する電気と熱のバランスを変化さ

せる熱電可変システムとする場合もある．

〔4〕 コンバインド方式

コンバインド方式は，ガスタービン発電機で発電を行うとともに，発生した排熱蒸気で蒸気タービン発電機を駆動することで，発電効率を大幅に向上させる方式である．複合発電とも呼ばれる（**図 1.12**）．発電効率は，最大 65 ％（LHV）程度となる．発電容量が大きいため，工場，電気事業用の発電所で用いられる．

蒸気タービン方式と同様，熱電可変システムとすることもできる．

〔5〕 燃料電池方式

燃料電池は，水素と酸素を反応させ，水の電気分解と逆の原理で発電する装置である．水素は都市ガスなどの燃料を改質して製造する．発電時に発熱を伴うので，その熱を利用することでコージェネレーションとして利用できる．

燃料が持つエネルギーを機械的エネルギーに変換することなく取り出すため，回転式発電機に比べ，発電効率において高いポテンシャルを有する．

燃料電池は，反応の基盤となる電解質の種類によりその特性が大きく異なるが（**5.10 節**参照），コージェネレーションとして用いられる場合の基本的な構成は**図 1.13** に示すとおりである．

1.2.2 排熱回収方式による分類と特徴

コージェネレーションは，排熱を十分利用できるかどうかが，そのメリットを生かす鍵である．排熱回収方式が，その利用形態に大きく影響する．ここでは，排熱回収方式について解説する．

排熱回収方式によるおおよその分類を**表 1.3** に示す

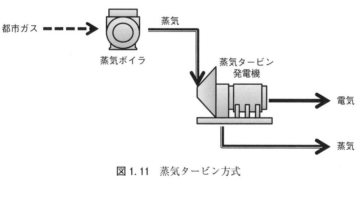

図 1.11 蒸気タービン方式

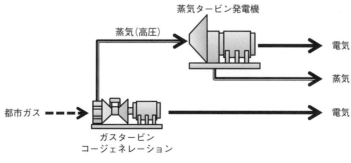

図 1.12 コンバインド方式

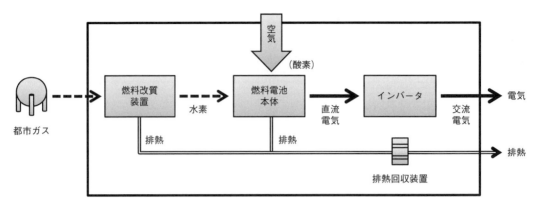

燃料改質装置：都市ガスから水素を作る装置
燃料電池本体（セルスタック）：水素と酸素から直流の電気を発生する装置
インバータ：発電した直流電気を交流に変換する装置
排熱回収装置：燃料改質装置やセルスタックから出た熱を回収する装置

図 1.13　燃料電池コージェネレーションの構成

〔1〕　ガスエンジンにおける蒸気・温水回収

　エンジンからの排熱は，排気ガス系統からの熱回収と，エンジンの冷却水からの熱回収がある．前者は温度が高いため，蒸気で回収することができる．後者は温水で回収する（図 1.14）．エンジンの冷却水は，エンジン本体の冷却とエンジンオイルの冷却を分けて温度レベルの異なる温水として回収することもある．
　病院・ホテルなど蒸気利用もある大型施設で用いられる．一般に，300 kW 以上の機種であれば蒸気・温水回収システムを採用できる．

〔2〕　ガスエンジンにおける温水回収

　エンジン冷却水を排気ガス系に直列に流すことにより，比較的高温の温水のみの回収を行う方式である（図 1.15）．
　蒸気は温水よりエネルギー価値が高いため，排気ガス系排熱は，蒸気として利用するほうが理論的には効率的である．しかし，施設のエネルギー需要および熱源設備のバランス上，温水と蒸気を別に利用することが不合理な場合も多い．民生用建物で用いられるコージェネレーションの多くはこの温水回収タイプである．

〔3〕　ガスエンジンにおける蒸気回収

　エンジン式は基本的にエンジン冷却水が必要なため，通常は回収熱に温水が含まれるが，特殊な技術により排熱の全量を蒸気で回収することもできる．エンジン冷却水を加圧し温度を上昇させることで，熱交換温度を上昇させ全量蒸気で回収するタイプのもの，および高圧蒸気と温水を混合することで低圧蒸気を作り出すものなどがある（5.12 節参照）．

〔4〕　ガスタービンにおける蒸気回収

　ガスタービンは，すべての排熱が排気ガス系統で回収される．排気ガスは高温であるため，排熱も全量高温高圧の蒸気で回収できる（図 1.16）．

1.2 コージェネレーションの種類と特徴

表 1.3 排熱回収方式による分類

対象原動機	排熱回収方式	内　　容
ガスエンジン	蒸気・温水	排気ガス系から蒸気，エンジン冷却系から温水を回収し，異なる用途で利用する方式（1.2.2〔1〕）
	温水	排気ガス系，エンジン冷却系を直列で熱回収し，温水を利用する方式（1.2.2〔2〕）
	蒸気	特殊な技術によりエンジン冷却系の熱も蒸気で回収する方式（1.2.2〔3〕）
ガスタービン	蒸気	ガスタービンでは回収する排熱はすべて蒸気として回収される（1.2.2〔4〕）
蒸気タービン	蒸気	BTG方式またはコンバインド方式の蒸気タービンの途中で減圧された蒸気を取り出し（抽気）利用するなどの方式（1.2.2〔5〕）
燃料電池	温水	現段階で普及している家庭用燃料電池は温水で排熱回収され利用される（1.2.2〔6〕）
	蒸気	燃料電池の種類によっては蒸気取出しが可能だが，現状ではほとんど用いられていない

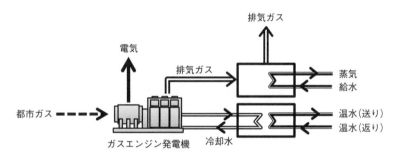

図 1.14 ガスエンジンの蒸気・温水回収

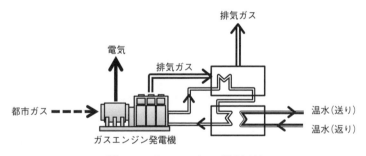

図 1.15 ガスエンジンの温水回収

〔5〕 **蒸気タービン方式，コンバインド方式における蒸気回収**

蒸気タービン方式，コンバインド方式とも，蒸気タービンの途中で段階的に蒸気を抜き出す（抽気する）ことで，圧力の異なる蒸気を得ることができる．主に工場で用いられる．背圧ガスタービンからの蒸気を利用することもあるが，温度・圧力は抽気方式に比べて低い（図1.11，図1.12参照）．

〔6〕 **燃料電池における温水回収**

燃料電池では，化学反応の作動温度に応じて熱回収が可能となるが，通常は温水で回収される．家庭用燃料電池では給湯・暖房に利用される（**5.10節**参照）．

第1章 コージェネレーションの基礎

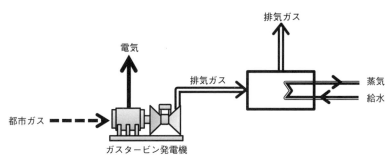

図1.16 ガスタービンの蒸気回収

1.2.3 都市ガスコージェネレーションの概略仕様

1.2.1項，1.2.2項の内容を踏まえ，都市ガスを燃料とするコージェネレーションの概略仕様を**表1.4**に示す．

なお，小型ガスエンジンコージェネレーションのうち，業務用で特に小規模なもの（現状35 kW以下）は，マイクロコージェネレーション（ジェネライト）としてシリーズ化されている（**5.9.1項**参照）．これはガスエンジン発電機，排熱回収装置，放熱装置などが一体でパッケージ化されており，設計・施工が比較的容易である．小規模であっても温熱需要が大きい施設に，貯湯槽とともに設置されることが多い．排熱投入型ガス吸収冷温水機（**1.2.4項**参照）との組合せで空調利用も可能であり，また停電対応機も商品化されている．

表1.4 都市ガスコージェネレーションの概略仕様

区 分	ガスエンジン			ガスタービン			燃料電池
	小型	中型	大型	小型	中型	大型	―
単機容量	1〜100 kW	100〜1 000 kW	1 000〜10 000 kW	30〜3 000 kW	3 000〜10 000 kW	10 000〜50 000 kW	0.7〜1 000 kW
発電効率（LHV）	26〜34 %	30〜43 %	32〜50 %	23〜27 %	27〜37 %	34〜40 %	35〜65 %
排熱回収効率（LHV）	50〜52 %	35〜60 %	25〜53 %	47〜57 %	12〜53 %	43〜50 %	15〜43 %
総合効率[※1]（LHV）	約85 %	約80 %	約80 %	約80 %			約80 %
排熱回収方式	温水	温水・蒸気	温水・蒸気	蒸気			温水 蒸気（大規模の場合）
排熱仕様	温水：80〜90 ℃ 蒸気：0.8〜0.9 MPaG[※2] （中大型）			蒸気：0.8〜0.9 MPaG			温水：60〜120 ℃ 蒸気：0.8〜0.9 MPaG
特 徴	ガスタービンに比べ発電効率が高い			・同出力のエンジンと比較し小型軽量 ・冷却水不要 ・低振動			・発電効率が高い ・騒音，振動が小さい

[※1] 総合効率＝発電効率＋排熱回収効率
[※2] G：ゲージ圧力

1.2 コージェネレーションの種類と特徴

表 1.5　主な排熱利用型吸収冷凍機の種類と特徴[2]

種　類	温水吸収冷凍機	排熱投入型ガス吸収冷温水機	排ガス投入型ガス吸収冷温水機	蒸気吸収冷凍機
利用排熱	80～90℃の温水	80～90℃の温水	排ガスおよび80～90℃の温水	0.8～0.9 MPaG の蒸気
排熱利用 COP（冷房利用効率）	0.7～0.8	0.7～0.8[※1]	1.0～1.2[※1]	1.16[※2]～1.43[※3]　蒸気消費率 1.0～1.3 kg/kWh
排熱利用特性	定格負荷時の利用量が大きい	部分負荷においても，安定した排熱利用量が確保できる	排ガス利用のため，排熱利用効率が高い	蒸気利用のため，排熱利用効率が高い
冷房能力の確保	バックアップバーナを持たないため，排熱温度や排熱量に応じて冷房能力が変化する	補助バーナで安定した冷房能力を確保できる	補助バーナで安定した冷房能力を確保できる	バックアップバーナを持たないため，排熱温度や排熱量に応じて冷房能力が変化する

※1　排熱利用 COP ＝排熱単独運転時冷房能力／排熱投入熱量，COP：成績係数
※2　蒸気消費率 1.3 kg/kWh，0.88 MPaG，ドレン 90℃での算定値
※3　蒸気消費率 1.0 kg/kWh，0.88 MPaG，ドレン 60℃での算定値

1.2.4　排熱利用機器の種類と特徴

コージェネレーションの排熱を利用するための機器の種類と特徴について概略を解説する．詳細については 5.4 節を参照されたい．

暖房や給湯への利用では，コージェネレーションからの排熱は熱交換を介して利用される．熱交換にはプレート式熱交換器（5.3 節参照）が用いられることが多い．熱交換は，コイル付貯湯槽を介して行う場合もある．槽内にあるコイル状の配管に排熱を通し，貯湯槽内の水を加熱するものである．

冷房への利用（冷水の製造）は，排熱をエネルギー源とする吸収冷凍機などによって行うが，これにはさまざまなタイプのものがある．排熱利用型の吸収冷凍機の種類と特徴を表 1.5 に示す．

また，吸着冷凍機，デシカント空調機にも排熱が利用できる．

〔1〕　温水吸収冷凍機

温水吸収冷凍機（5.4.2 項参照）は，排熱温水を一重効用（単効用）吸収冷凍機（5.4.1 項参照）の熱源として利用する．排熱温度や排熱量により冷房能力が変化してしまう点，部分負荷運転時には排熱利用量が減少する点を考慮した設計，運転管理が必要である．通常は他の冷房熱源とともに用いられる．

〔2〕　排熱投入型ガス吸収冷温水機

排熱投入型ガス吸収冷温水機（ジェネリンク）（5.4.3 項参照）は，ガス吸収冷温水機に，排熱温水利用のための熱交換器および三方弁制御を内蔵させたものである．本機は，以下のようなメリットを持つ．

1) 排熱利用のための専用機（温水吸収冷凍機など）を別設置する必要がなく，熱源機設置スペースが小さい．
2) バックアップガスバーナを持っているので，コージェネレーションユニットからの排熱温度，量が安定していなくても冷房能力の確保が容易であり，運用しやすい．
3) 機種によっては 50 % 以下の低負荷時に排熱温水のみで運転が可能であり，年間を通して良好

な排熱利用が可能となる．

〔3〕 排ガス投入型ガス吸収冷温水機

排ガス投入型ガス吸収冷温水機は，ガスエンジンの排ガスとエンジン冷却水系からの排熱温水の，二つの異なる温度帯域の排熱を同時に利用できる．排熱ボイラが不要で，かつ高温の排ガスを直接利用できるため排熱利用効率も高い．設計施工の簡易化を図るために，ガスエンジン発電機と一体化したシステムも実用化されている．

〔4〕 蒸気吸収冷凍機

蒸気吸収冷凍機（5.4.4項参照）は，蒸気をエネルギー源として冷水を製造する装置である．地域冷暖房プラントや大規模病院などで蒸気ボイラを熱源として用いられているものであるが，コージェネレーションの排熱蒸気もそのまま利用できる．

〔5〕 吸着冷凍機

吸着冷凍機（5.4.5項参照）はシリカゲルなどの固体吸着剤を用いる冷凍機である．排熱温水を熱源とし，吸収式に比べてより低温の排熱を利用できるといった特徴がある．

〔6〕 デシカント空調機

デシカント空調機（5.4.6項参照）は，除湿ロータを用いて空気中の湿度を調整する．この除湿ロータの再生にコージェネレーションの排熱を利用できる．今後の普及が期待される．

参 考 資 料

1) 日本エネルギー学会編：天然ガスコージェネレーション計画・設計マニュアル 2008（2008），p.31 より作成
2) 空気調和・衛生工学会：都市ガス空調のすべて（2005-3），p.155 より作成

1.3 施設用途とコージェネレーション

コージェネレーションは，主にエネルギー費の削減，省 CO_2 を目的に導入されるが，この採用の可否は熱利用が十分行えるかどうかによって大きく左右される．

また，別の目的としては，電源の二重化などの電力供給の信頼性向上，すなわち緊急時の事業継続計画（BCP：Business Continuity Plan）対応がある．

本節では，主に施設用途と熱利用形態の関係，および電気にかかわる利用形態について解説する．

1.3.1 施設用途からみたコージェネレーションの活用

本項では，施設用途からみたコージェネレーション導入検討のポイントを解説する．各施設用途と熱と電気の利用形態との関係を表 1.6 に示す．

〔1〕 福祉施設など

福祉施設，温浴施設はコージェネレーションが導入される施設としては比較的小規模であるものの，ふろ，シャワーなどの給湯需要が多く，マイクロコージェネレーション（5.9.1項参照）と貯湯槽の組合せで設置されることが多い．

〔2〕 中小規模病院

中小規模病院も福祉施設と同様に給湯利用が中心となる．セントラル空調が採用される場合は，小型コージェネレーションと排熱投入型ガス吸収冷温水機の組合せで空調利用される場合もある．

また，病院，福祉施設などでは，健康上の配慮から空調などの停止を極力回避する必要があり，停電時に必要最小限の電力を確保する停電対応のマイクロコージェネレーションが設置される場合もある．

〔3〕 大 規 模 病 院

大規模な病院では，病棟のふろ，シャワーなどの給湯利用および空調に加え，加湿用として蒸気が利用される場合もある．また，直接蒸気を利用する滅菌装置，リネン設備が設置されている場合もある．このような場合は，排熱を蒸気と温水の両方で回収し利用するシステムが採用される．

大規模病院は災害時においても，手術，入院患者の生活，災害被害者の受け入れなどのために事業

表 1.6 用途別の熱と電気の利用形態

施設用途	熱利用形態			電気利用形態	
	給湯	空調	蒸気	BCP 対応	事業利用
福祉施設など	◎	○		○	
中小規模病院	◎	○		○	
大規模病院	◎	◎	○	◎	
中小規模ホテル	◎	○		○	
大規模ホテル	◎	◎	○	○	
大規模事務所	○	◎		○	
大規模商業施設	○	◎		○	
地域冷暖房	○	◎	◎	○	○
工場	◎	○	◎	○	○

注 ◎：よく利用される，○：利用されることがある．

を継続する必要がある．このBCP対応の一手段として，災害に強い中圧ガス導管でのガス供給および停電対応コージェネレーション（**3.5節**，**5.11節**参照）の設置が行われることが多い．

〔4〕 中小規模ホテル

中小規模ホテルでは，用途が宿泊だけとなり，日中のエネルギー需要が小さい場合が多い．一方，夕刻からは給湯の需要が大きい．このため，マイクロコージェネレーションと貯湯槽の組合せのシステムが設置されることが多い．

〔5〕 大規模シティーホテル

シティーホテルは，宿泊だけではなく，宴会場，会議場などが併設されているため，日中の空調需要もある．このため，大規模なシティーホテルでは，中大型のガスエンジンコージェネレーションが設置され，給湯，空調に利用される．暖房，加湿などに蒸気が用いられることもある．

〔6〕 大規模事務所

事務所は基本的に給湯需要が少ないが，大規模事務所ではセントラル空調が採用され，また空調稼働時間も長いため，排熱を空調に利用するコージェネレーションが採用される．セントラル給湯が採用される場合には，排熱を給湯にも利用する．

大型コンピュータが設置される建物，データセンターなどでは非常時においても電力供給と空調（冷房）を継続する必要があり，電源の多重化のため停電対応コージェネレーションが設置されることがある．

〔7〕 大規模商業施設

商業施設も基本的に給湯需要が少ないため，小規模な施設には不向きであるが，大規模な施設では，年間を通じて空調需要があり，また飲食店などが併設されるなど給湯需要がある場合もある．2011年の東日本大震災以降，大規模商業施設においても，周辺市民避難場所，帰宅困難者対応などの観点から災害時の事業継続性が求められ，停電対応コージェネレーションが設置されることがある．

〔8〕 地域冷暖房

地域冷暖房プラントは，温水または蒸気および冷水の製造設備であるため，コージェネレーションの排熱利用のポテンシャルが高い．利用する熱の形態は地域冷暖房の熱供給形態（温水・冷水供給または蒸気・冷水供給など）による．

かつては，発電した電気を他者に供給できなかったが，各種規制緩和が進み，電気をプラント以外にも供給できる状況となり，電気と熱を周辺施設に供給する事業形態も生まれている．

〔9〕 工　　場

コージェネレーションは，化学工場，食品工場，製紙工場など熱需要の大きな工場で広く普及してきた．工場の熱需要の形態により，蒸気供給，温水供給がなされる．工場であっても排熱を空調に利用する場合もある．

熱需要が非常に大きい場合には，排熱利用に合わせた大型のコージェネレーションを設置し，余剰の電気を他者に販売する場合もある．

1.3.2 熱利用からみた導入形態

コージェネレーションの排熱は，システムの規模，排熱の温度などによってさまざまな形で利用される．ここでは熱利用からみた導入形態を解説する．

〔1〕 給湯利用システム

コージェネレーションの排熱を熱交換して給湯に利用するシステムで，最も単純かつ効率的な利用

1.3 施設用途とコージェネレーション

方法である．比較的規模の小さな施設で採用される．小型コージェネレーション，特に，マイクロコージェネレーションで貯湯槽と組み合わせて使用されることが多い．

コージェネレーションの排熱で全需要が賄えない場合も多く，通常はバックアップとして給湯器（温水ボイラ）があわせて設置される（図 1.17）．

〔2〕 空調利用システム

排熱利用型の吸収冷凍機を用いて，コージェネレーション排熱を冷水に変換し冷房に利用することができる（1.2.4項参照）．また，冬季は排熱を熱交換して暖房に利用することもできる．大型の商業施設・事務所では給湯需要がほとんどないものの，年間空調が必要なところがあれば，コージェネレーションを導入することができる．

空調需要を排熱利用機器のみで賄えない場合，ガス吸収冷温水機など別の熱源機があわせて設置される（図 1.18）．

〔3〕 給湯・空調利用システム（温水回収）

ホテルや病院ではコージェネレーションを温水で回収し，給湯と空調の両方に利用されることが多い．前2項（〔1〕〔2〕）を組み合わせたものである（図 1.19）．

〔4〕 給湯・空調利用システム（蒸気・温水回収）

大規模なホテル，病院など給湯，空調需要がいずれも大きい場合は，排熱を排気ガスとの熱交換で

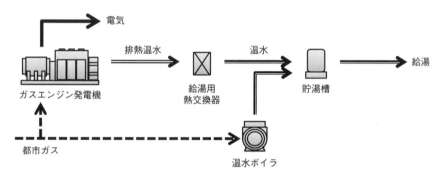

図 1.17 排熱の給湯利用システム

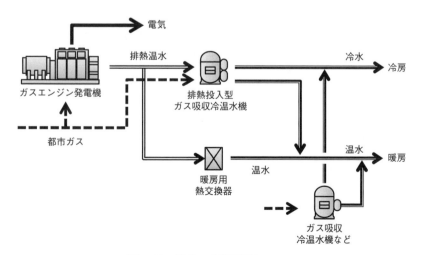

図 1.18 排熱の空調利用システム

第1章　コージェネレーションの基礎

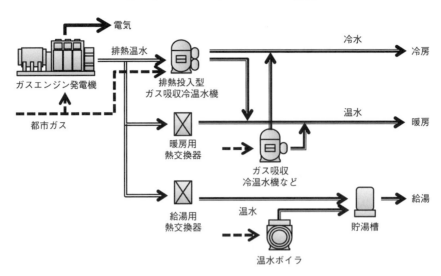

図1.19　排熱の給湯・空調利用システム（温水取出し）

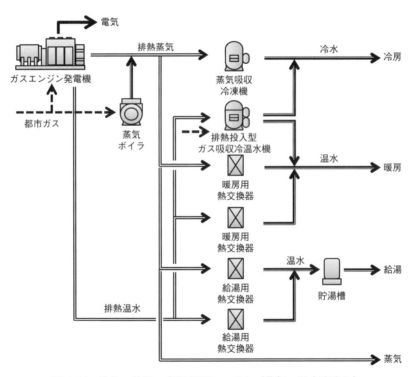

図1.20　排熱の給湯・空調利用システム（蒸気・温水取出し）

得られる蒸気とエンジン冷却水から得られる温水を分離して利用することもある．

　排熱蒸気はエネルギー価値が高く，給湯，暖房はもちろんのこと，蒸気吸収冷凍機を用いて効率的に冷水を製造することができる（排熱温水による冷水製造に比べ変換効率が高い）．病院の滅菌設備やリネン施設では蒸気を直接利用する（図1.20）．

1.3 施設用途とコージェネレーション

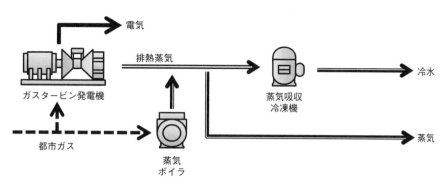

図 1.21　排熱の蒸気利用システム

〔5〕 蒸気利用システム

　蒸気利用システム（**図 1.21**）はガスタービン排熱を用いることが多く，工場のプロセス蒸気供給に用いられる．前述のように，蒸気は蒸気吸収冷凍機を用いて効率的に冷水を製造することができるため，地域冷暖房でも活用される．

第1章　コージェネレーションの基礎

1.3.3 電力利用からみた導入形態

〔1〕 事業継続計画対応の利用（BCP対応）と常用防災兼用発電設備としての利用

　コージェネレーションの効用の一つとして，エネルギー供給信頼性向上があげられる．系統電力停電時にコージェネレーションを稼働させることができれば，一部の電力需要に電力供給を継続できる．2011年の東日本大震災，およびその後の計画停電などの経験から，この電力供給信頼性の効用があらためて認識され，事業継続計画（BCP：Business Continuity Plan）対応の目的でのコージェネレーション設置も多くなった．また，常用防災兼用発電設備としての利用もされている．

1) BCP対応での利用：コンピュータビル（データセンター）など電力供給停止が許されない施設では，信頼性の高い受電方式をとるとともにコージェネレーションの発電継続で事業を継続させる方式がとられることがある．

　　災害拠点病院[*1]では，災害時においても水，電気のライフラインを維持することが求められており，コージェネレーションは電力確保の一手段として採用されることも多い．

　　これらのほか，商業施設や行政施設などでも災害対策のためのBCP対応を検討し，コージェネレーションの導入が進められている．

2) 防災対応（常用防災兼用発電設備）としての利用：消防法，建築基準法では，一定の条件の建築物に対し，非常時（火災・停電）に，消火活動および避難誘導などに必要な電力を確保するための非常用発電設備の設置を義務づけている（付録1.2.3，付録1.3.3参照）．一定の条件を満たせば，常時稼働しているコージェネレーションユニットを非常用発電設備としても利用することが認められる（3.5.2項参照）．このように，常用と非常用を兼用する発電設備を常用防災兼用発電設備と呼ぶ．常用防災兼用発電設備としては，非常用にガス燃料を備蓄するもの，非常用油燃料に切り替えて発電するものがあるほか，一定の条件を満たす供給信頼性の高い中圧ガス導管"ガス専焼ライン"（2.13.3項参照）からのガス供給で備蓄燃料に代替するものがある．

　BCP対応での活用と防災対応としての利用は類似のシステムではあるが，法的な扱いも異なることから，明確に区別しておく必要がある．本書では表1.7に示す方法で表現することとする．

　また，コージェネレーションをBCP対応システムまたは常用防災兼用発電設備として用いる場合には，特別な配慮が必要となる（3.5節参照）．

〔2〕 電気事業でのコージェネレーションの利用

　過去，電力の販売は一般電気事業者に限られていたため，コージェネレーションの発電電力は自家使用するだけであった．しかし，電気事業法改正などの規制緩和により，一定の条件のもとで，発電した電力を他者に販売することが可能となりコージェネレーションの活躍範囲が広がった．2014年の電気事業法改正では一般電気事業者自体の区分がなくなり，さらに活用が期待される（6.2節参照）．

1) 特定供給の利用：特定供給とは，発電機所有者と密接不可分の関係があれば，敷地外であっても他者に対し発電電力を供給できる形態である．熱需要が大きいが，電力需要規模が小さいと，コージェネレーションを導入できるポテンシャルが大きくても，電力供給範囲の制約でコージェネレーションの規模が制約される．特定供給により電力供給範囲が広がることで，より大規模で効率的なコージェネレーションの導入が可能となることがある．

[*1] 阪神・淡路大震災を契機として，厚生労働省は，1996年（平成8年）5月各都道府県知事に対し，"災害時における初期救急医療体制の充実強化について"の通知を行い，災害拠点病院の整備を図っている．

1.3 施設用途とコージェネレーション

表 1.7 本書で用いる停電対応関係の用語

	施設ニーズ関連	法的ニーズ関連
目的	BCP対応	防災対応
	各種災害時，停電時も事業継続を行うために，その施設のニーズとして，必要最小限の電力，水，通信手段などを確保すること	消防法，建築基準法で定められているもので，火災時，停電時に，消火活動，避難誘導など，さらなる災害を防止するために必要な電力供給
電力負荷（需要）	重要負荷	防災負荷
	上記目的のために施設で必要な電力負荷（需要）．病院の生命維持および医療活動に必要な電力，コンピュータビルのサーバー，冷却用の電力など．"保安負荷"または"防衛負荷"と呼ばれることもある	上記目的に必要な電力負荷（需要）．消火設備，排煙設備用電力，誘導灯用電力など，消防法，建築基準法で定められているもの
対応設備	停電対応システム	非常用発電設備
	系統電力停電時，重要負荷に電力を供給するシステム全体	防災対応の発電機
	停電対応機	常用防災兼用発電設備
	停電対応システムに用いられる発電機，コージェネレーションユニット．ブラックアウトスタート対応機とも呼ぶ	コージェネレーションなどの常用発電機で，非常用発電設備を兼ねるもの．一定の条件のもと認定される（**3.5.2項**参照）
その他	ブラックアウトスタート（BOS）	
	系統電力停電時に，いったん発電を停止したコージェネレーションなどの自家発電設備を再起動すること（停電中に停止していた設備を起動することも含む）	
	停電時継続運転システム	
	系統電力停電時に，コージェネレーションなど自家発電設備を停止させることなく運転を経続するもの．また，それにより重要負荷に電力を供給し続けるもの	

2) 特定電気事業の利用：特定電気事業とは特定の地点に対し，一般電気事業者以外の者（特定電気事業者）が電気を供給する事業である．自ら電源を所有し，自らが保有する送配電線を介して電気を供給するが，コージェネレーションを導入すればその排熱を地域熱供給事業に用いることができる．

第2章 コージェネレーションの導入計画

本章では，コージェネレーションの計画初期段階における基本設計および各種評価に関する解説を行う．コージェネレーションについて理解を深め，より適切なシステムの選択を行うとともに，導入の採否を決定する事業性の評価に役立てられたい．

第2章 導入計画

2.1 計画の進め方

　コージェネレーション導入計画の流れを図2.1に示す．導入計画開始にあたっては，まず計画の前提条件となる建物の特性を把握し，電力・冷熱・温熱の各需要を想定する．次に，設置スペースや各種規制を加味したうえで，想定需要に対して適用可能なシステムの計画を行い，エネルギーシミュレーションを行う．得られた結果から経済性，省エネルギー性，環境性およびそれ以外の付加価値がコージェネレーションに期待する効果を上回るかを定量的に評価し，改善の余地があれば計画の見直しを行ったうえで最適なシステムを決定する．

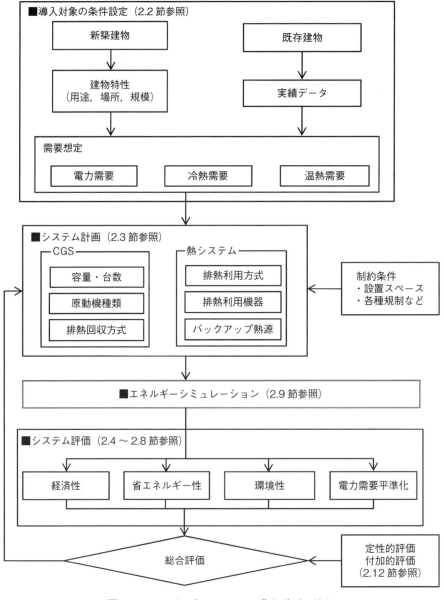

図2.1　コージェネレーション導入計画の流れ

2.2 導入対象の条件設定

2.2.1 建物条件と需要特性

コージェネレーションの導入計画においては，計画建物の需要特性に合わせて，システム計画・運用を行うこととなるが，次に示す需要特性を持つ建物では，コージェネレーションの高い導入効果が期待でき，積極的な検討を行うことが望ましい．

1) 年間を通じて安定した電力，熱需要がある建物：コージェネレーションの負荷率，稼働率を高く維持できることが期待される．
2) 電力需要と熱需要の月別，時刻別パターンが類似している建物：コージェネレーションから発生する電力，熱を有効利用できることが期待される．
3) 建物の熱電比（熱需要を電力需要で割った値）が比較的高い建物：建物の熱電比とコージェネレーションの熱電比が近い場合，より大規模なシステムを導入することができ，導入効果の増加が期待される．

これらの建物では，エネルギーコストの削減が図れ，大きな省エネルギー効果が期待される．また，コージェネレーションの導入に適した建物として，次のような条件を持つ建物も考えられる．

1) 病院，中核オフィスなど，電力，熱ともにエネルギー源を多重化し，信頼性を高める必要がある建物（BCP対応含む）
2) 特別高圧受電を回避したい建物

コージェネレーションの導入検討は，計画建物が上記のような特性を有するかを把握したうえで行う必要がある．各施設用途における熱と電気の利用形態については，**1.3節**を参照されたい．

2.2.2 電力・熱需要の想定

コージェネレーションは建物需要に合わせたシステム計画・運用を行い，エネルギーを有効活用することで効果が最大化される．このため，導入の検討・評価を行うためには，適切な需要想定が必要となる．需要想定は，対象が新築建物であるか既存建物であるかによって手法が異なる．

〔1〕 新築建物での電力・熱需要の想定

新築建物の計画において，特に計画初期の基本計画などの段階では，建物に必要な設備容量の決定のためピーク需要の検討は行うが，年間の電力・熱需要想定を詳細に行うことは少ない．このため，公開された需要想定用のプログラム，公表データや同規模・同用途の建物実績，検討例などを参考に需要想定を行うことが多い．ここでは，検討の参考として代表的な建物モデルにおける需要想定例を示す．

[需要想定例]
（a） 需要想定例の概要

病院，ホテル，事務所，商業施設について建物モデルを設定し，需要想定用プログラムを用いて計算を行った．計算に用いたモデルは，標準的な室構成・運用となっているが，実際の計画建物と異なる場合もあるため，本想定例の活用にあたっては計画ごとに必要に応じて修正を行うことが望ましい．

■建物モデル

"エネルギー使用の合理化に関する建築主等及び特定建築物の所有者の判断の基準"（省エネル

第2章 導入計画

表2.1 建物モデルの概要

用 途	延べ床面積 [m^2]	規 模	備 考
病 院	40 000	地上7階 地下1階	B1～3F：診察室，ロビー，事務室ほか，4～6F：病室，7F：食堂他 土曜，休日の一部診療あり
ホテル	30 000	地上23階	1F：ロビー，ラウンジほか，2～8F：結婚式場，宴会場，9～23F：客室 シティホテルでの需要想定
事務所	20 000	地上14階	1F：受付，事務室，2～14F：事務室 給湯は局所式として算定対象外とした
商業施設	28 000	地上6階	1F：食品フロア，2～5F：売り場，6F：レストラン 延べ床面積に駐車場8 000 m^{2}を含む．給湯は局所式として算定対象外とした

ギー基準）を設定する際に用いられたモデル建物[1]をベースに，建物用途ごとに一般的なコージェネレーションが計画・検討される建物モデルを想定した．需要想定に用いた用途ごとの建物モデルの概要を表2.1に示す．

■需要想定に用いたプログラム
　The BEST Program[*1]　平成25年省エネ基準対応ツール　Ver.1.1.2
■検討条件
　　地　　　域：東京
　冷暖房期間：12月～3月（暖房），4月～11月（冷房）
　設 定 温 度：22℃（暖房），26℃（冷房）
　気象データ：アメダス標準年
　計 算 条 件：上記プログラム標準仕様条件

（b）　需要想定の結果

上記想定のもと試算された床面積あたりの年間需要量（例）を表2.2に示す．

ここで，需要想定例に基づく一次エネルギー消費量を調査データ[2]と比較した結果を図2.2～図2.5に示す．各建物用途において需要想定例の一次エネルギー消費量は，調査データにおける同レベルの延べ床面積の建物群の中央値付近に位置しており，コージェネレーションが計画・検討される規模の一般的な需要想定例になっているといえる．

建物用途ごとの月別，時刻別需要パターンの具体的数値については付録6に示すこととし，ここでは，月別および代表日平日の需要パターンをグラフ化し図2.6～図2.9に示す．なお，需要想定例で示す電力需要は，空調用の熱搬送動力は含むが，空調熱源機器本体の電力は含まない．空調方式に応じて適切な補正を行う必要がある．なお，事務所，商業施設は給湯需要があるものの，個別の給湯設備が設置されることが多いため，当需要想定からは除外している．

上記想定に対する設備容量を計画するための参考値を設備所要容量（例）として表2.3に示す．熱源設備（熱需要）の設備所要容量は，設計条件によって計算された最大需要量に余裕率を式（2.1）のとおり見込んだ値である．

　[*1] 建築物の省エネルギー，省CO$_2$対策を検討できるよう，建築物の計画・設計段階から運用段階にわたる，総合的なエネルギー消費量を算出できるツール．建築環境・省エネルギー機構を事務局として開発された．

2.2 導入対象の条件設定

表 2.2 年間需要量（例）

			病院	ホテル	事務所	商業施設
電力需要		kWh/m²	209	183	115	284
熱需要	冷房	MJ/m²	363	366	295	627
	暖房	MJ/m²	162	200	56	188
	給湯	MJ/m²	270	420	−	−

表 2.3 設備所要容量（例）

		単位	病院	ホテル	事務所	商業施設
電力需要		W/m²	51	31	37	62
熱需要	冷房	kJ/(m²·h)	392	472	357	691
	暖房	kJ/(m²·h)	298	369	268	366
	給湯	kJ/(m²·h)	98	300	−	−

$$\text{設備所要容量} = \text{設計条件による最大需要量} \cdot K_1 \cdot K_2 \cdot K_3 \cdot K_4 \cdot K_5 \cdot a \quad (2.1)$$

ここで，

$K_1 \cdot K_2 \cdot K_3$：ポンプ負荷・配管損失・装置負荷係数（$K_1 \cdot K_2 \cdot K_3 = 1 \sim 1.05$）[3]

K_4：経年係数（$= 1.05$）[3]

K_5：能力補償係数（$= 1.05$）[3]

a：将来想定される負荷増などを勘案した余裕率（$= 1.10$）[4]

余裕率は施設設備の状況に応じ適宜適用されたい．

第 2 章 導 入 計 画

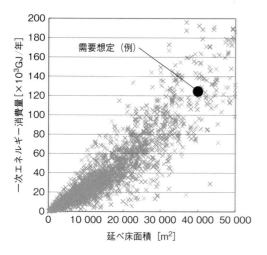

図 2.2 調査データとの比較（病院）

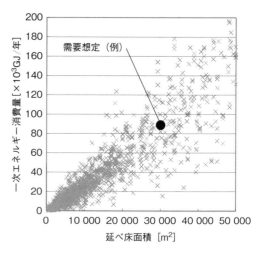

図 2.3 調査データとの比較（ホテル・旅館）

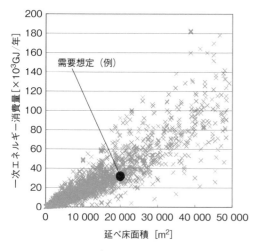

図 2.4 調査データとの比較（事務所）

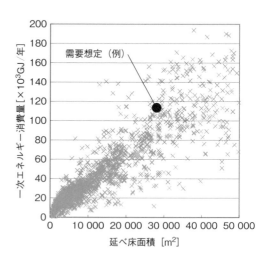

図 2.5 調査データとの比較（商業施設）

2.2 導入対象の条件設定

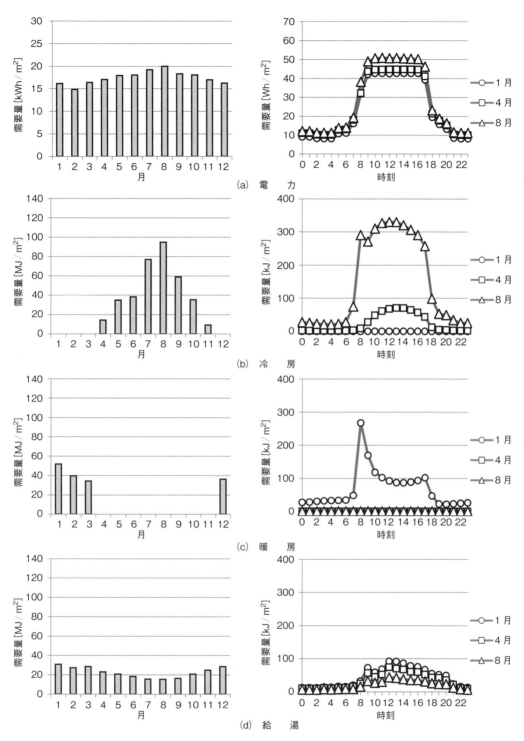

図2.6 月別および代表日需要パターン（病院）

第2章　導入計画

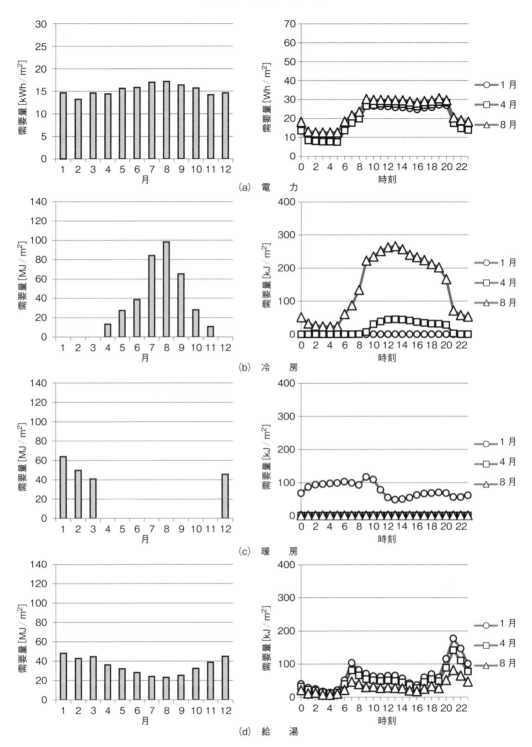

図2.7　月別および代表日需要パターン（ホテル）

2.2 導入対象の条件設定

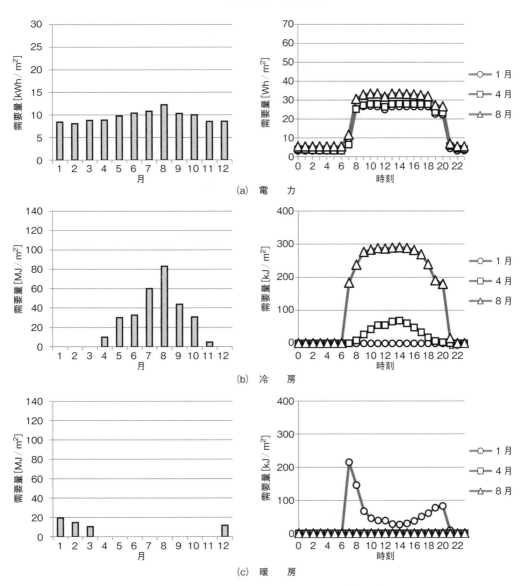

(a) 電　力

(b) 冷　房

(c) 暖　房

図 2.8 月別および代表日需要パターン（事務所）

第 2 章 導 入 計 画

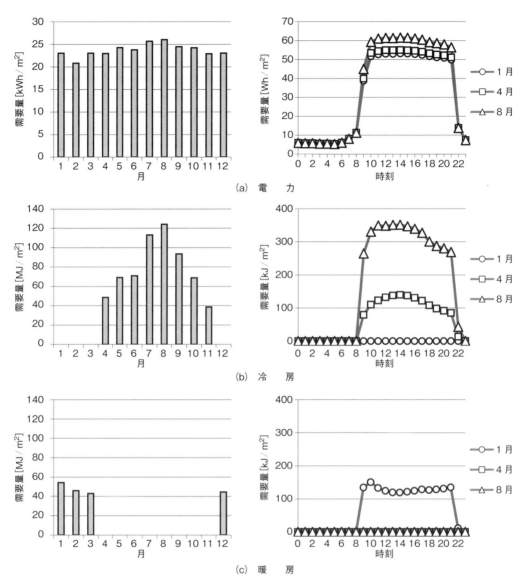

図 2.9 月別および代表日需要パターン（商業施設）

2.2 導入対象の条件設定

〔2〕 既存建物での電力・熱需要の推定

既存建物へのコージェネレーション導入を検討する場合，エネルギー使用実績，空調などの運転実績を整理し需要推定を行う．コージェネレーションの導入検討が行われる中・大規模建物では，BEMS（Building Energy Management System）（**5.7.3項**参照）などの管理システムが導入されていることが多く，これらのデータを活用することで精緻な電力・熱需要の推定を行うことができる．需要推定にあたっては，実績データを単純に整理するだけでなく，実績データ収集期間の建物状況（入居率・稼働率など），気象条件（冷夏，暖冬などの特異な条件でないか）を確認し，必要な補正を行う．また，コージェネレーションは長期にわたって運用されるため，将来の建物運用計画を把握し，需要推定に反映する必要がある．なお，既存建物の管理データが不十分な場合は，前記〔1〕新築建物での需要想定で示した公開プログラムや試算例を活用し，管理データの不足部分を補う必要がある．既存建物で検討を行う際の具体的な手順について以下に解説する．

（a） 竣工図面，完成図書の入手

以下の図面類，完成図書を入手し，既存システムの構成を把握し，需要推定の基礎とする．なお，改修などにより現地が図面と異なる場合は改修図面，ヒアリング，現地調査などにより最新の状況を把握する必要がある．

- ・特記仕様書
- ・電気設備図（単線結線図，中央監視機能一覧・入出力一覧など）
- ・空調設備図（機器表，系統図，自動制御フロー図など）
- ・衛生設備図（給湯・給水系統図など）
- ・完成図書（主要機器のみ）

（b） 実績データの入手

建物によって入手可能なデータが異なるが，以下のデータを入手することを目指す．データは月別データ（月報），時刻別データ（日報）を入手する．時刻別データについては365日のデータがあることが望ましいが，各月1週間分，もしくは各月平日，土曜，休日の代表日で代用することもある．

- ・受電量
- ・熱需要：熱量計測が行われていない場合，エネルギー使用量（電力，都市ガス，油など）から推計を行う．機器やヘッダの冷温水温度などを参考に補正などを行う．
- ・燃料使用量
- ・上下水使用量
- ・日報データ

（c） 需要データの推定

入手実績データを整理し，需要推定を行う．一般には月別需要量，平日，土曜，休日別の平均的な時刻別需要量として整理する．施設によって特異日がある場合は，別整理とする．

参　考　資　料

1） 平成25年度住宅・建築物の省エネルギー基準解説書編集委員会：平成25年度省エネルギー基準に準拠した算定・判断の方法及び解説Ⅰ非住宅建築物（第二版）（2014-4/1），pp.464〜487
2） 日本サステナブル建築協会：DECC 非住宅建築物の環境関連データーベース
　　統計処理情報（2013-4）pp.22〜24 より作成
3） 公共建築協会：建築設備設計基準（平成21年版），p.324
4） 空気調和・衛生工学会：空気調和衛生工学便覧（第14版）3．空気調和設備編，p.79

2.3 エネルギーシステムの計画

本節ではコージェネレーション導入検討に必要となる施設全体の電気システムおよび熱システムなどの計画条件と考え方について解説する．選択する条件によってシステムの適用可否や事業性が変わるため，それぞれの特性をよく理解したうえでシステムを計画することが重要となる．

2.3.1 電気システムの計画

〔1〕 契約電力と受電電圧

契約電力は30分単位の平均使用電力のうち年間で最も大きくなる値（最大需要電力）で，この値をもって電気事業者と電力需給契約を結ぶ．コージェネレーションを導入する建物の契約電力は，**2.2.2項**で解説した電力最大需要量からコージェネレーションの発電能力を差し引いた値で設定する．

また，受電電圧は契約電力の規模により決定される．契約電力と電圧の関係を**表2.4**に示す．業務用電力契約は主に業務用建物，動力負荷契約は主に工場で用いられる．

〔2〕 系統連系方式と系統分離方式

コージェネレーションの電力供給方式は，発電機を系統電力と同期させ並列運転する系統連系方式と，発電電力と系統電力を接続せずにそれぞれ別系統で電力需要に供給する系統分離方式に分けられる．それぞれの方式の特徴を**表2.5**に，概念図を**図2.10**に示す．系統連系方式は受電点に保護装置を設置する必要があり（**表5.6参照**），コージェネレーションの規模が小さい場合に保護装置の費用がその他の設備費用に対し割高であるためコスト面で不利であった．しかし，近年ではインバータによる連系技術の開発が進みコストが大幅に圧縮され，規模の大小を問わず電力の質や運用において優位となる系統連系方式が一般的に採用されている．

〔3〕 系統連系要件

コージェネレーションを系統連系する場合，保護装置などの必要設備や運用条件に関し電気事業者と協議を行い設定する必要がある．このとき計画されるべき技術要件を規定するものとして，"電力品質確保に係る系統連系技術要件ガイドライン"および"電気設備の技術基準の解釈"がある．また，これらを補足する民間規程として"系統連系規程（日本電気協会 JEAC 9701-2012）"がある．

表2.4 契約電力と受電電圧の関係

契約電力	受電電圧の種類	
	業務用電力契約	動力負荷契約
～50 kW 未満	低圧	200 V 100 V
50～2 000 kW 未満	高圧　　　6.6 kV	高圧　　　6.6 kV
2 000～10 000 kW 未満	特別高圧　22 kV 　　　　　33 kV	特別高圧　22 kV 　　　　　33 kV
10 000～50 000 kW 未満	特別高圧　66 kV 　　　　　77 kV	特別高圧　66 kV 　　　　　77 kV
50 000 kW 以上		特別高圧　154 kV

2.3 エネルギーシステムの計画

表 2.5 系統連系方式と系統分離方式の特徴

	系統連系方式	系統分離方式
概　要	発電機を系統電力と同期させ，並列運転する方式	発電電力と系統電力を接続せずに，それぞれ別系統で電力需要に供給する方式
電力の質	電圧・周波数が連系された系統電力と同一となるため，安定する	発電機の特性によるが，急激な負荷変動などに対し不安定となる
電力システム	保護装置や母線連絡用遮断器が必要となるが，コージェネレーションがない電力システムから大きく改造する必要はない	保護装置は不要であるが，負荷の選択のため，コージェネレーションがない電力システムから大幅な改造が必要となることが多く，複雑となる
運　用	電力供給対象が建物全体のため，高負荷での運転を実現できる	電力供給対象が選択負荷に限られるため，低負荷で運転する恐れがある．また，急激な負荷変動に対応するため，定格能力の80％程度以下の負荷率で運用される

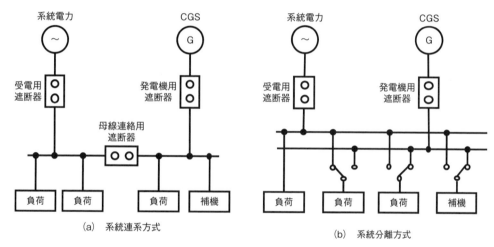

図 2.10 系統連系方式と系統分離方式の概念図

〔4〕 逆潮流の有無

コージェネレーションの電力供給方式として系統連系方式を採用する場合，建物の電力需要を超えて発電した余剰電力を電力系統に送り出す場合があり，これを逆潮流と呼ぶ．逆潮流の有無は計画段階において電気事業者と協議のうえ設定する．一般ビルでは逆潮流なしのシステムが多いが，コージェネレーションの運転稼働率向上を目的として，構内電力需要が少ない場合の系統電力を限りなくゼロに制御する（瞬時に系統側に電力を流す）ために逆潮流ありのシステムを採用することもある（3.4.1〔7〕参照）．逆潮流ありの場合は余剰電力を電気事業者に売電することも可能であるが，発電単価に対して買取単価が見合わず，経済的メリットが得られないことが多い．

電気設備としては，逆潮流なしの場合は逆潮流を防止する保護装置の設置が必要であり，逆潮流ありの場合は系統事故時の安全確保のための転送遮断装置・無電圧確認装置または単独運転検出装置の設置が必要である．

〔5〕 最 低 買 電 量

逆潮流なしの系統連系方式を選択した場合，前述の通り逆潮流を防止するための保護装置を設置す

第2章 導 入 計 画

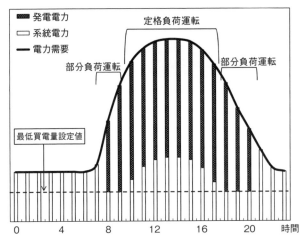

図2.11 最低買電量を考慮した運転パターン例

る必要がある．具体的には一定時間設定値以上の逆潮流が発生した場合に動作する逆電力継電器（RPR）と，一定時間買電量が設定値以下となった場合に動作する不足電力継電器（UPR）があり，いずれかが動作するとコージェネレーションを系統電力から切り離さなければならない（ただし，不足電力継電器は電気事業者との協議により省略可能となる場合もある）．したがって，これらが動作しないように一定の買電量（最低買電量）を確保しながら運用を行うため，場合によってはコージェネレーションを部分負荷で運転させなければならないこともある（概念図を図2.11に示す）．また，ここで瞬間的な負荷変動が発生した場合は，コージェネレーションが変動に追従できないため，電力容量の大きな負荷が停止した場合にも最低買電量を下回らないような設備計画が必要である．

〔6〕 自家発補給電力契約

系統連系システムにおいて，発電設備の検査・補修または事故の際に生じた不足電力にあてるために供給される電力を自家発補給電力といい，電力需給契約に加えて自家発補給電力契約を電気事業者と結ぶことになる．自家発補給電力の容量は一般的に発電設備の定格出力（複数台設置の場合は1台分の容量．異なる容量の場合は，最大の発電設備の容量）とする．電気事業者は配電線に同契約容量に相当する送電容量をあらかじめ確保しておくことになるため，有償となる．基本料金は以下の式で計算される．

　　　基本料金（自家発補給電力使用月）
　　　　＝電力需給契約基本料金×自家発補給電力契約容量×1.1
　　　基本料金（自家発補給電力不使用月）
　　　　＝電力需給契約基本料金×自家発補給電力契約容量×1.1×0.3（※）
　　　　（※）業務用電力契約の場合．業務用以外の場合は0.2となる．

自家発補給電力使用月は不使用月と比較して割高な料金となるため，なるべく自家発補給電力を使用しないよう発電設備の運転時間や定期検査時期を計画する．

また，近年の電力自由化を受けて一つの需要家に対して複数の電気事業者と電力需給契約を結ぶことができるようになった．これを部分供給という．この制度を利用して自家発補給電力契約分を電力需給契約とは別の電気事業者と契約締結することが可能となった．

2.3 エネルギーシステムの計画

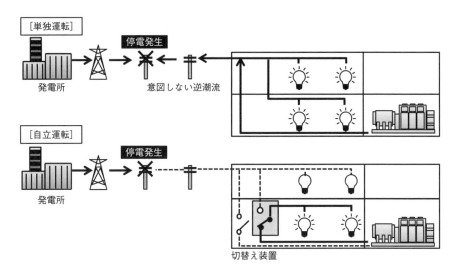

図2.12 単独運転と自立運転

〔7〕 単独運転と自立運転

単独運転とは電力系統の事故などによって系統側の送電が停止した後も、発電設備の運転が継続され、意図しない局所的な電力供給が継続される状態のことをいう（図2.12上段）。単独運転状態では、系統復旧にあたる作業員が感電する可能性もあり、また系統電力が復電する際に非同期投入状態となり影響の大きい事故に至る恐れがあるため、単独運転状態となることは避けるよう計画する必要がある。

一方、自立運転とは発電電力と系統電力が連系しない状態で、発電設備が自立して構内の電力需要に対し意図的に給電している状態をいう（図2.12下段）。系統分離方式のシステムや系統停電時の重要負荷への給電は、自立運転の状態となる。

2.3.2 運 転 形 態

〔1〕 電主熱従運転と熱主電従運転

コージェネレーションの運転形態として、電主熱従運転と熱主電従運転がある。それぞれの運転パターンの例を図2.13に示す。電主熱従運転は建物の電力需要に追従して発電する方式であり、発電出力に応じて排熱が回収される。建物に十分な熱需要がない場合は、コージェネレーションより発生した排熱は冷却塔などにより放熱する。逆に、熱主電従運転は建物の熱需要に追従して発電設備を運転する方式である。発電電力が建物の電力需要を上回るときは、系統電力に逆潮流するか発電出力の調整もしくはコージェネレーションの停止を行う。一般的には電主熱従運転が選択され、電力需要平準化やデマンド抑制を考慮した運用が行われることが多い。

〔2〕 運 転 時 間

コージェネレーションの運転方式として、毎日朝運転を開始し夜に停止を行うDSS（Daily Start and Stop）運転と24時間運転がある。また、24時間運転には月曜日に運転を開始し週末に停止するWSS（Weekly Start and Stop）運転と呼ばれる運転方式もある。多くの建物では夜間、休日は電気・熱需要が平日昼間に比べて少なく、コージェネレーションの運転によるメリットが得にくいため、契約電力超過の恐れがない場合はDSS運転で運用するケースが多い。

第2章 導 入 計 画

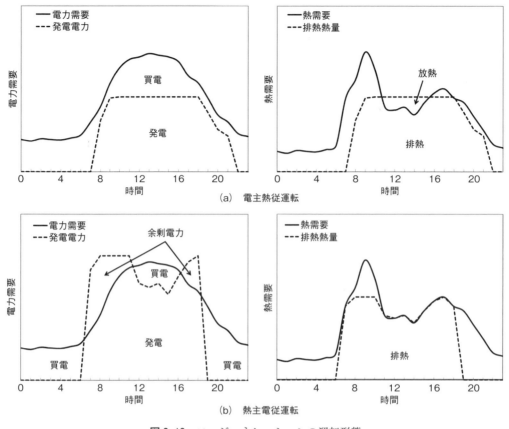

図2.13 コージェネレーションの運転形態

2.3.3 発電設備の計画

〔1〕 原動機の設定

コージェネレーションの原動機は，1.2節に記述した特徴に留意して設定する．

〔2〕 容量と台数の設定

コージェネレーションの主機である発電設備の容量や台数の設定において最も重要なことは，作り出した電気と熱を合理的に活用し年間を通じたメリットが最大となるよう機種・容量を選定することである．選定した容量が過大の場合，建物エネルギー需要の大きくなる一時的な期間だけ見れば得られる効果が大きいが，建物エネルギー需要が小さい期間は作り出した熱を使いきれず，低い負荷率で運転せざるを得なくなるため，総合的にみると効果が小さくなる．建物の用途や稼働時間によって異なるが，一般的には発電設備の総容量を建物の最大電力需要の20～40％程度とすることで年間を通じて電力・熱がバランスよく消費できる場合が多い．以下に，容量・台数設定時の留意点を示す．

（a） 運転時間と容量の決定

コージェネレーションの運用において，省エネルギー性・環境性を高めるには電気と熱を合理的に利用できる範囲でシステム規模をできるだけ大きくし，高負荷かつ長時間運転することが重要である．一方で経済性に関しては電気事業者と締結する電力契約や，季節や曜日・時間帯により変化する電力従量料金と密接なかかわりを持つため，単純に長時間運転することが経済性に繋がるとは限らない．

2.3 エネルギーシステムの計画

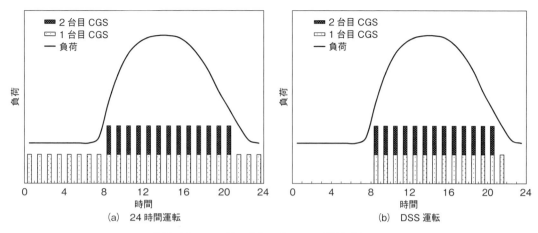

図 2.14 コージェネレーションの運転パターン

このため，それぞれのバランスを考慮して発電設備の容量，台数，運転時間を設定する必要がある．図 2.14 に，24 時間運転の運転パターン例と DSS 運転の運転パターン例を示す．24 時間運転の場合，発電設備の単機容量はできるだけ長時間運転できるようベース需要を超えない程度で選定する．合わせてエネルギー需要が大きくなるにつれて，2 台目以降を稼働させピーク需要を補うように台数を設定する．DSS 運転の場合は，電力従量料金の安い夜間は停止し，昼間のピークカットを主体とした運転を行うことが一般的である．発電設備の総容量は目標とする契約電力値を考慮しながら，年間を通して昼間に電気および熱を供給できる容量を検討する．台数は時間別・季節別の需要パターンの特性に応じて運転中の発電設備が高い負荷率を維持するように台数分割を検討する．休日の稼働については施設の稼働計画をみて判断する．

（b）特別高圧受電回避を検討する場合

建物電力需要のピークが 2 000 kW 以上となる場合，一般的には電気事業者と特別高圧受電の需給契約を結ぶことになるが，コージェネレーションの導入により系統受電電力最大値を 2 000 kW 以下にすることができれば，設備費が高価な特別高圧受電を回避することができる．このとき，系統受電電力最大値としては，契約電力と自家発補給電力契約（2.3.1 項〔6〕参照）の契約量を加算して判断する必要がある．例えば，図 2.15 のケースでは全買電（コージェネレーションなし）の場合，系統受電電力最大値が 2 000 kW を超えるため，特別高圧受電設備が必要となる．一方，コージェネレーションを導入するケースでは，契約電力と自家発補給電力契約を合算しても 2 000 kW を下回ることができるため高圧受電となる．

（c）BCP 対応システムとする場合

BCP 対応を重視してコージェネレーションを設置する場合は，非常時に賄うべき重要負荷以上の容量設定が必要となるほか，停電時に再起動する場合の投入容量，複数台設置の場合の稼働，および自立運転中の負荷変動などで注意すべき点があるので，計画初期段階から詳細な検討を行い容量・台数を設定する（3.5 節参照）．

（d）常用防災兼用発電設備とする場合

コージェネレーションを消防法などで設置が義務づけられる非常用発電機として利用する場合，賄うべき防災負荷以上の容量設定が必要となるほか，消防法上の認証機を採用する必要があるなど各種制約があるため，計画初期段階から詳細な検討を行い容量・台数を設定する（3.5 節参照）．

第2章 導 入 計 画

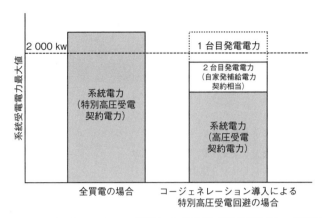

図2.15 コージェネレーション導入による特別高圧受電回避の設備設定例

2.3.4 熱システムの計画

〔1〕 熱利用形態の設定

コージェネレーションの排熱利用形態は**1.3.2項**で解説したパターンがある．排熱利用目的である給湯（加温），暖房，冷房の三つの用途の組合せは，次の3通りが一般的であり，その順序に従い検討する．

1) 給湯のみ：給湯需要やプール加温需要などが十分にあり，年間にわたり排熱の利用率を高く維持できる場合．
2) 給湯＋暖房：給湯のみでは排熱が余るため，期間需要ではあるが，安い設備投資で暖房にも利用する場合．
3) 給湯＋暖房＋冷房：給湯＋暖房ではまだ排熱が余るため，設備投資を行っても，冷房を加え，排熱の利用率を高める場合．

ここで，**表2.6**に熱利用形態ごとのエネルギー効率を示す．バックアップ熱源とはコージェネレーションの停止中または排熱エネルギーが熱需要に対して小さい場合に，不足分を補完する熱源を示す．コージェネレーションを含めた熱源システム全体の効率は，機器効率／バックアップ熱源効率比によって評価することができ，この値が大きいほど導入効果が高いといえる．

排熱の給湯利用は，機器効率／バックアップ熱源効率比が1.15と高く，通年需要であり，設備投資が比較的小さいため，最も効率的な利用形態である．

暖房に利用する場合は，同比は1.15と高く，設備投資金額が少ないというメリットはあるものの，期間需要であり年間を通じての利用熱量は必ずしも多くない．

冷房に利用する場合は，排熱回収方式や使用機器によって同比は0.52～1.06と変動する．投資金額は割高であるが，近年冷房は通年需要に近い状態となっており，安定した需要であるので検討を行う必要がある．

〔2〕 排熱利用熱源機の設定

排熱を給湯・暖房で利用するシステムでは，熱交換器やコイル付貯湯槽を使用する．熱交換容量はコージェネレーションの排熱熱量に等しくなるように設定する．

排熱を冷房で利用するシステムでは，各種吸収冷凍機（**1.2.4項**参照）を使用する．機器の総容量は建物の冷熱需要のピークに合わせて選定する．排熱投入型ガス吸収冷温水機を使用する場合は，排熱利用能力がコージェネレーションの排熱熱量を上回るように設定するのが一般的である．この際，

2.3 エネルギーシステムの計画

表2.6 各熱利用形態のエネルギー効率

利用用途	給湯	暖房	冷房	
排熱回収方式	温水・蒸気	温水・蒸気	温水	高圧蒸気 (0.78 MPaG)
排熱利用機器	熱交換器・貯湯槽	熱交換器	温水吸収冷凍機・排熱投入型ガス吸収冷温水機	蒸気吸収冷凍機
排熱利用機器効率（COP）概数	1.0	1.0	0.7～0.8	1.16～1.43
バックアップ熱源	ボイラ	ボイラ・ガス吸収冷温水機	ガス吸収冷温水機	ガス吸収冷温水機
バックアップ熱源効率（COP）	0.87	0.87	1.35	1.35
排熱利用機器効率／バックアップ熱源効率	1.15	1.15	0.52～0.59	0.86～1.06

排熱投入型ガス吸収冷温水機は部分負荷運転時に排熱利用量が高くなる特性を有する点に注意する（3.3.2項〔3〕参照）．

また，冷温水機を複数台設置する場合は，すべての冷温水機を排熱投入型ガス吸収冷温水機とすることが望ましい．これは，冷房需要が少ない時期（中間期～冬期）に各冷温水機のローテーション運転を可能とし，設備の長期停止を防止するためである．

〔3〕 バックアップ熱源の設定

熱システムにおいては，コージェネレーションの運転パターンや定期点検時の停止を考慮して排熱回収が不可能となった場合のバックアップ熱源を必ず設置する．排熱投入型ガス吸収冷温水機は排熱回収が停止する場合でもガス燃料の燃焼によりその機能を維持するため，バックアップ熱源ともなりうるが，蒸気や給湯用温水に関してはボイラなどの設置を計画する．また，実運用時にはバックアップ熱源よりコージェネレーションの排熱が優先的に消費されるような設定値を検討し，バックアップ熱源の使用は必要最低限とすることが望ましい．

2.3.5 主な建物用途での配慮事項

〔1〕 病　　院

病院では，高度医療機器，電子カルテや事務室のOA機器の増加により消費電力量は増加傾向にある．また，大規模な病院では殺菌・ちゅう房・洗濯・空調などに温水や蒸気を使うため，他の建物用途と比べて熱需要は多く，コージェネレーションを適用しやすい．さらに，災害時に重要な役割を果たす病院にとって，電源セキュリティー向上などBCP対応は重要であり，この点においてもコージェネレーションに対する期待は大きい．

計画のポイントは，次のとおりである．

1) 病床数の多い病院では，休日・夜間でも相応のエネルギー消費があるため適切な発電容量を選定すれば，高負荷率で長時間稼働できるシステムを組むことができる．
2) 熱回収は蒸気・温水回収方式を適用し，熱利用は給湯・冷房・暖房・直接蒸気利用などから効

第2章 導入計画

率のよい利用形態を選択する．
3) 蒸気を殺菌・滅菌の目的で使用する場合，適切な水処理が必要となる．
4) 災害拠点病院ではBCP対応として停電対応システムを設定するが，施設の電力維持計画との調整を十分に行う．

〔2〕 ホ テ ル

ホテルは，給湯需要が年間を通じ発生し，規模・形態によっては冷房・暖房需要も大きいため，コージェネレーションの排熱が効率的に利用しやすい傾向にある．さらに，夜間や休日も営業しているため長時間運転され，高い省エネルギー効果が期待できる．

計画のポイントは次のとおりである．
1) ビジネスホテル，シティホテル，リゾートホテルなど操業形態によって需要パターンが異なる．
2) リゾートホテルなどの場合，夏期の休日が電力需要のピークとなる場合がある．このとき電力デマンド削減のため，休日に運転が必要となる場合もある．
3) 熱回収は一般的に中小規模のホテルであれば全温水回収，大規模のホテルであれば蒸気・温水回収とすることが多い．
4) 熱利用は給湯・暖房で排熱回収量を通年消費できる場合はこれを優先的に考え，余剰が出る場合は給湯・暖房・冷房の組合せとする．

〔3〕 大規模事務所

事務所ビルは，インテリジェント化によりOA機器の導入が増加している一方で，建築および設備の高気密化・高効率化が進んでいるため電力需要は減少傾向にある．また，LED照明の普及により照明設備からの放熱が小さくなり，冷房需要は減少，暖房需要は増加している．最近では，店舗や施設を兼ねた複合ビルも多くなり，エネルギーの使用形態が多様化している．

計画のポイントは，次のとおりである．
1) 熱回収は一般的に全温水回収とし，熱利用に関しては給湯需要が少ないため主に空調（冷房，暖房）に利用する．
2) 平日夜間・休日は平日昼間と比べて極端にエネルギー需要が少ないため，コージェネレーションの運用は平日昼間に限られる．運転時間が短いと各種メリットも出にくいため，運転時は負荷率を高く保ち，回収熱量を確実に消費できるシステム容量を選定する．

〔4〕 大規模商業施設

最近のショッピングセンターや百貨店では，集客力を高めるためさまざまな工夫がなされており，その規模はより大型化している．エネルギー需要の特徴としては電力需要が熱需要に比べて大きく，熱需要は冷房用途が大半を占める．

計画のポイントは，次のとおりである．
1) 電力需要が大きいため，ピークが2 000 kWを超える場合はコージェネレーションによる特高回避の可能性について検討する．
2) 熱利用は冷房を主とし，余剰分で暖房・給湯を計画する．
3) 季節ごとの熱需要のピーク差が大きいため，台数分割することで高負荷での運転を計画する．

2.4 導入効果の評価の考え方

コージェネレーションの効用として，経済性，省エネルギー性・環境性などがあげられるが，導入を検討する際には，これらを適切に評価することが重要である．本節では，コージェネレーションの評価を行うための基本的な考え方を解説する．

2.4.1 比較対象の考え方

コージェネレーションの導入に限らず，省エネルギー対策，省 CO_2 対策を行う場合，または行った場合の効果を評価する方法を考える．これらの対策の評価としては，施設のエネルギー量，CO_2 排出量を推計または計測し，対策前後で比較するという方法が考えられるが，この方法では対策自体の効果を適正に評価できるとは限らない．なぜならば，施設のエネルギー量や CO_2 排出量は，対策以外の要因，例えば営業時間の延長や用途変更などで変化するからである．対策の効果を取り出して評価するためには，"対策がなされなかった場合"（ベースラインと呼ぶ）を想定し，すなわち対策以外の要因が変化しない場合を想定し，比較評価を行う必要がある（図 2.16）．

対策効果を評価するために，"導入前"，"導入後" の比較を行う場合も多いが，この場合 "導入後" は当該対策導入以外の要因は，導入前と同じという想定でベースラインを設定していると解釈できる．計測などを行って実績で導入前，導入後の差を評価する場合は，対策以外の要因が大きくないかどうかのチェックを行い，対策以外の要因の影響が大きい場合は，補正をするなどの工夫が必要である．

コージェネレーションの場合は，発電する電力がなければ系統電力で賄っていた，排熱がなければボイラで賄っていたなどの想定をしてベースラインを設定し，比較評価することが不可欠である．

新設建物でコージェネレーションの導入を検討する場合は，コージェネレーションが設置されない建築物をベースラインとして想定し，比較評価することになる．既存建物の場合は，従前システムが使い続けられているというベースラインを設定することもでき，また熱源設備の改修時期であれば，別のシステムが新規に導入されるというベースラインを設定することもできる．これらは，状況に応じて判断することになる．

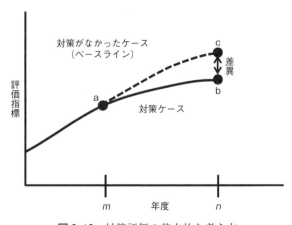

図 2.16 対策評価の基本的な考え方

2.4.2 評価範囲の設定

コージェネレーションを評価する場合には，コージェネレーションが賄うエネルギーの範囲で評価する場合と，施設のエネルギー系統全体で評価する場合がある．

コージェネレーションの系統だけで評価すると，電気料金，ガス料金などが施設全体に対する設定がなされているため，経済性に関し適正な評価ができない．一方，施設全体で評価すると，施設の大きさに対するコージェネレーション容量が小さい場合，その効果が表現されにくい．

前者ではコージェネレーションの効果を明確にすることができるが，採用可否を判断する経済性まで評価する場合は後者のエネルギー系統全体で評価を行う必要がある．

図2.17，図2.18に排熱を給湯利用する場合の両者の比較例，図2.19，図2.20に排熱を給湯と空調に利用する場合の両者の比較例を示す．

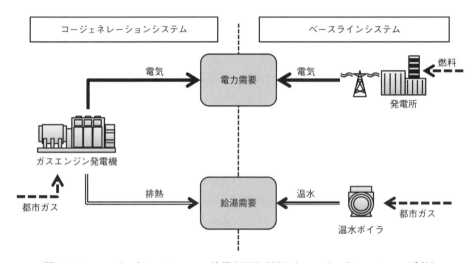

図2.17　コージェネレーションの給湯利用比較例（コージェネレーション系統）

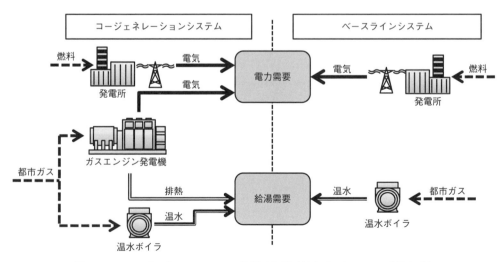

図2.18　コージェネレーションの給湯利用比較例（エネルギー系統全体）

2.4 導入効果の評価の考え方

なお,このような比較の際には,コージェネレーションの場合とベースラインの場合で,同等の需要(図中の"電力需要","給湯需要","冷房需要","暖房需要")を賄うとして評価試算を行うことが重要である.

また,いずれの場合も,コージェネレーション設置によって増加する補機の動力なども加味することが必要である.

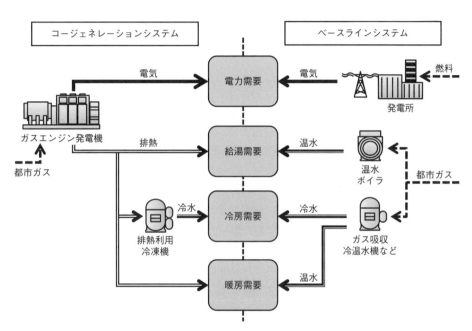

図 2.19 コージェネレーションの給湯空調利用比較例(コージェネレーション系統)

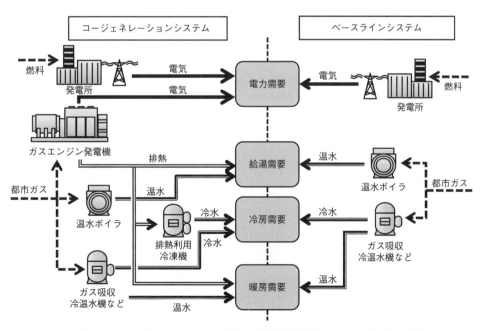

図 2.20 コージェネレーションの給湯空調利用比較例(エネルギー系統全体)

2.5 経済性の評価

コージェネレーションの導入計画において，特に需要家にとって経済性の評価は重要な評価項目となる．経済性の評価は，年間のエネルギーシミュレーションを行った後，イニシャルコストとランニングコストを算出し，ベースラインシステムとの比較により行う．コージェネレーションの経済性は，その代表的な効果である省エネルギー性・環境性と密接な関係があるものの，最適点は必ずしも一致しないため，設計者は省エネルギー性・環境性という社会的意義と経済性の両者を考慮して導入検討を行う必要がある．

2.5.1 設備費の計算

コージェネレーションの設備費としては，図2.21に示す通りさまざまな範囲が考えられるが，一般に太線の範囲内をコージェネレーション導入による増分として経済性の評価を行うことが多い．排熱利用機器として排熱投入型ガス吸収冷温水機（ジェネリンク）を用いる場合のイニシャルコストの範囲例を図2.22に示す．

なお，検討初期段階では，コージェネレーションシステム本体のコストは発電容量［kW］あたりの原単位で概算評価することが多く，主要機器の原単位を調査しておくことが望ましい．一般に，発電容量が大きくなるほど，発電容量あたりの単価が安くなる傾向がある．

また，コージェネレーション導入によるイニシャルコストの減額要素としては，以下の項目がある．
1) 特別高圧受電回避による受電設備コスト削減
2) 常用防災兼用発電設備の採用による非常用発電設備の容量減
3) 排熱利用による他熱源設備の容量減
4) 税額控除や特別償却などの税制優遇や公的助成制度など

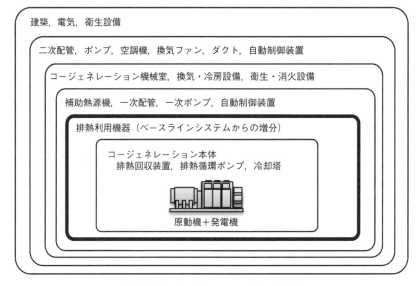

図2.21 イニシャルコストの範囲

2.5 経済性の評価

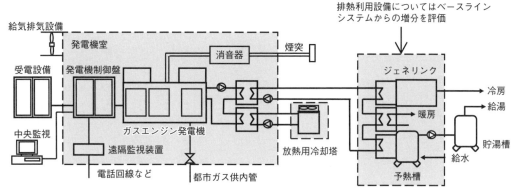

図 2.22 イニシャルコストの範囲例

2.5.2 エネルギー料金

エネルギーシミュレーションにより得られたエネルギー使用量をもとにエネルギー料金の算定を行う．算定にあたっては，各供給事業者より購入量，購入パターンなどに応じてさまざまな料金メニューが用意されているため，最適な料金メニューを選択し算定を行う必要がある．また，コージェネレーションの導入前後でエネルギーの購入量が大きく変化するため，最適な料金メニューが異なる場合もあり，注意が必要である．なお，電力事業，ガス事業とも全面自由化に向けた動きが活発化しており，今後は従来と異なる供給事業者や料金メニューが適用可能となることが期待される．コージェネレーションの導入効果が一変することも考えられるため，常に最新の動向に気を配る必要がある．以下に，電力料金，燃料料金における料金算定上の注意事項を示す．

〔1〕 電 力 料 金

契約電力と使用電力量によって基本料金と従量料金が算定される．基本料金は契約電力に単価を乗じて算定するが，力率に応じた割引制度を考慮する必要がある．従量料金は料金メニューによっては時間帯別の料金が設定されており，メニューに応じた電力使用量の集計が必要となる場合がある．また，コージェネレーションを導入した場合には，定期点検時や故障時のバックアップのために自家発補給電力契約を結ぶ必要がある．系統連系を行う場合，電力会社の系統周波数などの維持費用としてアンシラリーサービス料金が必要となるが，前述の自家発補給電力契約分は対象外である．

〔2〕 燃 料 料 金

燃料が都市ガスの場合，各ガス事業者によって，またガスの使用量，負荷率，使用機器によって料金体系が異なるため，当該地域のガス事業者と個々に打合せを行い，適切な料金算定を行う．

2.5.3 メンテナンス料金

コージェネレーションを設置後，各機器を常に良好な状態に保ち，信頼性，安全性を維持するとともに計画時の経済性を発揮するには，日常点検に加えて計画的な定期点検が必要である．定期点検は，項目ごとに運転時間による点検周期が決められており，コージェネレーションの運転時間により点検頻度が異なるため，メンテナンス料金が増減する．また，メンテナンス料金は，定期点検に必要な費用と故障時の対応費用となるが，表2.7 に示す通り故障時の対応費用を含めたフルメンテナンスでの

第2章 導入計画

表2.7 メンテナンス契約の種類

	定期点検 (作業費・交換部品費)	法定点検	故障時対応 (出動費・作業費)	故障時対応 (交換部品費)
定期点検整備	○	○	× (別途)	× (別途)
定期点検整備＋故障対応	○	○	○	× (別途)
フルメンテナンス	○	○	○	○

契約料金が設定されている場合もある．故障時の対応費用を計画時に想定するのは難しいため，フルメンテナンス契約での費用を用い経済性を評価することが望ましい．

メンテナンスについては，原動機（ガスエンジン，ガスタービン）によって周期・内容などが大きく異なるが，これらの詳細については4.2節で解説する．

2.5.4 経済性評価方法

ランニングコストとイニシャルコストの試算結果より，コージェネレーションの経済性を評価する．代表的な評価指標として，単純回収年数，年間経常費などがある．

〔1〕単純回収年数

設備投資された資金が何年で回収できるかを評価する指標であり（図2.23），コージェネレーションの場合，ベースラインシステムとのイニシャルコストの差額をランニングコストの差額で除し，回収年数とする．単純でわかりやすく，計画の初期段階でよく使われる指標であるが，規模について考慮しないため，回収年数だけにとらわれると，より大きな経済効果を持つシステムを適切に評価できない場合があるため注意が必要である．

$$\text{単純回収年数} = \frac{\begin{pmatrix}\text{コージェネレーション}\\\text{システムのイニシャルコスト}\end{pmatrix} - \begin{pmatrix}\text{ベースライン}\\\text{システムのイニシャルコスト}\end{pmatrix}}{\begin{pmatrix}\text{ベースライン}\\\text{システムのランニングコスト}\end{pmatrix} - \begin{pmatrix}\text{コージェネレーション}\\\text{システムのランニングコスト}\end{pmatrix}}$$

$$= \frac{\text{設備費増分}}{\text{ランニングメリット}} = \frac{\Delta Ci}{\Delta Cr} \tag{2.2}$$

〔2〕年間経常費

年間経常費は，ランニングコスト（変動費）に固定費を加えたものであり（式(2.3)），固定費はイニシャルコストを耐用年数や金利などを考慮して1年あたりの金額に換算したものである（式(2.3), (2.4)）．長期的な経済性の効果が評価できる簡便な指標である．

2.5 経済性の評価

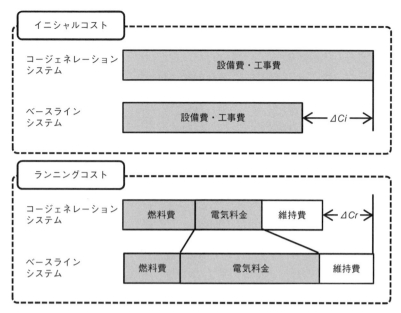

図 2.23 単純回収年数概念図

年間経常費 = 変動費 + 固定費 (2.3)

固定費 = 設備費 × 固定比率 (2.4)

$$固定比率 = (1+Ar')\frac{i(1+i)^t}{(1+i)^t-1} + \frac{Ar(1-S/C)}{(1-\sqrt[t]{S/C}) \times t} \quad (2.5)$$

ここで,
 C：設備費 S：残存価格 t：耐用年数
 i：利率 A：評価率 r, r'：保険料率, 税率

なお, 簡易な評価として, 残価を評価せず固定比率を資本回収係数 (Capital Recovery Factor) として (式 (2.6)) 評価する場合もある.

$$固定比率 = \frac{i(1+i)^t}{(1+i)^t-1} \quad (2.6)$$

2.6 省エネルギー性の評価

本節では，コージェネレーションの省エネルギー性を評価するにあたっての配慮事項を解説する．

2.6.1 コージェネレーションの機器効率と省エネルギー性評価

エネルギー消費機器の省エネルギー性に関する性能指標として"効率"が用いられることが多い．コージェネレーションの場合も，発電効率，排熱回収効率，総合効率などが用いられる（**2.6.4項参照**）．しかし，これらの効率は機器の性能を表現する指標ではあるものの，これで省エネルギー性を適切に評価できるとは限らない．

発電効率，排熱回収効率それぞれではコージェネレーション全体の性能を表現できず，また，総合効率は，電気と熱というエネルギー価値が異なるものの効率を合計したものであるため，その大小では機器の良し悪しを表現できない．例えば，**図2.24**は図1.5のコージェネレーションの効率を変更した場合の評価例であるが，**図1.5**のコージェネレーションの総合効率が70％で省エネルギー率が17％であるのに対し，**図2.24**ではコージェネレーションの総合効率が65％と減少しているにもかかわらず省エネルギー率は22％と向上している．

空調熱源機では，部分負荷での効率が，定格効率（成績係数COP：Coefficient of Performance）と大きく異なることから，性能評価指標がCOPから通年エネルギー消費効率（APF：Annual Performance Factor）へ移行しているが，コージェネレーションの場合は，排熱の利用方法によって比較対象が大きく異なるため，このような通年エネルギー効率でもその効果を適切に評価できるとは限らない．

コージェネレーションの場合は，**2.4節**に示したように，発電する電力がなければ系統電力で賄っていた，排熱がなければボイラで賄っていたなどの想定をしてベースラインを設定し，比較評価することが不可欠であり，年間のエネルギーシミュレーションなどを行い，コージェネレーションの年間

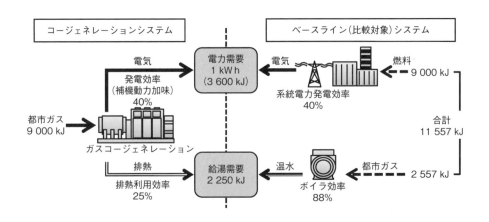

省エネルギー率＝(11 557−9 000)/11 557×100＝22％

（LHV基準）

図2.24 コージェネレーションの省エネルギー性評価例 （総合効率65％とした場合）

エネルギー消費量，ベースラインシステムでの年間エネルギー消費量を算定して比較することが必要である．

2.6.2　燃料の発熱量と高位発熱量基準（HHV）・低位発熱量基準（LHV）

〔1〕 燃料の発熱量

都市ガスなどのコージェネレーションの燃料および排熱の利用によって削減される燃料などのエネルギー換算値は，省エネルギー法（エネルギーの使用の合理化等に関する法律）または地球温暖化対策推進法（地球温暖化対策の推進に関する法律）で定められている発熱量を用いることができる（**付録7.1参照**）．

ただし，都市ガスについては，省エネルギー法の"工場等に係る措置"[*1]の規定と，"建築物に係る措置"[*2]の規定（**表6.1参照**），および地球温暖化対策推進法で異なる扱いがなされている．**表2.8**にその扱いを示す．

省エネルギー法の"工場等に係る措置"で定められているエネルギー使用量の定期報告においては，ガス事業者に確認して数値を定める必要があるが，特にガス事業者を定めず，一般論で評価する場合は 45 MJ/m^3（HHV）を用いて問題はない．なお，都市ガスの発熱量は，ガス事業者によって同じガス種 13 A でも，43〜63 MJ/m^3 と幅があるため，個別の評価にあたっては，各ガス事業者に発熱量を確認することが望ましい．

〔2〕 高位発熱量基準（HHV）と低位発熱量基準（LHV）

エネルギー消費機器の効率には，高位発熱量基準と低位発熱量基準のものが存在するため注意が必要である．

1) 高位発熱量基準（HHV：Higher Heating Value）：機器への投入エネルギーを燃料の高位発熱量（総発熱量：燃焼時の水蒸気エネルギー量も含む発熱量）で算定し，効率を求めたもの．一般的な効率表現はこの方式がとられる．電気事業者の発電所の効率も通常この方法で表現される．

2) 低位発熱量基準（LHV：Lower Heating Value）：機器への投入エネルギーを燃料の低位発熱量（真発熱量：燃焼時の水蒸気エネルギー量を除く発熱量）で算定し，効率を求めたもの．大型のボイラなどでは，燃焼時の水蒸気は利用できないエネルギーとみなし，古くから低位発熱量基準で効率が表現されてきた．

コージェネレーションは，導入当初，温熱需要の大きい工場で普及し，その排熱を大型のボイラ代

表2.8　法制度で設定されている都市ガスの発熱量（2014年時点）

(HHV)

法　制　度	都市ガスの発熱量
省エネルギー法"工場等に係る措置"	設定なし（ガス事業者ごとの数値を用いる）
省エネルギー法"建築物に係る措置"	45 MJ/m^3
地球温暖化対策推進法	44.8 MJ/Nm^3

[*1] 一定規模のエネルギーを使用する事業者に対し，日常のエネルギー管理を指導し，年に一度のエネルギー使用量の定期報告を義務づけている．

[*2] 延べ床面積 300 m² 以上の建築物を建築する場合に，省エネルギー措置の届け出を義務づけている．

替として評価してきたため，低位発熱量基準で表現することが定着している．JIS B 8121 "コージェネレーションシステム用語" や JIS B 8122 "コージェネレーションの性能試験法" でも低位発熱量基準を採用している．

一方，小型のボイラ，空調機器は高位発熱量基準を用いることが多い．

比較評価を行う場合などは，効率がどちらの基準で表現されているのかを確認し，基準を合わせて表現する，またエネルギー量計算を行う場合に，対応する燃料の発熱量で計算するなどの注意が必要である．

また，効率を表現する場合には，どちらの基準の効率かを明記することが望ましい．特に，低位発熱量基準で表現する場合には，その旨表現することが必要である．

都市ガス（13 A ガス）の高位および低位の発熱量は以下のとおりである（省エネルギー法の "建築物に係る措置" での設定を用いた場合）．

高位発熱量： 45 MJ/m³
低位発熱量： 40.5 MJ/m³ （45 MJ/m³ × 0.9）
（0.9：天然ガスの LHV/HHV 換算値（**付録 7.1 参照**））

ただし，これらの値は都市ガス事業者によって異なるため，供給を受けるガス事業者に確認することが望ましい．

2.6.3 電気の一次エネルギー換算値

コージェネレーションに限らず，電気の使用にかかわる省エネルギー性の評価を行う際には，購入電力を一次エネルギー換算して評価することが必要である．

電気の発熱量は 3 600 kJ/kWh であるが，一次エネルギー換算とは，発電所で投入されるエネルギーを考慮する方法である．

省エネルギー法におけるエネルギー量算定においても，電気の使用に関しては一次エネルギー換算値を用いている[1]．

2014 年施行時点での "工場等に係る措置" の場合と，"建築物に係る措置" の場合の取扱いは，それぞれ**表 2.9**，**表 2.10** のとおりである．"工場等に係る措置" では昼夜間で異なる数値を用いることが原則とされ，"建築物に係る措置" においては昼夜区分せずに扱うことが原則とされている．いずれの場合も，数値の設定根拠は**表 2.11** に示すとおりであり，火力発電所の発電効率，送電損失などから計算されたものである．

なお，これらの電気の一次エネルギー換算値は，すべて高位発熱量（HHV）であり，低位発熱量

表 2.9 電気の一次エネルギー換算値（省エネルギー法 "工場等に係る措置" での扱い）

(HHV)

電気事業者からの電気	昼間（8：00～22：00）	9 970 kJ/kWh
	夜間（22：00～8：00）	9 280 kJ/kWh
その他		9 760 kJ/kWh

注　昼夜の区分がつかない場合は全量昼間の電気として扱う運用がなされている[2]．
　　電気事業者からの電気：一般電気事業者，特定規模電気事業者などから一般電気事業者の送配電系統を用いて供給される電気

2.6 省エネルギー性の評価

表2.10 電気の一次エネルギー換算値(省エネルギー法"建築物に係る措置"での扱い)

(HHV)

電　気		9 760 kJ/kWh
系統に接続されており昼夜間を区分したい場合	昼間(8:00〜22:00)	9 970 kJ/kWh
	夜間(22:00〜8:00)	9 280 kJ/kWh

表2.11 電気の一次エネルギー換算値(系統電力需要端熱効率)(試算結果)[3]

(HHV)

	全日	昼間(8〜22時)	夜間(22〜8時)
発電端熱効率	40.85 %	40.44 %	41.92 %
総合損失率[※1]	9.7 %	10.7 %	7.5 %
発電所所内率[※2]	4.5 %	4.6 %	4.3 %
送配電損失率[※3]	5.3 %	6.3 %	3.2 %
変電所所内率[※4]	0.13 %	0.13 %	0.13 %
需要端熱効率	36.90 %	36.10 %	38.78 %
一次エネルギー換算値 [kJ/kWh]	9 757	9 972	9 282

備考　火力発電所の熱効率および各種損失率については,9電力会社の汽力発電所の運転実績および卸電気事業者の汽力発電所の運転実績をベースとする(平成15年度実績).

[※1] 総合損失率＝1－(1－発電所所内率)×(1－送配電損失率)×(1－変電所所内率)
[※2] 発電量に対する比率
[※3] 送電量に対する比率
[※4] 送電量(送配電損失後)に対する比率

(LHV)に関しては,**付録7.4**を参照されたい.

2.6.4　コージェネレーションのエネルギー性能指標

2.6.1項ではコージェネレーションの発電効率や総合効率は,それだけでは省エネルギー性を比較評価できないと解説したが,機種選定などの判断材料や稼働評価に利用できる.
　発電効率など,コージェネレーションの性能を表現する指標の例を**表2.12**に示す.
　これらの指標には機器性能を表現するもの,システムの稼働状況を表現するものがある.
　機器性能を表現する指標は,コージェネレーションの機種選定などの参考とし,また稼働状況を表現する指標は採用判断の参考,および実績評価(**4.1節**参照)などに用いる.

表 2.12 コージェネレーションのエネルギー性能指標

指　標	定　義	適用対象
発電効率	$\dfrac{発電量}{CGS 燃料消費量 \times 燃料熱量}$	機器性能, 稼働状況
排熱回収効率	$\dfrac{排熱回収量}{CGS 燃料消費量 \times 燃料熱量}$	機器性能, 稼働状況
コージェネレーション総合効率[※]	$\dfrac{発電量 - コージェネレーション補機動力量 + 排熱利用量}{CGS 燃料消費量 \times 燃料熱量}$	稼働状況 (機器性能)
排熱利用率	$\dfrac{排熱利用量}{排熱回収量}$	稼働状況
排熱利用効率	排熱回収効率 × 排熱利用率	稼働状況
発電機負荷率	$\dfrac{発電量}{発電機容量 \times 発電機延べ運転時間}$	稼働状況
コージェネレーション電力寄与率	$\dfrac{発電量 - コージェネレーション補機動力量}{施設電力需要量}$	稼働状況
コージェネレーション排熱寄与率	$\dfrac{排熱利用量}{施設熱需要量}$	稼働状況

※　機器性能を表現するために"総合効率＝発電効率＋排熱回収効率"とすることもある．

2.6.5　コージェネレーションの電気・熱のエネルギー換算値

2.6.3項では供給される（購入する）系統電力の一次エネルギー換算値について解説したが，コージェネレーションの電気・熱を他者に供給する（販売する）場合には，その電気と熱をどのような数値で換算するかが問題となる．すなわち，コージェネレーションに投入したエネルギーを電気と熱にどのように配分するのかが問題となる．本件については，空気調和・衛生工学会"コージェネレーションの効率の評価ガイドライン"[4]において，次の四つの方法案および図 2.25 が示されている．

2.6 省エネルギー性の評価

(1) 配分法1：CGU[*1]出力基準按分法
　CGUが出力した電力量（二次エネルギー換算）と回収排熱量の比率を基準に，CGU入力一次エネルギー量を按分する方法である．つまりCGUの有効発電効率と有効排熱回収効率の比率で配分することになる．

(2) 配分法2：代替発電・排熱システム入力基準按分法
　CGUの代替システムとして，発電電力は代替発電所（商用電力系統）を，排熱はボイラを設定する．そして，CGUが出力した有効発電量と有効排熱回収量を代替システムで出力する場合に必要となる，それぞれの入力一次エネルギー量を算出し，その両者の比率を基準に，CGU入力一次エネルギー量を按分する方法である．

(3) 配分法3：代替発電システム入力差引法
　有効発電量を代替発電所（商用電力系統）で代替した場合の一次エネルギー量を"電力相当分"とし，CGU入力一次エネルギー量から，それを差し引いたものを"排熱相当分"とする配分法である．
　ただし，CGUの有効発電効率が代替発電所（商用電力系統）の受電端効率を超える場合は，差し引きがマイナスの値となる．この場合は，CGU入力一次エネルギー量が"発電相当分"となり，"排熱相当分"は0となる．

(4) 配分法4：代替排熱システム入力差引法
　有効排熱回収量をボイラで代替した場合の一次エネルギー量を"排熱相当分"とし，CGU入力一次エネルギー量から，それを差し引いたものを"電力相当分"とする配分法である．

　当該ガイドラインでは，どの方法を選択すべきかの結論は出されていない．しかし，省エネルギー法では，電気については，どのような方法で発電されたかにかかわらず，他人から供給された電気は定められた一次エネルギー換算値を用いることになる．すなわち，発電電気については代替発電所の一次エネルギーとして算定することになるので，これと整合をとるためには，配分法3を採用することが妥当となる．

参 考 資 料

1) 省エネルギーセンター：平成25年度改正［省エネ法］法令集（2014-6）
2) 総合資源エネルギー調査会 省エネルギー・新エネルギー分科会省エネルギー小委員会：工場等判断基準ワーキンググループ 最終取りまとめ（2013-12），p.13
3) 総合資源エネルギー調査会エネルギー基準部会第4回工場判断基準小委員会：参考資料1"電力の一次エネルギー換算について"（2005-9／7電気事業連合会）より作成
4) 空気調和・衛生工学会：地域冷暖房計画検討小委員会成果報告書 第1篇（WG1）コージェネレーションの効率の評価ガイドライン（2007-3／15），pp.10〜12

[*1] CGU：コージェネレーションユニット（1.1.1参照）．

第 2 章 導 入 計 画

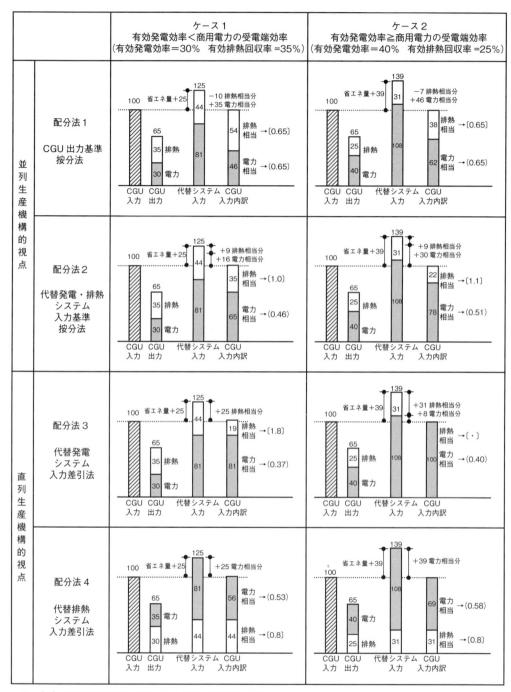

注 〔　〕内は排熱相当出力係数，（　）内は発電当出力係数。

図 2.25　配分法ごとの CGU 発電相当入力と排熱相当入力の算出例[4]

2.7 環境性（CO_2排出）の評価

近年のエネルギー政策は，石油依存度低減，資源枯渇への対応に加え，地球温暖化対策も大きな目的となっている．本項ではコージェネレーションのCO_2排出の評価における配慮事項を解説する．

なお，環境性については大気汚染の課題があるが，ばいじん，SO_x（硫黄酸化物）については，都市ガスコージェネレーションでは問題にならない．NO_xについては低減技術を **5.8節** にて解説する．

また，地域によっては，都市排熱の低減（ヒートアイランド対策）への配慮も必要となるが，排気放出位置を高所にとるとともに，徹底した排熱の有効利用を行うことで，影響軽減を図る．

2.7.1 コージェネレーションの環境性評価の注意点

環境性評価の場合も省エネルギー性評価と同様に，コージェネレーション導入時の年間のエネルギー消費によるCO_2排出とベースラインシステムでの年間のエネルギー消費によるCO_2排出を比較することで評価を行う．

この際，コージェネレーションの発電電力に対するベースラインの系統電力のCO_2排出をどのように評価するのかがきわめて重要な課題であり注意が必要である．例えば，**図 2.26** は，**図 1.6** で示したものであるが，系統電力のCO_2排出係数として，**表 6.7** に示す"火力平均排出係数 0.69 kg-CO_2/kWh"を用いており，このコージェネレーションは大きなCO_2削減効果があることを示している．一方，**図 2.27** は，系統電力のCO_2排出係数として，**表 6.7** に示す"全電源平均排出係数 0.36 kg-CO_2/kWh"を用いた場合の評価であり，この場合コージェネレーションはCO_2削減効果がないとの評価を受けることになる．

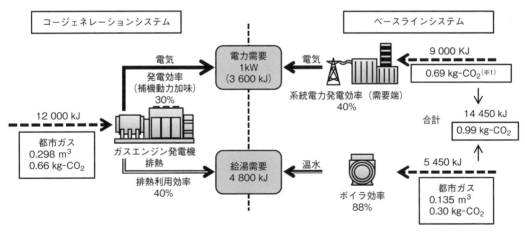

<設定根拠>
※1 系統電力のCO_2排出係数：**表 6.7** の火力平均排出係数を採用．
その他，**図 1.6** と同様である．

図 2.26 コージェネレーションの環境性評価例（火力平均排出係数採用）

第 2 章 導 入 計 画

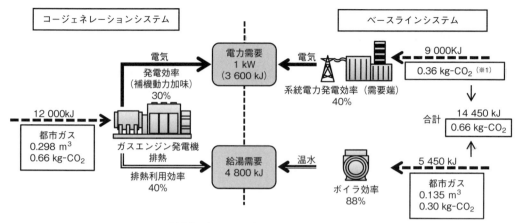

図 2.27　コージェネレーションの環境性評価例（全電源平均排出係数採用）

<設定根拠>
※1　系統電力の CO_2 排出係数：表 6.7 の全電源平均排出係数を使用．
その他，図 1.6 と同様である．

2.7.2　比較評価に用いる系統電力の CO_2 排出係数（6.4 節参照）

前項に示したように，環境性の評価は計算に用いる系統電力の CO_2 排出係数により大きく異なる．この排出係数について解説を加える．

電気の使用にかかわる CO_2 排出評価を行う際の電気の CO_2 排出係数には，大きく二つの考え方があり，目的に応じて使い分ける必要がある．

一つは，全電源平均排出係数を用いる方法であり，これは電気の使用量を単に CO_2 排出量に換算する場合に用いる．供給側で発生する CO_2 排出量を需要側に比例配分して割り振るという考えのものである．企業全体の排出量の算定を行う場合などに用いる．

もう一つは，マージナル電源排出係数を用いる方法である．マージナル電源とは，省電力対策などによって系統電力需要に差が生じた場合，年間の発電量に影響がでる系統の電源である．

マージナル電源排出係数を用いる方法は，省電力がなかった場合に，どの電源の年間発電量が増加するかというベースラインを設定することに相当する．コージェネレーションをはじめ，エネルギーシステムの CO_2 排出の比較評価ではこのマージナル電源の排出係数を用いることが適切である．

現段階では法的制度でマージナル電源の数値が定められていないが，中央環境審議会目標達成シナリオ小委員会中間とりまとめ[1]では，コージェネレーションを評価するために，火力発電所の平均値 $0.69\,\text{kg-}CO_2/\text{kWh}$ を用いて評価している．

2.7.3　都市ガスなどの燃料の CO_2 排出係数

コージェネレーションの都市ガスなどの燃料および排熱の利用によって削減される燃料などの CO_2 排出係数については，地球温暖化対策の推進に関する法律（温対法）で設定されている数値を用いる

2.7 環境性（CO_2排出）の評価

表2.13 燃料のCO_2排出係数[2]

燃料の種類	単位発熱量*	CO_2排出係数	
		発熱量あたりCO_2換算	単位量あたりCO_2換算
ガソリン	34.6 GJ/kL	0.0671 t-CO_2/GJ	2.32 t-CO_2/kL
灯油	36.7 GJ/kL	0.0678 t-CO_2/GJ	2.49 t-CO_2/kL
軽油	37.7 GJ/kL	0.0686 t-CO_2/GJ	2.58 t-CO_2/kL
A重油	39.1 GJ/kL	0.0693 t-CO_2/GJ	2.71 t-CO_2/kL
B・C重油	41.9 GJ/kL	0.0715 t-CO_2/GJ	3.00 t-CO_2/kL
液化石油ガス（LPG）	50.8 GJ/t	0.0590 t-CO_2/GJ	3.00 t-CO_2/t
液化天然ガス（LNG）	54.6 GJ/t	0.0495 t-CO_2/GJ	2.70 t-CO_2/t
都市ガス	44.8 GJ/千Nm^3	0.0499 t-CO_2/GJ	2.23 t-CO_2/千Nm^3

＊ 高位発熱量．省エネルギー法での設定値と異なる場合があるので注意が必要である．

ことができる．具体的には温室効果ガス算定・報告マニュアル[2]に掲載されるので，最新値を確認し利用する．**表2.13**に代表的な燃料について掲載する．詳細は**付録7**を参照されたい．

ただし，都市ガスの場合は，事業者によって供給するガス成分が異なるため，都市ガス供給事業者が提示する係数を使用することが望ましい．

なお，上記マニュアルでは，都市ガスなどの気体燃料については，温度が0℃で圧力が1 atm（＝1気圧）の標準状態に換算した量で把握するには以下の式（2.7）で行うとされている．

ただし，都市ガスについては，計測時圧力または計測時温度が求められない場合は，計測時体積を標準状態体積の値とすることが認められている[2]．

$$標準状態体積[Nm^3] = 273.15 \times \frac{計測時圧力[atm]}{(273.15 + 計測時温度[℃])} \times 計測時体積[m^3] \quad (2.7)$$

CO_2削減クレジットの算定などのために，標準状態への換算が求められる場合には，式（2.7）において，計測時圧力をガスの供給圧力（低圧の場合1.02 atmなど）とし，計測時温度を気象庁から発表されている該当地域の月別平均気温または年平均気温を用いて設定して概算する方法がある．

また，地域冷暖房など他人から供給される熱を評価する場合のCO_2排出係数についても，地球温暖化対策の推進に関する法律（温対法）で設定されている数値を用いることができる．詳細は**付録7**を参照されたい．

2.7.4 コージェネレーションの発電電力・排熱を外部へ供給する場合のCO_2排出係数

コージェネレーションの発電電力，排熱を外部に供給する場合，電気，熱を供給された側がそのCO_2排出を評価する際，供給された電気，熱のCO_2排出係数が必要となる場合がある．コージェネレーションで投入されたエネルギーの使用によるCO_2排出を供給する電気，熱に配分する必要があるが論理的にその配分を決めることはできない．

地球温暖化対策推進法で用いる係数を算定するにあたり，電気事業者および熱供給事業者が，コージェネレーションから供給される電気，熱を購入する場合の，それぞれのCO_2排出係数は，**図2.28**の方式で定めることとされている．この方法は，コージェネレーションの代替システム（ベースラインシステム）として発電電力は系統電力を，排熱はボイラを設定し，コージェネレーションの出力を

第 2 章　導　入　計　画

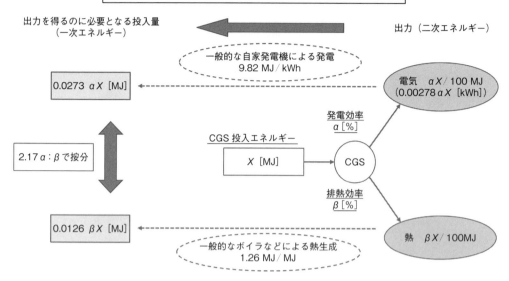

図 2.28　コージェネレーションから排出されるエネルギー起源二酸化炭素の電気および熱への配分の考え方[3]

代替システムで賄った場合の一次エネルギー量の比率で，コージェネレーションの入力エネルギーを按分するという考え方である．

参　考　資　料

1) 中央環境審議会地球環境部会目標達成シナリオ小委員会中間取りまとめ（2001 - 6）
2) 環境省，経済産業省：温室効果ガス算定・報告マニュアル（Ver 3.5），（2014 - 6）
3) 環境省，経済産業省：電気事業者ごとの実排出係数及び調整後排出係数の算出及び公表について（2014 - 3）

2.8 電力需要平準化の評価

本節では，コージェネレーションの効用として近年注目を浴びている，電力ピークカット，電力需要平準化の評価方法について解説する．

2.8.1 電力需要平準化の意義

2011年の東日本大震災以降の電力需給ひっ迫により電力ピーク抑制，電力需要平準化が重要視されているが，これらの対策は電力供給の安定化とともに，系統電力の設備稼働率を向上させ社会的経済性を高める効果がある（**6.1.6項**参照）．

2.8.2 電力需要平準化の評価指標

電力需要平準化の目的には電力供給の安定化と設備稼働率の向上という二面があることから，評価指標もピークカット効果（量・率）と電力年負荷率の二つがある．

また，2014年施行の改正省エネルギー法（エネルギーの使用の合理化等に関する法律）では，電気需要平準化評価原単位が評価指標として新たに設定された．

〔1〕 電力ピークカット効果（量・率）

コージェネレーションが系統電力のピーク時間帯に稼働していれば，そのときの発電容量［kW］がピークカット効果となる．コージェネレーションは定格で稼働している可能性が高いため，補機動力を加味しておく必要があるもののコージェネレーション導入容量が，そのままピークカット量と推計できる．例えば，500 kWのコージェネレーションはおおむね500 kWのピークカット効果があると推計できる．

統計的な表現をする場合は，コージェネレーションの同時稼働率の考慮が必要となるが，コージェネレーションが設置されるような施設は一般的にピーク時間帯に稼働しており，コージェネレーションも稼働していると想定できるため，導入容量全体がピークカット効果と考えても大きな問題はない．

排熱を冷房に利用する場合などは，電気の空調の代替となりその分ピークカット効果があると考え，

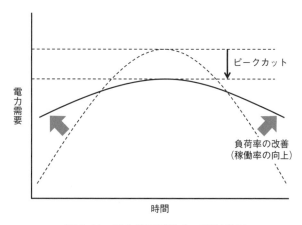

図 2.29 電力需要平準化の評価指標

効果に加えることもできる(図1.7参照).

具体的な評価の数値としては,ピークカットされる容量[kW]で表現するか,ピークカットがなされなかった場合(ベースライン)の電力需要ピーク値に対する削減割合としてピークカット率で表現する.

〔2〕 電力年負荷率

電力年負荷率とは,一定範囲の電力系統の年間の稼働率を表す指標であり,式(2.8)で計算される.数値が大きいほど稼働率が高く,系統の経済性がよいということになる.

$$電力年負荷率[\%] = \frac{年間電力使用量[kWh]}{(電力設備容量[kW] \times 8\,760\,h)} \times 100 \tag{2.8}$$

ここで注意しなければならないのは,電力年負荷率は範囲(基準)を何にとるかによって,優劣の判断が異なるということである.

施設内の電気設備をベースとした場合と,広域電力系統全体をベースとした場合で評価が異なる.社会的に重要なのは,日本全国などの広域電力系統全体の年間の負荷率である.

コージェネレーションなどの設備導入の評価としては施設内で評価しがちであるが,電力年負荷率に関してはこれを行ってはならない(ピークカット率で表現する場合は,評価範囲が施設,広域エリアいずれの場合でも優劣の判断は変わらない).

評価範囲の違いによる評価の違いを以下の計算例に示す.

<計算例>

広域系統　　電力設備容量　1 000万kW　　年間電力使用量　6 000 000万kWh
　　　　　　負荷率　$a_{G1} = 6\,000\,000/(1\,000 \times 8\,760) \times 100 = 68.49\,\%$

施設系統　　電力設備容量　2万kW　　年間電力使用量　4 000万kWh
　　　　　　負荷率　$a_{B1} = 4\,000/(2 \times 8\,760) \times 100 = 22.83\,\%$

上記施設に　コージェネレーションを導入
　　　　　　設備容量　0.5万kW　　発電量　2 000万kWh
　導入後の負荷率(コージェネレーション分の設備低減,使用量低減となる)
広域系統　　$a_{G2} = (6\,000\,000 - 2\,000)/((1\,000 - 0.5) \times 8\,760) \times 100 = 68.50\,\%$
施設内系統　$a_{B2} = (4\,000 - 2\,000)/((2 - 0.5) \times 8\,760) \times 100 = 15.22\,\%$

施設内系統で評価すると当該コージェネレーションは,負荷率を22.83 %から15.22 %に悪化させる評価となるが,広域系統では68.49 %から68.50 %となり,系統全体に対する影響はわずかではあるが,改善させる効果があると評価される.重要なのは広域系統であるため,施設内系統で電力年負荷率の評価を行ってはならないことがわかる.

なお,コージェネレーションを設置すれば,必ず電力年負荷率が改善するとは限らない.きわめて稼働時間の長いコージェネレーションは,系統のベースの電力需要を奪うため系統側の年負荷率を悪化させる.しかし一方でこのようなコージェネレーションは省エネルギー効果,CO_2削減効果が非常に大きくなる可能性が高く,またピークカット効果も期待できる.

〔3〕 電気需要平準化評価原単位(省エネルギー法)

2013年5月省エネルギー法が改正され,省エネルギー法の定期報告の中で,電力ピーク対策が重要視される仕組みが組み込まれた[1]).

定期報告では,これまでエネルギー使用原単位を式(2.9)で計算して届け出ることになっている

2.8 電力需要平準化の評価

が,新たに電気需要平準化評価原単位を式(2.10)で算定して,合わせて届け出ることとなった.

電気需要平準化評価原単位は,エネルギー使用原単位を算定する際の電気の係数をピーク時間帯に限って重みづけ計算することで算定される.当初設定された重みづけ係数,評価係数 a は 1.3 である.

エネルギー使用原単位が小さいほど省エネルギーに貢献していると評価されるのと同様に,電気需要平準化評価原単位が小さいほど電力需要平準化に貢献していることになる.

<従来のエネルギー評価の指標>

$$\text{エネルギー使用原単位} = \frac{\text{エネルギー使用量}}{\text{エネルギー使用量と密接な関係を持つ値(生産数,床面積)}} \quad (2.9)$$

<追加された電気需要平準化の指標>

$$\text{電気需要平準化評価原単位} = \frac{\text{電気需要平準化時間帯の買電量を除いたエネルギー使用量} + \left(\text{電気需要平準化時間帯の買電量} \times \text{評価係数}\,a\right)}{\text{エネルギー使用量と密接な関係を持つ値(生産数,床面積)}}$$

電気需要平準化時間帯:7月～9月の8時～22時 (2.10)

以下に,従来の指標"エネルギー使用原単位"と新たな指標"電気需要平準化評価原単位"の計算例を示す.

<計算例>

延べ床面積 20 000 ㎡(エネルギー使用量と密接な関係を持つ値)

エネルギー使用量

	1月	2月	3月	4月	5月	6月	7月	8月	9月	10月	11月	12月	合計
昼間電気 [GWh]	0.5	0.5	0.4	0.4	0.4	0.5	0.7	0.7	0.6	0.4	0.4	0.5	6.0
夜間電気 [GWh]	0.1	0.1	0.1	0.1	0.1	0.1	0.1	0.1	0.1	0.1	0.1	0.1	1.2
その他燃料 [TJ]	2.0	2.0	1.5	1.5	2.0	3.0	3.5	3.5	3.0	1.5	2.0	2.5	28.0

エネルギー使用原単位(従来の指標)
 = (6.0×9 970 + 1.2×9 280 + 28×1 000) ÷ 20 000
 = 98 956 GJ ÷ 20 000 ㎡ = 4.95 GJ/㎡

電気需要平準化評価原単位(追加された指標)
 = {(0.5+0.5+0.4+0.4+0.4+0.5+0.4+0.4+0.5)×9 970 + (0.7+0.7+0.6)×9 970×<u>1.3</u>
  + 1.2×9 280 + 28×1 000} ÷ 20 000
 = (4 ×9 970 + 2 ×9 970×1.3 + 1.2×9 280 + 28×1 000) ÷ 20 000
 = 104 938 GJ ÷ 20 000 ㎡ = 5.25 GJ/㎡

参 考 資 料

1) 省エネルギーセンター:平成25年度改正[省エネ法]法令集(2014-6)

2.9 コージェネレーション導入効果のエネルギーシミュレーション

コージェネレーションは電力と熱を同時に発生させるシステムであり，建物の電力・熱需要特性により導入効果が大きく異なる．また，構成要素である原動機，電気システム，熱システムにさまざまな組合せがあり，適切なシステム計画を行うためにはエネルギーシミュレーションに基づく経済性・省エネルギー性・環境性などの評価を行い，システム・運用計画の最適化，採用可否の判断を行う必要がある．

2.9.1 エネルギーシミュレーションの考え方

エネルギーシミュレーションの一般的な流れを図2.30に示す．

エネルギーシミュレーションは，導入計画の効果を定量化し，システム計画・運用計画の評価を行うために必要であり，その内容・精度によって評価が左右される．計画建物の需要パターンに応じて，各機器の運転時間・優先順位を設定し，コージェネレーションの運転状況，排熱利用状況などのシミュレーションを行うことで，システム・運用に応じたエネルギー使用量が計算される．

一般に，計画建物の電力・熱需要は，季節および時間ごとに大きく異なるため，年間でのエネルギーシミュレーションを実施することが望ましい．コージェネレーションのエネルギーシミュレーションは，計算条件となるパラメータが多く，時間ごとのエネルギー収支計算を年間にわたって行う必要があり，また，その計算を条件を変更して繰り返し行う必要があるため，パソコンなどによる評価プログラムを利用することが有効である．

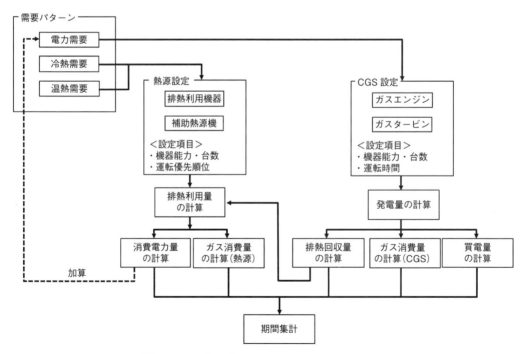

図2.30 エネルギーシミュレーションのフロー

2.9 コージェネレーション導入効果のエネルギーシミュレーション

コージェネレーションの検討・評価プログラムは，建築設備会社などで独自に開発し活用している例はあるが，一般に市販されているものは少ない．空気調和・衛生工学会にて開発・販売している"CASCADE Ⅲ（Computer Aided Simulation For Cogeneration Assessment & Design）"が営業・教育・政策支援・稼働評価などさまざまな場で広く活用されている．

その他のコージェネレーションを含むエネルギーシステムの評価が可能なプログラムとしては，HASP/ACSS の流れをくむ dBECS や BEST などが知られている．

2.9.2 エネルギーシミュレーションによる評価

エネルギーシミュレーションを行うことで，システム計画・運用計画に応じたエネルギー量が計算される．これを用いて経済性・省エネルギー性・環境性などの評価を行い，システム計画の採用可否，またはシステム計画・運用計画の最適化を行う．

2.4節に示す通り，導入効果の評価はベースラインとの比較により行うが，同条件での比較とするため，ベースラインのエネルギーシミュレーションもコージェネレーションと同じプログラム・ツールを用いて実施する必要がある．

第2章 導入計画

2.10 エネルギーサービス手法での導入

コージェネレーションは，ユーザーが計画・検討・設計を行い導入される場合もあるが，専門事業者（エネルギーサービス事業者）の資金・ノウハウを活用した導入スキームが普及している．コージェネレーションの導入・運用には，専門的な技術・ノウハウが必要であり，エネルギーサービスを活用することで効果を最大化できる場合がある．エネルギーサービス手法としては，ESCO（Energy Service Company）事業，ESP（Energy Service Provider）方式などの形態がある．

2.10.1 ESCO事業

ESCO事業は省エネルギー・省コストのパフォーマンスを保証することが最大の特徴で，コージェネレーションのほか，照明，空調設備などに高効率な省エネルギー機器を導入し，建物全体の省エネルギーを図る事業である．事業形態として省エネルギー設備をESCO事業者が所有するシェアード・

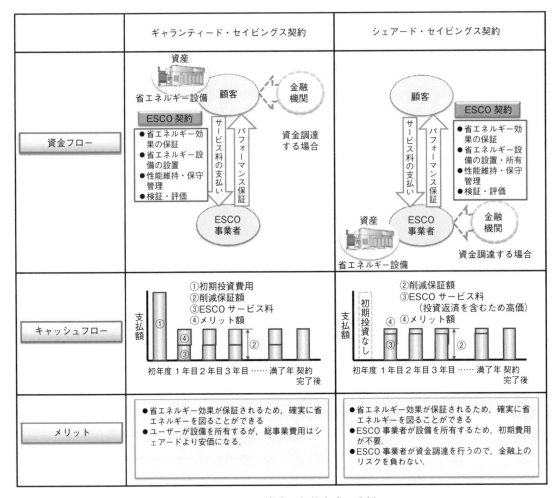

図2.31　ESCO事業の契約方式の分類

2.10 エネルギーサービス手法での導入

セイビングス方式と，設備は所有せずパフォーマンス保証を行うギャランティード・セイビングス方式がある．ESCO 事業の契約方式の分類を図 2.31 に示す．

2.10.2 ESP 方 式

ESP 方式は，サービス事業者がコージェネレーションを含めた省エネルギー設備を所有し，設置工事から保守点検までの一連の作業を燃料調達を含めて提供するものである．ESP 方式では電力，冷温熱の使用量を計量し料金精算を行い，顧客は電力，冷温熱の供給対価として料金を支払う．このため，長期的な設備の劣化リスクを含めてサービス事業者に委託することができる．ESP 方式の概念を図 2.32 に示す．なお，燃料調達は行わず設備の所有・保守・運用のみをサービス事業者が受託するケースもある．

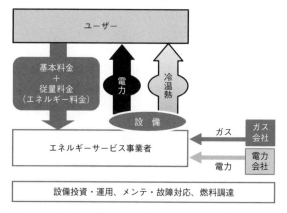

図 2.32　ESP（エネルギーサービスプロバイダー）方式の概念図

2.11 BCP対応

1.3.3項で述べたように，東日本大震災以降，BCP（事業継続計画）への取組みと，電力供給確保の手段の一つとして停電対応のコージェネレーションの導入事例が増えている．ここでは，BCP対応を検討する際に，コージェネレーションと関連のある検討項目について解説する．

災害が発生した場合，例えば官公庁の建物は被害対策や復旧対応のための本部とする必要があり，また病院は傷病者の受け入れなどの対応を求められる．通常のオフィスビルについても，従来業務の継続が必要な場合もあれば，帰宅困難者や近隣の被災者の受け入れを求められるかもしれない．BCPを策定するにあたっては，地震・津波・洪水・豪雨などの災害や計画停電などに対して停電・断水・浸水などの被害を想定し，それに対してどのような事業活動を，どれくらいの期間継続するか検討する必要がある．

これらの検討を行ったうえで適切なBCP対応のコージェネレーションを設計する（**3.5節**参照）．

病院とオフィスビルの検討項目を**表2.14**に示す．

表2.14 病院およびオフィスビルでのBCP対応の考え方

	病院	オフィスビル
BCPの目的	災害対策として患者受け入れのための対応	最小の人数が滞在し業務を継続
バックアップ負荷	医療ゾーン，ちゅう房，患者受け入れのためのトリアージスペース（ロビーなど），ほぼ全エリアが稼働（通常状態以上の稼働が必要）	オフィスの業務を継続できる照明，コンセント，空調用エネルギーを供給
バックアップ必要容量	デマンドの70〜100 %	デマンドの50〜80 %
バックアップ時間	72時間の備蓄燃料，または24時間の備蓄燃料＋中圧供給ガス（72時間以上も検討）	72時間の備蓄燃料，または24時間の備蓄燃料＋中圧供給ガス
エネルギー源	複数のエネルギー源によるリスク分散	複数のエネルギー源によるリスク分散
地震のリスク	機器のほか，配管の振れ止めなど，総合的な耐震性確保	機器のほか，配管の振れ止めなど，総合的な耐震性確保
津波，洪水，豪雨などによる浸水のリスク	被害を想定（電気室など重要施設は中間階へ，重要機器のかさ上げ，防水対策など）	被害を想定（電気室など重要施設は中間階へ，重要機器のかさ上げ，防水対策など）

2.12 ノンエナジーベネフィット

コージェネレーションの導入効果としては，これまで評価してきたような光熱費の削減，省エネルギー性などのような直接的な便益（EB：Energy Benefits）に加えて，間接的な便益（[ノンエナジーベネフィット] NEB：Non-Energy Benefits）が考えられる．コージェネレーションの評価にあたっては，ノンエナジーベネフィットの効果を含めた総合評価が必要である．

2.12.1 ノンエナジーベネフィットの評価項目と評価方法

コージェネレーション導入により得られるノンエナジーベネフィットとしては，以下の項目が考えられる．

1) 環境価値創出に対する便益：コージェネレーション導入により実現する省エネルギーの量や再生可能・未利用エネルギーの利用量に応じて創出される便益．例えば，CO_2削減による取引やオフセットなどによる便益など．
2) 地域経済波及に伴う便益：地域冷暖房などへ大規模なコージェネレーションを導入した場合，対策の実施に要するインフラ建設投資や，事業運営のための費用支出に応じた地域経済への波及効果を便益と考える．
3) リスク回避による便益：対策を実施しなかった場合に，偶発的事故，環境規制強化などが生じたときに被る損失相当額で，それが回避される便益．
4) 普及・啓発効果としての便益：対策の実施による啓発・教育効果，広告宣伝効果など，本来，別途コストを負担して実施したときと同等の効果があるとみなせる場合のコストを便益と考える．
5) コージェネレーション導入に伴う優遇措置（容積率緩和など）：容積率緩和については，制度とともに 2.12.2項で述べる．

ノンエナジーベネフィットを評価しコベネフィット（Co-Benefits：EB＋NEB）として総合評価するためには，最終的に貨幣価値に換算し必要コストとの比較により評価することが必要である．**表2.15**に既存研究[1]による貨幣価値への換算手法の例を示す．

東日本大震災以降，特に注目される評価項目であるBLCP（業務・生活継続計画：Business and Living Continuity Plan）への貢献価値を，一例としてコージェネレーション導入容量あたりの便益として整理すると次式のとおりとなる（諸数値は**表2.15**を利用．供給停止被害額原単位は，文献[2]より高圧事業所における平均停電コスト単価［円/kWh］を用い，コージェネレーションの耐用年数は15年とした）．

顧客によって評価が異なるが，ノンエナジーベネフィットの効果は大きく，コージェネレーションの導入目的に応じた適切な評価が必要である．

第2章 導 入 計 画

年間あたりのBLCPへの貢献価値 [円／(kW・年)]

$$= 供給停止被害額原単位[円/kWh] \times 停電時間[h] \times \frac{1}{大規模災害発生頻度 [年]}$$

$$= 2\,800 円/kWh \times 72\,h \times (1/45 年)$$

$$= 4\,480 円／(kW・年)$$

耐用年数分のBLCPの貢献価値

$$= 4\,480 円／(kW・年) \times 15 年 = 67\,200 円／kW$$

表 2.15 コベネフィット（EB・NEB）の貨幣価値換算方法例[1]

便 益	貨幣価値換算要領	文献などに基づき設定する数値
＜直接的便益（EB）＞		
光熱費削減	光熱費削減 [円／年] ＝エネルギー削減量 [MJ／年] ×エネルギー単価 [円／MJ]	[エネルギー単価] 都市ガス事業者，電力事業者の供給約款，選択約款に基づき設定
＜間接的便益（NEB）＞		
a. 環境価値創出に対する便益		
a 1. CO_2 削減価値	CO_2 削減価値 [円／年] ＝CO_2 削減量 [t-CO_2／年] ×CO_2 価格 [円／t-CO_2]	[CO_2 価格] Point Carbon "Carbon 2009 (2009-3)" の将来予測値（45 ％の回答者が 2020 年の価格を 35 ユーロ（約 4 700 円）以上と予測）を参考に設定（例：4 000 円／t-CO_2）
a 2. グリーンエネルギー創出価値	グリーンエネルギー創出価値 [円／年] ＝グリーンエネルギー利用量 [MJ／年] ×グリーンエネルギー単価 [円／MJ]	[グリーンエネルギー単価] "カーボン・オフセットに用いられる VER の認証基準に関する検討会" 関係資料などのグリーン電力証書価格（最大約 15 円／kWh（太陽光発電））を参考に設定（例：15 円／kWh）
b. 地域経済波及に伴う便益		
b 1. インフラ建設投資による経済波及効果	インフラ建設投資の経済波及効果 [円／年] ＝インフラ建設初期投資額 [円] ×粗付加価値率÷波及効果の期間 [年]	[粗付加価値率] 自治体の各種の産業連関分析による公共投資の粗付加価値の試算例などを参考に設定（例：0.5） [波及効果の期間] 事業設備の耐用年数の7割として設定（例：10.5～31.5 年）
b 2. 事業運営による経済波及効果	事業運営による経済波及効果 [円／年] ＝事業運営費 [円／年]×（波及倍率－1）	[波及倍率] 自治体各種の産業連関分析による公共事業の波及倍率の試算例などを参考に設定（例：1.3）
b 3. 不動産価値上昇効果（住宅地）	エリアの不動産価値上昇効果 [円／年] ＝標準地価 [円／m^2] ×対象土地面積 [m^2] ×不動産価値上昇率 [％] ／100 ÷上昇効果の期間 [年]	[標準地価] 総務省統計局 "統計でみる市区町村のすがた 2009" の数値を利用 [不動産価値上昇率] "CASBEE 不動産活用マニュアル（暫定版）(2009.7)" の賃料上昇率（モデルケースで賃料の0～5 ％）を参考に設定（例：0.5 ％） [上昇効果の期間] 事業設備の耐用年数の7割として設定（例：10.5～31.5 年）
b 4. 不動産価値上昇効果（商業地）		

2.12 ノンエナジーベネフィット

c. リスク回避による便益		
c 1. BLCP[※1]（業務・生活継続計画）への貢献－エネルギー供給停止時の損失回避効果	エネルギー供給停止時の損失回避効果 [円/年] ＝供給停止被害額原単位 [円/kWh] ×分散型電源容量 [kW] ×供給停止時間 [時間/回] ×発生確率 [回/年]	[供給停止被害額 [円/kWh]]，[供給停止時間（時間/回）]，[被害発生確率（回/年）] "サステナブルタウン調査委員会報告書（08.3）"，既往研究の数値を参考として設定（例：高圧事業所の被害額原単位：2 800円/kWh[2)]，震災と風水害と雪害による停電発生頻度：45年あたり1回，供給停止時間：72時間/回）
c 2. 法規制強化等に伴うリスク対応支払意思額相当効果	法規制強化等に伴うリスク対応支払意志額相当効果 [円/年] ＝光熱費 [円/年]×リスク回避費用率 [%]/100	[リスク回避費用率] 住友信託銀行 "環境配慮型ビルに関する企業の意識調査結果概要について（09.7）" を参考に設定（例：環境に対する法制度の厳格化を考慮し，光熱費の1～3％相当の対策コストを支払う意思のある企業の支払意志額の荷重平均）
c 3. 健康被害の回避効果（家庭部門）	健康被害の回避効果 [円/年] ＝保険金額 [円/人]×対象人口 [人] ×発生確率	[保険金額] 生命保険文化センター "生命保険に関する全国実態調査" の数値を利用（例：死亡保険金 2 033万円/人） [発生確率] 入浴中急死者数統計（東京都監察医務院調査）と気温（気象庁）との関係から，東京23区で843人/年（880万人中の約0.01％）がヒートショック事故死と推定される（例：0.01％）
c 4. 健康被害の回避効果（業務部門）	健康被害の回避効果 [円/年] ＝欠勤率 [日/（人・年）]×給与所得 [円/（年・人）] ÷欠勤日数 [日/年]×影響人数 [人]×発生確率	[給与所得] 国税庁 "給与所得の調査（2005年度）" の数値を利用（例：全国平均値437万円/人（賞与なども含む））
d. 普及・啓発効果としての便益		
d 1. 先導的・モデル的事業による啓発・教育効果	啓発・教育効果 [円/年] ＝対象人口 [人] ×啓発・教育に要するコスト [円/（人・年）] ×有効期間係数	[対象人口] 対象街区に居住する人口 [啓発・教育に要するコスト] 非営利団体が実施するセミナー参加費を参考に設定（例：3 000円/人） [有効期間係数] ESCO事業などにおける国の補助事業などの報告義務期間を参考に先導性・モデル性がある期間の，事業期間に対する割合とする（例：3年/10年）
d 2. 先導的・モデル的事業による広告宣伝効果	広告宣伝効果 [円/年] ＝対策に要する費用 [円/年] ×広告宣伝効果係数×有効期間係数	[広告宣伝効果係数] 環境省 "環境会計ガイドライン2005年版参考資料集" 掲載企業の事例（例：環境関連総コストに対し2％相当の効果）を参考に設定（例：2％） [有効期間係数] d 1に同じ
e. 執務・居住環境の向上による便益		
e 1. 執務者の知的生産性向上効果	執務者の知的生産性向上効果 [円/年] ＝影響人数 [人]×人件費 [円/（人・年）] ×生産性向上件数×有効期間係数	[生産性向上係数] Diana Urge-Vorsatzl, et.al, Mitigating CO_2 emissions from energy use in the world's building, Building Research & Information, 35-4（2007），pp. 379～398 の事例分析（英国の環境配慮型建築物16件で，－10～＋11％の知的生産性の増減あり）を参考に設定（例：0.5％（平均））
e 2. 居住者の健康増進効果	居住者の健康増進効果 [円/年] ＝対象人数 [人] ×支払意思額 [円/（人・年）] ×有効期間係数	[対策人数] 当該街区における居住者数 [支払意思額] 居住者を対象とするアンケート調査などに基づき設定する。

[※1] BLCP：Business and Living Continuity Plan.

2.12.2　容積率の緩和

　国土交通省では，省資源，省エネルギーを図る施設を設置する建物に対して，規制緩和，低利融資などの優遇策をとり，導入促進を誘導している．その一環として，コージェネレーションを導入する建物には，容積率の緩和が認められている（**付録 4.2** 参照）．容積率が緩和される範囲は，コージェネレーションと排熱利用設備を含む機械室となり，**図 2.33** に示す範囲といえる．この機械室は，壁などによって独立した区画とする．なお，実際の容積率の緩和範囲を特定するには担当行政との協議が必要となる．排熱利用機器は，コージェネレーション設備がない場合でも空調設備として別機器の設置が必要と判断され，一部が範囲外とされる場合もある．

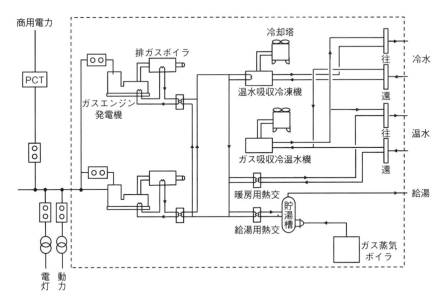

図 2.33　容積率緩和の対象となるコージェネレーション範囲例

参　考　資　料

1)　エネルギーイノベーティブタウン調査報告書（委員長：村上周三　建築環境・省エネルギー機構理事長）（2014 - 6）
　　http://www.jsbc.or.jp/project/2014/ene_innovative_town.html
2)　電力中央研究所，研究報告：Y 06005 "需要家から見た供給信頼度の重要性と停電影響―国内需要家調査および首都圏停電調査に基づく分析―"（2007 - 3）

2.13 燃料供給設備

2.13.1 都市ガス供給について

都市ガスの供給圧力は，ガス事業法施行規則に基づいて，最高使用圧力により，高圧（1 MPa（ゲージ圧）以上），中圧（0.1 MPa（ゲージ圧）以上，1 MPa 未満）と低圧（0.1 MPa（ゲージ圧）未満）に分類されており，ガス事業者によってはさらに詳細な分類（中圧 A，中圧 B など）をしている．都市ガスは高い圧力の状態から，市中などに設置されている整圧器（ガバナ）を通して，段階的に減圧される．都市ガスを多く消費する需要家には中圧で，一般家庭を含む比較的小規模な需要家には低圧で供給されることが多い．

都市ガスは，ガス事業者と需要家との供給条件を定めた供給約款に基づき，熱量，圧力，燃焼性などが安定した状態で供給される．

都市ガス製造所から需要家までの供給フローの例を，図 2.34 に示す．

都市ガス事業者は，大規模地震の発生時などで一部の地域の被害が著しい場合には，当該地域の都市ガス供給を停止し，都市ガス漏えいなどによる二次災害発生を防止する．

〔1〕 中 圧 供 給

中圧供給は，中圧導管から需要家に直接都市ガスを供給する方式である．中圧導管は溶接鋼管を使用することが多いこともあり，これまでの大震災時において液状化，地割れ，地盤沈下が発生した地区でもほとんど被害が出ていない．中圧供給はきわめて信頼性の高い供給方法といえる．

〔2〕 低 圧 供 給

低圧供給は，中圧から減圧した低圧導管から需要家に都市ガスを供給する方式である．現在，低圧埋設導管を新設する際には，可とう性や柔軟性に優れ，地震時の変形にも優れた特性を発揮するポリエチレン管の採用が進み，耐震性が向上している．

また，低圧供給では多くの場合，都市ガスの計量用にマイコンメータを使用している．マイコンメータは，地震時に自動的に都市ガスを遮断するなどの保安機能があり，遮断した場合には，需要家にて容易にガスの漏えい確認および復帰操作を行うことが可能である．

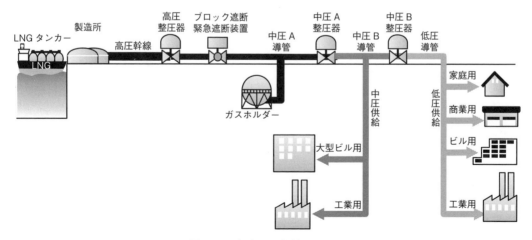

図 2.34　都市ガス供給フロー例

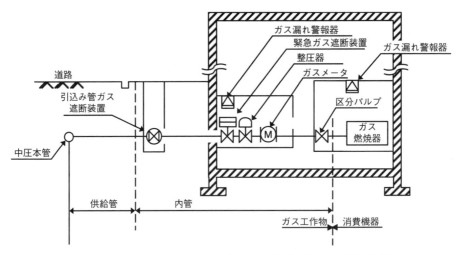

図 2.35　都市ガス設備の設置例（中圧供給）〔東邦ガス（株）提供〕

2.13.2　中圧供給都市ガス設備について

　中圧導管から需要家に都市ガスを供給する場合は，低圧供給とは異なる各種装置の設置が必要となる．中圧供給の場合の都市ガス設備の設置例を図 2.35 に示す．都市ガスは，導管から供給管を経由して，需要家敷地内に引き込まれた後は，緊急ガス遮断装置などの安全装置を経て，ガスメータで計量され，ガスコージェネレーションシステムなどのガス機器に供給される．

　ガス機器によっては，都市ガスの供給圧力よりも高い圧力が必要な場合がある．その際には，区分バルブ以降にガス圧縮機を取り付け，都市ガスを昇圧させるなどの対応が必要となる．

　なお，中圧ガス供給は漏れなどがあった場合，重大な事故につながる可能性があることから，一般社団法人日本ガス協会では，中圧ガス設備の適切な設計・施工がなされるよう"供給管・内管指針（中圧設計・工事編）"を自主基準として定めている．

2.13.3　常用防災兼用発電設備とガス発電設備用ガス供給系統

　常用防災兼用発電設備として，予備燃料を設置せずに都市ガスのみで稼働するコージェネレーションを設置する際には，消防法に基づいた自家発電設備の基準を満たす必要があり，ガス導管の耐震性評価をクリアしたガス専焼発電設備用ガス供給系統（以下，ガス専焼ラインと呼ぶ）からガスを供給する必要がある．ガス専焼ラインとは，地表面水平加速度 400 ガルの地震動が加えられた後であっても，都市ガスが安定して供給できることなどの消防法令に基づく要件があり，一般社団法人日本内燃力発電設備協会に設置されるガス専焼発電設備用ガス供給系統評価委員会の評価判定が得られたものである．なお，東日本大震災において液状化や津波が発生した地区においても，ガス専焼ラインの被害はなかった．

2.14 導入スケジュール

コージェネレーションの計画から竣工までのスケジュールは，システムの規模や設置条件により異なるが，数百 kW 以上の規模では一般的に 2〜3 年の事業となる．この期間で必要な検討・作業項目は多岐に渡るため，これらの実施時期と必要期間を整理し，全体のスケジュールをまとめたマスター工程表を作成することが重要である．工程管理においてはマスター工程表を都度確認し，進行状況に応じた対応を行っていくこととなる．コージェネレーションの計画から竣工までのスケジュール例を図 2.36 に示す．大工程ごとの作業概要は以下のとおりである（届出についての詳細は**付録 2** を参照）．

2.14.1 事業性検討段階

コージェネレーションの導入目的を確認し，おおよそのシステムの設定と導入効果を検証する．また，補助金制度の情報収集や諸官庁への事前相談を行い，導入に必要な条件を確認する．これらを総合的に判断し，導入意思の決定を行う．

2.14.2 基本設計段階

事業性検討段階にて設定したシステムをもとに，対象建物の設置条件に当てはめた機器配置図，単線結線図，配管系統図，見積仕様書などの基本設計資料を作成する．また，補助金制度を利用する場合はここで作成した資料を利用し申請を行う．

2.14.3 詳細設計段階

基本設計段階で作成した計画をより具体化し，諸官庁届出書類の提出，主要機器のメーカー発注，工事計画の策定，工事業者の選定などの作業を行う．工事工程上のポイントとなる機器搬入日や停電作業日はなるべく早い段階で決定する．

2.14.4 現地工事〜竣工

これまでの設計成果を現地にて形にしていく段階である．現地据付工事においては，重量物や火気を扱うことが想定されるため作業安全の確認を十分に行う．試運転においては設定した性能が問題なく発揮されているかを確認する．

第2章 導入計画

項　　目			適用・備考
大工程			【　標準的な工程の一例を示している　】
フィージビリティ・スタディ （事業可能性検証）			■市場動向確認，導入目的確認 ■システム設定 ■経済性，省エネルギー性，環境性検討
基本設計			■機器配置図，単線結線図，配管系統図，見積仕様書
詳細設計			■施工図，施工要領書，機器仕様書
各種届出	補助金申請		※届出先，届出内容は補助金種類による
	経済産業省産業保安監督部 （電力安全課）		■工事計画届出書，保安規程（変更）届出，電気主任技術者選任届，ボイラー・タービン主任技術者選任許可申請 ※届出種類は原動機の種類，容量等により異なる
	電気事業者		■系統連系協議（系統連系する場合） ※協議に要する時間は地域，系統電圧等により異なる
	所轄消防署		■発電設備設置届他 ※届出内容，時期は各市町村の火災予防条例による
	各地方自治体		■指定作業場設置届，固定型内燃機関設置届 ※届出の有無，届出の時期や様式は各自治体の条例による
	労働基準監督署		■ボイラー設置届 ※届出の有無，届出の時期や様式は各自治体の条例による
	常用防災兼用とする場合	所轄消防署	■危険物貯蔵取扱所届出 ■消防用設備等設置届（防災負荷の非常用電源として使用する場合） ※届出内容，時期は各市町村の火災予防条例による
		ガス供給系統評価委員会 （日本内燃力発電設備協会）	■ガス供給系統評価申請（都市ガス単独供給発電設備の場合）
		特定行政庁または 指定確認検査機関	■建築申請確認（建築基準法上の防災負荷の予備電源として使用する場合）
機器製作			※製作期間はメーカー，機種により異なる
工事			※工事期間はシステム，容量，台数により異なる
試運転			※試運転期間はシステム，容量，台数により異なる
設備稼働			－

図2.36　コージェネレーション導入スケジュール例

2.14 導入スケジュール

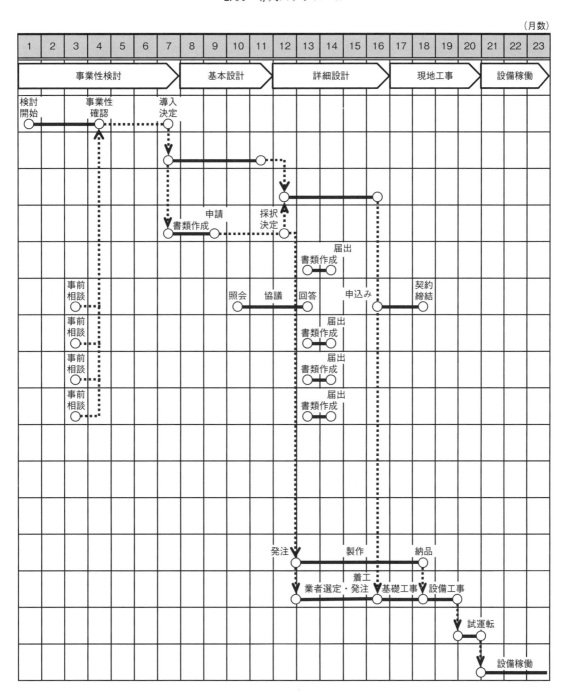

2.15 既存建物への導入計画

　既存建物へのコージェネレーション導入を検討するケースとしては，既存設備にコージェネレーションを持たないが，省エネルギーなどを目的として設備改修にあわせ新規に導入を検討するケースと，既存設備にコージェネレーションがあり，設備の老朽化に伴ってリプレースを行うケースが考えられる．それぞれのケースにおける検討事項について以下に解説する．

2.15.1　既存建物への新規導入検討

　既存建物へのコージェネレーションの新規導入検討は原則として**図2.1**に示した手順で行うことになる．ただし，既存建物に対し計画システムが現実に設置可能であるか確認し，必要に応じて建物の躯体・構造・電力系統などの改造を検討する．以下に，主な検討事項を示す．

〔1〕　機器配置計画

　コージェネレーションの導入にあたっては一定の設置スペースが必要となるため，既存建物の中で機器のメンテナンススペースも加味したうえで配置可能なスペースを確保する必要がある．実際の建物状況と照らし合わせ配置が困難な場合は，機器容量や台数を見直す必要も出てくる．また，排熱利用機器を設置する熱源機械室や系統連系する受変電設備室との距離が遠いと配管・配線設備コストが増える要因となるので留意する．

〔2〕　建物耐荷重の確認

　中規模以上のコージェネレーション機器は建物にとって無視できない重量であるため，建物の耐荷重がコージェネレーション設置後の運転荷重を上回っているか構造計算を行い，問題の有無または補強の必要性について確認が必要となる．

　構造の確認は機器配置予定位置のみではなく，搬入時の搬入ルートにおける荷重についても検討を行い，必要に応じて荷重を分散させる方策を検討する．

〔3〕　搬入計画

　機器の配置場所に対し，現実的に機器の搬入・据付が可能であるか確認を行う．具体的には機器の荷受け方法，荷揚げに使用する重機の配置，搬入経路における扉の寸法や障害物の有無など物理的な搬入可否確認に加えて，建物運営を考慮した作業時期・時間の確認が必要である．

〔4〕　電気系統の計画

　系統連系を行う中規模以上のコージェネレーションでは，受電点に系統連系用保護継電器の設置が必要となる．これを行うためには，工事中にまとまった時間の系統電力の停止を伴うため，施設を使用しながらのコージェネレーション設置の場合には運用面を含めた対応が必要となる．

　また，コージェネレーションを常用防災兼用発電設備もしくは停電対応機として使用する場合は，設置後，実際の設備を使用して停電・復電時の制御などの機能試験が不可欠であり，実施にあたっては複数回の全館停電が必要で，施設運営への影響が大きい．

〔5〕　換気設備および排気設備の計画

　コージェネレーションは燃料を燃焼させて運転する設備のため，屋内に設置する場合は換気設備，煙道・煙突の設置計画が必要である．これらは機械室に比較的大きな開口が必要で，屋外までの配管・ダクトルートも確保しなければならない．このため，既存建物の中でもボイラやガス吸収冷温水機など燃料燃焼設備が設置された機械室に設置することが多い．

2.15 既存建物への導入計画

2.15.2 コージェネレーションのリプレース検討

　近年ガスエンジンやガスタービン発電設備をはじめとしたコージェネレーション関連機器は飛躍的な進化を遂げ，エネルギー効率が向上している．このため，コージェネレーションのリプレースの場合でも，さらなる省エネルギーや経済的メリットを期待することができる．以下に，リプレース計画にあたっての注意点について解説する．

〔1〕　システムの見直し

　リプレース時の計画検討にあたっては，コージェネレーションに期待する効果を再確認し，過去の運用実績や将来の負荷見通しを加味したうえであらためて幅広いシステム設定を再検討する．設備能力に関しては，例えば10年以上前に製造された発電設備に比べ，最新機は発電効率が高くなり，逆に排熱量は減少する傾向にある．また，排熱投入型ガス吸収冷温水機は冷凍能力が同じでも排熱回収能力は高くなっている．このため，排熱回収のバランスを考慮して熱源システム全体の見直しを行うことが有効である．また，リプレースに際してコージェネレーションにBCP対応という目的を追加設定する場合，設備容量もシステムも大幅に見直しが必要となることもある．

〔2〕　法　　対　　応

　設備のリプレースにあたっては，関連法規に従って既存設備の廃止・変更手続きおよび新設設備の設置届出手続きを行う．
　また，法規の改正に伴い既存設備とは異なる対応が必要となる場合があるため，注意して関係諸官庁に確認を行う．

〔3〕　既存建物および設備の確認

　コージェネレーションのリプレース計画の場合も，新設設備が既存建物に適用可能か，前項に示し

表2.16　設備再利用時の確認事項

機械設備	・本体より漏れ・腐食がないか ・設計条件（流量・温度・耐圧等）が合致するか ・電気系統の絶縁劣化はないか ・インバータ対応仕様か（リプレース後インバータ制御を行う場合） ・新設設備運転前にはできるだけメーカー点検，清掃を実施する
配　管	・既存配管に漏れ・腐食がないか ・設計条件（流量・温度・圧力・流体・保温厚みなど）が合致するか ・バルブ・測定機器の数量・配置に問題はないか ・配管行先は正しいか ・新設設備運転前にはあらためて耐圧試験・フラッシングを行う
配　線	・既存配線の絶縁は問題ないか ・保護配管に損傷はないか ・設計条件（電圧・電流・シールドの有無など）が合致するか ・配線行先は正しいか ・配線余長は十分にあるか ・新設設備運転前にはあらためて絶縁抵抗測定・耐圧試験を行う
基礎・機械室	・既存基礎・機械室躯体に損傷はないか ・基礎の寸法・高さに問題はないか ・基礎・建屋の強度に問題はないか ・メンテナンススペースは十分に確保できるか ・機械室の換気量は十分か

た留意事項を確認する必要がある．また，コージェネレーション付帯設備は新設機器の条件に沿って再設計・更新することが望ましいが，経済面や施工性などの理由で設備の一部または全部の再利用を行う場合は，既存設備の劣化状況，各種設計条件，強度などを考慮し再利用可能か否かを判断する．表 2.16 に設備再利用時の確認項目について示す．

〔4〕 その他の留意事項

　リプレースに伴う工事期間はコージェネレーションからのエネルギー供給がないため，この間も建物の運営を継続する場合は一時的に代替のエネルギー供給源を確保する必要がある．電力供給に対しては，電力会社と自家発補給電力の使用または契約電力変更の手続きをとるか，予備または仮設発電機を準備する．熱供給に対しては，予備または仮設ボイラなどを利用する．

第3章

コージェネレーションの実施設計

本章では，主としてコージェネレーションの実施設計における配慮事項などに関する解説を行う．

第3章 実施設計

3.1 実施設計にあたっての留意点

コージェネレーションの設計は，計画によって導かれたシステムの構成，運転方式により進めることになるが，設計初期段階において計画段階の条件確認を行い，計画へのフィードバックが必要である．さらに，具体的なシステム設計を進めると，機種選定による機器効率の違い，各種条件の違いにより，イニシャルコスト・ランニングコストが変化し，経済性に大きな影響を与えることがある．よって，設計最終段階においても評価を行いフィードバックすることが重要となる．

コージェネレーションの設計の流れを図3.1に示す．

3.1.1 計画段階での条件の確認

まず，計画段階で設定した主要条件（表3.1参照）を確認し，設計に展開できるようにする．基本条件が変わった場合はその影響度に応じてどの段階まで立ち戻るか判断する必要がある．特に，システム容量が変化するような，施設の用途・規模の変更，常用防災兼用発電設備としての利用を前提とした場合の防災負荷容量のアップなどが発生した場合は経済性に大きな影響が出る可能性があるため，その場合は実施設計に進むのではなく，計画段階の検討プロセスを再度実施することが望ましい．

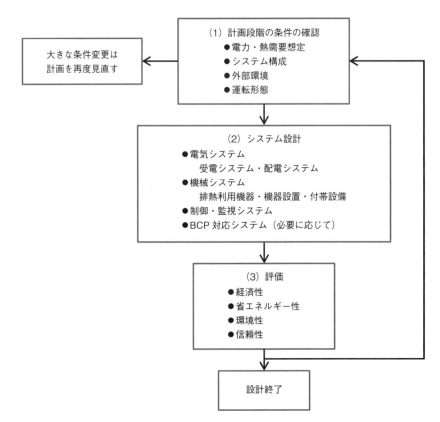

図3.1 コージェネレーションの実施設計の流れ

3.1 実施設計にあたっての留意点

表3.1 コージェネレーションの主要条件

項　目	条　件
システム容量	単機容量・台数
機　種	ガスエンジン，ガスタービン，燃料電池
電気システム	系統分離，系統連系，常用防災兼用
運転方式	電主熱従運転，熱主電従運転，ピークカット，ベースロード運転
熱回収システム	温水回収，蒸気回収

3.1.2 実施設計時の確認事項

実施設計では，計画段階において決定したシステム構成，容量を基に，電気システム（発電機・原動機・系統連系），排熱回収システム（熱回収装置・熱源）の各設備について具体的な機器選定からはじめて，発電機室の設計（設置設計，換気設計）を順次行う．そのプロセスの中で以下の設計条件を確認，設定しておく必要がある．なお，仕様などについてはメーカーの仕様書やパンフレットなどから，その都度最新情報を参照することが大切である．

〔1〕周 囲 条 件

周囲条件により，機器の効率，装備すべき設備が変わるので条件を設定したうえで設計を行う必要がある．以下にその条件を示す．
1) 自然環境：災害対応（地震，水害，塩害，高潮），気候対応（温湿度，積雪，落雷，風，降雨，高度），地盤（液状化，地下水位）
2) 周囲環境：近隣用途（用途地域，周囲建物用途，道路・鉄道，河川），法規制（騒音，振動，大気汚染，危険物）
3) インフラ：ガス，電力，上下水道，地域冷暖房導入地区
4) 保守管理：運用のための資格者

〔2〕建 築 条 件

コージェネレーションを設置するうえで設置場所の選定は，建物に与える影響が大きいので，以下の条件を建築設計に反映させておく必要がある．
1) 本体設置スペース：階高，搬出入動線，荷重（静荷重，動荷重）
2) 関連スペース：煙突，燃料供給設備・配管，冷却塔，水槽，換気・空調設備，監視場所
3) 設置環境：騒音，振動，大気汚染，排熱

〔3〕諸 制 度

コージェネレーションの設計においては，関連法的規制をクリアする必要がある．また，さまざまな補助金など優遇制度もあるので，有効利用することにより経済性の改善を図ることが可能となる．

3.1.3 評 価 確 認

計画段階でおおよその評価は行われているものの，設計段階での周囲条件や建物条件から，システムの構成（装備すべき設備）・効率などが変わることが多々ある．このため設計段階においても再度，条件が詰まった中で経済性，省エネルギー性におけるシステムの有効性を検証しておく必要がある．

3.2 電気システム

3.2.1 設計条件の設定

電気システムの設計は前章導入計画の各種評価により設定されたコージェネレーション容量（単機容量×台数），発電方式（ガスエンジン，ガスタービン，燃料電池），運転方式（電主熱従・熱主電従，逆潮流の有無）を前提に，以下に示す項目の内容で実施する．

設計段階でその項目の変更が生じた場合は再度，導入計画に立ち戻って経済性などの確認が必要である．

〔1〕 受電システム設計
受電方式には以下の分類があり，それを選択して設計を行う．
1) 受電電圧（低圧，高圧，特別高圧）
2) 引き込みタイプ（1回線，本線・予備線，スポットネットワーク，ループなど）

〔2〕 配電システム設計
コージェネレーションと系統電力の組合せは，系統電力とコージェネレーションを並列運転させる系統連系方式と独立供給させる系統分離方式の2種類があり，系統連系システムには系統側へ電力を送る逆潮流システムがある．
1) 系統連系システム（逆潮流あり・なし）
2) 系統分離システム

3.2.2 受電システム設計

電気主回路は受電する系統電圧によって低圧受電方式，高圧受電方式，特別高圧受電方式，スポットネットワーク受電方式の4種類に分類される．コージェネレーションを系統連系する場合は，発電電圧と接続する電気回路の電圧が同一でなければならない．それぞれの受電方式において，コージェネレーションを組み合わせた場合の回路例を示す．

〔1〕 低圧受電方式
低圧受電方式におけるコージェネレーションの回路例を図3.2に示す．連系する系統は単相3線200/100Vまたは三相200Vがある．低圧仕様のコージェネレーションは発電設備と保護装置，遮断器などがパッケージ化されている場合が多い．

〔2〕 高圧受電方式
高圧受電方式は，1回線受電方式と2回線で受電する本線・予備線受電方式がある．図3.3に，1回線受電方式におけるコージェネレーションの回路構成例を示す．回路構成の特徴はコージェネレーションの運転に伴って次の装置を追加することである．
1) 受電点に系統連系用保護継電器を，発電点に発電装置用保護継電器を設ける．
2) 発電設備と接続する構内電力系統の間に複数台の遮断器を設置し，受電側の事故時の開放に備える．

〔3〕 特別高圧受電方式
特別高圧受電方式は2 000 kW以上の需要家に採用される受電方式であり，一般に本線・予備線受電方式とループ受電方式とに分けられる．本線・予備線受電方式は同一電力変電所から異なる配電線

3.2 電気システム

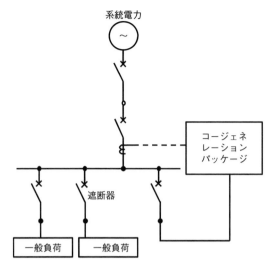

図 3.2　低圧受電方式回路図

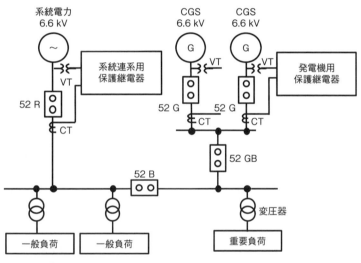

G　　：発電機
52 R：受電用遮断器
52 G：発電機遮断器
52 B：母線連絡用遮断器
52 GB：発電機連絡用遮断器
VT　：計器用変圧器
CT　：計器用変流器

図 3.3　高圧受電方式回路図

2系統を導入し，電力供給系統を二重に持った受電方式である．ループ受電方式は，特定サービス地域の複数の需要家に対し環状に配電線を接続する方式である．ここでは，本線・予備線受電方式の回路構成例を図3.4に示す．コージェネレーションの発電電圧は広く普及している6.6 kVとし，構内の同系統に接続することが多い．

〔4〕　スポットネットワーク受電方式

スポットネットワーク受電方式は，都市近郊の需要電力密度の高い地域で，需要電力量2 000〜10 000 kW級の大容量需要家を対象に採用される方式であり，電力会社変電所から特別高圧（22 kV

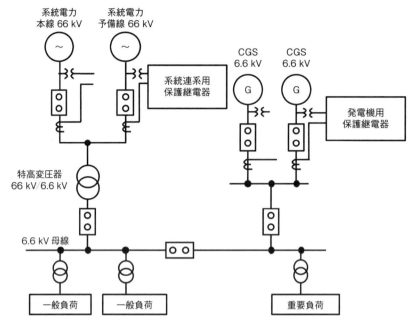

図 3.4　特別高圧受電方式回路図

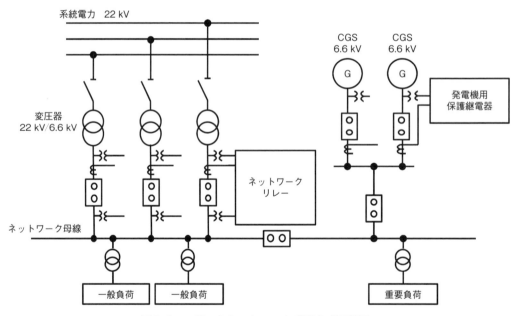

図 3.5　スポットネットワーク受電方式回路図

または 33 kV) の配電線を通常 3 回路引き込み，変圧器の二次側で並列運転する，きわめて供給信頼性の高い方式である．逆潮流ありのコージェネレーションは適用できない方式である．図 3.5 に同方式の例を示す．

3.2.3 配電システム設計

コージェネレーションの配電システムには，系統連系方式と系統分離方式がある．通常，コージェネレーションを効率よく運転するためには，供給負荷を限定しない系統連系システムを採用するが，地域の電力系統異常時の対応方法などについて，電力会社と調整が必要となる．

一方，系統電力と接続しない系統分離方式を選択する場合，系統側の制約は受けないが，コージェネレーションはあらかじめ供給する負荷を選択しておく必要がある．さらに，その負荷に応じた発電しかできず施設の運用によっては稼働率が下がる可能性があるので，その点を十分考慮に入れておく必要がある．以下に，系統連系方式と系統分離方式の特徴，設計上の注意点を示す．

〔1〕 系統連系方式

系統電力とコージェネレーションを並列して使用する方式で最近のコージェネレーションシステムはほとんどこの方式が採用される．採用する場合は，系統連系時の電力品質確保に係る"電気設備の技術基準の解釈"および"電力品質に係る系統連系技術要件ガイドライン"に基づき，電力会社との事前協議が必要であり，計画にあたっては以下の点に配慮する必要がある．

系統連系方式は，単一の配電システムとなるため負荷を区分する必要はない．系統連系用遮断器一括で系統電力と並列接続を行うためシンプルな構成となり，運用も単純になる．逆潮流ありとする場合は，系統側の容量によっては接続できない場合があることや，転送遮断装置や線路無電圧確認装置などの特別な設備が必要となり，大きなコストがかかるため注意が必要となる．また，売電料金によっては，ピーク時を含めて，ある一定量を系統側へ供給することを担保することも求められ，逆に自家消費が制限されるなど，経済性に大きな影響がある場合がある．

構内電源の電圧周波数変動は，系統電力の電圧，周波数変動に従う（停電の影響も受ける）．

コージェネレーション発電機容量は自立運転がなければ，標準特性のまま使用される（負荷投入による変動値の検討は不要である）が，隣接する需要家の影響および配電線の変動の影響を受ける可能性がある．

系統連系について所轄電力会社との協議を必要とするほか，コージェネレーションの保守点検，故障時には系統電力から発電分を補完されるために通常の契約電力とは別に自家発補給電力契約が必要となる．

〔2〕 系統分離方式

コージェネレーションと系統電力を接続せずにそれぞれ別系統で負荷に供給する方式で，電力系統側の事故による発電母線の影響はなく，小規模なコージェネレーションに使用される．構内負荷設備を系統電力負荷，系統・コージェネレーション切替え負荷の2グループに分け，コージェネレーションからは切替え器を経由して対象負荷に電力供給を行う．

系統・コージェネレーション切替え方式には一括切替えと個別切替えがある（図3.6参照）．

一括切換えは，複数の負荷をまとめて系統電力とコージェネレーション系統に切り替える方式である．配電システムはシンプルとなるが負荷のこまめな選択ができないため，設計時の負荷選択によっては負荷投入容量の制限でコージェネレーションの容量を十分使い切れない可能性がある．

個別切替えは各負荷に切替え器を設ける方式である．細かく負荷を選択することでコージェネレーションの容量を100％近く使うには適切であるが，切替え部分が多くなり配電システムが複雑となる．

一般に，系統分離方式で負荷切替え時に通常の切替え器を使用する場合，切替えのタイミングで瞬時停電が伴うため，コンピュータ停止，照明ちらつき消灯，動力停止などの影響があり注意が必要である．これを回避するために10 ms以下で切替え可能な高速切替え器や，瞬時連系型切替え器を使

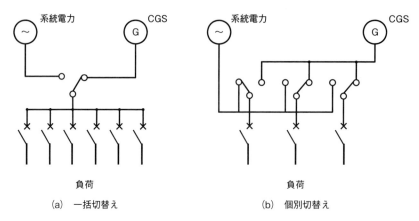

図3.6 一括切替えと個別切替え

用して対応することもある．その際，コージェネレーション電圧，周波数変動値（計画値）と負荷側使用電気機器の許容電圧，周波数変動値の整合を図っておくことが必要となる．

3.2.4 その他の留意事項

〔1〕 他設備との併用

（a） 他の発電設備との並列運転

近年のビルでは省エネルギーの観点から，さまざまな発電システムが採用される．コージェネレーションと太陽光発電，風力発電（いずれもビルで設置する規模で数十kWクラスの小容量）が同一施設内に導入されることも多い．太陽光発電，風力発電などは天候による出力変動が大きいため，コージェネレーションはその出力変動に耐えられる発電容量とする必要がある．発電容量の比率の程度は，コージェネレーションメーカーの示す負荷変動許容値などから決定する．

（b） 蓄熱システムとの併用

負荷平準化，ピークカットの手法として使用されるシステムに蓄熱システムがある．夜間の安価な電力を使用するシステムであることから，配電システムを独立させ，単独の電力計量が必要となる．コージェネレーションと併用する場合は，原則コージェネレーションによる発電電力が蓄熱設備に供給されないことが求められるが，系統連系を採用する場合は分離することは現実的に困難である．このようなケースでは電力会社と協議のうえ，夜間蓄熱時間帯はコージェネレーションを停止するなどの調整が必要となる．いずれも経済性に影響を及ぼすため，導入の採否の段階で電力会社と協議し条件を整理しておく必要がある．

〔2〕 高調波対策

停電時にコージェネレーションシステムを自立運転するときや系統分離の場合は，負荷から発生する高調波が発電機へ与える影響を検討する必要がある．

高調波とは，系統の周波数（50 Hzまたは60 Hz）の整数倍の周波数の成分であり，インバータを組み込んだ機器などから発生する（図3.7参照）．電力の基本波に高調波が加わると波形が歪み，モータの振動や騒音，エレベータの振動や停止，テレビの騒音やちらつきのほか，著しい場合には発電機の運転に影響することもある．

3.2 電気システム

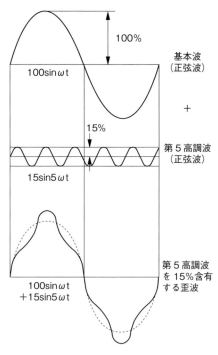

図3.7 高調波の波形[1]

(a) 高調波を発生する機器
コンピュータ，テレビ，UPS[*1]，VVVF[*2]（エレベータなど），高周波蛍光灯などである．

(b) 整流器
整流器は高調波の発生源となる機器（交流を直流に変換する装置）である．整流器には6，12，24相整流という方式があり，6＞12＞24相整流の順に高調波の流出量が多くなる．

高調波が発電機に与える影響を等価逆相電流という指標に変換して評価するが，高調波流出量が多いほど等価逆相電流も大きくなる．

どの整流器が採用されているか確認し，種類とその容量から**表3.2**と（c）に示す評価方法により発電機に影響がないか評価する必要がある．

(c) 評価方法
高調波発生負荷が10％を越える場合は**図3.8**のように負荷選定を検討する必要がある．なお，発電機の運転に悪影響を与える進相コンデンサはコージェネレーション自立運転の負荷としてはならない．

$$\frac{整流器の容量[kVA] \times 等価逆相電流（44\％または20\％または15\％）}{コージェネレーション全体の負荷容量[kVA]} < 10\％$$

等価逆相電流の発電機容量に対する比率を確認し，10％未満であれば対策不要と判断する（一般の発電機は許容等価逆相電流15％程度のものが多いため）．

[*1] UPS：Uninterruptible Power Supply （無停電電源装置）
[*2] VVVF：Variable Voltage Variable Frequency （可変電圧可変周波数装置）

第3章 実 施 設 計

表 3.2 整流器の種類と等価逆相電流[1]

整流器の種類	等価逆相電流
6 相整流	44 %
12 相整流	20 %
24 相整流	15 %

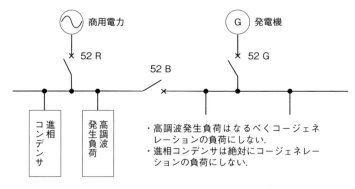

図 3.8 自立運転の負荷選定の方法[1]

　発電機の仕様を超える場合は，例えば等価逆相電流が発電機仕様に合う（発電機容量の 10〜15 % 以下）ような発電機容量にする（発電機容量のアップ）または，等価逆相電流の大きい（15 % 以上）発電機仕様とするなどの方法がある．

参 考 資 料

1） 日本エネルギー学会編：天然ガスコージェネレーション計画・設計マニュアル 2008 (2008)，p. 93

3.3 機械システム

機械システムの設計は前章導入計画により設定された原動機種別・容量,排熱利用方式などを前提に以下に示す項目の内容で実施する.

3.3.1 設計の手順

コージェネレーションの機械システム設計は排熱利用設計および付帯設備設計が中心であり,電力システム側の設計を含め,エネルギー効率の高い機器の採用や安定的な稼働条件となる容量の設定を行ったうえで,省エネルギーかつ省CO_2となる排熱利用システムを構築する必要がある.

排熱利用システムの設計が十分でないと,需給のバランスがとれた排熱利用ができなくなり,システム計画の前段で行う年間エネルギー量の推計と省エネルギー性・環境性の試算結果および経済性が目論見通りとならない事象が発生する.よって,バックアップ熱源を含めた排熱利用システムの構築はコージェネレーションの導入において重要なポイントとなる.**2.3節**で解説した原動機の設定,排熱利用用途の設定を踏まえ次の手順で機械システム設計をすすめる.

1) 排熱利用システムの設計(排熱回収方式,利用用途により以下を選択)
    ① 排熱温水の利用システム,利用順位の設定(一次側)
    ② バックアップ熱源を考慮した温水利用システムの構築(二次側)
    ③ バックアップ熱源を考慮した冷水利用システムの構築(二次側)
    ④ 排熱蒸気の利用システムの構築(一次側,二次側)
2) 機器配置設計
    ① コージェネレーション機械室の位置の選定
    ② コージェネレーションの設置上の留意点確認
    ③ 防音・防振対策の検討
3) 付帯設備設計
    ① コージェネレーション機械室の換気設計
    ② 煙突・煙道設計
    ③ 燃料(都市ガス)供給設備設計
    ④ その他付帯設備設計
4) 計測・計量システムの構築

3.3.2 排熱利用システム設計

2.3.4項で示したように,コージェネレーション排熱の利用方法は,排熱を利用しない熱源機器(バックアップ熱源)との関連において選定される.

排熱利用目的である給湯(加熱),暖房,冷房の三つの用途の中で,どの組合せを選択するかは,排熱と需要のバランス,設備投資額などを検討したうえで決定される.

排熱温水の利用システムにおける二次利用側の優先順位は,**表2.6**に示すバックアップ熱源に対する効率が高い順に直列に接続することが理論上効率的である.暖房と給湯は同値で第1位であり,次いで冷水の順になる.ただし,一般的には排熱利用冷凍機を第1位として排熱温水を投入することが

多い．これは，排熱利用冷凍機である温水吸収冷凍機や排熱投入型ガス吸収冷温水機において，排熱温度を高いレベルで一定にすることが，冷凍機の冷水製造量の安定性や機器のCOPにとって有効であるためである．給湯と暖房の優先順位については，効率が同じであり，二次側の排熱利用機器とその他のバックアップ熱源との接続方法（直列・並列）や熱負荷の安定性により判断する．また，暖房用の温水については，理論的には熱交換器を介さず直接空調機などの二次側に循環させることも可能であるが，コージェネレーション，二次側双方の故障や不具合（油の混入や圧力変動など）が他方の系に影響を与えないようにするため，および温度条件が二次側のほうが低いなどの理由から，一般に熱交換器で系を分離する．

図3.9に，ガスエンジンにおける温水排熱系の利用システムの例を示す．排熱利用機器は排熱温水循環系に対し優先順位順に直列に接続する．排熱利用機器に対して三方弁を設け，それぞれの利用後の下限温度を設定し，それを下回らないよう弁制御をすることで系の温度帯を安定化させている．

さらに，排熱利用機器で使い切れない場合は，直列接続の最後に放熱用熱交換器を設置し冷却水を経由して冷却塔から熱を放散させる．

〔1〕 排熱温水の給湯利用

排熱温水を給湯利用する場合，給湯用の補給水が貯湯槽に入る前に予熱槽を設け，コージェネレーション排熱にて予熱する設計とすると排熱を優先的に利用することができる（図3.10(a)）．また，予熱槽を設置することが難しい場合，同じ貯湯槽に対してコージェネレーション排熱とバックアップ熱源が加温することになるが，バックアップ熱源の稼働上限温度に対しコージェネレーション排熱の利用上限温度を高く設定するなどして排熱を優先的に利用できるようにする（図3.10(b)）．

〔2〕 排熱温水の暖房利用

排熱温水を暖房用温水に利用する場合，一般的な熱源機器の接続形態である並列方式で排熱温水熱交換器とバックアップ熱源を接続した場合，実際の運用において優先的に排熱利用する台数運転制御をかけた場合でも排熱が十分に利用できなくなるケースが多い．具体的には，排熱温水熱交換器とバックアップ熱源が同時に運転し，かつ各熱源の循環温水ポンプが定流量ポンプであった場合，それぞれが同じ部分負荷率の運転となり，想定した熱利用ができなくなる．

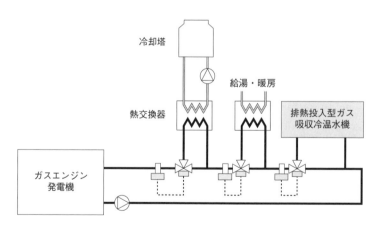

図3.9 ガスエンジンにおける排熱利用システム（例）[1]

3.3 機械システム

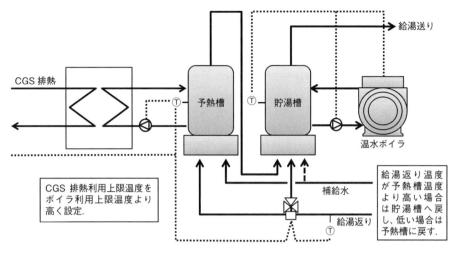

(a) 予熱槽を設置する場合

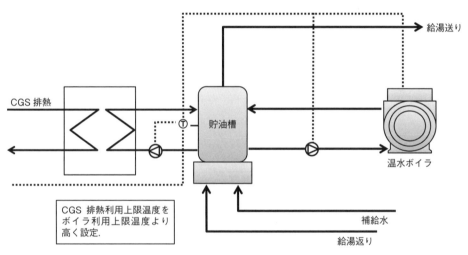

(b) 温度設定にて差をつける場合

図3.10 給湯利用システム例

対策としては，熱源の温水循環系ポンプを変流量として，機器ごとの負荷率を制御して排熱側の効率を上げる方法がある．

さらに，確実に排熱を利用できるよう設計するためには図3.11に示すようにバックアップ熱源に対して直列に配置し，上位で熱製造し予熱するシステム構成が有効である．

〔3〕 排熱温水による冷水製造

排熱温水から冷水製造を行うために多く用いられる排熱投入型ガス吸収冷温水機は図3.12（a）に示すとおり，負荷率が低い状況でも排熱温水が利用できる．しかし，この場合も温水利用の設計で示したと同様，他のバックアップ冷凍機と並列設置すると運転条件によっては設計どおりの排熱利用ができない場合がある．これを避けるためには，熱源の冷水循環系ポンプの変流量制御や直列設置による予冷運転を行うなどの対策を行う．

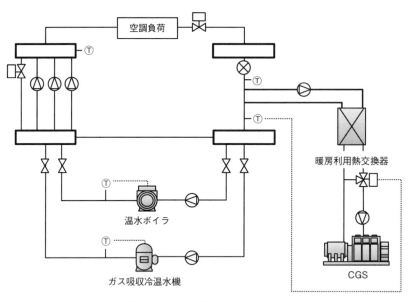

図 3.11 暖房利用システム例

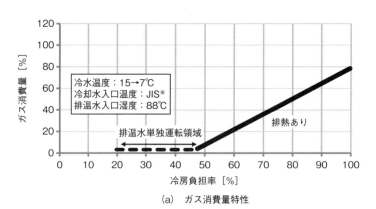

(a) ガス消費量特性

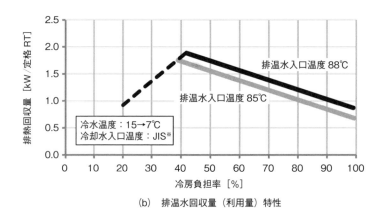

(b) 排温水回収量（利用量）特性

図 3.12 排熱投入型ガス吸収冷温水機の燃料消費・排熱利用特性
※ JIS B 8622 付属書 B 冷水出力時試験条件の冷却水入口温度．
能力 100 % の場合 32 ℃，能力 0 % の場合 27 ℃ で，中間は比例的に算出する．

3.3 機械システム

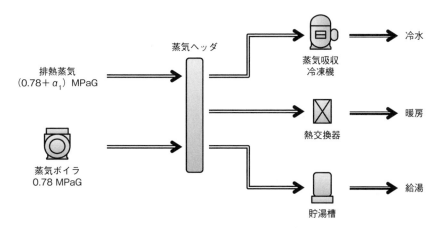

図 3.13 蒸気利用システム例[1]

なお,排熱投入型ガス吸収冷温水機を利用する場合,**図 3.12(b)** に示すとおり,部分負荷運転時のほうが定格運転時より排熱利用量が多くなるという特性があることに注意する必要がある.コージェネレーションの排熱量に応じた容量設定を行う際にも注意が必要であるが,台数制御において増段を早めるなどの運転制御の工夫も必要となる.

〔4〕 蒸気の利用システム

排熱蒸気を利用したシステム（**図 3.13**）は,排熱温水とは異なり発生した蒸気は熱交換器を介することなく直接他のバックアップ熱源となる蒸気ボイラから発生した蒸気と混合して利用される.したがって,蒸気の圧力レベル（一般的に 0.78 MPa（ゲージ圧））や補給水の水処理（軟水または純水),投入する薬剤（清缶剤や復水処理剤）を揃える必要がある.

また,バックアップの蒸気ボイラをコージェネレーションの排熱蒸気と並列利用する場合には,蒸気圧力を指標としてボイラの発停制御を行い,排熱蒸気の設定圧力をボイラの設定圧力より高くすることで（**図 3.13** では a_1）排熱蒸気の優先利用を行う.その際,配管系統の許容最大圧力（一般には 0.98 MPa（ゲージ圧））を越えない配慮が必要である.

3.3.3 機器設置設計

〔1〕 コージェネレーション機械室の位置の選定

（a） 地上設置の場合

敷地が十分にあり,機械室が敷地の一角に独立して設けられる場合は,独立の建物の中に機械を収容することが最善の方法である.これは,将来の更新や機械の搬出入が容易にできること,防音・防振対策のしやすいこと,換気用空気の取入れと排気が容易になることなどが理由としてあげられる.独立建物とする場合でも鉄筋コンクリート造の耐火・遮音構造として,空気の取入れ口,排気口などでは十分な防音装置を設ける.また,この場合,排気口は別建物の風の流れに注意して別建物の外気取入れ口から十分に離すように注意する.

機械室を設けない場合も,防音などに配慮する必要がある.

（b） 屋上設置の場合

機械室を屋上に設置する例は多数あり,防音・防振に注意すれば空気の取入れ,排出も容易で,排ガス管も短く,全体的に有利である.しかし,建物自体の構造が発電設備の自重に耐えられるように

設置する必要があり，建物を含めて新築の場合は構造対応コストの考慮が必要である．また，既存建物の屋上設置に際しては，耐荷重について構造確認を行う．

（c） 屋内設置の場合

市街地にあっては地下の設置の例が多く，1000 kW クラスを超える大規模な容量を設計する例も多い．これらの場合は空気の取入れ・排気用に大きいダクトスペースを地上から機械室まで導く必要があり，煙突の放出位置の確保も含め，給排気・排気ガスのルートを十分に検討した配置設計を要する．また，換気用ダクトを縮小するため空調機により熱処理をする例も多くある．また，近年では津波対策として中間階に設置する例もある．ホテル客室や病室のように，特に騒音・振動に対して要求の厳しい場合は，防音・防振に注意する．コージェネレーションは定期点検のため数年に一度，ガスエンジンやガスタービンの一部あるいは本体を搬出する必要がある．将来の更新時の対応も含め，その搬出入経路を十分に考慮し，マシンハッチを設けるなどの対策を取るようにする．

〔2〕 コージェネレーションの設置上の留意点

コージェネレーションは，屋内設置の場合本体および補機類，給排気設備や煙道など多種の設備を配置する必要がある．設置に際しては，メンテナンス上必要な動線や空間の確保を考慮した配置設計を行う．また，各機器間の離隔距離については消防設備等技術基準および自治体条例で定められている．東京都の例を表 3.3 および図 3.14 に示す．

また，一般にコージェネレーションは電気事業法において，発電所としての扱いを受け，一般の人が自由に出入りできないよう柵や塀などで区切られた場所に設置しなければならない．同様に消防法に基づき屋上および屋内設置それぞれについて消防法施行規則や火災予防条例にて設置基準が定められている．

なお，コージェネレーションを常用防災兼用発電設備として用いる場合は，不燃専用室に設置する必要がある（キュービクル式自家発電設備基準に適合するものは専用室は必要ない）ほか，非常時に

表 3.3 各機器の保有距離 [1]

保有距離を確保しなければならない部分		保有距離
発電機と内燃機関とを連結したもの	相互間	1.0 m 以上
	周囲	0.6 m 以上
操作盤	操作面	1.0 m 以上
	点検面	0.6 m 以上．ただし，点検に支障とならない部分については，この限りでない．
	換気面	0.2 m 以上
蓄電池	列の相互間	0.6 m 以上．ただし，架台などを設けることによりそれらの高さが 1.5 m を超える場合には 1.0 m 以上．
	点検面	0.6 m 以上
充電設備	操作面	1.0 m 以上
	点検面	0.6 m 以上
キュービクル式蓄電池設備	操作面	1.0 m 以上
	点検面	0.6 m 以上．ただし，キュービクル式以外の変電設備，発電設備，蓄電池設備または建築物と相対する場合に 1.0 m 以上．

3.3 機械システム

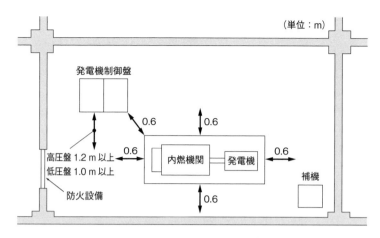

図 3.14 発電機室の配置[1]

使用する燃料が液体燃料や圧縮天然ガス，液化石油ガスの場合は，危険物としての扱いを受けるので消防法や高圧ガス保安法，建築基準法の基準や規制に則った設計を行う．

小型のコージェネレーションシステムでは放熱装置が一体化されているため，原則として屋内設置は避ける（**5.9節**参照）．

370 kW クラスガスエンジンコージェネレーションの配置の例を**図 3.15**に示す．

〔3〕 防 音 対 策

原動機の発生騒音が 90 dB から場合によっては 100 dB を超えることもあるので，騒音対策が必要になる．騒音に関する標準的な規制値としては"騒音規制法"に基づいて，各自治体ごとに区域と時間帯によって音量基準（単位：ホン）が定められているので，それに従わなければならない．特に，発電機室に近接して居室などがある場合は注意する．必要な騒音レベルに応じて，次の対策が必要である．

1) 発電機室内に伝播する騒音を低減するため発電機ユニットをエンクロージャ（外箱）で囲む．
2) 発電機室内に吸音材を内貼りする．
3) パッケージ型の屋外設置のものでは，騒音伝播に好ましくない方向に対して遮音壁を設ける．
4) 排気管からの騒音伝播防止のため，排気管中にサイレンサを設ける．

〔4〕 防振対策（振動の発生および建築的な配慮）

原動機がガスエンジンの場合は，騒音のみならず機械振動にも注意が必要である．振動防止のためには建築的な配慮も含め，次の対策を検討する．

1) 上階，下階および隣接する部屋に対する騒音や振動による問題の発生を避けるため，コージェネレーション設備機器を建物の中間階に設置せずに，できるだけ地下または別棟に設置する．
2) 建築部材の固有振動数を事前に計算したうえで防振装置の設計を行う．
3) 基礎を浮き基礎または独立基礎とし，防振材を使用して建築躯体に直接振動が伝わらないような措置を講じる．
4) 機器に接続する配管，排気管には十分な長さのフレキシブル継手を設置して，機器本体の振動が躯体や配管に伝達しないよう設計する．
5) 配管を介して振動が建築躯体に伝わらないように防振ハンガや防振支持材を使って配管を支持する．床や壁の貫通部は，防振および断熱のためにクッション材を介してモルタル詰めを行う．

第3章 実 施 設 計

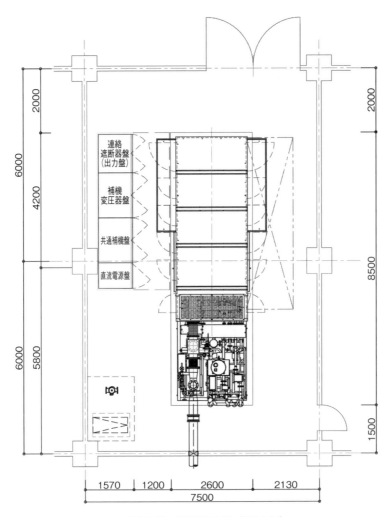

図 3.15 配置図の例（370 kW）

〔5〕 地 震 対 策

防振装置でフロートされている機器は，地震の際に異常な移動を起こしてしまう可能性があるため，ストッパなどを取り付ける．この場合，防振装置がストッパに当たって防振効果が損なわれないように注意する．

補機や盤も含め，転倒のおそれがある機器および配管類には，転倒防止枠，触れ止めなどを設置する．

3.3.4 付帯設備設計

〔1〕 コージェネレーション機械室の換気設備

発電機室は，原動機からの放熱が多いため，換気量が多い場合でも室内の温度分布が悪くなり，高温の箇所が発生しやすい．また，換気量が多いため，風量バランスが崩れて扉の開閉に支障を生じることもあるので，下記に留意する必要がある．

1) 給排気ダクト，吹出し口，吸込み口を適切に配置して発電室内の空気分布，温度分布がよくな

3.3 機械システム

るように設計する.
2) 給排気量の差を燃焼用空気の必要量より若干多くして発電機室を正圧に保つ.負圧になると不着火になるおそれがある.
3) 原動機の発電機回りには下向きの吹出し口を設けてできるだけ低い位置で吹き,排気口はできるだけ高い位置に付けて上部の高温の空気を排出するようにするとよい.ただし,冷風を送る場合は結露した水が落下しないように注意する.

＜コージェネレーション機械室の換気量の算定（ガスエンジンの例）＞

発電機室の換気量 Q は,大略次式で求められる.

$$Q = Q_1 + Q_2 + Q_3 \quad [\text{m}^3/\text{h}] \tag{3.1}$$

ここに,
  Q_1：機関の燃焼に必要な空気量
  Q_2：室温上昇を抑えるために必要な空気量
  Q_3：運転員1人あたりの換気量

エンジンの燃焼に必要な空気量 Q_1（13 A 都市ガスの場合）

$$Q_1 = V_{\text{Gas}} \times 11 \times \lambda \times \frac{\gamma_0}{\gamma} \quad [\text{m}^3/\text{h}] \tag{3.2}$$

ここに,
  11：理論空気量（13 A ガス）$[\text{m}^3/\text{m}^3]$
  V_{Gas}：燃料ガス消費量 $[\text{Nm}^3/\text{h}]$
  λ：空気過剰率
  γ_0：標準状態の空気比重量（1.293 kg/Nm³）
  γ：40℃の空気比重量（1.128 kg/m³）

室温上昇を抑えるための必要空気量 Q_2

$$Q_2 = \frac{Q_\gamma + P \times 3\,600\,(1/\eta - 1)}{t \cdot c_{\text{pa}} \cdot \gamma} \quad [\text{m}^3/\text{h}] \tag{3.3}$$

ここに,
  Q_γ：エンジン放熱量 $[\text{kJ/h}]$
  P：発電機出力 $[\text{kW}]$
  η：発電機効率
  c_{pa}：乾燥空気の定圧比熱 $[\text{kJ}/(\text{kg}\cdot\text{℃})]$（1.005 kJ/(kg・℃)）
  t：発電機室許容温度上昇値 $[\text{℃}]$

運転員1人あたりの換気量 Q_3

  $Q_3 = 30\,\text{m}^3/\text{h}$

    ただし,発電機室内におけるエンジン吸気口の位置によっては Q_1 を Q_2 に含めることができる.なお,室温上昇を抑えるために換気以外に機械室用空調機を設置する方法もあり,その場合 Q_2 は 0 m³/h となる.

〔2〕 煙突・煙道設計

排気ガスの量および温度条件を元にして煙道のルートおよび煙突高さの設計を行い,通風力（ドラフト）計算を行って,必要な煙突と煙道のサイズを選定する.

熱需要があって,排ガスボイラにて排熱利用した後の排気ガスの温度は 130～170 ℃程度と低いが,熱需要がない場合や非常時の運転などは,排ガスボイラをバイパスしてコージェネレーションを運転

第3章 実施設計

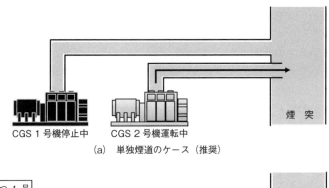

(a) 単独煙道のケース（推奨）

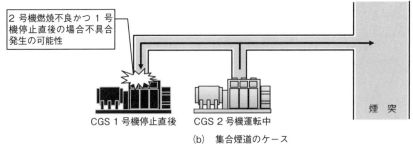

(b) 集合煙道のケース

図 3.16　複数台設置の場合の煙道設計

することがある．その際は，排気ガスの温度が350（ガスエンジンの場合）～550℃（ガスタービンの場合）程度に上がることから，排ガスバイパス時の温度条件も考慮した煙道煙突設計が必要となる．特に，煙道の保温厚や熱膨張量計算，材質の選定において留意する．

コージェネレーションが複数台ある場合，煙突に向け単独で煙道を設計することが望ましい．これは，運転中のコージェネレーションに不具合が発生し，未燃ガスが発生した場合に停止中のコージェネレーションに悪影響を与える事例があるためである．また，複数のコージェネレーションに対し煙道を1本に集合して煙突に導く場合は，個々のコージェネレーションの排気ガス出口に発停と連動した開閉機構を有するダンパを設置するなど，対策を行うとともにコージェネレーションメーカーに確認する（図3.16）．

また，煙突をボイラやガス吸収冷温水機など他の熱源と共用する場合，コージェネレーションの排気ガスは圧力や温度が高く流速が大きいため，排気ガスの流量の変動が他の熱源の失火など不具合を誘発する原因になることがある．原則，コージェネレーションには単独の煙突を設置する．やむなく他の熱源と煙突を共有する場合は図3.17に示すような合流部における配慮を行うなど，十分な検討が必要である．

〔3〕　燃料（都市ガス）供給設備

都市ガスの安全確保の三要素は，まずガスを漏らさないことであり，次に，万一漏れたときには滞留させないこと，さらには，引火源をなくすことである．都市ガスの性質を十分認識して，器具周辺の換気，配管設備の損傷防止，機器の転倒防止，地震対策などを考慮する．

万一のガス漏れに対しては，ガス漏れ検知警報装置を設置し，緊急時にガスの供給を遮断できるように緊急遮断装置を設置する（2.13.2項参照）．なお，ガス漏れ警報器についてはガス消費機器（エンジン・タービンなど）設置室のほか，必要に応じて設置する．警報器の設置位置は定められた検知範囲内の天井など上部に（空気より軽いガスの場合）設置し，警報部（ブザー，表示灯など）は監視

3.3 機械システム

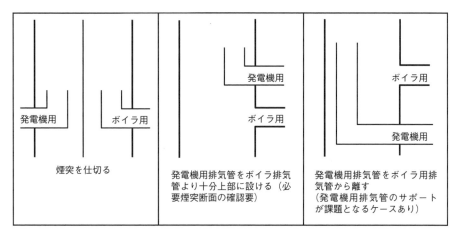

図 3.17 煙道の煙突接続設計

室・管理人室など適切な位置を選定する．

〔4〕 計測・計量システム

コージェネレーションの導入後，システムが効率的かつ経済的に稼働しているかを確認するため，さまざまな項目を計測・計量する必要がある（**4.1 節**参照）．

また，維持管理上，異常や故障がないか状態の確認も必要であり，メーカーやメンテナンス会社による遠隔監視システムを構築することもある．

これらのために，適切な箇所に計測・計量用の機器および各種センサを設置する必要がある．電気系については完成後に追加での設置が比較的容易であるが，熱量などの計測機器は完成後の追加が困難なため，設計時に十分配慮する．

〔5〕 その他付帯設備

補給水については，断水に備え，どの程度備蓄すべきかを確認する．特に，BCP対応として運用する場合，または常用防災兼用発電設備として運用する場合に備え，排熱放熱用に必要な冷却塔の冷却水補給水量を計算し水槽に確保するなどの対策が必要となる．なお，ガスエンジンの場合，排熱はエンジン冷却系と排ガス系があるが，排ガス系は排ガスバイパスにより排熱を処理することが可能であるので，エンジン冷却系の排熱分の熱処理でよく，通常時利用可能なコージェネレーションの排熱量より小さくなる．

また，屋内設置における付帯設備として，温水配管や蒸気配管のほかに

1) 尿素水配管（尿素水による脱硝装置があり，外部に補給口を設ける場合）
2) オイルミスト配管
3) ガス安全弁配管
4) ボイラ安全弁配管

などが機種により必要になり，給排気や煙突，冷却塔設備とともに発電機室外へのルート検討が必要となる．

参 考 資 料

1) 日本エネルギー学会編：天然ガスコージェネレーション計画・設計マニュアル 2008（2008），pp. 94，97，102

3.4 制御と監視方式

コージェネレーションシステムの制御方式や，運用上必要となる監視の方式について解説する．

3.4.1 発電機の制御[1]

発電機の基本的なシステム制御回路には，機関の起動・停止回路や系統連系運転に関する電力制御などがあり，通常は自動制御である．主な自動運転制御は以下のとおりである．

〔1〕 同期投入制御

系統と連系して運転する場合，または他の発電機と同期して運転する場合，電力系統または運転中の発電機の電圧・周波数に対して，後発機の電圧・周波数を等しくするように制御し，位相が一致（同期を取る）した点で遮断器を入れる．これを同期投入という．

〔2〕 電力制御（有効電力制御）

建物や施設全体の電力需要に応じて，発電機出力を定格出力内で制御する．

1) 発電電力一定制御：発電電力一定制御は，電力需要がある値（発電機出力に対して十分余裕ある値）以上にあるときは，発電機出力を一定に維持して運転する方法で，電力需要の変動分はすべて系統側で賄う．したがって，発電機も原動機もともに効率の高い状態での運転が可能になる．

2) 受電電力一定制御：受電電力一定制御は，系統からの受電電力を一定にし，電力需要の変動分は発電機側で賄う方式で，構内の電力需要が発電機出力に比べて小さくなる場合に採用する．

一般的には，電力需要の状況に応じて発電電力一定制御，受電電力一定制御を自動的に切り替える方式がとられる．

また，複数台の発電機がある場合は，各発電機に対する負荷を配分する．並列運転中の発電機群が，それぞれの定格出力に比例した有効電力を分担するように，原動機を制御する．

〔3〕 無効電力制御

無効電力とは，交流の電圧と電流に位相ずれがあるとき，電圧と直交する電流成分による電力のことである．無効電力制御では，並列運転中の発電機群が，それぞれの定格出力に比例した無効電力を分担するように，発電機の電圧を制御する．無効電力制御を行うことにより，需要端での電圧変動を抑制する効果がある．

系統と分離運転中の発電機群に，有効電力制御と無効電力制御を同時に行えば，発電機の力率はそれぞれ等しくなる．

〔4〕 力率一定制御

有効電力に比例した無効電力を出力することにより力率一定制御が可能である．力率一定制御を行うことにより，電圧変動を抑制する効果がある．

〔5〕 運転台数制御

複数台の発電機がある場合，建物や施設全体の電力需要に応じて，運転台数の変更を行う機能である．発電機の始動・停止を自動的に行ううえで，始動・停止機の決定には優先順位法，循環法および運転時間法などがある．

1) 優先順位法：優先順位法は，各発電機に優先順位を付けておき，常に順位の高いものから始動し，順位の低いものから停止する方法である．

3.4 制御と監視方式

2) 循環法：循環法は，4台の発電機の場合，1号→2号→3号→4号→1号→2号のように循環させて運転時間を平準化させる方法である．

3) 運転時間法：運転時間法は，各発電機の運転時間をコンピュータでカウントして，それらができるだけ均一になるように始動・停止機を決定する方法である．

〔6〕 逆電力回避運転制御

発電出力は構内電力を賄うほか，余剰があれば系統側に電力を出すことになる．この系統側に電力を送り出す現象を"逆電力"といい，この逆電力現象を継続的に供給する行為を"逆潮流"という．逆潮流の可否は電力会社との連系協議によるが，通常は逆潮流をしないように制御する．

逆電力回避運転制御では，構内需要電力の急激な減少などによる逆電力継電器の動作を避けるために，少なくとも，日常的に変動する需要電力相当の電力を系統側に負担（最低買電量の確保）させるようにしておく．

〔7〕 逆潮流電力制御

前項〔6〕では逆潮流を回避する制御について述べたが，コージェネレーションから意図的に系統へ逆潮流を行う場合もある．コージェネレーションの逆潮流電力の制御には，以下の3種類の制御方法がある．

1) 熱主電従運転方式：熱需要の大きい工場などでコージェネレーションを熱需要に合わせて運転すると，その発電出力は構内消費電力量を超えて発電することがある．この余剰分が逆潮流電力として系統側に流れる．逆潮流電力量はコージェネレーションの熱負荷と構内消費電力量とにより定まり，成り行きとなる．

2) 計画的逆潮流運転方式：コージェネレーションの逆潮流電力を計画的に運用する方式である．受電点に電力監視点を設け，ここを通る電力（逆潮流）を監視しコージェネレーションの出力を制御する．この場合，構内消費電力の変化があることからコージェネレーション出力は一定ではない．

3) ゼロ逆潮流運転方式：系統受電電力がきわめて0kWに近い値になるようコージェネレーションの発電電力を制御し，瞬時的な負荷変動分の電力のみ逆潮流する方式である．建物の電気・熱需要の範囲でできるだけコージェネレーションの稼働率・負荷率を向上することができる．

〔8〕 無効横流制御

系統に連系運転する発電機または発電機相互間において，それぞれの発生電圧に差があると，その電圧差によって系統と発電機間などに循環電流が流れる．これを無効横流という．この電流は配電線と発電機あるいは発電機相互間を循環する電流であり，有効な仕事［kW］はなく発電機内部発熱の増加，電圧降下などの悪影響を生じる．

系統の電圧はほぼ一定の値に保たれているが，系統の負荷電流は一定でなく変化していることから，受電端電圧は変化している．一般の傾向として，昼間は電圧が低下し，朝晩は電圧が上昇する．一方，発電機の電圧は同期投入操作が行われた時点の電圧に設定され，以降一定の電圧で運転されている．このように，系統の電圧の変化により無効横流が生じている．

発電機に無効横流が流れると発電機の電流位相がずれるので，発電機電流位相を検出し，発電機の励磁装置を制御して無効横流を減らすよう制御する．これを無効横流制御という．

3.4.2 監視方式

監視方式は，常時監視（下記1））が基本である（電気設備に関する技術基準を定める省令第46条，同解釈第47条）．

ただし，異常が生じた場合に人体や物件に危害や損傷を与えるおそれがないよう制御が必要な発電所，または一般電気事業の電気供給に著しい支障を及ぼすおそれがないよう早期に異常発見が必要な発電所以外の発電所は，異常が生じた場合に安全かつ確実に停止する措置を講じることで，以下2)〜4)の常時監視をしない方式が可能である（非常用予備電源を除く）．発電所の原動機方式と監視方式に応じて，発電所の設備条件が異なる．

1) 常時監視方式：発電所の運転に必要な知識および技能を有する者（以下，技術員という）が当該発電所またはこれと同一の構内において常時監視する方式である．
2) 随時巡回方式：技術員が適当な間隔をおいて発電所を巡回し，運転状態の監視を行う方式である．
3) 随時監視制御方式：技術員が必要に応じて発電所に出向き，運転状態の監視または制御その他必要な措置を行う方式である．
4) 遠隔常時監視制御方式：技術員が制御所に常時駐在し，発電所の運転状態の監視および制御を遠隔で行う方式である．

計測・監視システムは，上記の1)〜4)方式に応じて，エネルギー管理や保守管理に必要な計測項目を，必要な場所で確認できるように構築する．

参 考 資 料

1) 空気調和・衛生工学会：都市ガスによるコージェネレーションシステム計画・設計と評価（1994），pp.94〜102

3.5 BCP対応コージェネレーションと常用防災兼用発電設備

コージェネレーションを停電時にも運転し重要負荷へ電力を供給できれば，停電で活動を停止せざるを得なかった事業の一部を継続することができる．また，非常用発電設備が負担する停電時の重要負荷への電力供給の計画があり，それをコージェネレーションで代替できれば，非常用発電設備の燃料の消耗を防止できる．このため，BCP（事業継続計画）において非常時の電力供給手段としてコージェネレーションの活用が注目されている．

一方，常用のコージェネレーションを消防法や建築基準法で設置が義務づけられる防災用の非常用発電設備としても兼用できれば，非常用発電設備を別途設置する必要がなく，また非常時も都市ガスを供給することができれば，燃料の備蓄も不要となる．

本節では，BCP対応コージェネレーションの留意点と，常用防災兼用発電設備としてのコージェネレーションの留意点について解説する．

3.5.1 BCP対応システム設計の留意点

BCP対応システムでは，停電時に動力，照明，空調などのうち選定された重要負荷を賄う．この場合，原則非常用発電設備はコージェネレーションとは別に設置する必要があり，重要負荷には防災負荷を含めない．

〔1〕 ブラックアウトスタート対応機（停電対応機）

コージェネレーションなど自家発電設備は，運転中に系統電力の停電が発生した際，感電防止など安全のため速やかに系統から切り離されなければならない（系統の瞬時電圧低下のレベルでは，逆に，系統安定のため解列を避けるよう求められる）．この場合，通常はコージェネレーションもいったん停止し，系統から切り離した状態で施設内の重要負荷を賄うためあらためて起動する．

停電中に発電を開始するためには，原動機を起動するための駆動装置や補機類の作動を可能とする電源や動力源が必要である（非常用発電設備から始動に必要な電源供給を受けるシステムとすることも可能である）．

停電中の発電開始を可能とする機能はブラックアウトスタート（BOS：Black Out Start）と呼ばれ，停電に対応したシステムを計画する場合は本機能を有した機種およびシステムを選定しなければならない（5.11.1項参照）．

〔2〕 非常時のガスの供給方式

BCP対応としてコージェネレーションを運転する場合には，燃料の供給について十分な耐震性と，必要に応じて長期の稼働時間が求められる．非常時に燃料供給を継続するための方式として，以下のとおり非常時でもガス導管で供給する方式，気体または液体燃料を現地に備蓄しておく方式がある．

1) 中圧導管：都市ガスの中圧導管は耐震性に優れており，1995年の阪神・淡路大震災や2011年の東日本大震災でも大きな被害がなく，地震などの災害発生時の都市ガス供給確保が期待される方式である．

2) CNGボンベによる備蓄：非常時に導管からの都市ガス供給が停止した場合に，圧縮天然ガス（CNG：Compressed Natural Gas）ボンベを備蓄しておき，区分バルブ以降で配管供給からボンベ供給に切り替えてコージェネレーションを運転する方式である．CNGは中圧以上の圧力で供給できるので，中圧仕様のコージェネレーションに直接使用することができる．

第3章　実　施　設　計

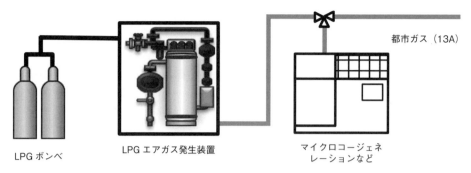

図 3.18　LPG エアガス発生装置による非常時燃料供給システム

3) LPG ボンベによる備蓄：液化石油ガス（LPG）をボンベで置いておく方式で，LPG を空気と混合させて都市ガス（13 A）と燃焼性状が同一のガス（LPG エア）を作って区分バルブ以降で供給する．一般に，低圧の都市ガスの代替として，マイクロコージェネレーションに用いられることが多い．LPG エアガス発生装置による非常時の燃料供給システムを図 3.18 に示す．

4) デュアルフューエル方式：通常時は都市ガスでコージェネレーションシステムを運転し，非常時には備蓄している油燃料に切り替えて運転する方式である．コージェネレーションシステムの原動機がデュアルフューエルに対応している必要がある．

〔3〕　排熱の処理

コージェネレーションでは電力とともに熱も発生するので，継続して運転を行うために発生する熱を処理する必要がある．BCP 対応として，コージェネレーションを電力供給目的で運転するためには，求められる運転継続時間に見合った冷却水の備蓄を確保するか，冷却水不要で運転継続できるシステム（空冷システムなど）とする．なお，それぞれの方式に応じて補機電力が必要となるので，その電力もコージェネレーションから供給できるよう設定が必要である．また，電力のほか空調設備などを BCP 対応として稼働させるために，空調熱源機に排熱を供給する場合には，排熱循環ポンプの電力負荷とあわせて，空調機器を稼働させるための電力負荷も必要となってくるため，十分な検討を要する．

〔4〕　重要負荷の選定

災害時に事業を継続するためには，継続が必要な業務の内容，その業務に必要な電力負荷と供給期間，また熱負荷の供給期間などを事前に検討し，それに応じたシステムを設計する必要がある．ただし，ガスエンジンは自立運転中の急激な負荷変動に対して不安定となるため，発電設備の容量にあった，重要負荷の対象および分割方法を工夫する．

〔5〕　停電時継続運転システム

前述〔1〕で解説した停電対応機は停電時いったん停止してからあらためて起動する．これに対し，停電時，系統から切り離すものの，いったん停止することなく発電を継続させるシステムが停電時継続運転システム（生き残りシステムとも呼ばれる）である．

通常のコージェネレーションには，系統連系用保護装置として，UVR，UFR（5.6.2 項参照）などの停電検出が可能な保護継電器が設置されている．しかし，それらは解列までに要する時間が長いため，系統から切り離される前に発電設備が過負荷状態になり，原動機が停止する可能性がある．

このため，停電時に継続して運転するためには，系統の停電時にできる限り早い時限で発電設備を系統から解列し，発電設備の停止を避けることが必要である．そのためには，系統の停電をできる限

3.5 BCP対応コージェネレーションと常用防災兼用発電設備

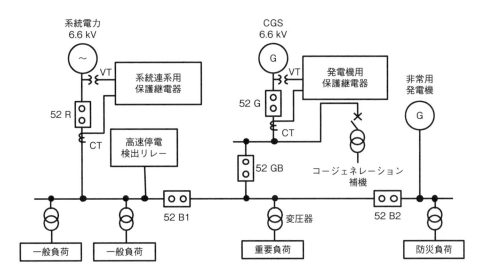

図3.19 停電時に継続運転する仕組み

り早く検出（数から十数ミリ秒以内）し，遮断にかかる時間もできる限り短くする必要がある．遮断器は通常3サイクル（60 ms 程度）の遮断時間を要するが，1サイクル（20 ms 程度）で遮断ができるものもある．

停電時に継続運転する仕組みを図3.19に示す．停電時，高速停電検出リレーにより停電を感知し，発電設備が過負荷になり停止する前に52 B1, 52 B2を開放することで，投入可能容量以下の重要負荷のみを残して系統から解列する（有負荷生き残りという），または52 GBを開放しコージェネレーションのみを解列して補機のみに給電しながら系統から独立して，運転の継続を行うこともできる（無負荷待機という）．

〔6〕 系統停電時（火災以外）の非常用発電設備とコージェネレーションの同期運転について

BCP対応のコージェネレーションの強化策として，非常用発電設備との同期運転が考えられる．

系統が停電したが火災は発生していない場合には，非常用発電設備は防災負荷のうち消防用設備に電力供給する必要がなく余力がある．この余力を停電時のコージェネレーションへの負荷投入時に活用すれば，コージェネレーション容量に対し，より多くの重要負荷へ電力供給させることができる．一方，コージェネレーションに都市ガスなど燃料を供給し続けることができれば，非常用発電設備の備蓄燃料の節約につなげることもできる．

ただし，この場合，同期中の負荷バランスの制御や，火災発生時に備えた燃料の確保，万一コージェネレーションに不具合が発生しても非常用発電設備の運転に影響を及ぼさないことなど，さまざまな課題に留意して設計し，所轄消防と十分な調整を行う必要がある．

なお，コージェネレーション（常用防災兼用発電設備を除く）が稼働中に火災が発生した場合には，非常用発電機から防災負荷へ確実に電力供給を行うため，原則，コージェネレーションは防災負荷など非常用発電機系統から解列する必要がある．（同期運転を避ける．）

〔7〕 BCP対応コージェネレーション同士の同期運転

コージェネレーションを同一機種で複数台設置するケースでは，自立給電時の負荷分担機能が標準的に備えられている．自立並列運転時の速度ドループ率[*1]，電圧ドループ率の設定値を同じにすることで，(発電設備容量比での) 等負荷率分担にする．ところが，その負荷分担機能はメーカーや機種ごとに異なるため，異なる場合は速度ドループ率，電圧ドループ率の設定値を併せることができるか事前検討を十分に行う必要があり，別途，負荷分担コントローラを設置することで対応可能な場合もある．なお，異なるメーカー製の発電設備の同期運転の場合，負荷分担コントローラをどのメーカーまたは工事業者の所掌にするか協議が必要である．例えば，負荷分担制御が安定しない場合などはそれぞれが影響を及ぼしあうため，責任を明確にする必要がある．また，発電設備メーカー間で，発電設備特性に関する情報開示が必要となる．以下に検討すべき項目を示す．

1) 出力分担制御：負荷分担コントローラからの速度，電圧の制御指令（通常パルス信号）の信号種別や，パルス幅（ショートパルス，ロングパルスの使い分け），それぞれのパルスによる，出力，電圧補正幅を協議により決定し，実際の試運転で設定値を調整する．
2) 重要負荷に対するコージェネレーションの容量や負荷投入特性の検討：重要負荷や防災負荷に対する発電設備の容量や負荷投入特性を，順次投入段階ごとに検討する必要がある．
3) 動作確認：実際の負荷で確認できない場合は，負荷抵抗器などの模擬負荷装置を用いて試験を行う．

〔8〕 BCP対応のその他の検討項目

非常状態の原因となる地震や洪水などの災害の種別により，前述した以外にもさまざまな検討項目がある．地震への対応を考える場合には，コージェネレーション全体の設備の耐震性を確保する必要がある．津波や洪水，豪雨などの水にかかわる災害を想定する場合には，建築物への浸水対策とともに，重要機器の想定水位以上へのかさ上げや，防水処理などの対策を行う．

3.5.2 常用防災兼用発電設備の留意点

常用防災兼用発電設備とは，コージェネレーションなど通常時稼働する自家発電設備を消防法，建築基準法上設置が義務づけられる非常用発電設備として利用するものである．

コージェネレーションを常用防災兼用発電設備とすることにより，非常用発電設備の設置が不要となるため，スペースやコストの面で有利になることがある．

コージェネレーションを常用防災兼用発電設備として利用するには，自家発電設備に関する電気事業法上の基準に加え，建築基準法上の予備電源の基準，消防庁告示の消防用自家発電設備に関する基準にしたがって設計，製造された認証機を用いる必要がある．具体的には，日本内燃力発電設備協会が常用防災兼用発電設備として認定している機種を選定する必要がある．

消防法における非常用発電設備とは，消火栓，スプリンクラ，消防排煙設備等に接続し，系統電力が遮断されても消防用設備が適切に動作できるよう電源を供給する設備をいう．非常用発電設備は消防法施行規則に基づいた自家発電設備の基準（消防庁告示第1号）により停電後40秒以内に電圧確立および給電可能であること，定格負荷における連続運転可能時間以上出力できること，定格負荷に

[*1] ドループ率：出力を，定格負荷から無負荷まで変化させたときの回転速度変化量を，定格速度に対する比率で表した値．

3.5 BCP対応コージェネレーションと常用防災兼用発電設備

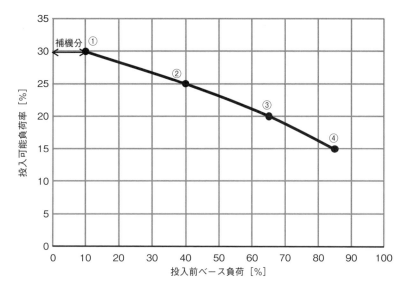

	補機電力	状態①	状態②	状態③	状態④
始動からの時間 [s]	—	40	70	90	110
投入前ベース負荷 [%]	—	10	40	65	85
投入可能負荷率 [%]	—	30	25	20	15
投入後負荷率 [%]	10	40	65	85	100

図 3.20 ガスエンジンの自立運転時の負荷投入曲線例

おける連続運転可能時間に消費される燃料と同量以上の燃料が保有されていることなどが定められている．また，ガスを燃料とする原動機においては同告示により一定規模の地震が発生した場合においても燃料が安定して供給されること，と定められておりガス事業者を通してガス供給導管の耐震性能を評価・確認する必要がある（**2.13.3項**参照）．

　常用防災兼用発電設備の設置台数は1台とすることもできるが，点検・故障などに備えて複数台設置とするほうが望ましい．1台設置の場合，保守点検時に代替電源や追加防災措置（消火器，見回りなど）を準備することが必要となることもある．また，防災負荷を2台以上でカバーするシステムでは停止状態から40秒以内に複数同期運転して供給することが困難であるため，同期せずに1台ごとに防災負荷を分散して供給するなどシステムの工夫が必要である．

　原動機としてガスエンジンを採用する場合には，負荷の種別・容量に注意が必要である．ガスエンジンは，自立運転中の急激な負荷変動に対し不安定であり，負荷投入においては投入前の負荷率に対して投入可能負荷率の上限が定められている．負荷投入曲線の一例を**図3.20**に示す．投入可能負荷容量の制限のため，投入負荷容量が発電設備容量より小さくても単体負荷容量が大きい場合は，投入できないこともある．ガスタービンはガスエンジンに比べて自立運転時の投入可能負荷容量が大きく，無負荷状態から100%の負荷投入が可能な機種もある．

　供給燃料によるタイプとしては，ガス専焼発電設備と備蓄燃料を併用するデュアルフューエル型発電設備がある．それぞれについて対応できる機種（エンジン種別，容量）が限られてくるので，事前に確認する必要がある．常用防災兼用発電設備ではエンジン種別，容量，台数に制約を受けるため，

第 3 章 実 施 設 計

導入の検討で想定した仕様で対応する機種がなく,防災負荷のために容量,機種変更が必要となる場合がある.このときは導入の検討からやり直し,設計条件を満たしているのか確認する.

　いずれにおいても常用防災兼用発電設備を計画する際には,所轄消防署と十分確認・調整する必要がある.

3.6 既存建物への導入における留意点

3.6.1 配置検討

既存建物へコージェネレーションを導入する場合,設置スペースに大きな制約がある場合が多くコージェネレーション容量設定の際は,省エネルギーや経済的な合理性だけでなく確保できたスペースに配置できる機器容量も設定要因となる.

配置に際しては,必要なメンテナンススペースを十分に取ることに配慮する.配置場所の決定には,搬入ルートの確保,換気設備計画や煙道・煙突のルートの確保が条件となる.

さらに,排熱利用機器を設置する熱源機械室や系統連系する電気の受変電設備室との距離が遠いと,配管・配線設備コストが増える要因となるので留意する.

370 kW クラスのメンテナンススペースの事例を図 3.21 に示す.図中の斜線部分がメンテナンススペースとなる.

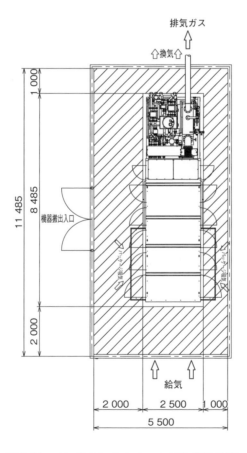

図 3.21　メンテナンススペースの例(370 kW)

第3章 実施設計

3.6.2 荷重検討

コージェネレーションの機器重量に対し既存建物の荷重が対応可能であるかについては，既存建物の構造計算などを行い，必要に応じて補強などの措置を講じる．

特に，重量のある機器設置を予定していない場所や屋上にコージェネレーションを新たに設置する場合は，コージェネレーション本体など機器の床荷重が問題ないか十分な検討が必要となる．

また，搬入時の搬入ルートにおける荷重についても検討を行い，必要に応じて荷重を分散させる方策を検討する．特に，車路や通路に機器を横引きをする際に，機器の荷重が点および線荷重となることで耐荷重をオーバーすることもあるので注意が必要である．

3.6.3 搬入検討

導入を予定しているコージェネレーション機器の搬入寸法を確認し，搬入ルートを検討する．搬入路の制約を考慮し，機器の分割搬入などを計画する．特に，地下の機械室スペースへの設置を計画する場合は，マシンハッチの活用や地下駐車場車路などでの搬入を検討する．また，建物屋上への機器設置の際には，地上に設置した揚重機では揚重できないことがあり，その場合は屋上に揚重機を設置する必要がある．

搬入計画を立案する際には，既存建物の使用に支障の出ないよう綿密な計画を立てたうえで建物管理者や所有者との調整を行い，工事時期・時間および搬入ルートの設定を行う．

3.6.4 電気系統の検討

低圧受電におけるマイクロコージェネレーション設置などの簡易な系統連系以外では，受電点に系統連系用保護装置の設置が必要となる．既存の建物で系統連系保護装置を設置するためには工事中にまとまった時間の停電を伴うため，施設を使用しながらコージェネレーションを設置する場合には運用面を含めた対応が必要となる．

また，コージェネレーションをBCP対応もしくは常用防災兼用発電設備として使用する場合は，設置後，実際の設備を使用して停復電制御などの機能試験が不可欠であり，実施にあたっては短時間ではあるものの複数回の全館停電が必要で，施設運営に影響があるため配慮が必要である．

3.6.5 換気ほか付帯設備の検討

コージェネレーション機械室の換気設備については，必要な換気量が，①燃焼用空気，②室温上昇を抑えるための空気，③在室人員換気用空気に大別される．①および③は減らすことはできないが，②の室温を維持する空気は機械室用空調機を設置し，熱負荷を負担させることで減らすことが可能である．ただし，一般的に外気による室温維持に対し空調機による室温維持はランニングコストが高くなるため，設置上の換気量の制約とコストのバランスを考慮する．

コージェネレーションの煙道・煙突は他の熱源とは別に単独で計画することが望ましいが，やむなくボイラや吸収冷温水機の煙道・煙突を共用する場合は，コージェネレーション追加分を考慮した排ガス量において既存の煙道・煙突サイズで充足しているか確認するとともに，排気ガスの温度や圧力が異なることを考慮し，共用する他の機器の運転に支障が出ないよう十分な検討を行う．

3.6 既存建物への導入における留意点

　コージェネレーションの種類によらず一般的に冷却装置として冷却塔またはラジエータなどの冷却設備が必要な機種が多い．したがって，コージェネレーションを屋内に設置した場合は，屋外に冷却設備スペースを確保する必要がある．また，コージェネレーションと冷却設備間に冷却水配管が必要である．

　そのほか，あらたな配線のためのルート，各種配管のルートを確保する．蒸気については，安全弁からの配管も必要となるので，接続位置や開放位置を考慮する必要がある．

3.6.6　その他の留意事項

　大規模改修などで全館休業して改修する場合は問題ないが，建物が稼働しながら設備改修を計画する場合，設備の一部を稼働させ，居住者への影響が最小限となるような時期・改修順序などを考慮して機器更新を行う必要がある．既存設備の撤去搬出から新設設備の据付・試運転まで安全に，かつ他の稼働設備に影響を与えることなく進める必要があるため，綿密に計画する．特に，搬入・搬出作業の計画にあたっては搬入出ルートの寸法，耐荷重強度，養生方法の確認が必要である．冷温水機など大型機器の中には搬入経路が狭小である場合を考慮した分割搬入・現地組立に対応した機種も見られるためメーカーに確認されたい．

　また，機器撤去作業は安全衛生上特別の配慮を必要とする．撤去作業時の注意点は，以下のとおりである．

1) 電気系統は上位遮断器にて遮断し，無電圧状態を確認後に作業を開始する．
2) 設備内の燃料，潤滑油，冷却水などはすべて抜き，適切な処分を行う．また，撤去作業時や輸送時に残液などが漏れ出さないよう止水措置を行う．
3) 基礎の撤去・はつり作業を行う場合は，騒音・粉じんの拡散対策を行う．
4) 撤去物に対しアスベストの有無を確認し，対応が必要な場合は資格者による作業を行う．

　常用防災兼用のコージェネレーションを更新する場合，非常用電源の機能を継続する必要がある．電源車などで対応する場合もあるが，状況に応じて更新発電機を設置してから既存コージェネレーションを撤去するようなローリングプランが必要になる．

第3章 実 施 設 計

3.7 関 連 法 規

　コージェネレーションは建築，電気，動力，燃料など構成する要素は多岐にわたる複雑なシステムであり，それぞれに関連法規が適用され規制を受ける．各法規の詳細は**付録1．付録2**を参照されたいが，主な確認項目と諸官庁届出について解説する．

3.7.1 電 気 事 業 法
　電気事業法は電気の使用者の利益保護，電気事業の健全な発達，公共の安全確保，環境の保全を図ることを目的とし電気工作物の工事，維持および運用を規制する法規である．原動機，発電機をはじめコージェネレーションを取り巻くさまざまな設備が規制対象となる．管轄官庁は経済産業省産業保安監督部である．
〔1〕 工事計画届出書
　発電設備を設置（変更）する場合は，工事計画届出の手続きが必要となる．届出要否や内容は原動機の種類や容量，燃料使用量により定められている．
〔2〕 保安規程（変更）届
　発電所を新たに設置する場合は，その容量に関係なく保安規程（変更）届の手続きが必要となる．
〔3〕 使用前安全管理検査
　発電所の設置または変更の工事で，届出の工事が完成した時点で，使用前自主検査を行った後，使用前安全管理審査を受ける（この審査は一部の設備を除いて登録安全管理審査機関が行う．原動機の種類，容量などによる）．
〔4〕 電気主任技術者の選任
　自家発電設備を設置する事業所は，電気主任技術者を選任する必要がある．有資格者（免状取得者）がいない場合一定規模未満の発電容量であれば，主任技術者の外部委託が可能である（**4.3.1項**参照）．
〔5〕 ボイラー・タービン主任技術者の選任
　ガスタービン発電所，燃料電池発電所を新たに設置する事業場は，ボイラー・タービン主任技術者を選任する必要があるが，有資格者（免状取得者）がいない場合には，主任技術者制度の選任許可申請が可能である（**4.3.1項**参照）．

3.7.2 消 防 法
　消防法は火災の予防，警戒，鎮圧により安寧秩序の保持，社会公共の福祉の増進を目的とした法律であり，主に電気設備，燃料設備などが規制対象となる．また，火災の予防に関しては同法令および関連規則以外に各自治体の火災予防条例で定められているためこちらの確認も必要となる．
〔1〕 発電設備設置届または電気設備設置届
　発電設備を設置する場合は，火災予防条例に従い，火気を使用する設備などとして発電設備設置届（または電気設備設置届）の手続きが必要となる．
〔2〕 少量危険物貯蔵・取扱届
　発電設備の液体燃料・潤滑油などの貯蔵量・取扱量が指定数量未満で指定数量の1/5以上の場合

には，火災予防条例に従い，少量危険物貯蔵・取扱届の手続きが必要となる．

3.7.3 窒素酸化物規制

内燃機関より排出する窒素酸化物（NO_x）は，大気汚染防止法および各自治体の環境条例により規制されている．規制方法としては排出濃度規制および排出総量規制の2とおりあり，それぞれの排出基準が地域，原動機種類，燃料消費量などにより定められている．また，排出量が上記の規制値に満たない場合でも大規模新築事業などの場合，環境影響評価（環境アセスメント）の対象となり，この点での確認も必要となることがある．このため，計画初期段階に管轄自治体に確認し，設備における対応が必要な場合は低NO_x仕様の発電装置を選定するか，脱硝装置による排ガス処理を検討することとなる．

3.7.4 労働安全衛生法

労働安全衛生法は職場における労働者の安全と健康の確保と，快適な職場環境の形成促進を目的とした法律であり，ボイラや圧力容器が規制の対象となる．

〔1〕 ボイラー設置届

ボイラを設置する場合はボイラー及び圧力容器安全規則に従ってボイラー設置届を提出する．ボイラの種類が小型ボイラの場合は，小型ボイラー設置届を提出することとなり，手続きが簡素化される．

〔2〕 圧力容器設置届

密閉式タンクなどの圧力容器は使用圧力，伝熱面積，寸法，内容積などにより第一種，第二種，小型，簡易に区分される．このうち，第一種圧力容器を設置する場合，ボイラー及び圧力容器安全規則に従って圧力容器の設置届を提出する．

第4章 コージェネレーションの運用管理

本章では，コージェネレーションの計画・設置当初の省エネルギー性などを，運用開始後も維持するための管理について解説する．

第4章 運 用 管 理

4.1 計測と評価

　コージェネレーションの導入後，エネルギー消費量やコストの最小化を目指してシステムが効率よく運用されているか数値で評価し，常に改善する努力が必要である．そのためには，管理項目や管理指標を明確化し，計測計画を立てて継続して評価することが重要である．以下に，コージェネレーションに関する計測と評価について解説する．

4.1.1 計　　　測

　計測は，稼働，異常および警報などといったシステムの状態の計測や監視だけでなく，運転データを蓄積する役割も担っている．計測位置を示したシステムフローを図4.1に，コージェネレーションシステムの評価に必要な計測項目を表4.1に示す．
　表4.1のレベルごとの計測項目に応じて，図4.1の計測位置を選択する．

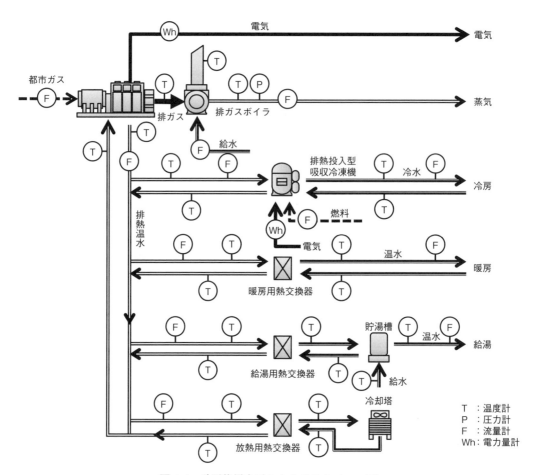

図4.1　計測位置を示したシステムフロー図

4.1 計測と評価

表 4.1 評価に必要な計測項目

対象	評価項目	計測項目	レベル1 簡易評価	レベル2 標準評価	レベル3 詳細評価
コージェネレーションユニット（CGU）のみの評価	発電電力量 送電電力量 発電機負荷率 発電効率 排熱熱量（温水） 排熱回収効率（温水） 排熱回収効率（蒸気） 運転時間	発電電力量	○	○	○
		CGU補機電力量	○	○	○
		CGU燃料消費量	○	○	○
		CGU排熱温水出入口温度	○	○	○
		CGU排熱温水流量	○	○	○
		CGU排ガス温度	○	○	○
		排ガスボイラ蒸気圧力	○	○	○
		排ガスボイラ蒸気温度	○	○	○
		排ガスボイラ蒸気流量	○	○	○
		排ガスボイラ給水温度	○	○	○
		排ガスボイラ給水流量	○	○	○
		運転時間	○	○	○
排熱利用機器を含んだコージェネレーションシステムの評価	冷水供給量 排熱利用吸収冷凍機排熱利用量 排熱利用吸収冷凍機燃料消費量 暖房利用量 暖房利用効率 給湯利用量 給湯利用効率 蒸気利用量 放熱量 コージェネレーション総合効率 システム省エネルギー率（図2.17, 2.19参照）	排熱利用吸収冷凍機燃料消費量		○	○
		排熱利用吸収冷凍機出入口排熱温水温度		○	○
		排熱利用吸収冷凍機排熱温水流量		○	○
		排熱利用吸収冷凍機出入口冷水温度		○	○
		排熱利用吸収冷凍機冷水流量		○	○
		排熱利用吸収冷凍機消費電力量		○	○
		暖房熱交出入口排熱温水温度		○	○
		暖房熱交排熱温水流量		○	○
		暖房熱交出入口温水温度		○	○
		暖房熱交温水流量		○	○
		給湯熱交出入口排熱温水温度		○	○
		給湯熱交排熱温水流量		○	○
		給湯熱交出入口温水温度		○	○
		貯湯槽出口温水温度		○	○
		給湯流量		○	○
		冷却熱交出入口排熱温水温度		○	○
		冷却熱交排熱温水流量		○	○
		冷却熱交出入口冷却水温度		○	○
		給水温度		○	○

第4章 運用管理

建物全体の評価[※1]	電力需要量 冷水需要量 温水需要量 給湯需要量 蒸気需要量 コージェネレーション電力寄与率 コージェネレーション排熱寄与率 施設省エネルギー率 （図 2.18, 2.20 参照）	建物受電電力量			○
		二次側冷水送り温度			○
		二次側冷水返り温度			○
		二次側冷水流量			○
		二次側温水送り温度			○
		二次側温水返り温度			○
		二次側温水温度			○
		二次側給湯流量			○
		二次側給湯送水温度			○
		二次側蒸気圧力			○
		二次側蒸気流量			○
その他		気温			○
		湿度			○

[※1] **図 4.1** に示すシステム以外に熱源機などがある場合は，それらの計測も必要である．

4.1.2 評　　価

　コージェネレーションにおける熱の入力と出力などを計測し，発電効率と熱効率の把握，負荷率や，システム省エネルギー率，および需要側の要求値と利用実績などを，**表 4.1** に示した計測項目のデータをもとに分析し，評価を行う．計画値や設計値との差異などから運転，改善や是正を行うとともに，長く安定稼働させるために，不具合の特定やその原因分析も行う．各種のエネルギーマネジメントシステム（EMS）などを活用した，コージェネレーション管理の最適化，自動化および省力化も有効である（省エネルギー性評価の指標と算出式は，**2.6.4 項**を参照）．

4.2 メンテナンス

コージェネレーションを良好な状態に保ち，大きな故障発生を防ぎ，所定の性能を発揮し続けるためには，日常の点検に加えて定期的な点検が必要となる．以降，原動機ごとに説明を行うが，法規制の改正などにより必要な点検頻度が変更される場合があり，最新状況の確認が必要である．

なお，コージェネレーションの定期点検には，専門的な知識や検査のための機器が必要であり，通常メーカーまたはメンテナンス会社が実施する．この点検を確実に実施するためには，メーカーまたはメンテナンス会社と使用者の間で，あらかじめメンテナンス契約を結んでおくことが望ましい．

4.2.1 ガスエンジン

〔1〕日常点検

ガスエンジン，発電機の状態を把握するため，コージェネレーションの設置者は巡回・目視確認を実施する．代表的な点検項目としては，ガスエンジンの状態については振動・燃料消費量・排ガス温度・冷却水温度など，発電機の状態については出力・電流・電圧・周波数・軸受け温度などがあげられる．日常点検を行った結果は運転記録として保管し，機器が仕様どおりの性能を発揮しているか確認するとともに，経時変化によって発生する性能低下を早期に発見し，故障予知につなげる．

〔2〕定期点検

ガスエンジンの定期点検は，ガスタービンのような法的な規制はないため，メーカーが推奨する内容，周期で実施する．ガスエンジンでは，運転時間によって各点検項目を実施する周期が決められており，簡易な点検からオーバホールまでを繰り返して実施する．各メーカー，原動機により点検内容，周期は異なるが，一般的な点検項目，周期とメンテナンススケジュール例を**表 4.2**，**表 4.3** に示す．

4.2.2 ガスタービン

〔1〕日常点検

ガスタービンはガスエンジンと比べて部品点数が少なく，ピストンやシリンダなどのしゅう動部もないため，日常点検も容易である．代表的な点検項目としては，運転中の排ガス温度・振動・燃料消費量・潤滑油保有量などがあげられる．また，起動前の外観点検，燃料・潤滑油・電気系統の点検も重要である．

〔2〕定期点検

ガスタービンの定期点検には，メーカー推奨の定期点検に加えて，出力 1 000 kW 以上の場合，電気事業法に基づく定期安全管理検査（定期事業者検査および定期安全管理審査）が必要となる．ガスタービンについては，1 年に 1 回の開放点検が義務づけられていたが，1988 年から小型ガスタービン（出力 1 万 kW 未満）の保守に関して大幅な規制緩和が行われ，その後の電気事業法改正を経て 3 年に 1 回定期安全管理検査を行うよう改定が行われている．ガスタービンのメンテナンス概要を**表 4.4** に示すとともに，電気事業法に規定される定期安全管理検査の内容と出力 1 万 kW 未満のガスタービンにおけるメンテナンススケジュール例を**表 4.5**，**図 4.2** に示す．

第4章 運用管理

表4.2 ガスエンジンのメンテナンス項目と周期（例）[1]

点検名称	実施者	主要点検項目	必要な日数
日常点検（ユーザー点検）	運転管理者	外観および計測器による運転状態のチェック	―
A点検（1 000時間ごと）	メーカーまたはメンテナンス会社	日常点検のほか 点火系点検，各種補機・付帯設備作動外観点検	1日
B点検（2 000時間ごと）		A点検のほか 点火プラグ交換，潤滑油交換，給排気弁点検，バッテリ点検，計器盤点検	1日
C点検（4 000時間ごと）		B点検のほか 燃料系統点検，保護装置機能点検，過給機潤滑油交換	1日
D点検（オーバホール）（8 000時間ごと）		C点検のほか 過給機分解点検，シリンダヘッド分解点検，ピストン抜き出し点検，ライナー点検，ギア点検，補機分解点検，盤点検	4～5日
E点検（オーバホール）（16 000時間ごと）		機関全分解整備 各種メタル（交換），補機全般点検（交換）	6～7日

表4.3 ガスエンジンのメンテナンススケジュール（例）[1]

	初年度				2年度				3年度				4年度			
	3箇月	6箇月	9箇月	12箇月	3箇月	6箇月	9箇月	12箇月	3箇月	6箇月	9箇月	12箇月	3箇月	6箇月	9箇月	12箇月
A点検	●		●		●		●		●		●		●		●	
B点検		●				●				●				●		
C点検				●								●				
D点検								●								
E点検																●

注　年間運転時間を4 000時間とする

表4.4 ガスタービンのメンテナンス概要（例）[1]

点検の種類		実施者	点検実施場所	点検時期	内容
自主保安	日常点検	運転管理者	設置場所	1～2回／日	日常の巡視点検．
	定期点検	運転管理者 メーカー	設置場所または メーカー工場	1回／年	開放または分解点検．
電気事業法	定期事業者検査	運転管理者 メーカー	設置場所または メーカー工場	出力1万kW未満は 3年に1回 出力1万kW以上は 2年に1回	開放または分解点検 試運転などによる点検．
	定期事業者検査を実施後，運転管理者（設備設置者）はその実施にかかわる体制（組織，検査の方法，工程管理その他）についての定期安全管理審査を，定期事業者検査実施場所または検査記録保管所で受けなければならない．				

4.2 メンテナンス

表 4.5 定期安全管理検査の内容[1]

	定期事業者検査
時期	・1万 kW 未満のガスタービンは，運転が開始された日または定期事業者検査が終了した日以降3年を超えない時期. ・1万 kW 以上のガスタービンは，運転が開始された日または定期事業者検査が終了した日以降2年を超えない時期.
方法	・開放，分解，非破壊検査その他各部の損傷，変形，摩耗および異常の発生状況を確認するために十分な方法. ・試運転その他の機能および作動の状況を確認するために十分な方法.
結果の記録	・以下の項目の記録は5年間保存する. 　検査年月日，検査の対象，検査の方法，検査の結果，検査を行ったものの氏名，検査の結果に基づいて補修などの措置を講じたときはその内容. ・以下の項目は，次の定期安全審査の評定通知を受けるまでは保存する. 　検査の組織，検査の工程管理，検査において協力した事業者がある場合には当該事業者に関する管理，検査記録の管理，検査にかかわる教育訓練.
	定期安全管理審査
時期	・定期事業者検査につき十分な体制がとられていると評定された組織は，前回の安全管理審査結果の通知を受けた日から3年を経過した日以降3月を超えない時期. ・新規の受審者または前項以外の組織に対しては，定期事業者検査実施後.
審査対象	・定期事業者検査実施の体制. 　定期事業者検査の実施にかかわる組織，検査の方法，検査において協力した事業者がある場合には当該事業者の管理に関する事項など. ・定期事業者検査にかかわる文書の整備状況. ・検査，測定および試験装置の管理状況.

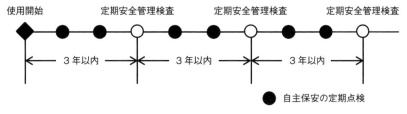

図 4.2 ガスタービンのメンテナンス例（出力1万 kW 未満）[1]

参 考 資 料

1) 日本エネルギー学会編：天然ガスコージェネレーション計画・設計マニュアル 2008. (2008), p. 121, 122

4.3 運用開始に必要な届出など

4.3.1 運転管理に必要な資格者

コージェネレーションの運転管理に必要な資格者を表4.6に示す.

〔1〕 電気主任技術者

出力10 kW以上の自家発電設備を設置する場合,電気主任技術者の選任または委託が必要である.従来,自家発電設備を設置する場合には電気主任技術者の選任が必要であったが,2003年の省令改正により出力1 000 kW未満の自家発電設備の委託が可能となり,2014年の改正により委託可能範囲が出力2 000 kW未満まで拡大された.

（a） 委託できる範囲

自家発電設備は2 000 kW未満.

（b） 委　託　先

法に定められた要件(電気主任技術者資格,実務経験,試験装置の保有など)を満す個人事業者(電気管理技術者)または法人(電気保安法人).

表4.6 コージェネレーション運転に関する関連資格

法　令	資　格	ガスタービン	ガスエンジン	備　考
電気事業法	電気主任技術者	○	○	7 000 V以下で受電する構内で出力2 000 kW未満の場合,外部委託も可能.10 kW未満のガスエンジンは合計出力50 kW未満の場合不要.
	ボイラー・タービン主任技術者	○	×	ガスエンジンは不要.300 kW未満のガスタービンは,条件を満たせば不要.
省エネルギー法	エネルギー管理士エネルギー管理員講習修了者	△	△	第1種エネルギー管理指定工場(エネルギー使用量原油換算3 000 kL/年以上の事業所). 第2種エネルギー管理指定工場(エネルギー使用量原油換算1 500 kL/年以上3 000 kL未満の事業所).
大気汚染防止法	大気関係公害防止管理者	△	△	特定施設(製造業,熱供給事業,電気供給事業,ガス供給事業)において,ばい煙発生施設(大気),騒音発生施設(騒音),振動発生施設(振動)となる設備を設置する場合は必要.
騒音規制法	騒音関係公害防止管理者	△	△	
振動規制法	振動関係公害防止管理者	△	△	
労働安全衛生法	ボイラー技士	△	△	排熱ボイラの伝熱面積が6 m^2(蒸気ボイラ),28 m^2(温水ボイラ),60 m^2(貫流ボイラ)未満は不要.
消防法	危険物取扱者	△	△	潤滑油,常用防災兼用機の非常時の燃料油などが指定数量以上の場合は必要.
高圧ガス保安法	特定高圧ガス取扱主任者 高圧ガス製造保安責任者	△	△	気体燃料(LPG,CNG(圧縮天然ガス)など)を予備燃料とする常用防災兼用機で予備燃料が指定数量以上の場合は必要.

○：必要，△：条件によって必要，×：不要

4.3 運用開始に必要な届出など

〔2〕 ボイラー・タービン主任技術者

ガスタービン発電所を設置する場合，ボイラー・タービン主任技術者の選任が必要となる．有資格者（免状所有者）がいる場合は，経済産業大臣に届出を行うこととなる（燃料電池に関しても条件によって必要）．また，有資格者がいない場合は，選任許可申請を経済産業大臣に行い，許可を受けることが必要である．

4.3.2 運用時の必要手続（届出など）

コージェネレーションの運転開始後に必要となる届出などを表4.7に示す．なお，ここで示す届出はコージェネレーションに関するものであり，施設全体を対象とした法規制や届出とは異なるため注意が必要である．

表4.7 コージェネレーション運転開始後に必要な届出など

種類	項目	準拠法規	対象施設	実施要領
運転管理記録	ばい煙量測定記録	大気汚染防止法施行規則第15条大気汚染防止法施行令第2条	ばい煙発生施設（燃料消費量が重油換算50 L/h以上のガスタービン・ディーゼルエンジン[※1]，重油換算35 L/h以上のガスエンジン[※2]）．	ばい煙発生施設に該当する施設について，定期的に排出ガスを測定し，その記録を3年間保存する．
官庁提出報告	自家用発電所運転半期報	電気事業法第106条 電気関係報告規則第2条	1 000 kW以上のコージェネレーションシステム．	4月末日および10月末日までに所定の書式の運転記録報告書を管轄の経済産業局に提出する．
定期検査	定期事業者検査（詳細は4.2節参照）	電気事業法55条 電気事業法施行規則第94条	1 000 kW以上のガスタービン（内燃ガスタービンにあってはガス圧縮機に限る）．	前回の検査から3年以内（1万kW未満）に開放点検ならびに作動試験を行い，その結果を記録し，5年間保存する．
定期検査	定期安全管理審査（詳細は4.2節参照）	電気事業法第55条 電気事業法施行規則第73, 84, 94条	1 000 kW以上のガスタービン（内燃ガスタービンにあってはガス圧縮機に限る）．	定期事業者検査の実施にかかわる体制についての審査を，定期事業者検査の終了後1箇月以内（目安）に受ける．
定期検査	性能検査	労働安全衛生法第38条 ボイラー及び圧力容器安全規則等第34, 37, 38, 39, 40条	労働安全衛生法のボイラーに該当する排熱ボイラ．	検査証の有効期間1年の更新を受けようとする者は，省令で定める事項について指定する者が行う性能検査を受ける．
定期検査	定期自主検査	ボイラー及び圧力容器安全規則等第32条	労働安全衛生法のボイラーに該当する排熱ボイラ．	1月以内ごとに1回，定期に自主検査を行い，結果を記録し3年間保存する．
定期検査	機能点検・総合点検	消防法第17条の3の3 消防法施行規則第31条の6	消防法の非常電源に該当するコージェネレーション（常用防災兼用発電設備）．	有資格者により6箇月ごとに機能点検，1年ごとに総合点検を行い，1年に1回消防長または消防署へ報告する．

[※1] 重油10 Lあたりが，液体燃料10 Lに，ガス燃料16 m³に相当（46環大規5号）
[※2] ガス燃料の発熱量は，総発熱量を用いるものとし，重油の発熱量は9 600 kcal/L（＝約40.19 MJ/L）として換算（2環大規384号）

第5章

コージェネレーションの構成機器

本章では，コージェネレーションを構成する主な機器・装置類の原理や構造，種類などについて概観する．

第5章 コージェネレーションの構成機器

5.1 原　動　機

コージェネレーションシステムの発電方式は，1.2.1項に解説したとおり，回転型と電気化学型（燃料電池）に分類される．ここでは，回転型発電方式のコージェネレーションに使用される代表的な原動機として，ガスエンジンとガスタービンについて解説する．

5.1.1 ガスエンジン

コージェネレーション用ガスエンジンの多くはディーゼルエンジンをベースに作られており，外観や構成部品・機能は一般的なガソリンエンジンやディーゼルエンジンとほとんど変わらない．ガスエンジンが普及してきた要因としては，他の化石燃料と比べて環境性が高い天然ガスを使用できること，電子制御技術の高度化により高効率化・高信頼性を実現できるようになったことなどがあげられる．

〔1〕 作動原理と構造

ガスエンジンは空気と燃料の混合気を吸い込んで圧縮し，電気火花や油着火により強制的に点火・燃焼させて，その爆発による膨張力がピストンを往復運動させる．このピストンの往復運動をクランク軸の回転運動に変えることで動力を取り出すことができる．

4ストロークエンジンの動作原理を図5.1に示す．シリンダ内をピストンが上下する距離を行程距離（ストローク）といい，燃料と空気の混合気をシリンダ内に吸い込む吸気行程，混合気を圧縮する圧縮行程，燃焼ガスが膨張する膨張行程，燃焼ガスをシリンダ外へ排出する排気行程の四つの行程が繰り返される．したがって，四つの行程でエンジンは2回転することになり，この四つの行程を1サイクルとする．このサイクルを用いたエンジンを4ストロークエンジンと呼ぶ．

通常のガスエンジンのサイクルは，熱力学的にはオットーサイクルと呼ばれ，理論熱効率は以下の式で表される．

$$\text{理論熱効率} = 1 - (1/\varepsilon^{\kappa}) \tag{5.1}$$

ここで，ε は圧縮比[*1]（膨張比），κ は比熱比[*2]．

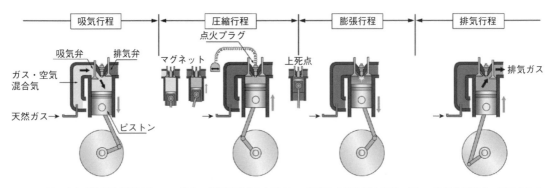

図5.1　4ストロークエンジンの作動原理[1)]

5.1 原 動 機

熱効率を向上させるには，圧縮比（膨張比）εを大きくするか比熱比κを大きくすればよい．ただし，オットーサイクルでは，圧縮行程における混合気の圧縮比と膨張行程における燃焼排ガスの膨張比が同一であるため，ノッキング[*3]の制限がかかる圧縮比で膨張比が決められ，熱効率が定められてしまう．

膨張比を大きくして熱効率を向上させる技術として，近年ミラーサイクルが多く採用されている．ミラーサイクルエンジンの動作原理を図5.2に示す．ミラーサイクルでは，吸気弁の開閉タイミングの変更により，実質的な圧縮比を従来と同一に保ちノッキングを回避しつつ，膨張比のみを増大させ燃焼ガスが有するエネルギーをより多く取り出せるため，熱効率を向上させることが可能となる．

ガスエンジンの排熱回収としては，エンジン冷却水からの高温水およびエンジンから排出される排ガスの2種類の熱源を用いることができる．エンジン冷却水からの排熱回収フロー例を図5.3に示す．ガスエンジンは一般的にシリンダ内部の高熱を逃がすためにシリンダ周囲にエンジン冷却水の水路を

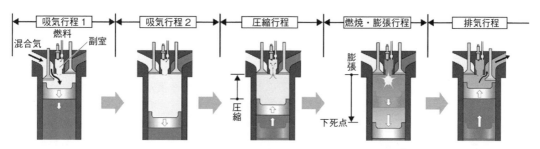

図5.2 ミラーサイクルガスエンジンの作動原理[1)]

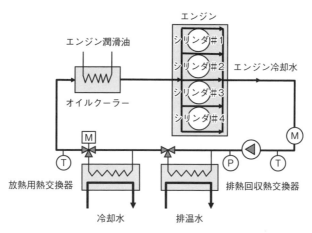

図5.3 ガスエンジン冷却水からの排熱回収フロー例

---

*1 　圧縮比 ε : ε =（気筒内最大容積／気筒内最小容積）= $(V_d+V_c)/V_c$，V_c：すきま容積，V_d：行程容積
*2 　比熱比 κ : 等圧比熱（C_p）と等容比熱（C_v）の比 $\kappa=C_p/C_v$
*3 　ノッキング：点火プラグで点火して燃焼を行っている過程において，未燃焼ガスが自己着火して発生する異常燃焼のこと．エンジン各部への熱負荷が増大するため，エンジン破損などに及ぶ場合がある．

第5章 コージェネレーションの構成機器

設けており,冷却水温度は70～90℃である.そのため,エンジン冷却水は温水や空調の熱源として有効利用が可能である.一方,ガスエンジンの排ガス温度は,原動機の種類や発電容量にもよるが一般的に350～550℃であり,熱交換器や排熱ボイラに通して蒸気または温水として利用することが多い.

〔2〕種類と特徴

ガスエンジンは,主に点火方式・過給方式・燃焼方式から分類される.

(a) 点火方式

点火方式については,火花点火方式と油着火方式に分類される.火花点火方式では燃料と空気の混合気をシリンダ内に吸引し圧縮したうえで,圧縮行程の終わりに点火プラグの電極間に電気火花を飛ばして燃焼させる.この点火方式は,実用化されているエンジンの大部分を占める.一方,電気火花ではなく,少量の軽油や重油を火種とする油着火方式がある.油着火方式では燃料と空気の混合気を圧縮した後,少量の点火用液体燃料をピストン上死点近くで噴射して自己着火させ,周囲の混合気を燃焼させる.点火用液体燃料は電気火花に比べて着火エネルギーが大きいという利点の反面,着火用燃料備蓄や補給を行う必要があり,構造が複雑となる.

(b) 過給方式

過給方式については,無過給と過給に分類することができる.無過給方式は吸気行程で発生するシリンダ内の負圧を利用して空気または混合気を吸入する方式である.一方,過給方式では吸入した混合気を過給機で圧縮して高密度の混合気を供給する方式で,出力・効率を増すことができる.過給機には排気エネルギーで圧縮機を駆動する排気タービン式と,機械動力で駆動する機械式とがある.ガスエンジンでは排気タービン式が一般的であり,近年は高過給のエンジンが増えている.

(c) 燃焼方式

火花点火ガスエンジンは,空気と燃料を当量比で燃焼させる(空気過剰率 $\lambda=1$)ストイキ燃焼方式と,空気過剰率を高くして燃焼させる希薄燃焼方式とに分類される.さらに希薄燃焼方式は,燃焼室形態により単室式と副室式に分類される.

ストイキ燃焼方式では,排ガス中の NO_x・CO・HC を同時に除去できる三元触媒を用いることができる.ただし,排ガス中の3物質の低減を同時に行うには空気過剰率を理論混合比に保ち,燃焼に必要な酸素の供給を過不足ない状態にすることが必要となる.触媒の浄化率が保たれる空気過剰率の許容幅は狭い範囲であるため,高精度にコントロールする必要があり,触媒前後に O_2 センサを設置して酸素濃度を検出する方式が実用化されている.また,ストイキ燃焼方式は燃焼温度が高く,排熱回収量が多いという特徴も持つ(NO_x 低減手法の詳細は **5.8節** 参照).

希薄燃焼方式は,燃料の燃焼に必要な量より空気が過剰に存在する燃焼方式であり,吸入空気量が多いため燃焼温度が低下し,空気過剰率増加に伴い NO_x 生成量の低減を図ることができる.エンジン本体の燃焼改善で NO_x 低減を図るため,NO_x 低減触媒などのコストアップ要因が少なく,メンテナンスも容易となる.

希薄燃焼領域では着火性・燃焼性が不安定となるため,空気過剰率やシリンダボア径に応じて,単室式または副室式が採用される.単室式は空気過剰率が比較的低い($\lambda=1.3～1.6$)場合,または着火エネルギーがあまり必要とされないシリンダボア径が小さなエンジンに採用される.燃焼安定性を確保するため,流動を強化するような燃焼室形状にするなどの工夫がされることが多い.一方,副室式は空気過剰率がより高い超希薄燃焼領域($\lambda=1.6～2.0$ 以上)や,大きな着火エネルギーが必要とされるシリンダボア径の大きなエンジンに採用される.副室とは着火用の小さな燃焼室のことであり,その中で着火された既燃ガスが主室内に噴出することで主室の希薄混合気を燃焼させる.図 5.4

5.1 原動機

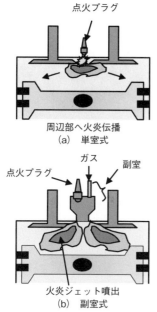

図5.4 ガスエンジンの単室式および副室式

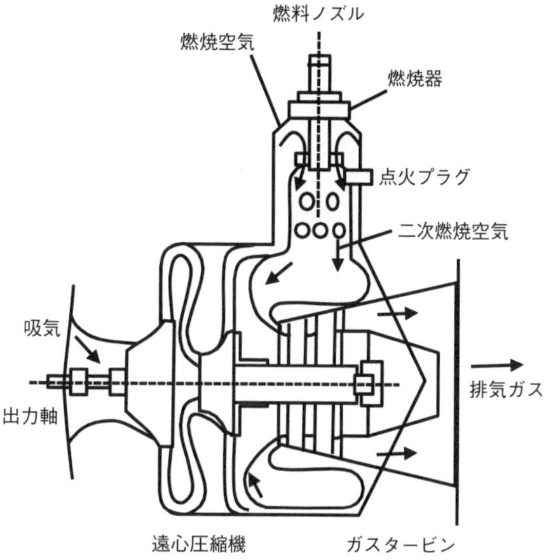

図5.5 ガスタービンの構造[2]

に，ガスエンジンの単室式および副室式の構造を示す．

5.1.2 ガスタービン

コージェネレーションに採用されているガスタービンの多くは航空機や産業向けの常用発電，非常用発電などに用いられてきた長年の実績を有する機種を改良して商品化されている．起動停止を頻繁に行うコージェネレーションでは，航空機を転用したガスタービンや非常用を改良した小型ガスタービンが採用されることが多く，連続運転を前提とするユーザーには産業向けガスタービンが採用される傾向にある．

〔1〕 作動原理と構造

（a） 作動原理

ガスタービンは，空気を作動流体とし，吸入，圧縮，燃焼，膨張，排気の間に燃焼ガスが持つ熱エネルギーを機械エネルギーに変換する原動機である．この点では，ガスエンジンと同様で内燃機関と呼ばれる．ガスエンジンとの違いはガスタービンの場合，作動流体である空気の吸入から排気に至る過程が吸気，圧縮機，燃焼器，タービン，排気の順で独立の機能を持った別々の場所でそれぞれ連続的に行われることである．ガスエンジンではこれらの過程が同一の場所，つまりシリンダ内で順次，間欠的に行われる．なお，ガスタービンの"ガス"は"燃焼ガス"により駆動することを意味しており，燃料の種類を表したものではない．

（b） 構造

ガスタービンの構造は図5.5に示すように，主に圧縮機，燃焼器およびタービンから構成される．作動流体である空気はフィルタ，消音器などを経て圧縮機に導かれる．この空気は圧縮機で圧力比3～15程度で圧縮され，さらに燃焼器で燃料を加えて燃焼させることで，高温（1 000～1 200℃）・高圧の燃焼ガスになる．この燃焼ガスはタービンで大気圧まで膨張し，機械エネルギーに変換される．

第 5 章　コージェネレーションの構成機器

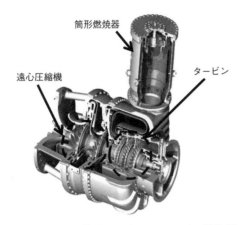

図 5.6　遠心圧縮機を用いたガスタービン構造例
　　　（川崎重工業（株）提供）

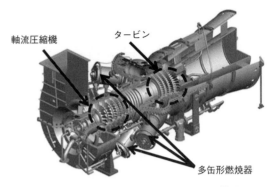

図 5.7　軸流圧縮機を用いたガスタービン構造例
　　　（川崎重工業（株）提供）

タービンを出た排気ガスは，ディフューザ，ダクト，排ガスボイラ，排気消音器を経て大気に放出される．ガスタービンの回転速度は約 1～4 万 rpm の高速であるため，減速機を設けて 1 500～3 600 rpm に減速して使用する．ガスタービンの出力調整は調速機により燃焼器に供給される燃料の量を変化させて行う．このほかに，ガスタービンの付属装置として起動装置，潤滑油装置などが必要となる．

（1）燃　焼　器

燃焼器は作動流体である空気の中に燃料を加え，その燃焼により高温の燃焼ガスを得るものである．燃焼器の基本的要素は燃料ノズル，内筒，外筒，点火プラグである．燃焼器構造からみると，筒形燃焼器（図 5.6）とそれを複数個配置した多缶形燃焼器（図 5.7），環状燃焼器や環状多筒形燃焼器に分類されるが，小型ガスタービンでは筒形燃焼器が，それ以外では多缶形や環状多筒形燃焼器が一般的である．

（2）圧　縮　機

圧縮機は，外部から仕事（機械的エネルギー，タービンでは軸動力）を空気に伝達して，空気を圧縮し，圧力を上昇させるものである．遠心圧縮機を用いた小型ガスタービンの構造を図 5.6，軸流圧縮機を用いた中型ガスタービンの構造を図 5.7 に示す．吸気ダクトから吸い込まれた空気は遠心式の場合には翼車に，軸流式の場合には外周に動翼を植えた円盤に流入し，回転をしながら通路に沿って圧縮され，高圧，高速度で燃焼器内に流入する．

（3）タ　ー　ビ　ン

タービンは，燃焼器で得られた高温・高圧の燃焼ガスの熱エネルギーを機械的エネルギー（タービン軸動力）に変換するもので，多くは軸流タービンが用いられ，静翼とそれを保持するケーシング，動翼とそれを保持するタービン円盤と軸および軸受，シールなどからなる．静翼・動翼の構成例を図 5.8 に示す．高温・高圧の燃焼ガスの熱落差を複数段のタービンによって効果的にエネルギーとして取り出す．高温部に用いられる静翼および動翼の高温酸化[*1]やクリープ強度[*2]を考慮して，冷却（空

[*1]　高温酸化：燃焼ガスの流路中に設けられた高温部品において，表面に高温ガスによる酸化被膜が形成されスケール化することで減肉を生じる現象．

[*2]　クリープ強度：高速で回転する動翼には引張応力が発生する．高温で長時間応力を受ける動翼は材料が塑性変形（クリープ）に至る時間で寿命が決まる．この強度は温度，応力，時間の特性で示され，動翼材料選定時のポイントとなる．

5.1 原動機

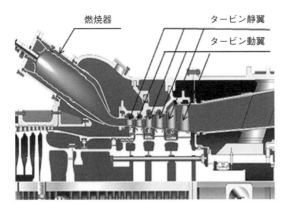

図5.8 ガスタービンの静翼・動翼の構成例
（川崎重工業（株）提供）

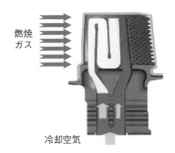

図5.9 冷却翼の構造例
（川崎重工業（株）提供）

冷）翼を採用する．冷却翼の構造例を図5.9に示す．

〔2〕 種 類 と 特 徴

ガスタービンの利用範囲は広く，発電所，ポンプ・圧縮機などの機械の駆動用，航空機，コージェネレーションなどで用いられている．ビルなどの民生用には300〜4 000 kW程度，また産業用には1 000〜50 000 kWのものが使用されている．

一定回転で空気を吸い込むガスタービンの特徴として，吸気温度の上昇により空気密度が小さくなり（空気の質量流量が減少），出力が低下する．吸気温度の上昇による出力低下を防止するため，吸気冷却設備を設ける事例もある．

ガスタービンはその構造や形式によって，次のように分類される．

（a） サイクルによる分類

ガスタービンには大きく分けて開放サイクルと密閉サイクルとがあり，現在実用化されているほとんどのガスタービンは周囲の大気を吸入し，排気を再び大気に放出する開放サイクルである．さらに開放サイクルには，サイクルの構成要素によって単純サイクル，再生サイクル，再熱サイクル，中間冷却サイクルに分けられる．最も一般的なものが単純サイクルである．ガスタービンサイクルの基本形式を図5.10に示す．

（b） 軸構成による分類

ガスタービンの主要な軸構成形式である一軸型と二軸型の概念図を図5.11に示す．

（1） 一軸型ガスタービン

ガスタービンの軸が分割されずに1本で構成されており，圧縮機，タービンおよび出力軸は常に同一速度で回転する．タービン出力の一部が圧縮機駆動用動力として使われ，その残りが軸出力となる．この形式のガスタービンは構造が単純で特に一定回転速度が要求される用途に適している．また，出力軸は圧縮機およびタービンと同軸であるので速度制御性および安定性が高い．発電機駆動のような用途には，負荷の急変にも回転速度変動を最小に保持できるので理想的な形式である．

（2） 二軸型ガスタービン

圧縮機タービンと出力タービンが分離独立したもので，2組の回転部分を持つ構造である．二軸型は起動装置の能力を小さくでき，出力軸の回転数が任意に設定できる．また，出力軸に負荷がかかっていても起動が可能であるため，クラッチが不要であるなどの特長があるために，ポンプやコンプレッサあるいは車両などの，トルクまたは回転数変動の大きい機械の駆動用に適している．

第5章　コージェネレーションの構成機器

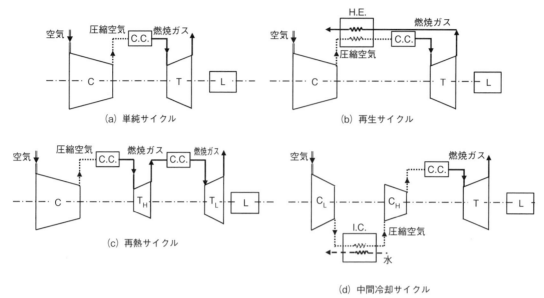

図 5.10　ガスタービンサイクルの基本形式

* 記号
C：圧縮機　C_L：低圧圧縮機　C_H：高圧圧縮機　T：タービン　T_L：低圧タービン
T_H：高圧タービン　C.C.：燃焼器　H.E.：熱交換器　I.C.：中間冷却器　L：負荷

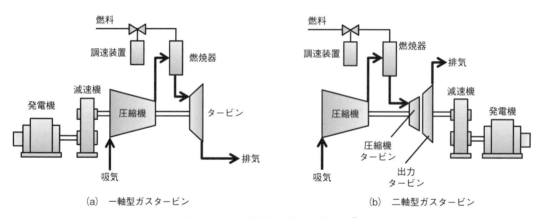

図 5.11　一軸型と二軸型の概念図[2]

〔3〕ガス圧縮機

　燃料ガスの供給圧力が原動機の運転に必要な圧力を下回る場合，ガス配管の区分バルブより機器側にガス圧縮機（ガスコンプレッサ）を設置し，燃料ガスを昇圧する必要がある．一般に，ガスタービンでは，1 MPa（ゲージ圧）以上のガス圧が必要であるためガス圧縮機は不可欠となるが，通常，コージェネレーションメーカーが，システムの一部として納入する．

　ガス圧縮機の種類としては，レシプロ式，スクリュー式，ロータリベーン式など，さまざまな方式があるが，コージェネレーションシステム用のガスタービンではスクリュー式が使用される．

　図 5.12 にスクリュー式圧縮機の構造を示す．

5.1 原動機

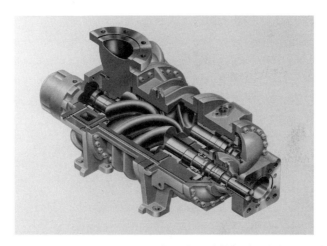

図 5.12　スクリュー式ガス圧縮機の構造（(株) 前川製作所提供）

参 考 資 料

1) 日本エネルギー学会編：天然ガスコージェネレーション計画・設計マニュアル 2008（2008），p. 23
2) 空気調和・衛生工学会：都市ガスによるコージェネレーションシステム計画・設計と評価（1994），pp. 82，84 より作成

5.2 発 電 機

　交流発電機は，大別して同期発電機と誘導発電機の2種類があり，これらの比較を表5.1に示す．コージェネレーションにおいては，系統連系運転と自立運転の両方が可能な同期発電機が用いられる場合が多い．ここでは，同期発電機について解説する（図5.13）．

5.2.1　同期発電機の特長

同期発電機の特長は，以下のとおりである．

〔1〕　**自立運転可能**

　励磁[*1]装置を有しており，自立運転が可能となるため停電対応機，または常用防災兼用発電設備としても使用可能である．

〔2〕　**系統連系運転時の受電点力率改善が可能**

　励磁電流を変化させることにより運転力率の調整が可能であり，需要家構内の進相コンデンサとの組合せにより，系統連系時に受電点の力率改善が可能である．

5.2.2　発電機の動作原理

　図5.14に発電機の原理を示す．一定角速度ωで回転するコイルが，N極とS極で形成される平等磁界の間にある場合，コイルが形成する平面が平等磁界と直交する角度を$\omega_t = 0°$，平行となる角度を$\omega_t = 90°$とすると，このコイルが形成する平面を通過する磁束は$\omega_t = 0°$のときに最大となり，$\omega_t = 90°$のときに0となる．この最大の磁束を$\Phi[\text{Wb}]$とすると，コイルを横切る磁束の瞬時値ϕ

表5.1　同期発電機と誘導発電機の比較

	同期発電機	誘導発電機
特　　徴	励磁装置を有し自立運転が可能である．	励磁電流が必要なため他の電源との連系運転が必要である．
励磁装置	励磁装置および自動電圧調整装置が必要である．	不要である．
系統連系運転	周波数，電圧，位相を連系する電源にあわせて接続する同期検定装置が必要である．	回転速度のみを他電源の周波数に合わせて接続する．接続時に大きな突入電流が発生する場合には限流リアクトル[*2]が必要である．
非常用電源としての運用	可能である．	不可である．
力率調整	励磁電流の増減により，進み・遅れの力率調整が可能である．	力率調整は不可である．
安 定 性	負荷変動に対して同期はずれの現象がなく安定している．	急激な負荷変動によっては同期はずれもあり得る．

　[*1]　励磁：コイルに電流を流して磁束を発生させること．
　[*2]　限流リアクトル：大容量の誘導電動機始動時に回路に直列に挿入され，始動電流を抑制する役目を持つ交流抵抗装置である．

5.2 発　電　機

図 5.13　同期発電機の外観[1]

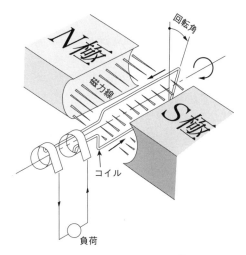

図 5.14　発電機の原理[1]

[Wb] は，

$$\phi = \Phi \cos \omega_t \quad [\text{Wb}] \tag{5.1}$$

で表せる．

また，コイルの巻数を n とすると，コイルに誘導される起電力の瞬時値 e は

$$e = -n \frac{d\phi}{dt} \quad [\text{V}] \tag{5.2}$$

となる．

　実際の同期発電機では，大きな磁力を得るために磁極として電磁石が用いられており，この電磁石を回転させ，コイルを静止させる構造となる．磁極としての電磁石に電流（直流励磁電流）を流すため，発電機の軸端上に設けた小さな発電機（励磁機）の出力を，回転整流装置を用いて交流から直流に整流している．

参 考 資 料

1) 日本エネルギー学会編：天然ガスコージェネレーション計画・設計マニュアル 2008（2008），pp. 42，41

5.3 排熱回収装置

コージェネレーションの排熱は,ガスエンジンの場合,一般的には排ガスとエンジン冷却水から温水または蒸気の形で回収され,ガスタービンの場合,一般的には排ガスから蒸気として回収される(1.2.2項参照).

これらの熱回収のため,原動機,媒体の種類に応じ表5.2に示す排熱回収装置が使用されている.

5.3.1 温水熱交換器

温水熱交換器には,多管円筒式,二重管式,コイル式,スパイラル式,プレート式などがあるが,現在はコンパクト化が図れるプレート式が主流となっている.

プレート式熱交換器は,温度も圧力もあまり高くなく,また交換熱量も比較的小さいコージェネレーションシステムに適している.プレート式熱交換器は,図5.15に示すガスケットを周囲に装着した薄いステンレス鋼板製の波板(伝熱プレート)を,固定プレートと遊動プレートとの間に必要枚数1枚ごとに上下反対にして挟み込み,締め付けボルトで図5.16のように組み上げたものである.

表5.2 排熱回収装置

原動機	媒体		排熱回収装置
	排熱側	利用側	
ガスエンジン	エンジン冷却水	温水	温水熱交換器
	排ガス	高圧蒸気	排ガスボイラ
	排ガス	温水	排ガス熱交換器
ガスタービン	排ガス	高圧蒸気	排ガスボイラ

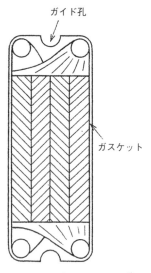

図5.15 伝熱プレート[1]

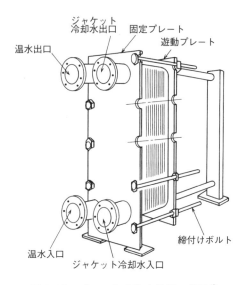

図5.16 プレート式熱交換器の構造[1]

5.3 排熱回収装置

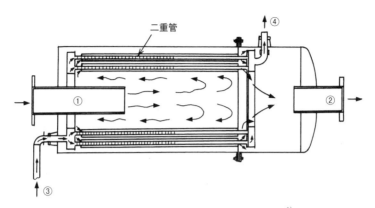

図 5.17 二重管式排ガス熱交換器の構造[1]

伝熱プレートに波型をつけることで,板に強度を持たせると同時に,伝熱面積の増加,流れのかく乱による伝熱性能の向上が図られている.

5.3.2 排ガス熱交換器

ガスエンジン用の二重管式排ガス熱交換器の構造を**図 5.17**に示す.排ガスは①から入り,反転して二重管の外管中を上昇し,内管中の水を加熱し,②から排出される.内管と外管の間には長手方向にフィンが設けられていて,伝熱の向上が図られている.温水は③から下部水室に入り,内管中を上昇し,上部水室に集まり,④から供給される.図に示した熱交換器は,横,縦の両用に使用できる.ガスエンジンの場合,すすの付着の恐れがほとんどなく,温度を下げてもステンレス鋼を使用すれば腐食も起こらないため,熱交換器の排ガス出口温度を 150 ℃ 程度まで下げて熱回収量を大きくしている.

5.3.3 排ガスボイラ

蒸気回収の場合,ガスエンジンでは排ガスボイラによって 0.78 MPa(ゲージ圧)程度の蒸気が得られ,ガスタービンでは排ガスボイラを用いて 0.78〜1.47 MPa(ゲージ圧)程度の蒸気が得られる.

ガスエンジンやガスタービンから排出される排ガス温度は,火炎温度と比べると低く,また,バーナだきのボイラと異なり放射伝熱が小さく対流伝熱が主となるため,排ガスボイラの大きさは,バーナだきボイラと比べ大型となる.排ガスボイラは,主に貫流式,水管式が用いられており,蒸発量が 6 t/h 未満では貫流式,6 t/h 以上では水管式が主流となっている.**図 5.18**に,貫流式排熱ボイラの構造図を示す.排ガスは①から入り,管と直角に流れ,管内の水を加熱した後にさらにエコノマイザの管内の水を加熱し,②から排出される.③から給水された水はエコノマイザで温度をある程度上昇させてから下部管寄せに供給され,フィン管内で加熱されて気液混合の状態で上昇し,上部管寄せに集まって気水分離器に入る.ここで,水滴を分離した蒸気は蒸気系統に供給され,分離された水は下部管寄せに戻る.三方電動ダンパは,余剰蒸気が発生した場合,排ガスをバイパスさせるものである.水管式排熱ボイラは,自然循環式と強制循環式とがある.自然循環式の排ガスボイラの構造図を**図 5.19**に,また貫流式排ガスボイラと水管式排ガスボイラの比較表を**表 5.3**に示す.

排ガスボイラの発生蒸気で,蒸気タービン発電機を運転して,複合発電を行う場合を除けば,あまり高い蒸気圧力を必要としない.例えば,地域冷暖房,大規模ビルの空調用には,成績係数(COP)

第5章 コージェネレーションの構成機器

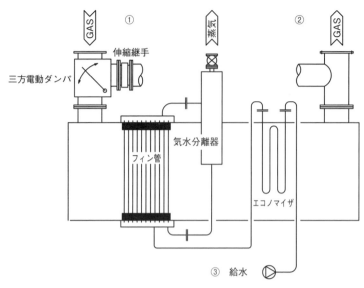

図5.18 貫流式ボイラの構造図（三浦工業（株）提供）

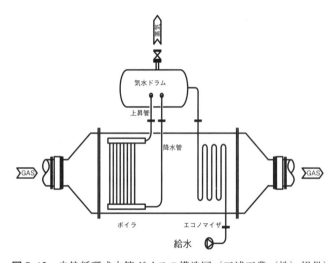

図5.19 自然循環式水管ボイラの構造図（三浦工業（株）提供）

が高いことから冷水製造に蒸気吸収冷凍機が採用されるが，必要とする蒸気圧力は0.78 MPa（ゲージ圧）程度となる．また，工場のプロセス用でも，0.39〜0.98 MPa（ゲージ圧）が多い．必要以上に蒸気圧力を高くすると排熱回収量が小さくなるので得策ではない．

5.3 排熱回収装置

表5.3 排ガスボイラ比較表

	貫流ボイラ	自然循環式水管ボイラ	強制循環式水管ボイラ
蒸発量	200～6 000 kg/h	1 000～35 000 kg/h	1 000～5 000 kg/h
圧力	～2.4 MPa（ゲージ圧）	～7 MPa（ゲージ圧）	～7 MPa（ゲージ圧）
特徴	保有水量が少ないので，安全性から取扱い資格に対する法的優遇がなされている	大容量への対応が容易である	高圧への対応が可能である
	起動から蒸気発生までの時間がきわめて短い	安定して高乾き度を維持しやすい	熱負荷の変動に強い
ガスエンジン・ガスタービン出力	300～5 750 kW	300～8 000 kW	2 000～15 000 kW
法適用	小型ボイラー構造規格（貫流ボイラ）／ボイラー構造規格（貫流ボイラ）	ボイラー構造規格（自然循環式水管ボイラ）	ボイラー構造規格（強制循環式水管ボイラ）
設置スペース	コンパクトで設置スペースが小さい	大型になり，設置スペースが大きい	縦型になり，設置スペースが小さい
使用先の適正	比較的低圧蒸気のユーザー向けであり，エンジン向けの排ガスボイラとして計画されることが多い	大型のタービン向けに計画されることが多い	設置スペースに制限がある大型エンジン向けに計画されることが多い

5.3.4 ガスエンジン冷却水からの排熱回収方法

エンジン冷却水を利用する場合は，温水熱交換器が必要となり，次の理由で直接の利用はできない．
1) エンジン冷却水には，一般に薬品が投入されているため，給湯などには，そのままの利用は許されない．
2) エンジン冷却水の循環量は，一定に抑えられているので，給湯のように水量の大きく変化するものには好ましくない．
3) エンジンの耐圧はあまり高くないので，高層階に温水を送るのは好ましくない．

ただし，吸収冷凍機利用については，直接供給したほうが高温の駆動熱源が得られ，成績係数の向上と省スペース化が図れるメリットがある．この場合，エンジン冷却水は，循環量や返り温度が一定となるように制御しなければならない．

参 考 資 料

1) 空気調和・衛生工学会：都市ガスによるコージェネレーションシステム計画・設計と評価（1994），pp. 104，105

5.4 排熱利用機器

ここでは **1.2.4項** で概要を示した排熱利用機器の原理や構造などについて解説する．

5.4.1 吸収冷凍技術の原理

排熱の冷房利用には主として吸収冷凍機が活用される．さまざまな排熱利用吸収冷凍機を解説するにあたり，ここでは，まず，熱から冷水を製造する吸収冷凍サイクルの基本的な原理を解説する．

吸収冷凍サイクルには，一重効用（単効用ともいう），二重効用および三重効用がある．もともとは一重効用機から開発されたが，現在ではより高効率で経済的な二重効用機が主流となっている．また，さらに効率を追求した三重効用機も実用化されている．現在，市販されている製品の成績係数（COP：Coefficient of Performance）は一重効用機で0.7〜0.8（温水だきの場合），二重効用機で1.1〜1.4（都市ガスだきの場合），三重効用機で1.6程度（都市ガスだきの場合）である．なお，ここでのCOPは，温水だきの場合はCOP＝冷房出力熱量／温水入熱量，都市ガスだきの場合はCOP＝冷房出力熱量／都市ガス高位発熱基準入熱量とした．

〔1〕 一重効用サイクル

あらゆる吸収冷凍機の基本原理である一重効用サイクルを**図5.20**に示す．本サイクルは蒸発器，吸収器，再生器，凝縮器から構成される．

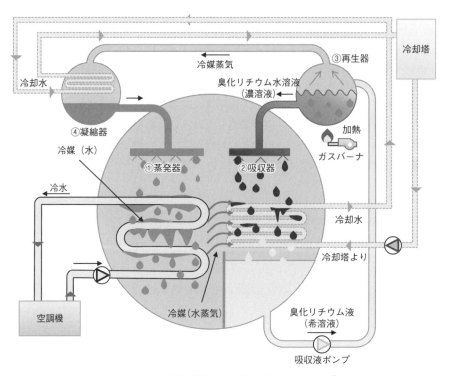

図5.20 一重効用吸収冷凍機の基本サイクル[1]

5.4 排熱利用機器

（a）蒸発器
蒸発器の伝熱管外面には冷媒の水が散布されている．蒸発器中の冷媒は，真空下，例えば 0.81 kPa であると 4℃ で蒸発する．このとき，気化熱により伝熱管内部の冷水から熱を奪い，12℃ の冷水が 7℃ 程度まで冷やされる．

（b）吸収器
吸収器の伝熱管外面には濃度の高い臭化リチウム水溶液（濃溶液）が散布され，冷媒水蒸気を吸収することで，蒸発器の真空が維持される．このとき吸収熱が発生するが，伝熱管内部の冷却水で冷却される．吸収器底部には，冷媒水蒸気を吸収し濃度が低くなった臭化リチウム水溶液（希溶液）が留まり，吸収液ポンプで再生器へ送られる．

（c）再生器
再生器は吸収器からの希溶液を受け入れ，加熱源（都市ガスや排熱）により加熱を行う．再生器内の希溶液は加熱され蒸気を発生し，濃溶液となる．濃溶液は吸収器へ送られ，再び散布される．

（d）凝縮器
凝縮器の伝熱管内には，吸収器からの冷却水が流れており，再生器で発生した冷媒蒸気が冷却され，液化した後に蒸発器に送られる．冷却水は冷却塔に送られ，外気と接触させて冷却する．

以上のサイクルにより，蒸発器には冷媒液が，吸収器には冷媒蒸気を吸収する濃溶液が常に供給され，真空を維持し，蒸発器で冷水をつくり続けることができる．

〔2〕 二重効用サイクル

図 5.21 に二重効用サイクルを示す．本サイクルは，再生器を 2 個（高温再生器，低温再生器）設け，高温再生器で発生した高温冷媒蒸気を低温再生器で，もう一度吸収液の加熱に使用する．二重効用では一重効用より高温の加熱源を必要とするが，高温再生器で発生した冷媒蒸気を低温再生器で再利用することにより，加熱のためのエネルギーを低減できる．加熱源に都市ガスを使用するガス吸収冷温水機，加熱源に蒸気を使用する蒸気吸収冷凍機などがある．

また，三重効用サイクルは再生器を三つ（高温再生器，中温再生器，低温再生器）にし，さらに効率を向上させている．

5.4.2 温水吸収冷凍機

温水吸収冷凍機のフロー図を図 5.22 に示す．温水吸収冷凍機は一重効用機で，加熱源として，おおむね 80℃ 以上の温水熱源がある場合に使用できる．一般的には 85～90℃ のガスエンジン排温水を再生器に供給し，運転を行う．この機種はもともと太陽熱で得られる温水利用のために開発されたものである．

後述する排熱投入型ガス吸収冷温水機（ジェネリンク）が開発されるまでは，ガスエンジン排温水利用の主要な機種であった．

5.4.3 排熱投入型ガス吸収冷温水機（ジェネリンク）

コージェネレーションシステムで温水吸収冷凍機を使用する場合，排温水がないか，あるいは少ない時間帯をカバーするため，バックアップ用にガス吸収冷温水機を用意する必要がある．排熱投入型ガス吸収冷温水機（ジェネリンク）は排熱が足りないときにはガスで補うことができ，他にバックアップ用の冷凍機が不要で，イニシャルコストおよびスペースを削減できる．

第5章　コージェネレーションの構成機器

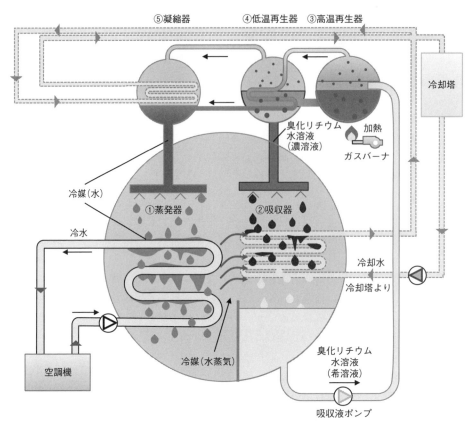

図 5.21　二重効用吸収冷凍機の基本サイクル[1]

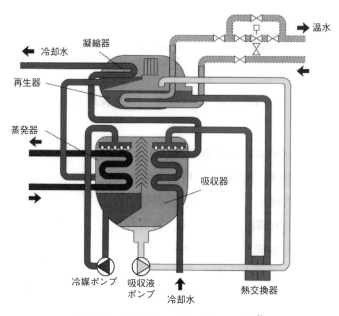

図 5.22　温水吸収冷凍機のフロー図[1]

5.4 排熱利用機器

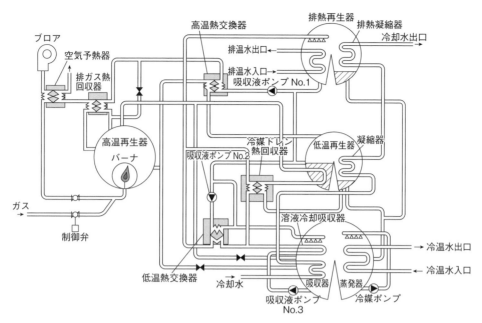

図 5.23 ジェネリンクのフロー図[2]

排熱投入型ガス吸収冷温水機のフロー図を図 5.23 に示す．ガス吸収冷温水機の低温熱交換器と高温熱交換器の間に排熱再生器や排熱回収熱交換器を追加し，排熱を使用することでガス吸収冷温水機のガス消費量の低減を図っている．部分負荷時には排熱を優先的に利用するため，年間を通じて大きなガス削減効果が発揮される．機種により異なるが，排熱回収により，定格時で 15〜40 % 程度のガス消費量を削減できる．また，40〜60 % 以下の低負荷時には，排熱だけで運転できる．

吸収冷温水機側で排熱制御用三方弁および制御部を内蔵しているため，設備側での排熱利用系の制御設計が不要で，施工は排熱温水配管を接続するだけと容易である．

また，本機種のバリエーションとして，排温水だけでなく，ガスエンジンの排ガスも利用可能な排ガス投入型ガス吸収冷温水機も実用化されている．

5.4.4 蒸気吸収冷凍機

コージェネレーションの排熱を 0.78 MPa（ゲージ圧）程度の蒸気として回収できる場合，蒸気吸収冷凍機が使用できる．

蒸気吸収冷凍機のフロー図を図 5.24 に示す．高温再生器伝熱管の下流側にスチームドレントラップが設けられ，ドレン熱回収機で吸収希溶液を余熱することで効率向上を図っている．

また，本機種のバリエーションとして，蒸気吸収冷凍機に排熱再生器を内蔵した排熱投入型蒸気吸収冷凍機（蒸気だきジェネリンク）も実用化されている．

5.4.5 吸着冷凍機

吸着冷凍機のフロー図を図 5.25 に示す．吸着冷凍機は，密閉された高真空系内に，一定量の冷媒である水を吸着できる固体吸着剤（シリカゲルなど）が充てんされている．この吸着剤を用い，以下

第5章　コージェネレーションの構成機器

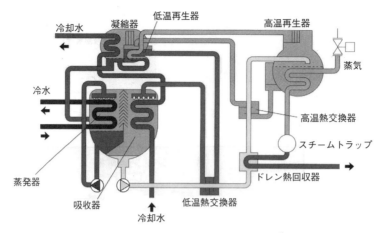

図5.24　蒸気吸収冷凍機のフロー図[1]

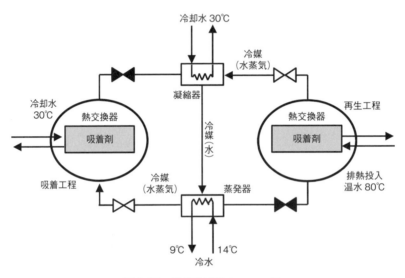

図5.25　吸着冷凍機のフロー図

の吸着と再生工程をバルブ操作により交互に繰り返し行うことで，排熱を用いて連続的に冷水を製造する．COPは温水吸収冷凍機と同程度の0.6〜0.7程度である．

(a) 吸 着 工 程

吸着剤を冷却水で冷却すると，冷媒蒸気を吸着しようとする力が働く．このとき，蒸発器において冷水が通っている伝熱管に散布された冷媒液が蒸発し，その気化熱で14℃の冷水が9℃まで冷やされる．

(b) 再 生 工 程

固体吸着剤を温水などで加熱することにより，吸着工程とは逆にそれまで吸着していた冷媒蒸気を脱着（放出）し，凝縮器において冷却して凝縮する．

5.4.6　デシカント空調機

デシカント空調機は吸着剤を用いた温湿度制御装置である．通常の空調機は主に空気の温度を制御

5.4 排熱利用機器

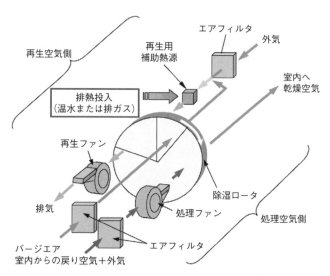

図 5.26 デシカント空調機の内部構造[2]

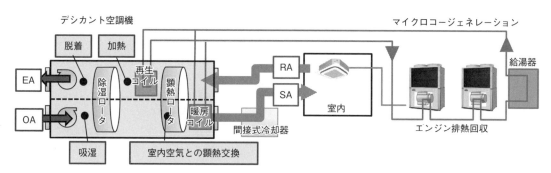

図 5.27 デシカント空調システムの例（大阪ガス(株)提供）

することを目的としているが，デシカント空調機は温度と湿度を別々に直接制御することができる．最も単純なシングルフロータイプの内部構造を図 5.26 に示す．

建物内の空気を外部へ排出するほうを再生側，室外の空気を室内に導くほうを処理側という．この処理側空気は，デシカント本体の除湿ロータを通過するときに乾燥した空気になる．水分を吸収した除湿ロータは回転し，再生側で高温加熱された再生空気により乾燥再生される．このときの再生空気の熱源として，60 ℃以上のコージェネレーション排熱が利用できる．

通常のコージェネレーションでは排熱を温水や蒸気として回収し利用するが，排ガスを直接デシカント空調機へ投入することもできる．

マイクロガスコージェネレーションとの組合せシステムの一例を図 5.27 に示す．

参 考 資 料

1) 東京ガス（株）：ナチュラルチラー講習会テキスト 2014（2014）pp. 9, 10, 85, 86
2) 日本エネルギー学会編：天然ガスコージェネレーション計画・設計マニュアル 2008（2008），pp. 47, 48

5.5 放熱装置

コージェネレーションの排熱は，排熱利用機器を介して空調や給湯などで利用できる．しかし，熱需要の少ない中間期などでは，排熱が余ることがあるため放熱装置が必要となる．放熱装置には，冷却塔を用いる水冷方式とラジエータを用いる空冷方式がある．

5.5.1 冷却塔

冷却塔には，冷却水を空気と直接接触させて冷却する開放式冷却塔と冷却水管の外部に散水することで間接的に冷却する密閉式冷却塔があるが，ここでは，一般的に使用される開放式冷却塔のしくみを解説する．

冷却塔の構造を図 5.28 に示す．冷却塔は，冷却水を充てん剤の上に散布し，ファンで吸い込まれた外気と接触させて冷却し，さらに冷却水の一部が気化する際の気化熱により温度を下げている．冷却塔が設置されている場所の周囲環境により，藻やばいじんが冷却水中に侵入し，スケール[*1]やスライム[*2]が伝熱管に付着する原因となる．また，ブロー量が適切でない場合は，冷却水中のシリカなどが濃縮され，伝熱管へのスケール付着につながる．図 5.29 に示すように，スケール付着は機器効率の低下などにつながることから，冷却水の水質管理と冷却塔の定期的な清掃を実施することが重要である．

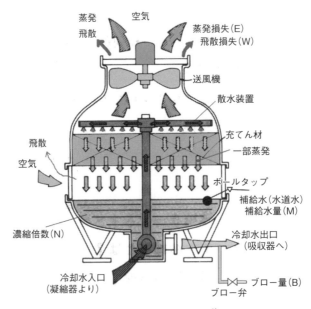

図 5.28 冷却塔の構造[1)]

[*1] スケール：水中でカルシウム化合物などが濃縮し，内面に析出，付着した固形物である．
[*2] スライム：泥状，粘液状の微生物の塊である．

5.5 放熱装置

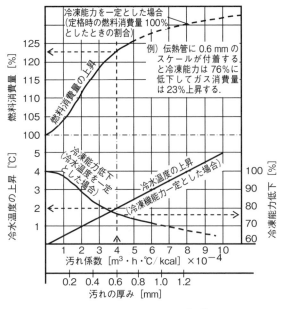

図 5.29 スケールの影響[1]

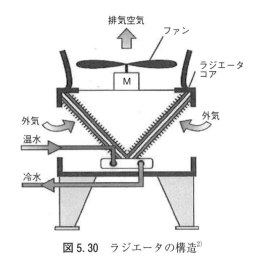

図 5.30 ラジエータの構造[2]

5.5.2 ラジエータ

　ラジエータの構造を**図 5.30**に示す．ラジエータは，冷却塔と同様に，大気に余剰排熱を放出する装置ではあるが，フィン型熱交換器の管内に冷却水を通して，ファンによって空気と熱交換をさせる構造である．一般的には，放熱量の少ないシステムに用いられることが多い．マイクロコージェネレーションのようにユニットに内蔵されている場合もある．

　ラジエータを採用した空冷コージェネレーションは，補給水がなくても発電機を運転できることから，東日本大震災以降，BCPの観点から注目されている．

参　考　資　料
1) 東京ガス（株）：ナチュラルチラー講習会テキスト 2014 (2014), p.49
2) ヤンマー非常用発電システム総合カタログ (2014-6), p.26

第5章　コージェネレーションの構成機器

5.6　電　気　設　備

　発電機については **5.2 節** で解説したが，ここでは発電設備におけるその他関連電気機器や，発電設備が接続される受変電設備の構成機器について解説する．

5.6.1　発　電　設　備

〔1〕　発電設備のシステム構成および機器

　発電設備は，発電機および盤類（発電機盤，補機変圧器盤，補機盤，連絡遮断器盤）などにより構成される．

　盤には，原動機の制御，出力回路の開閉，補機類の制御，遠隔監視のためのデータ収集装置などが組み込まれる．一般的に主な盤類は下記のとおりであるが，電子化による小型化が進み，製造者によっては統合する場合や発電機パッケージに組み込む場合，名称が異なる場合などがある．

- 発電機盤
- 発電機制御盤
- 電力送り出し盤
- 自動同期制御盤
- 共通制御盤
- 補機盤
- 補機変圧器盤
- 負荷切替え盤
- 直流電源盤
- 発電機連絡遮断器盤
- 保護継電器盤

〔2〕　発電設備の保護装置

　発電機の保護装置の種類と機能を **表 5.4** に示す．また，原動機の保護装置の種類と機能を **表 5.5** に示す．

5.6.2　受 変 電 設 備[1]

　受変電設備は，配電盤，遮断器，変圧器などで構成される．

〔1〕　受変電設備のシステム構成および機器

（1）　配　電　盤

　配電盤は，受電した電力を，動力や電灯などの使用目的に合わせて建物内の各所の分電盤に振り分ける電気設備である．配電盤内の回路は大きく分けて，"主回路"，"保護回路"，"計測回路"，"制御回路" で構成される．

（2）　遮　断　器

　遮断器とは電力回路の電流を開閉する装置である．正常時の開閉に用いられるだけでなく，各種保護装置と連動し事故時の電流遮断を行う．

　主回路機器である遮断器は，低圧回路では配線用遮断器（MCCB）あるいは気中遮断器（ACB）が用いられている．高圧回路では，真空遮断器（VCB）を用いることが多い．発電設備系統の場合遮断器の定格電流は発電機の定格電流以上のものを選定する．また遮断器の定格遮断電流（遮断容量）は，連系される系統（発電機，受変電設備など）の合計の短絡電流以上のものを選定する必要がある．

5.6 電気設備

表5.4 発電機の保護装置[2]

保護項目	動作（設定値・参考値）	適用範囲	規制根拠
過電流保護	過負荷による発電機の保護 （定格電流の120％程度）	全範囲	電技第44条 電技解釈第42条
過電圧保護	励磁装置故障による過電圧検出，負荷機器の焼損防止 （定格電圧の135％程度）	高圧発電機	
低電圧保護	励磁装置故障による低電圧検出，負荷機器の性能低下 （定格電圧の65％程度）	必要な場合	
逆電力保護	原動機故障・出力制御機能不良検出 （定格出力の10％程度）	並列運転機	
接地保護	発電機回路の接地検出 （方向性の有無，他母線検出と協調）	系統保護	
周波数上昇保護	原動機調速機能の異常検出 （定格の＋10％以下）	必要な場合	
周波数低下保護	原動機調速機能の異常検出 （定格の－10％以内）	必要な場合	
比率差動保護	発電機内部回路故障検出 （定格電流の10％程度）	10 000 kVA以上	電技第44条 電技解釈第42条
界磁喪失保護	励磁装置故障検出	必要な場合	
固定子温度保護	電機子巻線温度の異常を検出	必要な場合	
軸受温度保護	発電機軸受温度の異常を検出	必要な場合	
同期渋滞	同期並入制御異常検出	並列運転	

注　電技：電気設備技術基準，電技解釈：電気設備の技術基準の解釈．

表5.5 原動機の保護装置[2]

保護項目	動作（設定値・参考値）	保護動作	対象	規制根拠
制御用油圧，空気圧，または電動式制御装置電圧の異常低下	規定値以下	エンジン停止	GE 1	火技，火技解釈
冷却水温度上昇 または冷却水供給停止	冷却水温度規定値以上 冷却水規定水量以下	エンジン停止	GE 1 GE 2	火技，火技解釈
潤滑油圧力低下	潤滑油圧力規定値以下	エンジン停止	GE 1	火技，火技解釈
制御回路電圧低下	電圧規定値以下	エンジン停止	GE 1	火技，火技解釈
筐体内温度上昇	原動機パッケージ内温度規定値以下	エンジン停止	GE 1	火技，火技解釈
軸受潤滑油温度上昇	潤滑油圧力規定値以下	エンジン停止	GE 1	火技，火技解釈
燃料ガス漏れ	発電機室ガス漏れ検出	エンジン停止	GE 1	火技，火技解釈
排気ガス温度高	排気ガス温度規定値オーバー	エンジン停止	GT	火技，火技解釈
過回転	定格回転数の116％以上	エンジン停止	GT GE 2 GE 1	火技，火技解釈
起動渋滞	エンジン始動不能，失速	エンジン停止		
失火	失火検出器動作	エンジン停止		
逆電力	定格出力の15～20％程度	遮断器解放		

注　火技：火力発電設備技術基準，火技解釈：火力発電設備の技術基準の解釈．
　　GT：ガスタービン　　GE 1：一般用電気工作物である内燃機関　　GE 2：定格出力が500 kWを超える内燃機関．

第5章　コージェネレーションの構成機器

表5.6　系統連系保護装置（高圧受電・逆潮流なしの場合）[3]

記号	名　　称	用　　途
UVR	不足電圧継電器	発電設備の発電電圧が異常に低下した場合に，これを検出し時限をもって発電設備を解列する
OVR	過電圧継電器	発電設備の発電電圧が異常に上昇した場合に，これを検出し時限をもって発電設備を解列する
DSR	短絡方向継電器	系統の短絡事故時の保護のため，これを検出し発電設備を解列する
OVGR	地絡過電圧継電器	系統の地絡事故時の保護のため，これを検出し発電設備を解列する
RPR	逆電力継電器	逆潮流がない場合，単独運転防止のため，逆電力を検出し発電設備を解列する
UFR	周波数低下継電器	単独運転防止のため，周波数低下を検出し発電設備を解列する

注1：高圧配電線との連系では電力会社の変電所の配電線引出口に線路無電圧確認装置がない場合が多いが，保護継電器の二系列化（完全二重化）または機能的二系列化（機能的二重化）により線路無電圧確認装置を省略できる．
　2：継電器の整定値，時限は電力会社との協議で決定する．
　3：不足電圧継電器は系統の短絡事故時の保護のためも兼ねる．

（3）変　圧　器

　変圧器は，受電電圧または配電電圧を負荷設備や発電設備に適した電圧に変換するもので，高圧側（低圧側）に印加された電圧を共有する鉄心を介して，低圧側（高圧側）に電磁誘導作用により電圧が変成される．変圧器は，その絶縁方式により油入変圧器やモールド変圧器などがあり，一般的には価格面から油入変圧器が広く使用されているが，小型軽量，難燃性などのニーズからモールド変圧器を採用することも多い．近年，6 kV または 3 kV，2 000 kVA 以下の配電用変圧器においては，高効率型のトップランナー変圧器などを用いることが推奨されている．

〔2〕受変電設備の保護装置

　発電機を系統連系して運転を行う場合，系統連系に係る規定（**付録3参照**）に定められた条件を満足する必要がある．この規定では，発電設備や系統の事故時に機器の損傷を抑え，同時に事故の波及や拡大を未然に防止するための措置が示されている．具体的には事故時速やかに発電機を系統から解列するための保護継電器，単独運転検出装置の設置，および複電時の事故防止のための，線路無電圧確認装置，転送遮断装置の設置などを定めている．系統連系の保護装置を**表5.6**に示す．ただし，電気事業者との協議により保護装置の一部省略が可能となる場合もある．

　逆潮流ありの連系運転では，電力系統側の事故時に単独運転状態になる可能性がある．その場合，感電防止および機器損傷防止の点から，速やかに発電機を解列する必要がある．そのため，逆潮流ありの連系では系統連系保護継電器に単独運転検出装置または転送遮断装置を設置する必要がある．

参　考　資　料

1）　コージェネレーション・エネルギー高度利用センター編：コージェネレーション白書2012（2012），pp. 107〜109
2）　空気調和・衛生工学会：都市ガスによるコージェネレーションシステム計画・設計と評価（1994），p. 93 より作成
3）　日本エネルギー学会編：天然ガスコージェネレーション計画・設計マニュアル2008（2008），p. 89

5.7 制御および計測・監視装置

コージェネレーションを自動で運転するための制御装置や，運用上必要となるデータ計測や監視を行う装置について解説する．

5.7.1 制御装置

制御装置の構成は，発電機容量，台数，系統への接続方法などによって異なるが，一般に発電機盤より原動機，補機類の運転制御を行う．複数台制御の場合，別の台数制御盤より各発電機盤に指令を与える場合もある．また，遠隔から監視や操作をするために，別置きの遠隔監視盤や遠隔操作盤を設置する場合もある．

最近の発電装置では，制御の高機能化に伴いマイコンやPLC（Programmable Logic Controller, シーケンサとも呼ばれる）などで制御を行い，操作も盤面のタッチパネルで行うデジタル制御方式が主流となっている．

5.7.2 計測・監視装置

計測・監視装置の主な機能は，下記のとおりである．
1) 運転データ（受電電力量，発電電力量，燃料消費量，排熱回収量など）の記録と表示，トレンドグラフ作成
2) 異常発生の通報，異常時データの収集と表示
3) 異常や故障停止の履歴記録と表示
4) 日報，月報，年報などの帳票類の作成

コージェネレーション本体の表示パネルなどでデータが見られるほか，遠隔監視パソコンで計測・監視が可能なシステムや，制御まで行えるシステムもある．

また，電話などの通信回線を利用し，メーカーやエネルギーサービス会社などにより，24時間体制で遠隔監視するシステムが普及している．遠隔監視センターでは，異常発生時にユーザーやサービス担当者へ異常内容を通知するとともに運転データを収集・管理する．従来は一般電話回線を利用していたが，近年ではローカルネットワークに無線を利用したり，遠隔監視センターとの情報通信にインターネットを利用するシステムの活用が進んでいる．

5.7.3 BEMS（Building Energy Management System）

BEMSとは施設のエネルギーおよびエネルギー使用機器の状況を計測・監視し，その情報をもとに適切な機器制御および運用改善を行うエネルギー管理システムである．最近，建築物の省エネルギー・省CO_2促進のため高効率機器導入とともにBEMSも採用されることが多い．BEMSは空調熱源機や二次側機器，給湯設備，換気設備などさまざまな設備を集中管理し制御するが，コージェネレーションもBEMSで管理および運転制御することにより，運転効率を高く維持することが可能となる．

最近では，計測データをエネルギー管理会社などのコンピュータに電送し，グラフ化など管理しやすい形に加工して施設側で利用するクラウド型のBEMSも普及している．

5.8 NO_x 低減技術

NO_xとは，NO，NO_2，N_2Oなどの窒素酸化物を総称したものであり，NO_xの大部分は燃焼に伴って生成される．排出されるNO_xのうち95％以上はNOであり，残りのほとんどはNO_2である．排出されたNOは大気中で徐々に酸化されてNO_2に変化し，光化学スモッグの原因になる．NO_xは大気汚染防止法や各自治体の条例などにより排出基準（**付録1.4.4参照**）が定められており，コージェネレーションを設置する際にはNO_x排出量が基準値を下回るよう対策する必要がある．本節ではNO_xを低減する技術について解説する．

5.8.1 NO_x 低減技術の概要

NO_xはサーマルNO_xとフューエルNO_xに分類される．サーマルNO_xは，空気中のN_2とO_2が燃焼時の高温のもとで反応し生成したもので，次の反応式によるものと考えられている．

$$\left. \begin{array}{l} N+NO \rightarrow N_2+O \\ N+O_2 \rightarrow NO+O \\ N+OH \rightarrow NO+H \end{array} \right\} \tag{5.3}$$

この反応ではO_2がある程度多い状況下で，燃焼ガスが高温になるほど，また高温に保持される時間が長くなるほど，NO_xの生成量が増加する傾向にある．燃焼器内の燃焼ガス温度が1 500℃を超える部分が発生すると，NO_xの生成速度は急激に増加する．したがって，サーマルNO_xを低減するためには燃焼温度を1 500℃以下に抑える必要がある．

フューエルNO_xは，燃料中の窒素分が燃焼時の高温下で空気中のO_2と反応して生成されるものであり，天然ガスを主成分とする都市ガスなどの窒素化合物が存在しない燃料を使用すればフューエルNO_xはほとんど発生しない．

5.8.2 NO_x 低減技術の種類

コージェネレーションの主なNO_x低減技術を，表5.7に示す．燃焼方式による手法とは，燃焼室内の燃焼火炎に1 500℃以上になる部分を作らないようにして，サーマルNO_xの生成自体を抑える方式であり，排ガス処理による手法とは，燃焼室内で生成したサーマルNO_xを排気ガスの後処理により分解する方法である．コージェネレーションの排ガス量，NO_xの排出基準値，コストなどを考慮し，メーカーがその機種に応じた最適なNO_x低減手法を選定しているのが一般的である．

表5.7 主なNO_x低減技術

	ガスエンジン	ガスタービン
燃焼方式による手法	希薄燃焼方式 排気再循環方式（EGR）	希薄予混合燃焼方式 水・蒸気噴射方式 触媒燃焼方式
排ガス処理による手法 （脱硝装置）	三元触媒方式 選択触媒還元脱硝方式（SCR）	選択触媒還元脱硝方式（SCR）

5.8 NO_x 低減技術

5.8.3 ガスエンジンの NO_x 低減技術

ガスエンジンの排気ガス組成を図 5.31 に示す．未対策の理論混合燃焼ガスエンジンの場合，NO_x 排出量は 1 500～2 500 ppm（O_2 = 0 %換算）程度である．以下の方式の対策を行うことにより，基準値以下の排気とする．

〔1〕 希薄燃焼方式

希薄燃焼方式は，理論混合比より空気を過剰とした希薄領域で運転することにより，燃焼温度を低下させ，サーマル NO_x を低減させる方式である．図 5.31 に示したように，空気比 1 の近傍で排出量は最大になり，さらに空気比を大きくすると NO_x は低減する．

希薄燃焼ガスエンジンでは，NO_x 低減効果とともに熱効率の向上を図ることができる．理論熱効率 η_{th} と圧縮比 ε および比熱比 κ の関係を図 5.32 に示す．図からわかるように，比熱比が大きいほど，また圧縮比が大きいほど理論熱効率は大きくなる．空気比を大きくしていけば，比熱比 κ は空気の κ （=1.4）に近づくため，熱効率は向上する．したがって，空気比が大きい領域で運転される希薄燃焼ガスエンジンは，従来型エンジンより熱効率が 2～3 pt%向上する．希薄燃焼方式では NO_x 濃度をおおむね 200 ppm（O_2 = 0 %換算）まで低減できる．

〔2〕 排気再循環方式（EGR）

排気再循環方式（Exhaust Gas Recirculation）とは，排ガスの一部を給気に混入することで酸素濃度を低下させ，燃焼温度を低下させることによってサーマル NO_x を低減させる方式である．一般的に，排ガス還流量は吸気量の 15 %程度である．

〔3〕 三元触媒方式

三元触媒方式はエンジンの排ガス中の HC（ハイドロカーボン），CO，NO_x の有害な 3 成分を同一の触媒（白金，パラジウム，セシウムなど）で同時に処理する方法であり，自動車の排ガス処理などに広く利用されている．三元触媒の排ガス浄化特性を図 5.33 に示す．図に示すとおり，三元触媒の排ガス浄化性能が維持されるためには適正な空気比の範囲（ウィンドウ）を保つ必要があり，触媒の前後に O_2 濃度センサを取り付けるダブル酸素センサシステムが用いられる．

〔4〕 選択触媒還元脱硝方式（SCR）

選択触媒還元脱硝方式（Selective Catalytic Reduction）は，排ガス煙道中の触媒に，尿素，アンモニアなどの還元剤を噴霧することによって NO_x を水と窒素に分解する方式である．還元反応式を以下に示す．

$$4\,NO + 4\,NH_3 + O_2 \rightarrow 4\,N_2 + 6\,H_2O \tag{5.4}$$

操作温度域は触媒が性能を発揮する 350 ℃付近である．

現在，還元剤は無害で法規制を受けない尿素水が多く使用されているが，アンモニアを還元剤として用いる場合には，毒物及び劇物取締法，労働安全衛生法などにおいて規制対象になっている点に注意を要する．選択触媒還元脱硝方式では NO_x 排出濃度をおおむね，200 ppm（O_2 = 0 %換算）まで低減できるが，還元剤の噴霧量を調整することで，100 ppm（O_2 = 0 %換算）まで NO_x 値を低減することが可能である．

この方式は，ガスエンジンのほかにガスタービンにおいても採用されている方式である．

第5章 コージェネレーションの構成機器

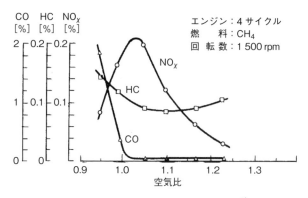

図5.31 ガスエンジンの排ガス組成[1]

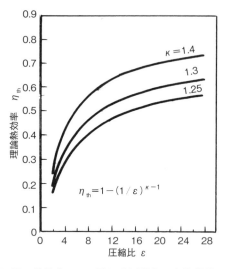

図5.32 熱効率 η_{th} に及ぼす圧縮比 ε と比熱比 κ の影響[1]

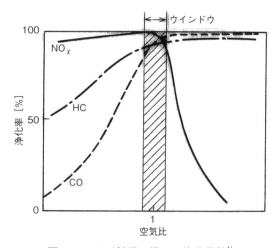

図5.33 三元触媒の排ガス浄化特性[1]

5.8.4 ガスタービンのNO$_x$低減技術

ガスタービンは一般的に空気過剰の連続燃焼であるため，HC，CO，ばいじんが少ないが，1 500℃以上の高温火炎でガスを燃焼させるため，サーマルNO$_x$が発生する．以下の方式の対策を行うことにより，NO$_x$濃度を基準値以下に低減させる．

〔1〕 希薄予混合燃焼方式

希薄予混合燃焼方式は，あらかじめ理論混合比より過剰な空気とガスを均一に混合することによって，燃焼温度を低下・均一化させ，サーマルNO$_x$を低減させる方式である．過剰空気の状態でガスバーナの燃焼安定性を確保する必要があるため，センサで外気温やガスの圧力などを管理して最適な空気比制御を行うなどの工夫がされている．

〔2〕 水・蒸気噴射方式

水・蒸気噴射方式は，燃焼室内に水または蒸気を噴射することによって燃焼温度を低下させ，サーマルNO$_x$を低減させる方式である．簡易で複雑な制御を必要としないが，水噴射方式を採用する際

5.8 NO$_x$低減技術

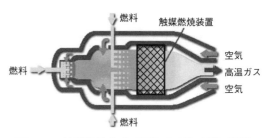

図5.34 標準的な燃焼器（川崎重工業（株）提供）　　　図5.35 触媒燃焼方式（川崎重工業（株）提供）

にはタービン翼などを保護するため，純水装置が必要となるなど注意を要する．また，水噴射方式では熱エネルギーの一部が水の加熱に消費されるため，熱効率は低下する．

蒸気噴射方式では発電効率は向上するが，利用可能な蒸気量が減少するため，コージェネレーションシステムの総合効率は低下する．

〔3〕触媒燃焼方式

触媒燃焼方式は，触媒を利用して通常の燃焼範囲を超えた空気比でガスを燃焼させることによって，希薄予混合燃焼方式以上に燃焼温度を低下させる方式である．標準的な燃焼器を図5.34に，触媒燃焼方式のイメージを図5.35に示す．

参 考 資 料

1) 空気調和・衛生工学会：都市ガスによるコージェネレーションシステム計画・設計と評価 (1994), pp.79, 80

5.9 小型ガスエンジンコージェネレーション

小型ガスエンジンコージェネレーションのうち，発電出力 35 kW 以下のものを，マイクロコージェネレーション（ジェネライト）と呼ぶ．また，家庭用には，発電出力 1 kW のガスエンジンコージェネレーションがある．

5.9.1 マイクロコージェネレーション（ジェネライト）

電気事業法において，10 kW 以上のコージェネレーションが事業用電気工作物に分類されるのに対して，小出力発電設備（内燃力を原動力とする火力発電設備の場合は 10 kW 未満）は一般用電気工作物に分類され届出や検査などの保安規制が簡略化されている（**付録 1.1 参照**）．平成 7 年 12 月の電気事業法の改正で小出力発電設備が定義されたのをきっかけに，小出力発電設備に該当するコージェネレーションとしてマイクロコージェネレーションが開発された．

マイクロコージェネレーションは，空調分野で普及しているガスエンジンヒートポンプエアコンの圧縮機を発電機に置き換えるという発想のもとに開発されたもので，ガスエンジンヒートポンプエアコンとの共用部品によるコンパクト化とコストダウンを実現した．マイクロコージェネレーションのパッケージには，エンジン，発電機，インバータ，排熱回収用熱交換器，放熱用熱交換器（ラジエータ），制御機器がコンパクトに内蔵されており，外部機器の設置スペースを大幅に削減するとともに，設置・施工が簡易化できる．排熱から回収される温水を活用するため，用途に合わせた容量の貯湯槽と組み合わせて運用する．また，現在ではこれらのコンセプトを生かし 10 kW 以上の機種も開発され普及している（これらは小出力発電設備に該当しない）．

〔1〕 マイクロコージェネレーションの特徴

マイクロコージェネレーションは，発電電力を一度コンバータを介して直流に変換し，インバータで系統電力に等しい電圧・周波数に変換することで，簡単に系統電力への連系が可能であることが大きな特徴である．そのため，50 Hz 地区，60 Hz 地区，どちらでも運転が可能である．エンジン冷却水やエンジン排気との熱交換により，温水を取り出すことで，高い総合効率を実現する．現在，出力 5 kW，6 kW，9.9 kW，25 kW，35 kW のモデルがラインナップされている．また，複数台による台数制御が可能で，電力需要に応じより高い負荷率で効率のよい運転が行える．コンパクトなため，小さな設置面積で設置自由度が高く，屋上設置も容易である．なお，放熱用熱交換機を内蔵しており，屋内設置とする場合には多量の換気量の確保か別途冷却水の確保が必要なため，原則屋外設置とする．

〔2〕 排熱投入型温水ボイラ（ジェネボ）利用

温浴施設，フィットネスクラブ，福祉施設などの温水需要の多い施設向けに，マイクロコージェネレーションの排熱温水を利用した，排熱投入型温水ボイラ（ジェネボ）がある．従来は，マイクロコージェネレーションと温水ボイラを組み合わせる際に施設ごとに熱の利用用途などを確認し，排熱利用のための熱交換器や制御装置などを個別に設計・施工する必要があったが，排熱投入型ボイラはマイクロコージェネレーションの排熱温水配管を接続するだけで排熱温水を利用できるため，設計・施工が容易となる．また，排熱投入型ボイラのシステムは，排熱利用のための熱交換器や制御装置などがあらかじめユニット化されているため，一般的な温水ボイラとマイクロコージェネレーションを組み合わせた場合と比較して，設置スペースを縮小することができる．

5.9 小型ガスエンジンコージェネレーション

〔3〕 排熱投入型ガス吸収冷温水機（ジェネリンク）利用

マイクロコージェネレーションからの温水は，給湯や暖房だけではなく，排熱投入型ガス吸収冷温水機（ジェネリンク）など，空調機器の熱源として利用することもでき，燃料ガス消費量の削減が可能である．排熱投入型ガス吸収冷温水機の仕様に合わせて，25 kW，35 kW のマイクロコージェネレーションには高温（88℃）取出しのタイプが設定されている．

〔4〕 マイクロコージェネレーションの停電対応機

起動・制御用のバッテリーを内蔵した停電対応機も一部ラインナップされており，停電時にも発電と熱供給を継続することが可能である．例えば，照明やコンセントへの自立給電が可能であり，ガスエンジンヒートポンプエアコンに給電すれば，空調が可能となる．また，停電対応機と UPS（無停電電源装置）との組合せにより，停電時に UPS により重要負荷に短時間給電し，停電対応機により無瞬断で長時間給電が可能となる．

さらに，停電に加えて都市ガスの供給が止まった場合には，LPG（プロパンガス）と空気を混合して都市ガス相当を作る LPG エアガス発生装置（**3.5.1項**参照）を備えることで，自立給電することが可能となる．

5.9.2 家庭用ガスエンジンコージェネレーションシステム

家庭用ガスエンジンコージェネレーションシステムは，原動機に小型のガスエンジンを用い発電を行い，発生する熱をお湯の形で貯湯タンクに貯めて家庭内の給湯や暖房需要に用いるものである．仕様例を**表 5.8**に示す．

システムは，ガスエンジンを内蔵している発電ユニットと，貯湯タンクとバックアップ給湯器を内蔵している排熱給湯暖房ユニットから構成され，系統電力と連系して運転される．

通常の戸建て住宅の熱需要を満たす程度の貯湯タンク容量が設定されており，一般の家庭の熱需要パターンでは，ふろを沸かすときに短時間に大きな給湯需要が発生し，それ以外の時間帯はあまり大きな給湯需要が発生しない．そのため，ふろ張りの直前に貯湯タンクが満蓄熱になるような運転が最も放熱ロスが少なくなるので，学習機能および予測制御により毎日の電力負荷の大きい時間帯に発電して，ふろ張り時間と予測される時間に貯湯タンクが満蓄熱状態になるように運転される．

系統連系運転するため，系統電力が停電すると停止し停電中は発電しないというのが基本仕様である．東日本大震災による停電やその後の電力需給のひっ迫により計画停電が実施されたことから，停電時でも発電を継続させ家庭内で電気を使いたいというニーズが強い．そこで，最近では系統電力停電時にガスエンジンを起動して自立運転で専用コンセントに給電するタイプも実用化されている．

また，暖房需要が大きい寒冷地向けに，貯湯タンクを別に持たず，暖房需要やふろ追いだき需要のあるときにのみ発電するタイプも開発されている．

表 5.8 家庭用ガスエンジンコージェネレーションシステムの仕様例

項　　目	仕　　様
発電容量	1 kW
発電効率	26.3 %（LHV）
熱出力	2.5 kW
排熱回収効率	65.7 %（LHV）

5.10 燃 料 電 池

燃料電池は，燃料ガスなどから作った水素と空気中の酸素から直流電流を取り出す発電装置である．家庭用や業務用の民生分野を中心に導入・普及が進展しつつあり，その原理と特徴，開発や導入の状況と今後の展望を解説する．

5.10.1 燃料電池の原理と特徴

〔1〕 燃料電池の発電原理

燃料電池とは，いわゆる水の電気分解の逆の原理で，水素と酸素の化学反応によって電力を得る発電システムである．燃料電池の原理を図 5.36 に示す．

電解質は，イオンに対しては伝導性があるが，電子を通さない特性を持っている．陰極に供給された水素は，白金系触媒により水素と電子に分離され，水素イオンは電解質内を自由に動き陽極に達する．

一方，電子は動けず陰極内にとどまるが，陰極と陽極を導線で結ぶと電子が陽極に達する．陽極も白金系の触媒でできており，供給される酸素と水素イオンと電子が反応して水が生成される．すなわち，水素と酸素を供給すると連続的に直流電力が得られるわけである．これらを反応式で示すと，以下のようになる．

$$
\begin{aligned}
&\text{燃料極（陰極）} & H_2 & \rightarrow 2H^+ + 2e^- \\
&\text{空気極（陽極）} & 2H^+ + 2e^- + (1/2)O_2 & \rightarrow H_2O \\
\hline
&\text{電池全体} & H_2 + (1/2)O_2 & \rightarrow H_2O
\end{aligned}
$$

通常の水素が燃えて水になる化学反応では反応熱は 286 kJ/mol であるが，燃料電池反応の理論的

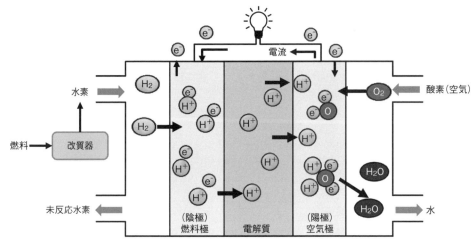

図 5.36 燃料電池の原理

5.10 燃料電池

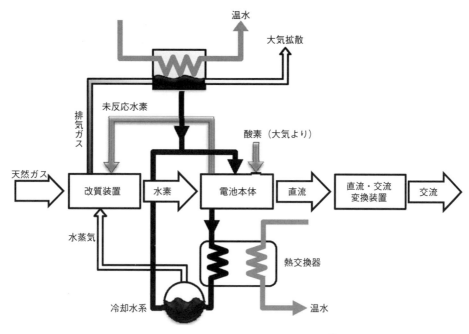

図 5.37 燃料電池のシステムフロー例[1]

な反応熱は電気エネルギー分を除いて 49 kJ/mol となる.

実際の燃料電池システムでは,図 5.37 に示すように,燃料電池本体(燃料電池スタック)のほかに,天然ガスなどの燃料を水素に変換する燃料改質装置,燃料電池の直流電力を交流に変換する直流・交流変換装置(パワーコンディショナ),およびポンプやブロワなどの補機類と制御装置などで構成されている.

天然ガス(主成分はメタン)を燃料とする場合,天然ガスを改質装置内で水蒸気と反応させて,水素と一酸化炭素 CO に分解(水蒸気改質という)した後,燃料電池本体における発電の妨げとなる一酸化炭素を事前に二酸化炭素に変換して,燃料電池本体に供給する.

こうして燃料電池本体では,発生した水素と空気中の酸素により,前述の反応によって直流電力が得られる.ここで,燃料電池から出力される電力は直流のため,一般の用途に利用できる交流に変換するパワーコンディショナを介して交流電力を取り出す.

排熱については,燃料電池の場合,2箇所から回収することが可能である.その一つは燃料電池本体である.燃料電池本体では,発電反応に伴って熱が発生する.リン酸形の場合,電池温度を 200 ℃程度までに抑える必要があるため,燃料電池本体に冷却水を循環させており,この系統から 160 ℃程度の温水または高圧蒸気を回収することができる.

一方,改質反応は吸熱反応であり,反応を促進させるには加熱する必要があるが,この加熱は電池反応で未反応のまま排出される水素を,改質装置で燃焼させることで行っている.このとき燃焼ガスが生成されるが,この燃焼排ガスから 50~70 ℃の温水を回収することもできる.

なお,この燃焼排ガスからの温水回収にあたってドレンが生成するが,このドレン水は前述の水蒸気改質で消費される水蒸気の補充水として活用され,水のマスバランスがとれるよう工夫されている.

〔2〕 **燃料電池発電システムの特徴**

燃料電池は,燃料が持つ化学エネルギーを直接電気エネルギーに変換するため,理論的に高い発電

効率が期待できることが大きな特長である．回転型発電機では，燃料の持つ化学エネルギーを燃焼エネルギー→機械エネルギー→電気エネルギーと，三度のエネルギー変換によって電力を得るため，カルノーサイクルの限界に加えてエネルギー変換ロスが生じる．

100 kW 級のガスエンジンで発電効率が 36 % 程度であるのに対して，リン酸形の燃料電池では 100 kW でも 40 % を超える発電効率のシステムがすでに商用化されている（LHV 基準）．

加えて，燃料電池は環境負荷がきわめて低い発電システムでもある．天然ガスを燃料とする燃料電池では，ばいじんや硫黄酸化物 SO_x の発生は皆無に近いほか，窒素酸化物 NO_x に関しては，改質反応促進用に電池反応で余ったきわめて希薄な水素を燃焼させるだけであるため，一般に排出濃度は酸素 0 % 換算値でも 10 ppm 以下となる．

さらに，主要な発電反応が電気化学反応であり，駆動部分が空気ブロワや循環ポンプ程度と少ないことから，回転型発電機と比べて騒音や振動が非常に小さくなる特徴もある．

5.10.2　開発および市場導入の状況と今後の展望

燃料電池には，使用される電解質の種類によって幾つかの種類があるが，現在，開発・市場導入が進展しているものは，主に次の〔1〕～〔4〕の四つの形式であり，その特徴を表 5.9 に示す．
また，それぞれの種類の燃料電池に関する開発・市場導入の動向をまとめると，それぞれ次のとおりとなる．

〔1〕　リン酸形燃料電池（PAFC：Phosphoric Acid Fuel Cell）

最も早く実用化された燃料電池であり，国内では 1980 年代からリン酸形燃料電池の開発が開始され，1990 年代の 100 台あまりの実証試験の後，1998 年に最初の商用機が発売された．

国内メーカーの商用機については，初期は主機（燃料電池スタック，改質器など）の設計寿命が 40 000 時間（約 5 年）であったが，2006 年から 60 000 時間に設計寿命が延び，2010 年からは停電対応や LPG との燃料切替え運転による自立運転継続機能，低酸素空気供給機能など，燃料電池特有の付加価値を高めた製品も販売されている．

〔2〕　固体高分子形燃料電池（PEFC：Polymer Electrolyte Fuel Cell）

高性能フッ素樹脂系イオン交換膜の開発により，低温で高い出力密度が得られる特長を持ち，家庭用コージェネレーションとして 2009 年から本格市場導入が開始され，普及が拡大している．また，燃料電池自動車用途についても，2015 年から本格的市場導入が開始された．

〔3〕　溶融炭酸塩形燃料電池（MCFC：Molten Carbonate Fuel Cell）

高温作動型燃料電池で，高い発電効率が期待できるとともに，バイオガス（下水処理場の消化ガスなど）をはじめ多様な燃料に対応できる．海外を中心に開発と導入が進展している．

〔4〕　固体酸化物形燃料電池（SOFC：Solid Oxide Fuel Cell）

セラミックスの電解質を用いる高温作動型燃料電池で，高い発電効率が得られるほか，高温の排熱を回収利用できる特長を持つことから，国内外のメーカーで家庭用や業務用での開発が活発化している．

起動停止を含む長時間運転における耐久性に課題があったが，技術開発が進展して家庭用での市場導入が始まったほか，業務用での開発・実証運転や市場導入も始まりつつある．

国内では高温作動型燃料電池の特長を生かし，他の発電システムと組み合わせた複合発電システムの開発も進められており，このうちマイクロガスタービンの上流に SOFC を組み合わせて複合発電を行うハイブリッド SOFC システムについては，実用化に向けた実証段階にある．

5.10 燃料電池

表 5.9 各種燃料電池の特徴

燃料電池の種類	リン酸形 (PAFC)	固体高分子形 (PEFC)	溶融炭酸塩形 (MCFC)	固体酸化物形 (SOFC)
電解質	リン酸水溶液	高分子膜	アルカリ金属炭酸塩	ジルコニア系セラミックス
伝導イオン	水素イオン（H^+）	水素イオン（H^+）	炭酸イオン（CO_3^{2-}）	酸素イオン（O^{2-}）
燃料（反応）	H_2	H_2	H_2, CO	H_2, CO
出力規模	百～数百 kW	700 W～数十 kW	数百～数千 kW	700 W～数万 kW
作動温度	200 ℃	70～90 ℃	650～700 ℃	800～1 000 ℃
発電効率（LHV 基準）	35～40 %（改質ガスを用いた場合）	35～40 %（改質ガスを用いた場合）	45～55 %（改質ガスを用いた場合）	45～65 %（改質ガスを用いた場合）
排熱温度	167 ℃蒸気 90 ℃温水 60 ℃温水	60～75 ℃温水	70～85 ℃温水 高温蒸気	70～85 ℃温水 高温蒸気
燃料	天然ガス（改質） LPG（改質） バイオガス 純水素	天然ガス（改質） LPG（改質） 純水素 メタノール（改質）	天然ガス LPG バイオガス 石炭ガス化ガス	天然ガス LPG バイオガス 石炭ガス化ガス
特徴	いち早く商品化され，導入・稼働実績が豊富	低温で作動 高エネルギー密度	高発電効率 内部改質が可能 複合発電が可能	高発電効率 内部改質が可能 複合発電が可能
適用分野	民生用 CGS	家庭用 CGS 燃料電池自動車	民生用 CGS 産業用 CGS 大規模発電プラント	家庭用 CGS 民生用 CGS 産業用 CGS 大規模発電プラント

5.10.3 家庭用燃料電池コージェネレーションシステム（エネファーム）

家庭用燃料電池コージェネレーションシステムでは，発電容量 1 kW 未満で，排熱により家庭内の給湯・暖房需要などを賄えるように貯湯タンクを備えたものが実用化されている．現在，固体高分子形燃料電池（PEFC）タイプと固体酸化物形燃料電池（SOFC）タイプの 2 種類が商用化されており，それぞれ，メタンを主成分とする都市ガスから水素を作り出す燃料改質装置，その水素と空気中の酸素を反応させて発電を行うセルスタック，発電時の排熱を温水として回収して有効に利用する排熱回収給湯ユニットが重要な要素となる．家庭用燃料電池コージェネレーションシステムの概要を図 5.38 に示す．

〔1〕 固体高分子形燃料電池（PEFC）タイプ

PEFC タイプではセルスタックの反応温度は 70～90 ℃であり，定格運転時で約 60 ℃の排熱が得られる．電解質膜の保護のため発電出力の変動速度を抑制しているので，例えば，家電製品のスイッチをオフにして電力需要が急減したような変動に発電出力の変化は追従できないため，余剰電力を逆潮流させないよう，一般に余剰電力を熱に変換して温水で回収するヒータを備えている．

PEFC タイプの改質触媒の運転温度は 600～700 ℃と高温であるため，起動に時間がかかる．

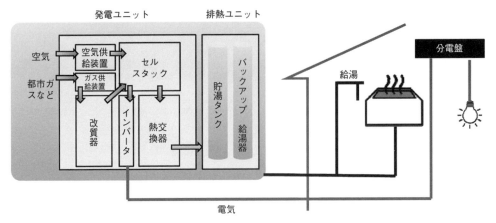

図5.38　家庭用燃料電池コージェネレーションシステムの概要

〔2〕　固体酸化物形燃料電池（SOFC）

SOFCタイプは，PEFCタイプよりも発電効率が高く排熱回収効率が低いことから，小規模な戸建て住宅や集合住宅などの，熱需要が比較的少なく電力需要主体の住宅でも省エネルギー性を発揮できる．

SOFCタイプのセルスタックは反応熱により700℃以上の高温となり，排熱回収温度もPEFCタイプより高温の70〜80℃となる．また，発電効率が定格で45〜50％（LHV）と非常に高く，電力負荷への追従速度も速いので，電主熱従運転とする場合が多い．

セルスタックおよび改質触媒の作動温度が高温であるため，長時間停止した後の起動には時間を要する．このため，一般に起動停止を抑制し，場合によっては連続運転とする．

〔3〕　停電時の発電（自立運転）

家庭用燃料電池コージェネレーションシステムは系統連系運転をするため，停電時には系統から解列して停止するが，家庭用ガスエンジンコージェネレーションシステムと同様に停電時でも電気を使いたいというニーズが高い．そこで，停電しても発電を継続できるタイプや，バッテリを備えて停電中に起動して発電できるタイプが開発され，専用コンセントに給電して，停電中もテレビの視聴や携帯電話の充電などが可能（電力容量に制限あり）となっている．

参　考　資　料

1）　空気調和・衛生工学会：都市ガスによるコージェネレーションシステム計画・設計と評価（1994），p.125

5.11 停電対応システム

　常用の発電設備として系統電力に連系して発電する一般的なコージェネレーションは，自立起動などの停電対応機能を有しない．したがって，系統電力が停電の場合に発電を可能とするためには，あらかじめ停電対応システムとしておく必要がある．停電対応システムに採用される機器について解説する．

5.11.1　停電対応機（ブラックアウトスタート（BOS）対応機）[1]

　系統電力の停電時にコージェネレーションを起動することをブラックアウトスタートといい，ブラックアウトスタート対応機とは，停電中の起動に必要な原動機と補機の動力源などをあらかじめ確保している仕様のものをいう．

　ガスエンジンの起動方式は，中小型のエンジンではバッテリを用いたセルモータ方式が多く，中大型エンジンではエアモータやシリンダに圧縮空気タンクからの高圧エアを直接吹き込む方式が多い．ガスタービンは，一般に交流モータや油圧モータによる方式が用いられるが，停電時の起動を必要とする場合はエアモータ方式が用いられる．

　また，天然ガスを燃料とするガスタービンおよび一部の大型ガスエンジンにおいては，交流モータ駆動のガス圧縮機が一般に用いられているが，停電時の起動にあたってはこのガス圧縮機の運転が課題となる．ガス圧縮機の電源容量は 100 kW を超えるものが多くバッテリでは対応できないため，BOS 専用のディーゼル発電機を備えて対応する．

　さらに，ガス燃料と液体燃料のどちらでも運転できるデュアルフューエル（二重燃料）システム対応機がある．燃料系統の二重化が図れるほか，ガスタービンや一部の大型ガスエンジンなどでは，液体燃料で始動し，自ら発電した電力でガス圧縮機を始動してガス燃料へ切り替えることも可能である．

5.11.2　常用防災兼用発電設備

　常用防災兼用発電設備は，常用のコージェネレーションを停電時・火災発生時に非常用発電設備としても活用するもので，兼用することにより非常用発電設備の設置スペースが不要となる．ただし，非常用発電設備を兼用するためには消防法の基準に適合する必要があり，例えば起動はブラックアウトスタート対応とするほか，40 秒以内に防災負荷に電力を供給できるよう電圧確立するなどの性能が必要となる．総務省消防庁の登録認定機関である日本内燃力発電設備協会は，発電装置がこれらの基準に適合しているかの製品認証を行っている．また，非常時の運転燃料を予備燃料ではなく都市ガスとする場合には，供給する都市ガス導管の耐震性が評価されたものである必要がある（**2.13.3 項参照**）．

5.11.3　無停電電源装置（UPS：Uninterruptible Power Supply）

　無停電電源装置（UPS）は，装置内にバッテリを持っている．系統電力が遮断された場合でも，UPS が電算機やパソコンなどの配電系統に接続されていれば，UPS から数分程度の電力が供給され，正常な終了処理を行う時間が確保できる．この UPS は CVCF（定電圧定周波数）機能を持っており，

第 5 章　コージェネレーションの構成機器

一次側電源電圧が瞬時電圧低下した場合でも，一定の電圧値，周波数値の電源を二次側に供給することができる．電圧変動に耐性が弱い，電算機やパソコン類の一次側電源としてよく用いられている．

　このUPSをコージェネレーションに組み合わせ，停電になった際の電力供給を継続することができる．また，希薄燃焼方式のガスエンジンでは，自立運転時は負荷投入率の制約から大きな負荷変動を許容できない場合があるが，UPSを採用することで，重要負荷の大きな変動をいったんUPSで吸収してガスエンジンに対する負荷変化を緩やかにすることができる．

参　考　資　料

1）　コージェネレーション・エネルギー高度利用センター編：コージェネレーション白書2012（2012），pp. 112〜115

5.12 その他関連技術

ここでは，その他のコージェネレーション関連技術として，やや特殊な排熱利用システムや発電技術などの事例を解説する．

5.12.1 排熱温水の蒸気利用システム

ガスエンジンコージェネレーションでは，排ガスからは蒸気を回収することもできるが，一般にエンジン冷却水からは温水しか回収できないため，一部の工場や地域冷暖房施設のように蒸気需要はあっても温水需要のない施設においては，エンジン冷却水排熱が利用できない．ここでは，エンジン冷却水排熱も蒸気として利用可能とするシステムについて解説する．

〔1〕 蒸気圧縮機を用いた全蒸気回収ガスエンジンコージェネレーションシステム

ガスエンジンコージェネレーションと蒸気圧縮機を組み合わせたシステムの構成例を図 5.39 に示す．このシステムは，エンジン冷却水を熱源として，低圧蒸気発生装置にて 0.1 MPa（ゲージ圧）以下の低圧蒸気を発生させ，この低圧の飽和蒸気を蒸気圧縮機により昇圧して高圧蒸気とするシステムである．

低圧蒸気発生装置とエンジン冷却水系統は間接熱交換であるため，エンジン冷却水が直接蒸発するわけではない．低圧蒸気発生装置は，従来はフラッシュタンク式が主流であったが，最近では，熱交換器と圧力容器を一体化し，熱交換器を内蔵した圧力容器に給水を噴霧する蒸発器内蔵式もある．蒸発器内蔵式は，排温水が通る蒸発管の上から水滴を噴霧する構造となる．

低圧蒸気発生装置から発生した蒸気は，蒸気圧縮機により昇圧されて高圧蒸気となる．蒸気圧縮機は吸込み蒸気圧力が高いほど効率よく運転できる．低圧蒸気発生装置から発生する蒸気の圧力を高めるには，熱源であるエンジン冷却水の高温化が有効である．冷却水高温化には，冷却水ラインの耐圧性向上，Oリングの耐温度性向上，潤滑油冷却の適正化，ノッキング発生の抑制などの技術課題はあ

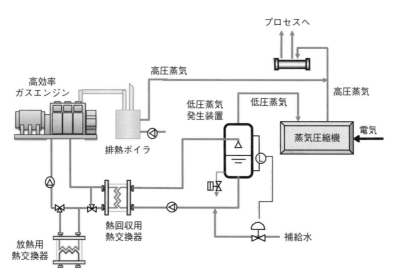

図 5.39 蒸気圧縮機を用いた全蒸気回収ガスエンジンコージェネレーションシステム構成例
（東京ガス（株）提供）

第5章　コージェネレーションの構成機器

るものの，一部のエンジンで実現されている．また，エンジン冷却水を100℃超とする場合は，循環温水系統を密閉にするなどの方法により，飽和蒸気圧力以上の圧力に保持することで沸騰を回避する必要がある．

〔2〕　第2種吸収ヒートポンプを用いた温水蒸気化システム

第2種吸収ヒートポンプを用いた温水蒸気化システムの例を図5.40に示す．本システムは，排熱温水から低圧蒸気を発生する第2種吸収ヒートポンプ，低圧蒸気を昇圧するエゼクタ，およびこれらの制御装置から構成されている．

（a）　第2種吸収ヒートポンプ

第2種吸収ヒートポンプとは，排熱温水そのものを駆動源として高温を発生できることが大きな特長であり，理論成績係数（吸収器発生熱量÷排熱温水入熱量）は0.5である．

第2種吸収ヒートポンプの主な構成機器は，蒸発器，吸収器，凝縮器，再生器，溶液熱交換器，冷媒熱交換器，溶液ポンプ，冷媒ポンプであり，一般的な吸収冷凍機と同じである．

吸収サイクルは次のようになる．再生器で濃縮された濃溶液は，溶液ポンプで昇圧されて溶液熱交換器の被加熱側を経由して吸収器に入る．吸収器で伝熱管上に散布された溶液は，蒸発器から流入する冷媒蒸気を吸収して吸収熱を発生し，その熱で伝熱管内の給水を加熱・蒸発させる．冷媒を吸収して濃度が薄くなった溶液は，溶液熱交換器の加熱側を経由して再生器に戻る．再生器で伝熱管上に散

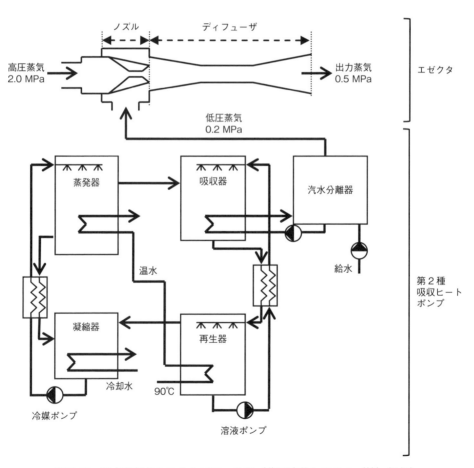

図5.40　温水蒸気化システムフローの例（荏原冷熱システム（株）提供）

5.12 その他関連技術

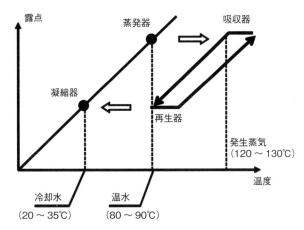

図 5.41 第2種吸収ヒートポンプサイクルのデューリング線図（荏原冷熱システム（株）提供）

布された溶液は，排熱温水によって加熱され，冷媒蒸気を発生して濃縮されて濃溶液となり，溶液サイクルを一巡する．再生器で発生した冷媒蒸気は凝縮器に流入し，伝熱管内の冷却水によって冷却されて凝縮し冷媒液となる．冷媒液は冷媒ポンプによって蒸発器に散布され，伝熱管内の排熱温水によって加熱されて蒸発し，吸収器に流入する．以上のサイクルをデューリング線図に表したものを図 5.41 に示す．

このように，排熱温水を再生器と蒸発器に供給し，凝縮器には冷却塔からの冷却水を供給することによって，吸収器が昇温されて蒸気を発生することができる．

（b） 蒸気エゼクタ

蒸気エゼクタはノズルとディフューザを主要部品として構成され，高圧蒸気を駆動源として低圧蒸気を昇圧することができる．高圧蒸気はノズルから噴射され，低圧蒸気を吸い込み，双方の蒸気はディフューザで混合される．その結果，ディフューザ出口では低圧蒸気よりも高い圧力の蒸気が吐出される．蒸気エゼクタは運動部分を持たないシンプルな構造のため，高い耐久性・信頼性を備えている．

（c） システムの適用例

温水蒸気化システムは，温水からの蒸気製造が可能なため，温水用途がなく，その有効利用ができない工場などがシステム導入の対象となる．温水はガスコージェネレーションのエンジン排熱温水，蒸気ドレンなどから得ることができる．そのほかにも工業炉・産業工程における冷却水，蒸気回収が終わった後の 200℃ 程度の排ガスからの温水回収からも得られ，それを用途に合わせて蒸気化することも有効である．

5.12.2　スクリュー式蒸気発電

スクリュー式蒸気発電（図 5.42）とは，工場などにおけるプロセス蒸気を減圧する際に，蒸気をスクリュー式エキスパンダに通し発電機を回転させることで発電する技術である．従来，プロセス蒸気を減圧する際には減圧弁を使用するが，当技術では減圧する際に放出されるエネルギーを電力に変換することができるため，省エネルギー・節電に寄与する．また，夏期などに蒸気需要が少ない時間帯においても蒸気を有効利用することができるため，コージェネレーションを高負荷で稼働させることによる総合効率の向上が期待できる．

第5章 コージェネレーションの構成機器

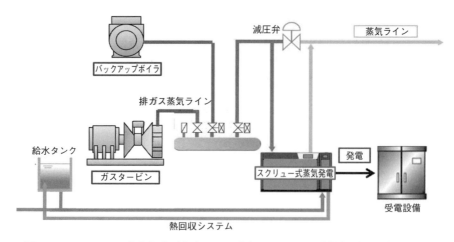

図5.42 スクリュー式蒸気発電を利用した蒸気プロセス例（(株) 神戸製鋼所提供）

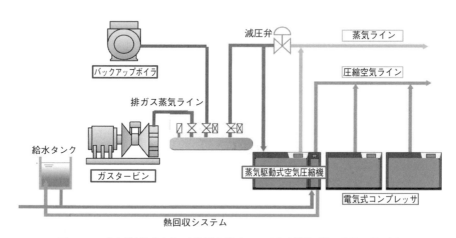

図5.43 蒸気駆動式空気圧縮機を導入した例（(株) 神戸製鋼所提供）

5.12.3 蒸気駆動式空気圧縮機

蒸気駆動式空気圧縮機（図5.43）とは，工場などにおけるプロセス蒸気を減圧する際に，スクリュー式圧縮機に通してコンプレッサを回転させ，圧縮空気を作る設備である．圧縮空気は工場の機器制御などに広く利用されるため，工場によっては電力消費の数割を電気式空気圧縮機が消費していることもある．蒸気駆動式空気圧縮機は，スクリュー式蒸気発電と同様に，蒸気を減圧する際に放出されるエネルギーを有効活用することができる省エネルギー・節電設備である．

5.12.4 バイオガスエンジン

バイオガスとは，乳牛や豚などの糞尿や食品残渣などの有機性廃棄物（バイオマス）が，嫌気性微生物の働きによってメタン発酵することで発生するガスであり，主成分は都市ガスと同じメタンである．

5.12 その他関連技術

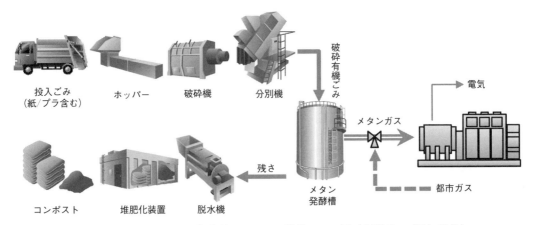

図 5.44 バイオマスガス化発電システムの設備フロー例（大阪ガス（株）提供）

バイオガスエンジンとは，バイオマス起源のエネルギーであるバイオガスを専焼，もしくは都市ガスとの切替えや混焼することにより発電するエンジンのことである．バイオガスエンジンの導入にあたっては，下水処理場やビール工場などのように安定的にバイオガスが取り出せることが重要である．また，バイオガスの熱量は季節や時間ごとに変動することが多く，熱量変動に強いエンジンを採用したり，都市ガスと混焼することにより熱量を安定させるなどの工夫が必要となる（**図 5.44**）．

バイオガスを燃焼して発生する CO_2 は，もともと大気中の CO_2 を吸収したものであるため，バイオガスを燃焼しても大気中の CO_2 の総量は変動しないと考えることができる．バイオガスのこのような性質をカーボンニュートラルと呼ぶ．

なお，下水汚泥や生ごみを由来とするバイオガス中にはシロキサンという有機物が含まれ，燃焼機器内で固着するなどの悪影響を及ぼすため，事前に除去する必要がある．

5.12.5 バイナリー発電

バイナリー発電とは，熱水などの熱源でフロンやアンモニアなどの水より沸点が低い熱媒を沸騰させ，タービンを回して発電する技術である．バイナリー発電は，発電効率は低いが低温の熱源から電力を得られること，設置面積が小さいなどの利点があり，日本では温泉を利用したシステムが実用化されている．コージェネレーションの排熱利用の研究も行われている．コージェネレーション排熱を利用したバイナリー発電の仕組みを**図 5.45** に示す．

第5章 コージェネレーションの構成機器

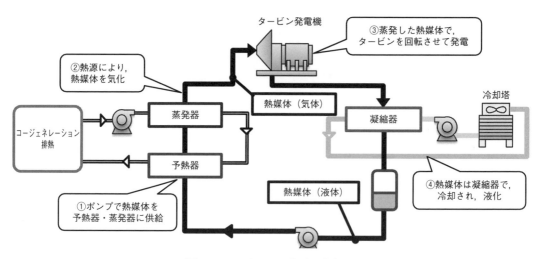

図5.45 バイナリー発電の仕組み

第6章

コージェネレーションと各種政策

コージェネレーションは，その省エネルギー効果などが期待され，政策上で取り上げられ，関連制度の規制緩和および支援策などにより普及促進がなされてきた．本章では，過去からのコージェネレーションの政策上での扱いについて解説を行う．

第6章　コージェネレーションと各種政策

6.1　エネルギー・環境政策とコージェネレーションの位置づけ

　政策とは，社会を進めるべき方向に誘導する政府の施策である．主に行政内での検討，審議会での検討がなされたうえで，規制措置・支援措置が実行される．コージェネレーションの普及もエネルギー・環境政策に負うところが大きい．これまでとられてきた各種政策とコージェネレーションの位置づけについて解説する．

6.1.1　エネルギー・環境政策の変遷

　エネルギー政策，環境政策が重要となったのは，戦後の高度成長期であろう．当時のエネルギー政策の目的は，主に資源枯渇への対応，石油依存度低減であり，特に二度の石油ショック後に対策が強化され，省エネルギー法（**6.1.3項**参照），石油代替エネルギー法（**6.1.4項**参照）などが制定された．
　一方，環境政策は，当初公害対策が主たるものであった．工場廃水による河川，海の汚染の問題もあるが，エネルギーの関連では，石炭，石油燃料の燃焼で排出される，SO_x，ばいじんによる大気汚染が大きな課題となった．また NO_x による光化学スモッグ問題も浮上した．これらの課題への対応として，大気汚染防止法が1968年に制定され，その後，各自治体における条例による規制強化もなされた．
　1990年代からは，地球温暖化問題が浮上した．1997年の気候変動枠組条約第3回締約国会議（COP3）が京都で開催されることとなり，日本として率先的な取組みを示す必要が生じ，省エネルギー法の改正強化，新エネルギー法（**6.1.4項**参照）の制定などがなされ，エネルギー政策の主たる目的に温暖化対策が加わり，エネルギー政策と環境政策が一体のものとなった．

6.1.2　エネルギーの総合政策（長期エネルギー需給見通し，エネルギー基本計画）

　日本のエネルギー政策の基本的な方針は国の審議会の一つである総合資源エネルギー調査会（2000年までは総合エネルギー調査会）の各部会で議論されてきた．
　その中では，将来におけるエネルギーの需給の状況を予測し，必要な対策を提言していくために，いわゆる"長期エネルギー需給見通し"が数年に一度策定されてきた．"見通し"となっているが，近年は目標設定としての性格を有するものである．
　2002年6月にはエネルギー政策基本法が制定され，国はエネルギー基本計画を策定することとなった．

〔1〕　長期エネルギー需給見通し

　長期エネルギー需給見通しは，3，4年に一度のペースで作成されているが，主に総合資源エネルギー調査会の需給部会などの報告において示されてきた．その中でコージェネレーションについても取り上げられている．作成された年によって，その位置づけは異なるが，一貫してコージェネレーション普及を促すものとなっている．それぞれの内容を以下に示す．

（a）　1994年 – 総合エネルギー調査会需給部会中間報告（平成6年6月）

　太陽光，風力などとならび"エネルギーの新たな供給形態"としてコージェネレーション，燃料電池が取り上げられた．高効率化などが課題としてあげられ，また制度面では，電力会社への売電の推進，ユーザーへの直接供給のあり方を含め制度的整備の検討も課題としてあげられた．これらの提言

6.1 エネルギー・環境政策とコージェネレーションの位置づけ

が次項（**6.2節**）で示す規制緩和のきっかけになったと考えられる．

一方，目標的数値も示された．2010年時点見通しの新規施策追加ケースで，コージェネレーション1 002万kW（油燃料含む，スチームタービン除く，燃料電池含む），燃料電池220万kWの見通しが示された．

（b） 1998年 – 総合エネルギー調査会需給部会中間報告（平成10年6月）

前回と同様，コージェネレーション，燃料電池は従来型エネルギーの新利用形態として取り上げられ，2010年度にコージェネレーション1 002万kW（油燃料含む，スチームタービン型除く，燃料電池含む），燃料電池220万kWの設置を見込むとされた

（c） 2001年 – 今後のエネルギー政策について（総合資源エネルギー調査会総合部会／需給部会，平成13年7月）

天然ガスコージェネレーションについては，需要サイドの新エネルギーとして位置づけられ，2010年度464万kW（スチームタービン型除く，燃料電池含む），燃料電池220万kWの目標が示された．

（d） 2005年 – 2030年のエネルギー需給展望（総合資源エネルギー調査会需給部会，平成17年3月）

2030年のエネルギー供給構造見通しの総論として"分散型電源は，総発電量の約2割程度まで拡大する可能性がある．"とされた．

また，産業，民生部門において省エネルギー，化石燃料消費の削減に資する可能性があるものとして，燃料電池，コージェネレーションの普及進展が予測された．2010年の目標として，コージェネレーション（油燃料含む，スチームタービン型除く）：1 072万kW，うち天然ガスコージェネレーション：498万kW，うち燃料電池220万kWが示され，また2030年時点での分散型電源として，コージェネレーション2 950万kW（油燃料含む，スチームタービン型除く，燃料電池含む），燃料電池1 250万kW（コージェネレーションの内数）の普及が予測された．

具体的な施策の方向としても，すべての分散型エネルギーを対象とした環境整備を行うとして，"系統連系ガイドライン"の改訂などルール整備を行うとされ，また分散型エネルギーの中で，安定供給，環境対応の面でメリットを有するもの（コージェネレーションの中でエネルギー効率が高いもの，風力発電，燃料電池など）については，その普及を促進するための政策的措置を講ずるとされた．

（e） 2008年 – 長期エネルギー需給見通し（総合資源エネルギー調査会需給部会，平成20年5月）

熱需要に対する省エネルギー技術として，見通しが示され，2030年断面においてはコージェネレーション1 630万kW（油燃料含む，スチームタービン型除く，燃料電池含む）（うち燃料電池560万kW）の見通しが示された．家庭用のコージェネレーションとしては，燃料電池を含め，250万台が示された．

なお，当需給見通しは，翌年8月"再計算"版が提示されている．

〔2〕 エネルギー基本計画

エネルギー基本計画は少なくとも3年に一度検討を加え必要に応じて改訂することとされており，過去次の基本計画が策定されてきた．

（a） 2003年 – 第一次エネルギー基本計画（平成15年10月）

天然ガスは安定供給および環境保全の両面から重要なエネルギーであることが示され，天然ガスシフトを加速化するとされ，天然ガスコージェネレーション，燃料電池は天然ガス需給を拡大させるために有効とされた．

その際，"コージェネレーションは条件によっては高いエネルギー効率を示すことが可能であり，特に天然ガスコージェネレーションは，他の燃料に比べ相対的に環境負荷が小さいため，コージェネレーションの中でも環境負荷が小さいと考えられる．"とされた．

また，分散型エネルギーシステムの構築を進めることが重要であり，その例として，燃料電池，

コージェネレーションの普及促進が重要とされた．

（b） 2007 年－第二次エネルギー基本計画（平成 19 年 3 月）

コージェネレーションに関しては前回を踏襲．

（c） 2010 年－第三次エネルギー基本計画（平成 22 年 6 月）

天然ガスは低炭素社会の早期実現に向けて重要なエネルギー源であるとされ，コージェネレーション利用，燃料電池技術開発の促進と内外への普及拡大など，天然ガスシフトを推進すべきとされた．

また，低炭素型成長を可能とするエネルギー需給構造を実現するための各部門での対策にコージェネレーション，燃料電池があげられている．

天然ガスコージェネレーションの目標としては，2020 年で 800 万 kW，2030 年で 1 100 万 kW を目指すとされた．具体的施策としては，産業用大規模コージェネレーション，面的な熱利用を進めるとされた

（d） 2014 年－第四次エネルギー基本計画（平成 26 年 4 月）

天然ガスについては，シェール革命により競争的に価格が決定されるようになっていくことなどを通じて，各分野における天然ガスシフトが進行する見通しがあり，重要なエネルギー源とされた．

コージェネレーションは，熱電利用を同時に行うことにより，エネルギーを最も効率的に活用できる方法の一つであるとされ，また緊急時に電力をバックアップできるメリットも有するとされた．

6.1.3　省エネルギー政策

資源・エネルギーの確保は国にとって常に重要な課題であるが，そもそも必要なエネルギーを削減する，すなわち省エネルギーの努力は古くから行われている．第二次世界大戦後も，1951 年には熱管理法が制定され，工場における燃料およびこれを源とする熱の有効利用が指導された．

その後，1973 年の第一次石油ショック，1979 年の第二次石油ショックを経験し，1979 年に省エネルギー法が制定され，燃料，電気の省エネルギー指導が本格化した（これに伴い熱管理法は廃止された）．その後省エネルギー法は，地球温暖化対策の強化を目的に加え，何度も改正強化されている．

〔1〕 省エネルギー法　（エネルギーの使用の合理化等に関する法律）

省エネルギー法は複数の分野を異なる手法で規制している．2014 年段階では，おおむね表 6.1 の枠組みで省エネルギーの指導がなされている．

省エネルギー法の"工場等に係る措置"においては，"工場等におけるエネルギーの使用の合理化に関する事業者の判断の基準"（以下，工場等判断基準と呼ぶ），および中長期的計画の作成のための指針（以下，中長期計画指針と呼ぶ）が告示で定められており，工場等判断基準における計画的に取り組むべき措置の一つとして，コージェネレーション設備の設置に関し，以下のとおり示されている[1]（**付録 1.9 参照**）．

> "蒸気又は温水需要が大きく，将来，年間を総合して排熱の十分な利用が可能であると見込まれる場合には，コージェネレーション設備の設置を検討すること"

中長期計画指針においては，有効な設備が具体的に列挙されているが，コージェネレーションに関しては表 6.2 の紹介がなされている．

一方，"建築物に係る措置"においては，"エネルギーの使用の合理化に関する建築主等及び特定建築物の所有者の判断の基準"（以下，建築物判断基準と呼ぶ）が定められおり，同基準では建築物の

6.1 エネルギー・環境政策とコージェネレーションの位置づけ

表6.1　省エネルギー法の規制体系

分　　野	内　　容
工場等に係る措置（工場等は，業務ビルなどの事業場も含む）	エネルギー使用者に対し，日常のエネルギー管理を指導．エネルギー使用原単位年1％削減が努力目標 ＜対象＞ 特定事業者（年間エネルギー使用量原油換算1 500 kL以上の事業者） 特定連鎖化事業者（年間エネルギー使用量原油換算1 500 kL以上のフランチャイズチェーン） ＜規制内容＞ エネルギー管理者などの選任義務 エネルギー使用状況の定期報告義務 中長期計画提出義務
輸送に係る措置	旅客運送事業者および大量製品搬送を外注する荷主に対し日常のエネルギー管理を指導 ＜対象＞ 特定輸送事業者（トラック200台以上，鉄道300両以上） 特定荷主（委託年間輸送量3 000万トンキロ以上） ＜規制内容＞ エネルギー使用状況（荷主は委託分）の定期報告義務，計画の提出義務
建築物に係る措置	ビル，住宅を建築する際のエネルギー効率化を指導 ＜対象＞ ⅰ）特定建築物（延べ床300 m^{2}以上）の建築主，所有者 ⅱ）住宅供給事業者（年間150戸以上） ＜規制内容＞ ⅰ）新築・増改築，大規模修繕での省エネルギー措置の届出義務 　　維持保全の状況報告義務（3年に一度） ⅱ）販売住宅の省エネルギー目標遵守努力義務
機械器具に係る措置	大量生産されるエネルギー使用機器の効率改善，エネルギー使用にかかわる建材の機能性向上を指導 ＜対象＞ 家電製品などエネルギー使用機器，および断熱材などの建材の製造・輸入事業者 ＜規制内容＞ 販売製品の効率の目標達成努力義務など（トップランナー基準）

表6.2　中長期計画指針におけるコージェネレーション関連の記述

設備・システム・技術名	具体的内容
エンジン式コージェネレーション設備	ガスエンジン，ディーゼルエンジンを原動機とし，軸動力を発電機・圧縮機などの駆動力として利用するとともに，エンジン冷却水と排ガスから排熱を回収して熱源として利用するもの．特に，動力または電力需要とともに主として温水需要が大きい場合に有効
ガスタービン式コージェネレーション設備	ガスタービンを原動機とし，軸動力を発電機・圧縮機などの駆動力として利用するとともに，排ガスから排熱を回収して熱源として利用するもの．特に，動力または電力需要とともに主として蒸気需要が大きい場合に有効である．また，需要バランスが不規則な場合には，蒸気をタービン発電機で電気に変換できるものが有効
燃料電池コージェネレーションシステム	原動機の代わりに燃料電池を使用して電力および温水または蒸気を発生させ利用するものである．電力需要とともに温水または蒸気需要が大きい場合に有効

第6章 コージェネレーションと各種政策

設計エネルギー消費量が基準値を下回ることが求められている．2014年施行時での設計エネルギー消費量を計算するための手法では，コージェネレーションを導入した際の効果を組み入れることが認められている[2),3)]．

〔2〕 省エネルギー設備としての支援策

国は，省エネルギー設備導入への支援策として，エネルギー使用合理化等事業者支援事業を推進しており，コージェネレーションも対象とされた．

税制においては，過去，エネルギー需給構造改革推進投資促進税制，エネルギー環境負荷低減推進税制（グリーン投資減税）の中で，"熱併給型動力発生装置"として適用対象とされ，2014年からは生産性向上設備投資促進税制の適用対象とされた．

6.1.4 新エネルギー政策

〔1〕 新エネルギーと石油代替エネルギー法

"新エネルギー"は，石油代替エネルギーのための新しい技術を意味する日本独特の用語である．二度にわたっての石油ショックの後，省エネルギー法に引き続き，1980年に石油代替エネルギー法（石油代替エネルギーの開発及び導入の促進に関する法律）が制定され，エネルギー供給側も含め，石油依存度低減が目指された．同法に基づき，石油代替エネルギーの供給目標が設定され，天然ガスの利用促進も目指されが，新エネルギーも供給目標での"その他のエネルギー"として目標化されていた．

1990年代後半からはエネルギー政策は石油依存度低減から地球温暖化対策にシフトし，同法も，2009年には"非化石エネルギーの開発及び導入の促進に関する法律"に改訂された．新エネルギーも石油代替目的から再生可能エネルギーに特化していくことになる．

〔2〕 新エネルギー導入大綱

本格的に新エネルギー政策が強化されたのは，地球温暖化問題がクローズアップされてからになる．1994年には，政府は"新エネルギー導入大綱"を閣議決定し，国をあげて新エネルギーを促進することとした．

その際，コージェネレーションは，新エネルギーとして扱われた．同時に導入目標がかかげられたが，コージェネレーションに関しては，天然ガス燃料，石油燃料，スチームタービン型（BTG型）あわせて，2010年で1 910万kWの目標が示された．

〔3〕 新エネルギー法（新エネルギー利用等の促進に関する特別措置法）

京都での第3回気候変動枠組条約締約国会議（COP 3）を控えた，1997年4月には，新エネルギー法が制定され，法的に新エネルギー促進が図られることとなった．

同法制定時の新エネルギーは"石油代替エネルギーのうち，経済性の面における制約から普及が十分でないものであって，その促進を図ることが石油代替エネルギーの導入を図るため特に必要なもの"と定義された．この段階では，天然ガスコージェネレーション，燃料電池，クリーンエネルギー自動車も新エネルギー利用等として定義され，"需要側の新エネルギー"という呼ばれ方もされた．

新エネルギーの供給目標としては，"新エネルギー利用等の促進に関する基本方針"の中で定められていたが，2002年に定められた2010年の天然ガスコージェネレーションの導入目標は，燃料電池も含め464万kWとされた．

2006年10月の総合資源エネルギー調査会新エネルギー部会において，新エネルギーの定義を海外にあわせて再生可能エネルギーのみを対象とすることにし，天然ガスコージェネレーション，燃料電

6.1 エネルギー・環境政策とコージェネレーションの位置づけ

池,クリーンエネルギー自動車は新エネルギーからは外れることとなった.ただし,これらに対しては,"革新的エネルギー技術開発"という位置づけで国は引き続き促進することとされた.

2009年に石油代替エネルギー法が非化石法(非化石エネルギーの開発及び導入の促進に関する法律)に改編されたことに伴い,法的な定義も見直しがなされている.

〔4〕 新エネルギーとしての支援策

1997年の新エネルギー法制定に伴い,法としての支援(融資)が開始されたが,これと並行して民間向けの設置補助制度として"新エネルギー事業者支援対策事業"が開始され,翌年1998年からは,自治体向けの補助制度として"地域新エネルギー導入促進事業"が開始された.この中で,コージェネレーションの導入も対象とされた.コージェネレーションに対する補助は,地域での大型コージェネレーション利用を促す地域熱供給型と高効率システムの導入を促す高効率型の2類型に対し行われた.特に高効率型については,採択において新規性,具体的には発電効率などの向上が求められたため,コージェネレーションの効率向上を促す効果が高いものであった.

2010年には新エネルギー法の定義の変更もあり,新エネルギーの支援対象からはずれ,コージェネレーション単独の補助事業として"ガスコージェネレーション推進事業費補助金"の制度が創設された.

6.1.5 地球温暖化対策政策

地球温暖化対策政策が積極的に推進されたのは,いうまでもなく,COP3も開催された1990年代後半からである.前項までに紹介したように,省エネルギー法の改正,新エネルギー法の制定もその流れであるが,温暖化対策に特化した施策も展開された.

〔1〕 地球温暖化対策推進大綱

次項の地球温暖化対策推進法の制定に先立ち,政府は1998年6月"地球温暖化対策推進大綱"を策定し,各省庁連携のもと地球温暖化対策が進められた.

この中では,都市レベルのエネルギー効率化の促進策として,"熱電併給システム(コージェネレーション)"が取り上げられている.

〔2〕 地球温暖化対策推進法(地球温暖化対策の推進に関する法律)と基本方針

温暖化に特化した法律としては,1998年に地球温暖化対策推進法が制定された.法の一部施行がされた1999年4月,同法の規定に基づき,地球温暖化対策基本方針が策定された.同方針における,温暖化対策の一つとして"太陽光発電,風力発電,コージェネレーション,燃料電池,バイオマス(生物体)エネルギー等分散型エネルギーとしての性格を持つ新エネルギー等の開発・導入を積極的に推進する."とされた.

2002年,同法は京都議定書の目標達成を目指して改正された.基本計画に代わって"京都議定書目標達成計画"を策定することになった.この際,同法は京都議定書発効時に施行とされたため,この法律が全面施行されたのは,2005年となる.全面施行直後の2005年には大幅改正が行われ,温室効果ガス算定・報告・公表制度が導入された.同制度が導入されるまでは国,自治体に対し自らの事務・事業における温暖化対策の実行計画策定義務を課していたのみで,事業者への義務はなかったが,同制度の導入により,一定規模以上の温室効果ガスを排出する事業者には,年に一度の定期報告義務が課せられた.

同法では,京都議定書の約束期間(2008～2012年)において,国が京都議定書目標達成計画を策定することを定めており,この計画に基づき,各省庁が施策を実施した.

第6章　コージェネレーションと各種政策

京都議定書約定期間が終了した 2013 年に同法は改正され，国は"京都議定書目標達成計画"にかわり"地球温暖化対策計画"を策定することとなった．

〔3〕　京都議定書目標達成計画

京都議定書発効後 2005 年 4 月に京都議定書目標達成計画が閣議決定された．同計画は各省庁が実施する施策を取りまとめたものとなっている．

同計画の具体的施策の冒頭（いわゆる一丁目一番地）には，エネルギーの面的利用があげられた．コージェネレーションについては，天然ガスコージェネレーションはもちろんのこと，石油コージェネレーション，LP ガスコージェネレーションについても普及促進を図るとされた．

2010 年レベルでの対策効果の見込みにおいては，天然ガスコージェネレーション導入量 498 万 kW，CO_2 削減効果約 1 140 万 t，燃料電池導入量 220 万 kW，CO_2 削減効果 300 万 t が示された．

〔4〕　地球温暖化対策にかかわる支援策

地球温暖化対策のための各種支援策の中でコージェネレーションが対象とされることは多かったが，2007～2010 年には，京都議定書目標達成計画に記載されたエネルギーの面的利用促進の観点から，コージェネレーションの排熱を複数施設で利用するシステムに対して補助がなされた．

6.1.6　電力需要平準化政策

2011 年の東日本大震災以降の電力需給ひっ迫により電力ピーク対策，電力需要平準化が一つのエネルギー政策となったことはいうまでもない．

しかし，過去 1997 年にも電力需要平準化が温暖化対策と並列で重要な施策となっていた．

〔1〕　1997 年の電力需要平準化政策

1997 年にも電力需要平準化がエネルギー政策の大きな課題として取り上げられた．当時はエネルギーコストの内外価格差（海外との差）が問題となり，電力料金低減のための系統電力の設備稼働率向上の観点で電力需要平準化が目指された．具体的な施策として蓄熱空調，ガス冷房などが推進された[4]．

支援策としては，1998～2002 年はガス冷房に対する補助がなされたが，2004～2006 年はコージェネレーションと排熱利用空調を組み合わせたシステムが電力需要平準化に資するとして支援がなされた．

電力需要平準化の評価指標の一つである系統の負荷率の推移を図 6.1 に示す．上記の対策の効果もあり，日本全体の電力系統の年負荷率は大きく改善していた．

〔2〕　2011 年以降の電力需要平準化政策

2011 年の東日本大震災以降の電力需給ひっ迫は，石油ショック以来の大きな問題となり，あらためて電力需要平準化政策が強化された．いわゆる節電要請もあるが，省エネルギー法が 2013 年 5 月に改正され，電気需要平準化評価原単位という指標（2.8.2〔3〕参照）が導入されることとなった．また，同改正法に基づき，電気需要平準化指針（工場等における電気の需要の平準化に資する措置に関する事業者の指針）も設定された．この中で"電気需要平準化時間帯における電気の使用から燃料又は熱の使用への転換"として，コージェネレーション設備の導入検討を促している．

今後需給ひっ迫が解消されたとしても，電力需要平準化は根本的に電力系統設備の稼働率を改善させるという社会的意義がある．特に，今後は再生可能エネルギーの増加に伴い必要となる調整電源としての火力発電の稼働率が低下することが予想され，電源系統の経済性悪化が懸念される．それを解消するためにも，電力需要平準化が必要である．

6.1 エネルギー・環境政策とコージェネレーションの位置づけ

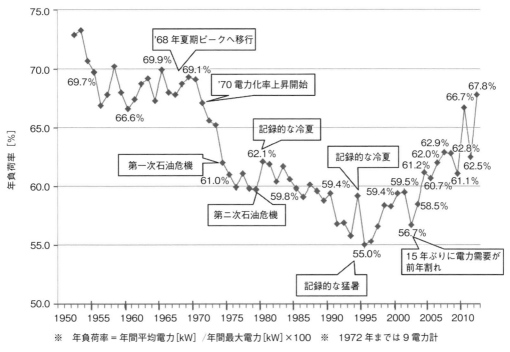

図6.1 電力年負荷率の推移[5]

6.1.7 国土強靱化政策

東日本大震災の教訓から，2013年12月国土強靱化法（強くしなやかな国民生活の実現を図るための防災・減災等に資する国土強靱化基本法）が制定された．同法では国が国土強靱化基本計画を策定するよう定めており，国は2014年6月国土強靱化基本計画を閣議決定した．

同計画のエネルギー分野においては，コージェネレーション，燃料電池など地域における自立分散型エネルギー導入を促進するとされ，主要施策をとりまとめた"国土強靱化アクションプラン2014"では，「鉄道や医療施設，福祉関連施設等の地域の重要拠点に対し，災害時や電力ひっ迫時にもその活動のためのエネルギーを確保し地域住民の安全や安心を確保するため，再生可能エネルギーやガスコージェネレーション，省エネルギー設備などの導入を進める」とされた．

参 考 資 料

1) 省エネルギーセンター：平成25年度改正［省エネ法］法令集（2014-6）
2) 平成25年度住宅・建築物の省エネルギー基準解説書編集委員会：平成25年度省エネルギー基準に準拠した算定・判断の方法及び解説Ⅰ非住宅建築物（第二版）（2014-4／1），pp.332,333
3) 国土交通省国土技術政策総合研究所資料第762号・独立行政法人建築研究所資料第149号：平成25年度省エネルギー基準（平成25年1月公布）等関係技術資料（2013-11），pp.81,82
4) 電気事業審議会基本政策部会電力負荷平準化対策検討小委員会中間報告（1997-12）
5) 資源エネルギー庁電力・ガス事業部：低炭素電力供給システムにおける電力負荷平準化の役割について（2009-2），p.2および電気事業便覧，より作成

第 6 章　コージェネレーションと各種政策

6.2　コージェネレーション関連の規制緩和の流れ

コージェネレーションは，電気事業に関する規制，電気設備などの保安上の規制に対応しながら導入される．国はコージェネレーションや再生可能エネルギーなどの分散型エネルギーシステムの普及およびそれによる競争原理の活用を目的として，さまざまな規制緩和を実施してきた．これらの規制緩和に応じてコージェネレーションの利用形態も拡大してきた．

本節では，これまでの規制緩和の流れを解説する．

6.2.1　電気事業制度上の動き（2016 年までの制度）

コージェネレーションの発電電力をどの範囲まで供給できるかは，都市開発エリアでのコージェネレーション導入では重要な問題となる．かつては一般電気事業者以外は他者に電力を販売できなかったため，供給範囲に制約があったが，電力販売に対する規制緩和が進むことにより，多様な形態でのコージェネレーション電力供給が可能となってきた．

〔1〕　2016 年までの電気事業の分類

2014 年の電気事業法改正によって電気事業の分類形態が大幅に変更され，電気の小売業への参入の全面自由化を 2016 年を目途に実施することとなった．それ以前の制度における電気事業の形態を表 6.3 に示す．

表 6.3　2016 年までの電気事業の形態[1]

供給の類型		供給対象	事業許可	料金規制	供給義務
電気事業	一般電気事業者	契約電力が原則 50 kW 未満の需要（いわゆる規制部門）	許可	認可 ・料金値下げの場合は届出で可 ・総括原価方式 ・変更命令あり ・約款の公表義務あり	あり
		特別高圧または高圧で受電し契約電力が原則 50 kW 以上の需要（いわゆる自由化部門）		なし ・別途，最終保障約款の届出・公表義務あり．	あり
	特定電気事業者	特定の供給地点における需要（需要規模に制限なし）	許可	届出 ・料金に原価性は求められないが，需要家の利益を阻害するおそれがある場合等は変更命令	あり
	特定規模電気事業者	特別高圧または高圧で受電し契約電力が原則 50 kW 以上の需要	届出	なし	なし
非電気事業	特定供給	密接関係性を有する特定の供給相手の需要（需要規模に制限なし）	許可	なし ・ただし，特定供給の許可申請時に契約書等の写しを届出	なし

注　このほか，電気に係る事業としては，一般電気事業者に電気を卸売りする"卸電気事業者"，"卸供給"がある．

6.2 コージェネレーション関連の規制緩和の流れ

〔2〕 特定供給の条件と自家消費扱い

特定供給とは，自家発電による電気を発電者と密接不可分の関係がある別の需要家に供給する形態である．法律上の電気事業ではなく，自家発自家消費の延長線上にあると認められる場合に，許可を得て供給ができるよう規定するものである．

自家発自家消費扱いの判断基準，密接不可分の判断基準が徐々に緩和され供給形態が広がった．かつては一建物内であっても他者への電力供給は許されなかったが，1987年には，一建物内のテナントへの電力供給が特定供給として可能になり，商業ビルでのコージェネレーション導入が進んだ．ただし，その時点では，再開発ビルなどにおける区分所有フロアなど所有者が異なる場合は供給ができなかった（所有者が別の場合は密接不可分ではないとの考えである）．

その後，1995年の電気事業法改正によって，一建物内での供給はすべて自由となり区分所有ビルでもコージェネレーションの電力は自家発自家消費扱いとなった．さらに，2000年の改正により，柵，塀で囲まれた一敷地内であれば，所有者が異なる建物への供給も自家発自家消費扱いとなった．

敷地外の密接不可分の関係がある別の需要家へ自営線を用いて自家発電力を供給する場合には，特定供給の許可が必要であったが，密接不可分の判断基準が，資本関係，人的関係，生産関係のほか，2004年には組合の設立による対応も認められ，また当初は敷地外の供給先の需要の100％の発電容量を有する必要があったが，2012年の基準改正により需要の50％の容量の発電設備での特定供給が認められることになった．

〔3〕 特定電気事業

1995年の電気事業法の改正により，特定電気事業が創設され，発電設備を所有する者が，自社送電線により特定の地点（工場，建物など）へ，その電力を供給することが可能となった．制度制定当初は，事業要件として供給対象の全電力需要を賄う容量の設備導入が求められたが，2011年の法改正（2012年3月施行）により，当該地点の電源を供給対象の最大需要の50％以上確保すればよいことになった．

都市施設で利用されている例としては，六本木エネルギーサービス（株）（六本木ヒルズ（東京都港区六本木）），（株）OGCTS（大阪市岩崎橋地区）による事業がある．

〔4〕 特定規模電気事業

特定規模電気事業は，1999年の法改正で創設されたものであり，特定規模需要（特別高圧または高圧で受電し契約電力が原則50 kW以上）に対し，一般電気事業者の送配電線を用いて電気を供給する事業である．"PPS（Power Producer and Supplier）"，"新電力"とも呼ばれている．

特定規模電気事業者（以下，新電力と呼ぶ）には，参入規制，料金規制，供給義務はないが，電気の供給にあたっては，30分間における実発電量と実需要量のそれぞれの合計値を一致させることが求められている（30分同時同量）．新電力の発電量が不足していた場合，新電力は一般電気事業者から不足分の供給を受け，当該補給にかかわる料金（インバランス料金）を支払うこととなる．

このほか，新電力が託送供給によらず自らが維持し運用する電線路（自営線）を介して供給することが可能である．この場合，実施する20日前までに経済産業大臣に対して届出を行うことが必要である．

6.2.2 あらたな電気事業制度

2014年の電気事業法改正では，電力システム改革の一環として，電気事業の分類を，供給事業者の分類ではなく，供給の段階ごとで分類することになった．改正前後の形態を図6.2に示す

第6章 コージェネレーションと各種政策

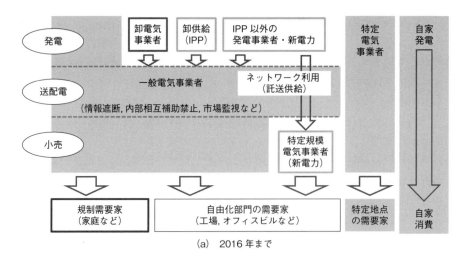

(a) 2016年まで

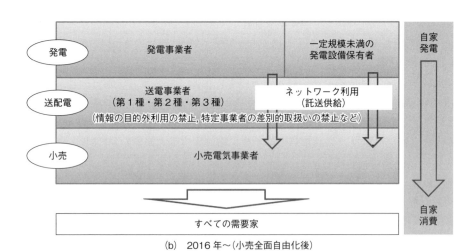

(b) 2016年〜(小売全面自由化後)

図6.2 電気事業の形態の変更[1]

6.2.3 保安規制上の動き

電気供給設備の保安上の規程についても，過去長年にわたり緩和が進められ，コージェネレーションの普及促進に寄与してきた．

〔1〕 系統連系技術要件

コージェネレーションの発電電力は，通常系統からの電力と接続し利用される．この接続にあたっては系統の保安の観点から保護装置の設置が必要となる．この要件が厳しい時代は系統との接続を避け，ある一定の（固定の）電力需要に対して，コージェネレーション単独で電気を供給する系統分離方式がとられ，コージェネレーションの活用に制約があった．

しかし，系統連系のための技術要件については，以下のとおり段階的に明確化かつ緩和され，今ではほとんどの場合コージェネレーションは系統と接続して用いる系統連系方式がとられる（系統と接

続することを連系と呼ぶ)．

（a）系統連系技術要件ガイドラインの制定（1986年）

これ以前は，コージェネレーション設置者が電気事業者と個別に調整を行い，その要件を決めていたが，標準的な要件を国がガイドラインとして制定し，設置の検討が行いやすくなった．

（b）直流低圧連系要件整備（1990年）

前項のガイドラインでは，高圧以上が対象であったが，燃料電池などの直流低圧が連系に加えられた．

（c）逆潮流要件の追加（1993年）

それまでのコージェネレーションの発電電力は系統に流すことはできなかった．この要件の追加と，その後の電気事業制度上の規制緩和により，建物外，敷地外にコージェネレーションの電力を供給・販売することが可能となった．

（d）系統連系技術要件ガイドライン全面改訂（1998年）

低圧交流連系の要件が加わり，すべての電源，電圧で連系が可能となった．単独運転検出装置の適用要件の明示により，当装置の開発に応じた保護装置の設置が可能となった．

（e）電気設備の技術基準の解釈の改正と電力品質に係る系統連系技術要件ガイドラインの策定（2004年）

系統連系の技術要件をより明確な位置づけとするため，系統連系技術要件ガイドラインの内容の一部を"電気設備の技術基準の解釈"に明記し，またその他必要事項を"電力品質確保に係る系統連系技術要件ガイドライン"とし整理した（**付録3**参照）．

これに伴い従来の系統連系技術要件ガイドラインは廃止された．

〔2〕保安規制の推移

コージェネレーションの設置や維持にかかわるさまざまな規制が設置者の負担となるが，技術進歩による保安実績の向上，自己責任の明確化の要請などを踏まえ，保安規制についても緩和されてきた．

（a）工事計画，検査範囲の見直し

工事計画の認可・届出範囲，および使用前検査，定期検査などの義務範囲が順次緩和されてきた．（**表6.4**，**表6.5**参照）

（b）電気主任技術者関係の緩和

1995年：小出力発電設備（10 kW未満）が一般用電気工作物に包含され，発電機設置に対する電気主任技術者が不要となった．

1997年：電気主任技術者の委託範囲が500 kW未満から1 000 kW未満に拡大された．

2013年：電気主任技術者の委託範囲が2 000 kW未満に拡大された（燃料電池除く）．

第6章　コージェネレーションと各種政策

表6.4　ガスタービン発電所の規制の推移[2]

	工事計画	使用前検査	定期検査
～1995年	全数　　　認可	全数必要	全数必要　毎年
1995年～	15万 kW 以上　認可 1 000 kW 以上　届出	1 000 kW 以上必要	1 000 kW 以上　3年ごと 10 000 kW 以上　2年ごと
1999年～	1 000 kW 以上　届出	1 000 kW 以上使用前自主検査と国による使用前安全管理審査[※1]	同上での定期自主検査と国による定期安全管理審査[※1]

[※1] 具体的制度については**付録1.1.4**参照．

表6.5　ガスエンジン発電所の規制の推移[2]

	工事計画	使用前検査	定期検査
～1995年	5 000 kW 以上　　　　認可 100 kW～5 000 kW 未満　届出	100 kW 以上必要	規定なし
1995年～	（全数認可必要なし） 1 000 kW 以上　　　　届出	全数必要なし	規定なし
1999年～	10 000 kW 以上　　　届出	全数必要なし	規定なし

参　考　資　料

1）　総合資源エネルギー調査会基本政策分科会電力システム小委員会制度設計ワーキンググループ第2回事務局提出資料：資料3-1　"小売前面自由化に係る詳細制度設計について"（2013-9），より作成．
2）　総合エネルギー調査会原子力安全・保安部会第1回電力安全小委員会資料4 "電力安全規制の見直しの経緯"（2001-12），より作成．

6.3 スマートエネルギーネットワーク・面的利用

近年，スマートコミュニティやスマートシティと呼ばれる社会システムの概念が注目され，諸外国だけでなく我が国でもさまざまな実証事業やプロジェクトが開始されている．スマートコミュニティとは，再生可能エネルギー・新エネルギー，熱利用などを含めた多様なエネルギーの導入・面的利用に加えて，情報通信技術（ICT）を活用しながら，電力，熱，水，交通，医療，生活情報など，あらゆるインフラの統合的な管理・最適制御を実現し，地域全体でエネルギーの有効活用を含めたスマート化を目指す次世代の社会システムである．

コージェネレーションは，スマートコミュニティを構築するうえで，再生可能エネルギーの導入を補完するとともに分散型エネルギーシステムとして省エネルギーや非常時のBCPに大きく貢献するものと期待されている．

ここでは，スマートコミュニティを形成する際のエネルギーシステム，特にコージェネレーションの貢献に着目し，コミュニティの中でエネルギーを融通し合うスマートエネルギーネットワーク，およびエネルギーの面的利用について解説する．

6.3.1 スマートエネルギーネットワークによるメリット[1]

スマートエネルギーネットワークを組み込んだ将来のエネルギーシステムのイメージを図6.3に示す．スマートエネルギーネットワークとは，さまざまなエネルギーシステムと負荷設備を，ICT（情報通信技術）を活用してスマートに（賢く）制御し，省エネルギー・省コストとエネルギーセキュリティー向上など多様な付加価値を提供するものである．主な技術要素とメリットを以下に示す．

1) 複数建物，複数需要家間の電力，熱融通（エネルギーの面的利用）とコージェネレーションの大型化による省エネルギー・省コスト
2) 電力，熱（冷水，温水，蒸気）需要に対する系統電力，再生可能エネルギー・未利用エネルギー，コージェネレーション・空調機器などのベストミックスによる省エネルギー・省コスト
3) 停電時のコージェネレーションからの電力供給などを利用した事故・災害時のエネルギーセキュリティー向上（BCP・LCP[*1]対応価値提供）
4) BEMS・HEMS[*2]によるエネルギー管理と負荷平準化および新サービスの提供
5) BEMS・HEMSと連携しエネルギーの面的利用を図るとともに，供給側から需要調整を促すデマンドレスポンスや発電制御を行うなど，CEMS[*3]導入による地域におけるエネルギー利用の全体最適化
6) 再生可能エネルギーの大量導入時に懸念される再生可能エネルギーの出力変動対策としてのコージェネレーションの出力調整機能の活用によるネットワーク安定化

このうち，1)のエネルギーの面的利用について次項に述べる．

[*1] LCP：Living Continuity Plan（災害や事故に対して，生活の継続を図るための危機管理に関する行動計画）
[*2] HEMS：Home Energy Management System（家庭内のエネルギー管理をするためのシステム）
[*3] CEMS：Community Energy Management System（コミュニティーの最適需給制御と見える化を行うシステム）

第 6 章 コージェネレーションと各種政策

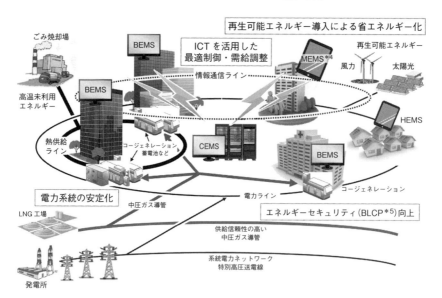

図 6.3 スマートエネルギーネットワークのイメージ図

6.3.2 エネルギーの面的利用

エネルギーの面的利用とは，複数のビルや一定の地域に一括して電力，熱を供給するもので，下記の効果がある．

1) 異なる需要を集積することによる需要平準化（例えば，昼間がピークの業務用施設と夕方から夜がピークの集合住宅の需要を集積）
2) 需要が平準化されることによりコージェネレーションの負荷率，稼働率が向上し，運転効率が向上（コージェネレーションは一般に定格出力に近いほど効率が向上）
3) 需要を集積することで大型のコージェネレーションの導入が可能となり，発電効率が向上

コージェネレーションを核とした面的利用の省エネルギー効果の試算例を表 6.6 に示す．

需要を集積することで，大型高効率なコージェネレーションの導入が可能となるため，中規模街区

表 6.6 コージェネレーションを核とした面的利用の省エネルギー効果試算例[1]

街区規模	中規模街区	大規模街区
延べ床面積	15 万 m²	60 万 m²
電力需要	7 500 kW	30 000 kW
コージェネレーションの規模	700 kW×3	5 000 kW×2
コージェネレーションの定格発電効率（LHV）	41 %	49 %
コージェネレーションによる省エネルギー効果	27.5 %	33.7 %

---

*4 MEMS：Mansion Energy Management System（集合住宅のエネルギー管理を行うシステム）
*5 BLCP：Business and Living Continuity Plan（災害や事故に対して，最低限の事業活動や生活の継続を図るための危機管理に関する行動計画）

6.3 スマートエネルギーネットワーク・面的利用

と比較して大規模街区のコージェネレーションによる省エネルギー効果は約6ポイント向上する結果となっている．

参 考 資 料

1) 緒方隆雄：スマートエネルギーネットワークの実現に向けて，エネルギーと動力，**64**-282（2014），pp.68〜77

第6章　コージェネレーションと各種政策

6.4　系統電力の CO_2 排出係数について

コージェネレーションの導入の重要な社会的効用の一つは環境性，すなわち CO_2 排出の抑制である．このため，コージェネレーション導入の CO_2 排出評価は重要となるが，コージェネレーション導入によって削減される系統電力をどのように評価するのか，すなわち系統電力の CO_2 排出係数をどのように設定するのかによって，その評価が大きく異なる（**2.7.1項参照**）．

この系統電力の CO_2 排出係数の設定は，コージェネレーションの評価において重要なポイントであるが，さまざまな議論があり，未だ統一した評価方法が定まっていない．本節では，この系統電力の CO_2 排出係数の問題について解説する．

6.4.1　系統電力の CO_2 排出係数の考え方

コージェネレーションに限らず，電気の使用にかかわる CO_2 評価を行う際には，系統電力の CO_2 評価をどのように行うのかが重要な問題となる．

系統電力を使用してもその場では CO_2 を排出しない．しかし，系統電力を使用すれば発電所での CO_2 排出が増加する．このため，系統電力の使用も CO_2 排出として算定する必要がある．一般には，系統電力の販売電力量あたりの CO_2 排出量（排出係数）に電気の使用量を乗じて評価する．

この系統電力の排出係数については，以下のとおり，全電源平均排出係数を用いる方法とマージナル電源排出係数を用いる方法があり，排出量を算定する際は全電源平均排出係数，対策の効果の評価を行う際にはマージナル電源排出係数を用いるという使い分けを行うなどの配慮が必要である．

（a）　**全電源平均排出係数**（AEF：Average Emission Factor）

系統（全国または電気事業者）のすべての電源（火力，水力，原子力など）の CO_2 排出量をすべての電源由来の販売電力量で除して算定される．

発電所で排出される CO_2 排出量を電気の使用者に，その使用量に応じ比例配分する考え方で評価する方法である．

エリア全体，企業全体，建物全体の排出量を算定する場合などに用いられる．地球温暖化対策の推進に関する法律における CO_2 排出量算定を行う場合もこの方法が用いられる．

（b）　**マージナル電源排出係数**（MEF：Marginal Emission Factor）

マージナルとは，経済用語の限界係数，限界効用の"限界"に相当する用語で，"変化分"を意味する．

マージナル電源とは，省電力対策などによって電力需要に差（評価対象とベースラインとの差）が生じた場合，年間の発電量に影響を受ける系統の電源である．

コージェネレーション導入をはじめとした省エネルギー対策や，再生可能エネルギー導入により系統電力の使用を削減した場合には，それにより削減される電源に着目して評価を行う必要があり，マージナル電源排出係数での算定が必要となる．

コージェネレーション導入の評価を行う際は，このマージナル電源排出係数を用いることが適している．

6.4 系統電力のCO$_2$排出係数について

表6.7 全電源平均排出係数と火力平均排出係数

全電源平均排出係数	火力平均排出係数
0.36 kg-CO$_2$/kWh	0.69 kg-CO$_2$/kWh

6.4.2 マージナル電源排出係数の設定と国内制度での取扱い

1990年代ではマージナル電源排出係数に対する認識が低かったが,地球温暖化防止が重要視される中,コージェネレーションを適切に評価する必要も生じ,2000年以降徐々にマージナル電源排出係数の認識がなされつつある.

マージナル電源排出係数の設定にあたっては,対策による短期的な影響,すなわち電源の稼働に対する影響と,長期的な影響,すなわち電源の建設に与える影響の両者を考慮する必要がある.

短期的影響は電源の稼働状況から比較的推定しやすいが,長期的な影響は未来のことであり根拠をもって推定するための議論が必要である.現段階では,マージナル電源排出係数を用いる法的制度がないため,その設定について十分な議論がいまだなされていない.しかし,既往の研究[1),2)]においても省電力の評価におけるマージナル電源排出係数考慮の必要性が指摘され,その後もその必要性が認められ,以下のように行政の各種資料においてマージナル電源排出係数について採用および紹介がなされている.

なお,今後の電気事業の自由化進展に伴い,電気の使用に係るCO$_2$排出評価についても変化する可能性があり,注視する必要がある.

〔1〕 **中央環境審議会目標達成シナリオ検討小委員会中間報告**[3)]

当該委員会は京都議定書の日本の目標がどのような対策で達成できるのかを検討した委員会であるが,対策の効果の評価には,「それぞれの対策が導入された場合の,電気事業者の電源構成の変化を特定する必要がある.」としたうえで,**表6.7**の全電源平均排出係数と火力平均排出係数が用いられた.

特に,コージェネレーションの評価では火力平均排出係数を用いた試算値が示されている.

また,同報告の**表6.7**の数値は,〔3〕の環境報告ガイドライン(2012年版)でも引用されている.

〔2〕 **温室効果ガス算定・報告マニュアル(Ver 3.5)**[4)]

地球温暖化対策の推進に関する法律に基づく,温室効果ガス算定・報告・公表制度では,一定規模以上の事業者(省エネルギー法の特定事業者など)に対し,温室効果ガスの算定・報告を義務づけているが,これに用いる電気のCO$_2$排出係数は,各電気事業者の排出係数(全電源平均排出係数)を用いることになっている.このための各電気事業者の排出係数は毎年環境省から公表されている.

同時に,同制度運用のための"温室効果ガス算定・報告マニュアル"では,これらの電気事業者ごとの排出係数は,排出量算定用のものであって,対策の効果の評価のための係数ではない旨記載されている.

さらに,同マニュアルでは,温室効果ガスの排出に関する情報提供を行う様式第2(任意提出)の記載方法を示す際,対策の効果の評価方法について,以下の解説を加えており,"影響を受ける電源"すなわちマージナル電源での評価方法があることを示している.

第 6 章 コージェネレーションと各種政策

> "なお，温室効果ガスの排出削減のための個別対策の導入による削減効果を評価する方法については，対策の種類によってさまざまな考え方があるが，個々の対策の実態に即した合理的な方法により評価する必要がある．例えば，対策前の排出量と対策後の排出量の差を求める方法のほか，対策によって削減効果が見込まれる期間に影響を受ける電源が想定できる場合には当該電源の排出係数を電気の削減量に乗じて算定する方法などがある．"
>
> 引用：同マニュアル第Ⅲ編 2.2.4 ⑨

〔3〕 環境報告ガイドライン（2012 年版）[5]

同ガイドラインにおいては，企業などが作成する環境報告書での表現方法などについて解説しているが，指標の一般的な計算例の中で以下の解説を行っている．

> 温室効果ガスの排出削減のための個別対策の導入による削減効果を評価する方法については，対策の種類によってさまざまな考え方があるが，個々の対策の実態に即した合理的な方法により評価する必要がある．温室効果ガスの削減量について環境報告として環境報告書に記載する際には算定に用いた式と排出係数を合わせて記載し，算定根拠を明らかにすることが必要である．
>
> なお，算出にあたり，幾つかの考え方があるので，ウェブ上に掲載している事業者らの URL を参考に示す．
>
> ○環境省中央環境審議会地球環境部会 "目標達成シナリオ小委員会" 中間取りまとめ（平成 13 年 6 月）
>
> http://www.env.go.jp/council/06earth/r062-01/index.html
>
> 電気の使用にかかわる対策の温室効果ガス削減量を，電気の削減量［kWh］に全電源平均排出係数（0.36 kg-CO_2/kWh）と火力平均排出係数（0.69 kg-CO_2/kWh）をそれぞれ乗じたものを併記している．（以下省略）
>
> 引用：環境報告ガイドライン（2012 年版），pp.143，144

〔4〕 J-クレジット制度モニタリング・算定規定[6]

国の "国内における地球温暖化対策のための排出削減・吸収量認証制度（J-クレジット制度）" における系統電力の削減効果の算定方法の一つとして，マージナル電源排出係数（限界電源係数）を用いる考え方が示されている．

6.4.3 海外での取扱い（GHG プロトコル（The Greenhouse Gas Protocol））

国際的な温室効果ガスの排出量の評価に関する規格としては，GHG プロトコルがある．

GHG プロトコルは，WBCSD（持続可能な発展のための世界経済人会議）と WRI（世界資源研究所）が策定した，企業の温室効果ガス排出量・削減量算定のためのガイドラインである．

当ガイドラインは複数の規格で構成されているが，この中で，省電力対策による系統電力の削減の効果を評価するガイドラインとして，"Guidelines for Quantifying GHG Reductions from Grid-Connected Electricity Projects"[7]（系統電力削減量算定ガイドライン）が策定されている．

6.4 系統電力の CO_2 排出係数について

当ガイドラインにおいては,ベースラインの電源の係数の考え方が示されており,式 (6.1) を用いて算定することとされている.BM は対策により建設に影響を受ける電源,すなわち長期的な影響を考慮するものであり,OM は対策により稼働の影響を受ける電源,すなわち短期的な影響を考慮する部分である.いずれもマージナル電源の考え方である.ω は対策の種類によって設定する重みづけ係数である.例えば,風力発電などは,発電の変動が大きいため,発電所建設に与える影響が少なく,稼働のみに影響を与えるため,$\omega = 0$ と設定する.逆に低炭素型発電所の建設が対策として設定された場合は,従来型の発電所の建設を抑制するとの観点から $\omega = 1$ となる.

$$\text{ベースライン電源の係数} = \omega \cdot BM + (1 - \omega) \cdot OM \tag{6.1}$$

ここで,

  ω:プロジェクトの種類に応じて設定する重みづけ係数
  BM(Build Margin):発電所の新増設を考慮したマージナル係数
  OM(Operating Margin):発電所の稼働を考慮したマージナル係数

当ガイドラインでは全電源平均排出係数についても解説が加えられているが,OM の一つであるものの,著しく正確性が劣るため,設定が困難な場合にのみ利用することとされている.

また,GHG プロトコルの中で,2015 年作成された "Policy and Action Standard"(政策・行動評価基準)[8] においても,電力の排出係数について "電力消費量や発電の変化に伴う温室効果ガス影響を評価する場合は,一般的に全電源平均排出係数より正確であるマージナル電源排出係数を適用すべきである" とされている.

参 考 資 料

1) 鶴崎敬大,中上英俊:地球温暖化対策における CO_2 排出原単位に関する考察,エネルギー・資源学会第 19 回研究発表会講演論文集(2000-6)
2) 鶴崎敬大,中上英俊:地球温暖化対策における CO_2 排出原単位の検討,エネルギー・資源学会第 21 回研究発表会講演論文集(2002-6)
3) 中央環境審議会地球環境部会目標達成シナリオ小委員会中間取りまとめ(2003-6)
4) 環境省,経済産業省:温室効果ガス算定・報告マニュアル(Ver 3.5)(2014-6)
5) 環境省:環境報告ガイドライン(2012 年版)(2012-4),pp. 143, 144
6) 国内における地球温暖化対策のための排出削減・吸収量認証制度(J-クレジット制度),モニタリング・算定規定排出削減プロジェクト用)Ver. 2.1(2014-12)
7) World Resources Institute, World Business Council for Sustainable Development:Guidelines for Quantifying GHG Reductions from Grid-Connected Electricity Projects(2007-8)
8) World Resources Institute, World Business Council for Sustainable Development:Policy and Action Standard(2015-1)p. 158

第7章 コージェネレーションの設置事例

第7章 設置事例

7.1 札幌医科大学附属病院

写真 7.1 施設外観

7.1.1 建物概要

札幌医科大学附属病院は昭和25年の開院以来,高度医療の研究開発および人材の育成など,北海道の地域医療への貢献を続ける病院である.停電時や災害発生時などにも医療活動を継続すること,省エネルギーによる環境負荷の低減,コストの削減などを目的にコージェネレーションを導入している.

本コージェネレーションは,産官学の連携,ESCO事業の一環として導入されており,本施設ではほかにも蒸気配管の断熱強化,ロードヒーティング制御方式の見直しなど,数多くの省エネルギー手法を取り入れている.改修対象建物の概要を**表7.1**に示す.

ソフト面の取組みとして,BOS仕様のコージェネレーションの給電切替え時の負荷投入順序などの手動操作をマニュアル化し,運転管理者の教育も徹底されている(非常用発電機も別途設置されている).また,寒冷地固有の特徴として,積雪対策の一環でコージェネレーション補機を小屋内に収納しており,給水管凍結防止のため,テープヒータを二重化している.

7.1.2 システム概要

採用されたシステムは,ミラーサイクルのガスエンジン発電システムであり,4階建ての中央診療棟の屋上に鉄骨架台を組んで設置されている(**写真7.2**).近隣住民および院内への配慮から,振動

表7.1 建物概要

名　　称	札幌医科大学附属病院
所　在　地	北海道札幌市
規　　模	鉄筋コンクリート造,地上11階,地下2階
延べ床面積	65 089 m^2
用　　途	病院
竣　　工	昭和61年3月

表7.2 主要機器仕様

コージェネレーション	930 kW×2
ガスボイラ	15 t/h×3, 10 t/h×1
温水吸収冷凍機	546 kW×1
蒸気吸収冷凍機	2 464 kW×2
電動冷凍機	352 kW×2

7.1 札幌医科大学附属病院

写真7.2 コージェネレーション外観

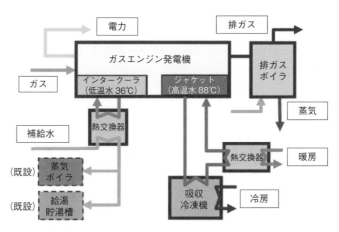

図7.1 コージェネレーションシステムフロー図

は防振架台で，騒音は排気筒保温で低減している．機器仕様を**表7.2**に，システムフローを**図7.1**に示す．

　排熱利用用途は，排ガスボイラで蒸気を作り，構内の蒸気負荷へ供給，ジャケット冷却水は地下の温水吸収冷凍機や暖房用熱交換器へ送って空調に利用するほか，インタークーラ冷却水はボイラ給水予熱に利用することでガスボイラの燃料消費量を削減している．

7.1.3　稼働状況など

　本コージェネレーションは，前述のとおりESCO事業の一環として導入している．ESCO事業の契約は10年間のシェアード契約で，光熱水費削減効果をESCO事業者が保証し，省エネルギー診断，設計・施工，運転・維持管理，資金調達といった省エネルギー化にかかわるすべてのサービスを包括的に提供している．省エネルギー項目は，コージェネレーションの導入のほか，ポンプ変流量制御の導入，空調機省エネルギー制御の導入，蒸気トラップの更新，井水の有効利用，照明の高効率化，節水装置の導入など，多岐にわたる．

7.2 聖マリアンナ医科大学菅生キャンパス

写真7.3 施設外観

図7.2 施設配置

7.2.1 施設概要

聖マリアンナ医科大学菅生キャンパスは，85 800 m² の敷地に大学病院や研究施設，大学施設，看護学校など複数の施設が建設されており，大学病院は許可病床数が1 208床と我が国でも屈指の巨大病院である．川崎市北西部では数少ない医療施設であり，地域医療の中核を担い，1980年には神奈川県初の救急救命センターの指定を受けている．2008年に稼働した新エネルギーセンターは，専用建屋（機械棟）に集中して設置され，機械棟は鉄筋コンクリート造地上2階建て，床面積3 100 m² である．菅生キャンパスの施設概要を表7.3に示す．

7.2.2 システム概要

都市ガスによるコージェネレーション・排熱投入型ガス吸収冷温水機・ボイラと，電力によるターボ冷凍機を組み合わせたベストミックスによる最適エネルギーシステムとなっている．ガスエンジンコージェネレーション（2 430 kW×2基）を採用し，排熱蒸気は蒸気吸収冷凍機で冷房用に利用するとともに，大学病院などの蒸気需要（暖房，給湯，医療用）にも利用されている．排熱温水は，排熱投入型ガス吸収冷温水機や暖房用熱交換器で冷暖房に利用している．機器仕様を表7.4に，エネルギーシステムフローを図7.3に示す．

コージェネレーションは停電対応型としており，大規模災害時は停電時の電力源として活用できる．

表7.3 施設概要

名　　　称	聖マリアンナ医科大学菅生キャンパス
所　在　地	神奈川県川崎市
規　　　模	地上8階ほか
延べ床面積	131 700 m²
用　　　途	病院，学校
竣　　　工	1974年（病院本館）ほか

表7.4 主要機器仕様

コージェネレーション	2 430 kW×2
排熱投入型ガス吸収冷温水機	2 216 kW×2
蒸気吸収冷凍機	2 813 kW×2
ターボ冷凍機	1 758 kW×1
貫流蒸気ボイラ（ガス）	2.5 t/h×5
貫流蒸気ボイラ（ガス・油切替え）	2.0 t/h×2

7.2 聖マリアンナ医科大学菅生キャンパス

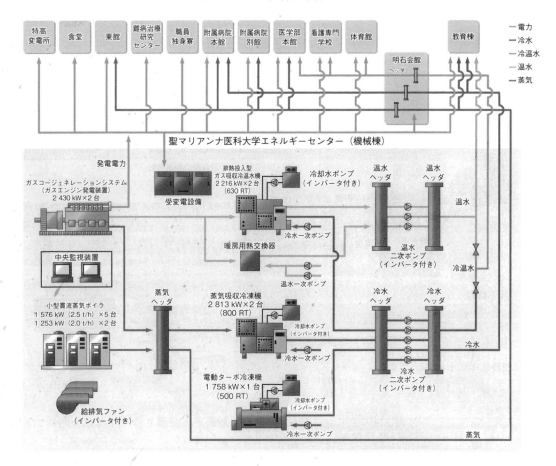

図7.3 エネルギーシステムフロー図

また，都市ガス供給は信頼性の高い都市ガス中圧Aラインとし，さらに蒸気ボイラは通常は都市ガスで運転し，非常時にはA重油でも運転できる機種を一部採用することで，病院運営を維持するためのエネルギーセキュリティーにも配慮している．

7.2.3 稼働状況など

2008年の稼働開始以降，新エネルギーセンターの一次エネルギー削減率は計画の14％を上回る運用が行われている．中でもコージェネレーションは各年度総合効率70％（LHV）を上回る良好な運転を継続し，省エネルギーに大きく貢献している．

写真7.4 コージェネレーション外観

7.3 ホテル椿山荘東京

写真 7.5 施設外観・内観

7.3.1 建物概要

ホテル椿山荘東京は，東京目白の地にありながら，都会の雑踏から隔離され，広大で風光明媚な庭園が織りなす歴史豊かな環境に囲まれたホテルである．ホテル，プラザ，タワーの三つの建物と林泉回遊式庭園を中心に 260 の客室，36 の宴会場，五つの挙式場，12 のレストランを有し宿泊，食事，宴会，婚礼などに幅広く利用されている．建物概要を**表 7.5** に示す．

7.3.2 システム概要

当施設では従来からコージェネレーションを採用していたが，更新を行うにあたりエネルギーセキュリティーの強化，BCP 対策の確立を目的として，停電対応型コージェネレーション（**写真 7.6**）を採用した．コージェネレーションは，ガスエンジン発電システムであり，排熱を温水・蒸気で回収し，給湯・暖房，また蒸気吸収冷凍機を通じて冷房に利用している．また，停電時は油燃料非常用発電機との連系運転が可能なシステムとし，制約が多い既築建物での改修において BCP 対策の大幅な

表 7.5 建物概要

名　　　称	ホテル椿山荘東京
所　在　地	東京都文京区
規　　　模	鉄骨造，鉄骨鉄筋コンクリート造 地上 11 階，地下 4 階ほか
延べ床面積	84 148 m²
用　　　途	ホテル
竣　　　工	1991 年（ホテル棟）

表 7.6 主要機器仕様

コージェネレーション	370 kW
蒸気吸収冷凍機	2 394 kW×2
	845 kW×1
小型貫流蒸気ボイラ	2.5 t/h×4

7.3 ホテル椿山荘東京

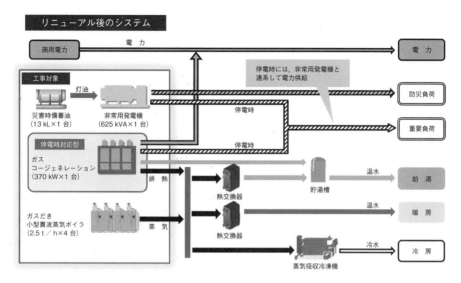

図7.4 コージェネレーションシステムフロー図

強化を実現している．機器仕様を表7.6に，システムフローを図7.4に示す．

7.3.3 稼働状況など

コージェネレーションの運転はスケジュール管理によるDSS運転であり，年間を通じて安定的な運用が行われている．平成25年度の実績では，運転時間3 100 h，発電効率40.3 %（LHV），総合効率65 %（LHV）を達成し，大幅な省エネルギーを実現している（図7.5）．

写真7.6 コージェネレーション外観

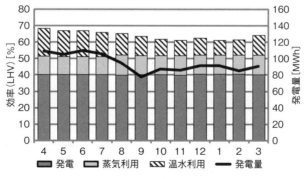

図7.5 運転実績（2013年度実績）

7.4 豊田市役所東庁舎

写真7.7　施設外観

写真7.8　施設内観

7.4.1 建物概要

豊田市役所東庁舎は，少子高齢化の進行に伴う保健所業務の拡大など，環境の変化が加速傾向にあるなか，保健所・保健センターおよび関連部署を集約し，子育てや保健活動の新たな拠点とするために平成24年に竣工した．建物概要を表7.7に示す．当該庁舎は誰もが利用しやすい安全・安心な施設であり，"ハイブリッド・シティとよた"を先導する環境対策としてコージェネレーションを導入している．ほかにも吹抜け内部の熱だまりによる上昇気流を利用した自然換気を促進する"光と風の塔"，採光自動調整機能付き電動ブラインド，太陽光発電などを導入している．

また，防災対策として，免震構造になっているほか，庁舎内で平常時に使用する電力の50％を賄うことができる重油だき非常用発電機を設置しており，停電発生から最低72時間は連続した電力供給が可能である．また，コージェネレーションもブラックアウト仕様であり，太陽光発電装置とともに停電時に電力供給が可能である．さらに，近隣の矢作川の氾濫による水没に備えて，コージェネレーション，非常用発電機，受電設備，給水装置などの重要な設備は，浸水深さより高い階に設置されている．

7.4.2 システム概要

採用されたシステムは，小型パッケージタイプのガスエンジン発電システムである．コージェネレーションは前述のとおり，浸水対策の意味もあり屋上に設置されている．ユニット全体を防振架台で支え，配管類はすべてフレキシブル接続である．機器仕様を表7.8に，システムフローを図7.6に示す．

コージェネレーションの発電出力は，通常時には系統連系されるが，停電などで自立運転するときには，将来的に災害対策本部の設置を想定している7階フロアの廊下や会議室などへの照明，コンセントへの電力供給が行われる．また，7階フロアの各コンセントは，非常用発電機系統，コージェネレーション系統，太陽光発電系統のどの電力が供給されているのかが一目でわかるよう，色分けがされている．

排熱は温水として回収し，排熱投入型ガス吸収冷温水機の補助熱源として空調に使用するとともに，一部は手洗い用の給湯として使用している．

7.4 豊田市役所東庁舎

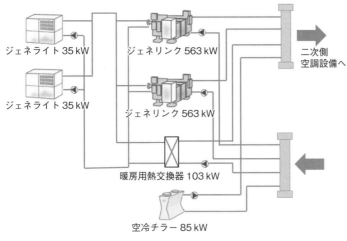

図7.6 コージェネレーションシステムフロー図（空調）

表7.7 建物概要

名　　称	豊田市役所東庁舎
所　在　地	愛知県豊田市
規　　模	鉄筋コンクリート造，地上8階，地下2階
延べ床面積	24 802.34 m²
用　　途	事務所
竣　　工	2012年8月

表7.8 主要機器仕様

コージェネレーション	発電出力	35 kW × 2
	排熱回収量	51.5 kW × 2
	ガス消費量	103 kW × 2
排熱投入型ガス吸収冷温水機		563 kW × 2
暖房・給湯用熱交換器		103 kW

写真7.9 コージェネレーション外観

写真7.10 排熱投入型ガス吸収冷温水機

写真7.11 自立ユニット

7.4.3 稼働状況など

本システムはスケジュール運転により，空調負荷の高い平日の8～17時に稼働している．空調負荷が少ない中間期（4～6月，11月）の稼働率が低いものの，発電電力量は建物全体の年間電力消費量の約6分の1を占める．

冷房負荷が高い夏期には，排熱を全量利用できており，排熱利用による空調エネルギー削減率は年間で12％となっている．

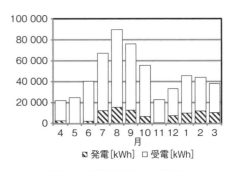

図7.7 月別発電量・受電量

7.5 東京イースト21

7.5.1 建物概要

東京イースト21は1992年に竣工した，オフィスやホテル，店舗などで構成される大規模複合施設である．施設内のイースト21ホールは，東日本大震災を契機に災害時の避難所として江東区と協定を締結し，大型スーパーマーケットや店舗とともに避難拠点としての機能も有している．建物概要を表7.9に示す．

写真7.12　施設外観

7.5.2 システム概要

竣工当初よりコージェネレーションを導入していたが，BCPや省エネルギーの観点から，2013年4月にビジネスセンター棟屋上に停電対応型高効率コージェネレーション700 kWを増設し，各建物間でスマートエネルギーネットワークを構築した．機器仕様を表7.10に，システムフローを図7.8に示す．

オフィス，ホテルなどエネルギー需要パターンの異なる複合用途の建物間で，電気とコージェネレーション排熱を含む熱エネルギーを面的に利用している（概要を図7.9に示す）．コージェネレーション排熱は排熱利用冷凍機などにより冷暖房・給湯に利用している．

また，停電時のコージェネレーションからの給電先を計測結果をもとに自動で最適な選択を行う制御装置を導入し，自立運転時のコージェネレーション発電能力を最大限活用できるシステムが採用されている．

表7.9　建物概要

名　称	東京イースト21
所在地	東京都江東区
規　模	鉄筋コンクリート造，鉄骨鉄筋コンクリート造　地上21階，地下2階
延べ床面積	141 803 m²
用　途	事務所，ホテル，商業他
竣　工	1992年7月

表7.10　主要機器仕様

コージェネレーション	350 kW×2
	700 kW×1
排熱投入型蒸気吸収冷凍機	1 407 kW×1
蒸気吸収冷凍機	1 407 kW×2
ターボ冷凍機	1 582 kW×3
蒸気ボイラ	6.0 t/h×2

7.5 東京イースト21

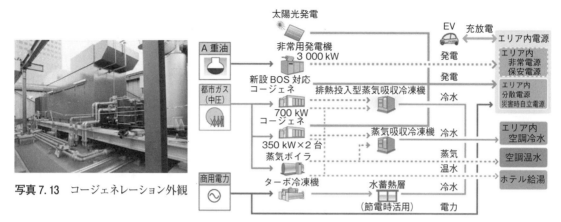

写真 7.13 コージェネレーション外観

図 7.8 コージェネレーションシステムフロー図

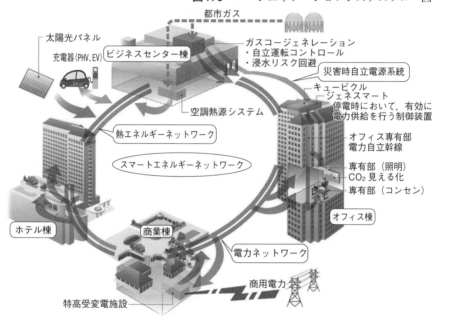

図 7.9 東京イースト21におけるスマートエネルギーネットワークの概要

7.5.3 稼働状況など

新設の700 kWのコージェネレーションが稼働した2013年度4月から1年間の稼働実績を図7.10に示す．

新設コージェネレーションは土曜を含む平日の8〜20時に運転し，発電効率40.8 %（LHV），総合効率70.5 %（LHV）の高効率な運用が行われている．

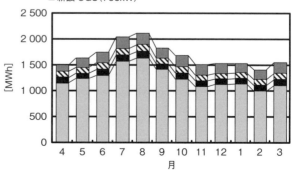

図 7.10 稼働実績（2013年度）

7.6 マルイト難波ビル

写真7.14 施設外観

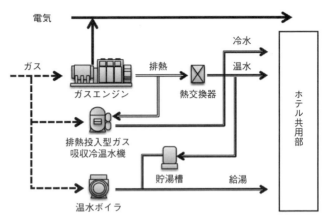

図7.11 コージェネレーションシステムフロー

7.6.1 建物概要

マルイト難波ビルは，OCAT（大阪シティエアターミナル）に隣接して交通至便の立地にあり，ホテル，貸事務所，商業施設の複合用途ビルとして，2009年7月にグランドオープンした．

当施設は，経済性を維持しつつ，建物全体でのエネルギー利用バランス，テナントの個別空調への要求などの機能を確保するため，従来の設計思想・手法を見直し，汎用機器を利用して省エネルギーとエネルギーセキュリティーを実現している．建物概要を表7.11に示す．

7.6.2 システム概要

当施設では，コージェネレーションからの発電電力を系統連系のうえ，全館利用できるようにし，排熱温水はホテル共用部の冷暖房および給湯に利用している．図7.11に当施設のコージェネレーションシステムフロー，表7.12に主要機器仕様を示す．

表7.11 建物概要

名　称	マルイト難波ビル
所在地	大阪府大阪市
規　模	地上31階，地下1階
延べ床面積	124 000 m^2
用　途	オフィス，ホテル，物販店舗
竣　工	2009年6月

表7.12 主要機器仕様

電気設備	22 kV 3回線スポットネットワーク受電	
発電設備	コージェネレーション　ミラーサイクルガスエンジン 815 kW	
	非常用発電機　1 750 kW	
熱源機器	排熱投入型ガス吸収冷温水機（ジェネリンク） 880 kW × 2	
	温水ボイラ　174 kW × 4	
空調	ホテル宴会場・レストランなど	AHU・FCU
	ホテル客室	ルームエアコン + GHP
	オフィス	EHP 3 WAY マルチ（外調機共）
	物販	GHP（一部 EHP）
給湯	ホテル客室	マルチ型ガス瞬間給湯器
	ホテル共用	コージェネレーション排熱 + マルチ型ガス瞬間給湯器

7.6 マルイト難波ビル

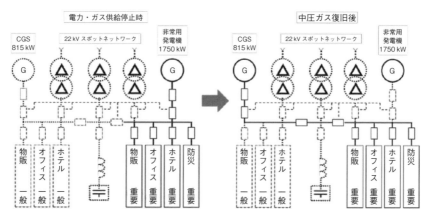

図 7.12 電力バックアップシステム

また，当建物では，震災時に防災拠点としての機能を確保するため，電力は 22 kV 3 回線スポットネットワーク受電としており，都市ガスは中圧ガス供給としている．さらに，A 重油だき非常用発電機とブラックアウトスタート機能付きコージェネレーションとを組み合わせることで，何らかの事情で，系統電力と中圧ガスが同時に停止した場合でも，中圧ガス復旧までの間，A 重油だき非常用発電機の負荷制限運転を行い，中圧ガス復旧後にコージェネレーションを立ち上げる設定としている．停電時には防災用負荷に加え，防災拠点としてのビル機能を維持できるように，給水ポンプ，排水ポンプ，電気室用空調機，共用エレベータ，ホテル用エレベータなどに電力供給が行える（図 7.12）．

7.6.3　稼働状況など

コージェネレーションの排熱温水は，排熱投入型ガス吸収冷温水機（ジェネリンク）で優先的に利用している．ジェネリンクは，バックアップと容量制御を目的として 2 台設置とした．図 7.13 に示すように，従来 2 台運転を行う際には負荷に応じて 1 台目排熱単独運転→1 台目ガス追だき運転→2 台目排熱単独運転→2 台目ガス追だき運転という制御としている．しかし，この方式では中間期などの部分負荷運転の場合，コージェネレーションの排熱が余っているにもかかわらず 1 台目がガス追だき運転をしてしまい，エネルギーロスとなる．よって，当システムでは，1 台目排熱単独運転→2 台目排熱単独運転→2 台目追だき運転→1 台目追だき運転できる制御とした．

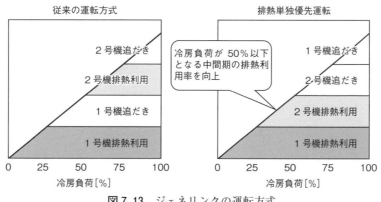

図 7.13 ジェネリンクの運転方式

第7章 設置事例

7.7 イオンモール大阪ドームシティ

写真7.15 施設外観

図7.14 施設配置

7.7.1 建物概要

本建物が立地する岩崎地区は,球場を中心として,行政機関,災害指定病院,大阪ガスエリア拠点・データセンターなどがある.各施設を結ぶ周辺デッキは,津波災害時の避難場所(9 000名収容可能)に大阪市より指定されている.周囲を流れる木津川・尻無川両右岸には,治水の安全性を高めるスーパー堤防が整備されている.エネルギーインフラとしてガスホルダがあり,耐震性の高い中圧ガスが敷設されている.また,一帯は地域冷暖房エリアである.このように,立地特性として都市部における防災上の重要性の高いエリアであるといえる.建物概要を表7.13に示す.

7.7.2 システム概要

非常時の電源確保および節電・省エネルギーへの貢献を目的に,コージェネレーションと排熱投入型ガス吸収冷温水機(以下,ジェネリンク)を導入した.これにより,建物ピーク電力の約3分の1を削減し,発生する排熱はジェネリンクにて空調に有効利用する.本建物で排熱が余る場合には,地域冷暖房の温水導管を通じて地域冷暖房プラントへ熱融通し,地域全体で熱の有効利用を行うスマー

表7.13 建物概要

名　　称	イオンモール大阪ドームシティ
所 在 地	大阪市西区千代崎
規　　模	鉄骨造,地上5階・地下1階・搭屋2階
敷地面積	約28 000 m²
延べ床面積	約76 000 m²
商業施設面積	約34 000 m²
用　　途	商業施設
竣　　工	2013年5月

表7.14 主要機器仕様

常用防災兼用ガスコージェネレーション	815 kW × 2
排熱投入型ガス吸収冷温水機(ジェネリンク)	1 584 kW × 2
地域冷暖房(冷水受入設備)	3 520 kW
太陽光発電	54 kW

7.7 イオンモール大阪ドームシティ

トエネルギーネットワーク型のコージェネレーションである（図 7.15）．

コージェネレーションは常用防災兼用発電設備であり，非常時には自家発電により消防法で定められた防災負荷および重要負荷の電源を確保できる．主な重要負荷として，建物内のスーパーマーケットエリア（被災した方々への提供手段としての，非常用コンセント・照明・冷凍ケース・冷蔵ケース），防災センター用電源などを想定している．また，さまざまな応急物品を収納したファーストエイドステーションをドーム周辺デッキと連結した2階入口付近に設置した（図 7.16）．

7.7.3 稼働状況など

2013年6月から2014年5月までの竣工後1年間の実績では，年間使用電力量は1 026 493 kWhで，そのうち59％が受電，40％がコージェネレーションによる発電量である．コージェネレーションは夏場2台稼働しており，年間の40％の発電量を7月から9月の発電量で占めている．施設内での排熱余剰もあるが，地域冷暖房への熱融通により目標に近い総合効率を維持している．

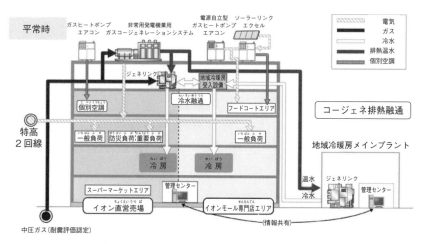

図 7.15　エネルギーシステムフロー（平常時）

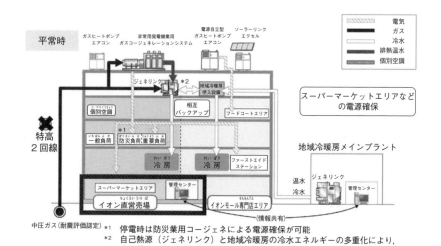

図 7.16　エネルギーシステムフロー（非常時）

付　録

付録に収録した情報は，平成 26 年 8 月末現在のものであり，最新の情報は各自で確認されたい．

付　　録

付1　関連法令

付1.1　電気事業法

電気事業法では，コージェネレーションは電気工作物の分類に応じて保安の確保を目的とした各種の規制を受ける．電気工作物の分類を**付図1.1**に示す．出力10 kW以上で600 Vを超えて受電する工場・ビルなどで使用するコージェネレーションは事業用電気工作物に分類される．電気事業法の事業用電気工作物に関連する保安規制の体系を**付表1.1**に示す．また，事業用電気工作物に該当しない出力10 kW未満のコージェネレーションは一般用電気工作物に分類されるが，一般用電気工作物に係る保安規制の体系を**付表1.2**に示す．

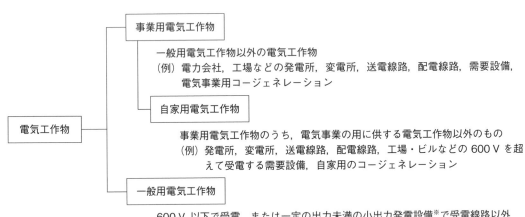

※　小出力発電設備
1) 太陽電池発電設備であって，出力50 kW未満のもの
2) 風力発電設備であって，出力20 kW未満のもの
3) 水力発電設備であって，出力20 kW未満のもの及び最大使用水量毎秒1m³未満のもの（ダムを伴うものを除く）
4) 内燃力を原動力とする火力発電設備であって出力10 kW未満のもの
5) 次のいずれかに該当する燃料電池発電設備であって，出力10 kW未満のもの
　① 固体高分子形または固体酸化物形の燃料電池発電設備であって，燃料・改質系統設備の最高使用圧力が0.1 MPa（液体燃料を通ずる部分にあっては，1.0 MPa）未満のもの
　② 道路運送車両法第2条第2項に規定する自動車（以下略）
6) 発電用火力設備に関する技術基準を定める省令第73条の2第1項に規定するスターリングエンジンで発生させた運動エネルギーを原動力とする発電設備であって，出力10 kW未満のもの
ただし，同一の構内に設置する上記の設備が電気的に接続され，それらの設備の出力の合計が50 kW以上となるものを除く．

付図1.1　電気工作物の分類

付1 関連法令

付表1.1 事業用電気工作物に係る電気事業法の保安規制の体系

保安体系	法の項目
自主保安体制	技術基準適合維持義務（第39条）
	保安規程の作成・届出・遵守義務（第42条）
	主任技術者の選任・届出義務（第43条）
	使用前自主検査（第50条の2）
	溶接事業者検査（第52条）
	定期事業者検査（第55条）
自主保安の補完	使用前安全管理審査（第50条の2）
	溶接安全管理審査（第52条）
	定期安全管理審査（第55条）
国の直接監督	技術基準適合命令（第40条）
	工事計画の届出義務（第48条）
	自家用電気工作物使用開始届出（第53条）
	報告の徴収（第106条）
	立入検査（第107条）

付表1.2 一般用電気工作物に係る電気事業法の保安規制の体系

保安体系	法の項目
国の直接監督	技術基準の適合命令（第56条）
	技術基準適合性調査義務（第57条）
	立入検査（第107条）

付1.1.1 工事計画の届出

電気事業法第48条で規定されているコージェネレーション設置の工事に係る届出を要する設備，規模などを**付表1.3**に示す．

付表1.3 届出対象の発電設備（施行規則第65条別表第2）

発電設備	届出対象範囲	届出先
内燃力	10 000 kW 以上	所轄産業保安監督部長
ガスタービン	1 000 kW 以上	
燃料電池	500 kW 以上	経済産業大臣：元本 所轄産業保安監督部長：写し1通

なお，電気事業法における"内燃力"とは，ガスエンジン，ディーゼルエンジンなど往復動エンジンを意味し，ガスタービンを含まない．

付　録

付1.1.2　主任技術者

電気事業法第43条に基づき，事業用電気工作物を設置する者は，主任技術者免状の交付を受けている者のうちから，主任技術者を選任しなければならない．ただし，自家用電気工作物を設置する者は，主務大臣の許可を得て，主任技術者免状の交付を受けていないものを主任技術者として選任することができる．事業用電気工作物であるコージェネレーションに関する主任技術者の要件を**付表1.4**に示す．

付表1.4　事業用電気工作物であるコージェネレーションに関する主任技術者の要件

主任技術者	発電設備	要　件
ボイラー・タービン主任技術者	内燃力	不要
	小型ガスタービン（告示で定めるもの）[*1]	
	ガスタービン	第1種または第2種のそれぞれのボイラー・タービン主任技術者免状の交付を受けている者
	燃料電池[*2]	
電気主任技術者	内燃力	第1種，第2種または第3種の電気主任技術者免状の交付を受けている者
	小型ガスタービン（告示で定めるもの）	
	ガスタービン	
	燃料電池	

[*1]　小型ガスタービンについては，出力300 kW未満のほか，条件を満たすものであれば不選任が認められている．
[*2]　燃料電池については，改質器の最高使用圧力が98 kPa未満のものは不要である．

付1 関連法令

主任技術者選任の概要を**付表 1.5** に示す．

付表 1.5 主任技術者の選任※

	対象	発電所の規模	選任する主任技術者	資格有無	必要書類	備考
選任	ボイラー・タービン	300 kW 以上	発電所に常駐する者または，直接統括する発電所に常駐する者（条件あり）	有資格者を選任する場合	選任届出（大臣または産業保安監督部長宛）	・常勤派遣社員，受託者も可 ・対象者に条件あり
	電気	10 kW 以上				
選任許可	ボイラー・タービン	（資格または経験年数により）200 kW 未満かつ 1 000 kPa 未満かつ最大蒸発量 4 t/h 未満，または 1 470 kPa 未満，または 2 940 kPa 未満，または 5 880 kPa 未満，または 5 880 kPa 以上	同上	有資格者以外を選任する場合	選任許可申請（大臣または産業保安監督部長宛）	・対象者に種々の条件あり ・発電所に要件あり ・受託者も可
	電気	10 kW 以上 500 kW 未満				
外部委託	ボイラー・タービン	－	－	－	－	－
	電気	10 kW 以上 2 000 kW 未満	個人または法人への委託	有資格	保安管理業務外部委託申請（大臣または産業保安監督部長宛）	・対象者に種々の条件あり ・連絡責任者選任 ・受託者も可
兼任	ボイラー・タービン	300 kW 以上	他の事業場の主任技術者に選任されている者（ボイラー・タービン主任技術者は第1種または第2種ボイラー・タービン主任技術者免状を受けているものに限る）	有資格	兼任承認申請書（大臣または産業保安監督部長宛）	・常時勤務する事業場から 30 分以内に到着 ・連絡責任者選任 ・受託者も可 ・兼任させる設備は 2 以下
	電気	10 kW 以上				・設備の最大電力が 2 000 kW 以上もしくは 6 設備以上は慎重に選任 ・2 時間以内に到着 ・連絡責任者選任ほか ・受託者も可

※ 電気事業法施行規則第 52 条～55 条（詳細は以下による）
・主任技術者制度の解釈及び運用（内規）（平成 26 年 3 月 31 日改正 20140320 商局第 1 号）

付　　　録

付1.1.3　保安規程
電気事業法第42条で作成および届出を規定している保安規程に記すべき内容を以下に示す．
＜施行規則第50条抜粋・補足＞
1．電気工作物の工事，維持又は運用に関する業務を管理する職務及び組織に関すること
2．電気工作物の工事，維持又は運用に従事する者に対する保安教育に関すること
3．電気工作物の工事，維持又は運用に関する保安のための巡視，点検及び検査に関すること．
4．電気工作物の運転又は操作に関すること
5．発電所の運転を相当期間停止する場合における保全の方法に関すること
6．災害その他非常の場合にとるべき措置に関すること
7．電気工作物の工事，維持及び運用に関する保安についての記録に関すること
8．電気工作物の法定自主検査に係る実施体制及び記録の保存に関すること
　　（注：法定自主検査とは，使用前自主検査，溶接事業者検査又は定期事業者検査を総称している．）
9．その他電気工作物の工事，維持及び運用に関する保安に関し必要な事項．

付1.1.4　安全管理検査制度
　安全管理検査は，設置者が自ら技術基準への適合状況の検査を実施し，そののちに法定事業者検査実施体制について，登録安全管理審査機関が，国が定めた審査基準への適合性を審査する．
　安全管理検査には以下の3種類があり，それぞれ"法定事業者検査"とその後に行う"安全管理審査"との組合せとなっている．
1．使用前安全管理検査　＝　使用前自主検査　＋　使用前安全管理審査
2．溶接安全管理検査　　＝　溶接事業者検査　＋　溶接安全管理審査
3．定期安全管理検査　　＝　定期事業者検査　＋　定期安全管理審査

〔1〕　使用前安全管理検査
　電気事業法では，コージェネレーションが完成しそれを使用する前に技術基準等が適合していることを確認したうえでなければ，その使用を禁じている．コージェネレーションに関する使用前自主検査の対象を**付表1.6**に示す．使用前自主検査後に使用前安全管理審査を受審する．

付表1.6　使用前自主検査の対象

施　　設	使用前自主検査の対象	使用前安全管理審査の実施者
燃料電池発電所	500 kW 以上	経済産業大臣
ガスタービン発電所	1 000 kW 以上 15万 kW 未満	登録安全管理審査機関
	15万 kW 以上	所轄産業保安監督部長

　注　内燃力を原動力とする火力発電所は使用前自主検査を必要としない．

〔2〕　溶接安全管理検査
　ガスタービンやボイラを有するコージェネレーションの設備は，事故などが生じない耐圧性能を有する必要があるため，使用前に事業者検査を行う必要がある．検査の対象と定められている機械器具を**付表1.7**に，対象となる圧力を**付表1.8**に示す．なお，内燃力を原動力とする発電所については，対象となる機械または器具は定められていないが，対象となる圧力以上の部分について溶接事業者検査を実施する．溶接事業者検査後に，溶接安全管理審査を受審する．

付1 関連法令

付表1.7 溶接事業者検査の対象（施行規則79条）

種　別	対象となる機械または器具
火力発電所 （小型の汽力を原動力とするもの及び内燃力を原動力とするものを除く）	ボイラー，独立過熱器，独立節炭器，蒸気貯蔵器，蒸気だめ，熱交換器若しくはガス化炉設備に属する容器又は液化ガス設備（原動力設備に係るものに限る．）に属する液化ガス用貯槽，液化ガス用気化器，ガスホルダー若しくは冷凍設備（受液器及び油分離器に限る．）
	外径150 mm以上の管（液化ガス設備にあっては，液化ガス燃料設備に係るものに限る．）
燃料電池発電所	容器，熱交換器または改質器であって，内径200 mmを超えかつ長さが1 000 mmを超えるものまたは内容積が0.04 m^{3}を超えるもの
	外径150 mm以上の管

付表1.8 溶接事業者検査の対象圧力（施行規則80条）

	対象物	対象圧力
①	水用の容器または管であって，最高使用温度100度未満のもの	最高使用圧力1 960 kPa以上
②	液化ガス用の容器または管	最高使用圧力0 kPa以上
③	①および②に規定する容器以外の容器	最高使用圧力98 kPa以上
④	①および②に規定する管以外の管	最高使用圧力980 kPa以上（燃料電池設備に属さない管の長手継手の部分にあっては，490 kPa）

〔3〕 **定期安全管理検査**

電気事業法では，発電用のボイラー，タービンその他の省令で定める電気工作物（特定電気工作物）であって，一定以上の圧力を加えられる部分があるものを設置するものは，定期的に検査を実施することとなっている．定期安全管理検査の対象となる電気工作物を**付表1.9**に示す．事業者が定期事業者検査を実施した後に，定期安全管理審査を受審する．

付表1.9 定期安全管理検査の対象

蒸気タービン本体（出力1 000 kW以上のものに限る．）およびその附属設備
ボイラーおよびその附属設備
独立過熱器およびその附属設備
蒸気貯蔵器およびその附属設備
ガスタービン（出力1 000 kW以上の発電設備にかかわるもの（内燃ガスタービンにあっては，ガス圧縮機およびガス圧縮機と一体となって燃焼用の圧縮ガスをガスタービンに供給する設備の総合体であって，高圧ガス保安法第2条に定める高圧ガスを用いる機械または器具に限る．）に限る．）
液化ガス設備（液化ガス用燃料設備以外の液化ガス設備にあっては，高圧ガス保安法第5条第1項および第2項ならびに第24条の2に規定する事業所に該当する火力発電所（液化ガスを熱媒体として用いる小型の汽力を原動機とするものであって別に告示するものを除く．）の原動力設備にかかわるものに限る．）
燃料電池用改質器（最高使用圧力98 kPa以上の圧力を加えられる部分がある出力500 kW以上の発電設備にかかわるものであって，内径が200 mmを超え，かつ，長さが1 000 mmを超えるものおよび内容積が0.04 m^{3}を超えるものに限る．）

付　録

付1.2　消　防　法

コージェネレーションに関する消防法の規制については，火気に対する規制，危険物（燃料）に関する規制，非常用発電設備としての運用に関する規制の3分野に関するものとなる．

付1.2.1　火を使用する設備等に対する規制

火を使用する設備等に対する規制は，消防法第9条に基づき，消防法施行令第5条に示されている．また，それらの具体的な要件などについては，対象火気設備などの位置，構造および管理ならびに対象火気器具などの取扱いに関する条例の制定に関する基準を定める省令に定められている．

コージェネレーションに関する事項について概要を次に示す．

1. 屋外に設けるものにあっては，建築物から3m以上の距離を保つこと．ただし，次のものを除く．
   - (ア) 気体燃料を使用するピストン式内燃機関を原動力とする発電設備および燃料電池発電設備（固体高分子形，固体酸化物形燃料電池による発電設備のうち火を使用するものに限る．）のうち，出力10kW未満であって，その使用に際し異常が生じた場合において安全を確保するための有効な措置が講じられているもの
   - (イ) 燃料電池発電設備，変電設備，内燃機関を原動力とする発電設備および蓄電池設備のうち，消防長（消防本部を置かない市町村においては，市町村長）または消防署長が火災予防上支障がないとして認める構造を有するキュービクル式のものなど，延焼を防止するための措置が講じられているもの
2. 燃料電池発電設備，変電設備，内燃機関を原動力とする発電設備および蓄電池設備（建築設備を除く．）にあっては，水が浸入し，または浸透するおそれのない位置に設けること．

付1.2.2　危険物の貯蔵または取扱い

指定数量以上の危険物を貯蔵して取り扱う場合などは，消防法第11条の規定により都道府県知事または市町村長の許可が必要となる．燃料の貯蔵に関する規制に関して，対象となる危険物に指定されるものを**付表1.10**に，対象危険物の**指定数量**を**付表1.11**に，危険物の取扱いに関する申請届出の内容を**付表1.12**に示す．

付表1.10　消防法で危険物に指定されるもの（消防法別表第一から抜粋）

類　別	性　質	品　名
第四類	引火性液体	1. 特殊引火物 2. 第1石油類（ガソリンなど） 3. アルコール類 4. 第2石油類（軽油・灯油など） 5. 第3石油類（重油等） 6. 第4石油類（ギヤー油，シリンダー油など） 7. 動植物油類

付1 関連法令

付表 1.11 危険物指定数量（危険物の規制に関する政令別表第三から抜粋）

類　別	品　名	指定数量（非水溶性）	指定数量（水溶性）
第四類	第1石油類（ガソリンなど）	200 L	400 L
	第2石油類（軽油・灯油など）	1 000 L	2 000 L
	第3石油類（重油など）	2 000 L	4 000 L
	第4石油類（ギヤー油，シリンダー油など）	6 000 L	－

※規制の扱い
・指定数量以上：消防法の規定に基づく危険物施設として規制
・指定数量未満：市町村などの火災予防条例に基づいて規制

付表 1.12 危険物に関する申請・届出

取扱数量	申請（届出）の手続き	提出時期	提出先	根拠条文
指定数量以上	危険物貯蔵所（取扱書）設置許可申請書	着工前	都道府県知事または市町村長	消防法第11条
指定数量の1/5以上 指定数量未満	少量危険物貯蔵取扱届出書	完成時	所轄消防長（消防署長）	火災予防条例（例）第46条
指定数量の1/5未満	届出は必要なし			

付　　録

付1.2.3　消防用設備等の設置
〔1〕　非常用発電設備と消防用設備等

消防法で定められる非常用発電設備と必要な運転時間および対象となる消防用設備を**付表1.13**に示す.

付表1.13　消防用設備

	自家発電設備① 燃料電池設備 蓄電池設備[*1]	蓄電池設備② (直交変換装置を有しないもの)	①+②の組合せ	非常電源専用受電設備[*4]	容量 (運転時間) (分以上)
屋内消火栓設備	○	○	－	○	30
スプリンクラ設備	○	○	－	○	30
水噴霧消火設備	○	○	－	○	30
泡消火設備	○	○	－	○	30
不活性ガス消火設備	○	○	－	－	60
ハロゲン化物消火設備	○	○	－	－	60
粉末消火設備	○	○	－	－	60
屋外消火栓設備	○	○	－	○	30
自動火災報知設備	－	○	－	○	10
ガス漏れ火災警報設備	－	○	○[*2]	－	10
非常警報設備	－	○	－	○	10
誘導灯	－	○	○[*3]	－	20[*5]
排煙設備	○	○	－	○	30
連結送水管	○	○	－	○	120
非常コンセント設備	○	○	－	○	30
無線通信補助設備	－	○	－	○	30

[*1]　直交変換装置を有するもの.
[*2]　1分間以上の容量の蓄電池設備と，40秒以内に電源切替えが完了する自家発電設備，燃料電池設備，直交変換装置を有する蓄電池設備との併用.
[*3]　20分間を超える容量部分については，自家発電設備，燃料電池設備，直交変換装置を有する蓄電池設備でも可.
[*4]　特定防火対象物以外の防火対象物または特定対象物で延べ面積1 000 m² 未満のものにのみ適用できる.
[*5]　消防庁長官が定める要件に該当する防火対象物については60分間.

付1.2.4　コージェネレーションを常用防災兼用発電設備として用いる場合の基準

常時使用するコージェネレーションを非常用発電設備としても用いる場合の基準については，自家発電設備の基準（消防庁告示第1号）に定められており，以下に主な項目を抜粋する.

付1　関　連　法　令

自家発電設備の基準（抜粋）

昭和四十八年二月十日
消防庁告示第一号

第二　構造及び性能
　一　自家発電設備の構造及び性能は，次に定めるところによる．
　　（二）　常用電源が停電した場合，自動的に電圧確立，投入及び送電が行われるものであること．ただし，自家発電設備のうち，運転及び保守の管理を行うことができる者が常駐し，かつ，停電時において直ちに操作することができる場所に設けるものにあっては，電圧確立を自動とし，投入を手動とすることができる．

　　（三）　常用電源が停電してから電圧確立及び投入までの所要時間（投入を手動とする自家発電設備にあっては投入操作に要する時間を除く．）は，四十秒以内であること．ただし，常用電源の停電後四十秒経過してから当該自家発電設備の電圧確立及び投入までの間，蓄電池設備の基準（昭和四十八年消防庁告示第二号）の規定（同告示第二第一号（七）を除く．）に適合する蓄電池設備により電力が供給されるものにあっては，この限りではない．

　　（四）　常用電源が停電した場合，自家発電設備に係る負荷回路と他の回路とを自動的に切り離すことができるものであること．ただし，停電の際自家発電設備に係る負荷回路を他の回路から自動的に切り離すことができる常用の電源回路に接続するものにあっては，この限りでない．

　　（十三）　原動機の燃料供給は次のいずれかによるものであること．
　　　イ　定格負荷における連続運転可能時間に消費される燃料と同じ量以上の容量の燃料が燃料容器に保有されるものであること．

　　　ロ　ガス事業法（昭和二十九年法律第五十一号）第二条第十一項に規定するガス事業者により供給されるガスを燃料とする原動機の場合において，次に定める方法により，燃料が安定して供給されるものであること．
　　　　（イ）　地表面水平加速度四百ガルの地震動が加えられた後であっても，燃料が安定して供給されるものであること．
　　　　（ロ）　導管が建築物の外壁を貫通する場合にあっては，次に定める緊急ガス遮断装置（危急の場合に建築物の外壁を貫通する箇所の付近で直ちにガスの供給を遮断することができるものをいう．）が設置されていること
　　　　　　a　当該導管の最高使用圧力を加えたときに漏れが生じない遮断性能を有するものであること．
　　　　　　b　ガスの供給を停止せずに点検することができる措置が講じられているものであること．
　　　　（ハ）　ガスを圧縮して原動機に供給するものにあっては，ガス圧縮器から安定して圧縮ガスが供給されるまでの間，定格負荷における連続運転に消費される燃料と同じ量以上の容量の燃料が燃料容器に保有されるものであること．ただし，（三）ただし書きの規定の例により蓄電池設備を設けているものにあっては，この限りでない．

　二　電力を常時供給する自家発電設備の構造及び性能は，前号の規定によるほか，電力を常時供給するための燃料の供給が断たれたときに，自動的に非常電源用の燃料が供給されるものであること．ただし，前号（十三）ロに定める方法により燃料が安定して供給されるものにあっては，この限りではない．

付 録

付1.3 建築基準法

コージェネレーションに関する建築基準法の関連事項を以下に示す.

付1.3.1 建築設備の確認,中間検査,完了検査

法第2条では,建築設備としてガスまたは排煙などの設備または煙突などが建築設備として定義され,また施行令138条で,高さ6mを超える煙突が工作物として準用されることが規定されている.確認申請,中間検査,完了検査の概要を**付表1.14**に示す.

付表1.14 建築設備の確認,中間検査,完了検査

項　　目	申請の時期	申　請　先
確認申請	工事の着工前	建築主事又は指定確認検査機関
中間検査	特定工程に係る工事を終えた日から4日以内	
完了検査	工事が完了した日から4日以内	

付1.3.2 危険物の数量規制

消防法とは別に,建築基準法においても危険物の貯蔵などについて規制されている.危険物の数量の限度に関して関連するものを**付表1.15**に示す.また,用途地域による危険物の数量の限度を**付表1.16**に示す.なお,数量の限度を超える場合には,建築物の構造を耐火建築物または準耐火建築物としなければならない.

付表1.15 危険物の数量の限度

危険物の種類	危険物の数量の限度			
	常時貯蔵する場合		製造または他の事業を営む工場において処理する場合	
可燃性ガス[*1]	700 m^3	A	20 000 m^3	
圧縮ガス[*1]	7 000 m^3		200 000 m^3	
液化ガス	70 t		2 000 t	
第4類危険物第3石油類(重油など)[*2]	20 000 L		20 000 L	B

[*1] 0℃,1気圧換算の値.　　[*2] 地下貯蔵の場合には,数量の限度はない.

付表1.16 用途地域ごとの危険物の数量の限度

危険物の種類	用途地域		
	準住居地域	商業地域	準工業地域
圧縮ガス 液化ガス 可燃性ガス	A/20	A/10	A/2
第3石油類	B×3/2[*]	B×3[*]	B×5

注　A, Bは**付表1.15**のA, Bを示す.
　*　屋内貯蔵所のうち国土交通大臣が定める基準に適合する特定屋内貯蔵所の場合.

付1 関 連 法 令

付1.3.3 防災設備の予備電源

常用電源が停電した際,電力を必要とする防災設備に電力を供給するものが予備電源であり,消防法における非常電源と同じ目的で設置される.予備電源にコージェネレーションなどの自家用発電装置を用いる場合,建築基準法にその定めがないため消防法の規定が適用される.

防災設備ごとに適応する予備電源を**付表 1.17** に示す.

付表 1.17 防災設備と適応予備電源

		自家用発電装置①	蓄電池設備②	①+②	その他これらに類するもの	容量（運転時間）（分以上）
非常用の照明装置		−	○	○	○	30
非常用の進入口		−	○	−	○	30
排煙設備	一般	○	○	−	○	30
	特別避難階段の付室	○	○	−	○	30
	非常用エレベーターの乗降ロビー	○	○	−	○	30
地下道（地下街）	非常用の照明設備	○	○	−	○	30
	非常用の排水設備	○	○	−	○	30
	非常用の排煙設備	○	○	−	○	30
防火区画などに用いる防火設備		○	○	−	○	30
非常用エレベーター		○	−	−	−	60
エレベーターの安全装置の照明装置（停電灯）		−	○	○	−	30

付1.4 大気汚染防止法

コージェネレーションに関する大気汚染防止法の関連規定を以下に示す.

付1.4.1 ばい煙発生施設の定義

施設の燃焼能力により,大気汚染防止法におけるばい煙発生施設となる.その要件を**付表 1.18** に示す.

付表 1.18 大気汚染防止法の対象となるばい煙発生施設（大防令別表第一から抜粋）

施 設 名	要 件
ガスタービン	燃焼能力が重油換算 50 L/h 以上 （都市ガス 80 m³/h 以上, 3 600 MJ/h 以上）
ガスエンジン	燃焼能力が重油換算 35 L/h 以上 （都市ガス 31 m³/h 以上, 1 407 MJ/h 以上）
ガス発生炉（燃料電池改質器）	燃焼能力が重油換算 50 L/h 以上 （都市ガス 80 m³/h 以上, 3 600 MJ/h 以上）

注 重油換算については,表 4.7 を参照のこと.

付1.4.2 ばい煙の排出基準

ばい煙に関しては,硫黄酸化物と窒素酸化物の排出基準が規定されているが,都市ガスに関し,窒

付　　録

素酸化物のみを**付表 1.19** に示す．

付表 1.19　窒素酸化物の排出基準（大気汚染防止法施行規則第 5 条，別表第 3 の 2）

施　設　名	排出基準値 [$cm^3/m^3 N$]	O_2 濃度 [%]
ガスタービン	70	16
ガスエンジン	600	0
ガス発生炉（燃料電池改質器）	150	7

付 1.4.3　ばいじんの排出基準

都市ガスに関するばいじんの排出基準を**付表 1.20** に示す．また，ばいじんの排出に関してはより厳しい特別排出基準の対象地域を**付表 1.21** に示す．

付表 1.20　ばいじんの排出基準（大気汚染防止法施行規則第 7 条第 2 項，別表第二）

施　設　名	排出基準 [$mg/m^3 N$] 一般排出基準	排出基準 [$mg/m^3 N$] 特別排出基準	O_2 濃度 [%]
ガスタービン	50	40	16
ガスエンジン	50	40	0
ガス発生炉（燃料電池改質器）	50	30	7

付表 1.21　ばいじんの特別排出基準の対象地域（大気汚染防止法施行規則第 5 条，別表第五）

都道府県	区　　域
東 京 都	特別区
神奈川県	横浜市，川崎市及び横須賀市
愛 知 県	名古屋市，東海市，知多市，海部郡飛島村（一般国道一号線以南の地域に限る．）及び同郡弥富町（稲荷から富島に至る一般国道一号線以南の地域に限る．）
三 重 県	四日市市（小林町，高花平一丁目から五丁目まで，采女町，小古曾東三丁目七番，貝家町，北小松町，南小松町，山田町，西山町，小山町，内山町，六名町，堂ケ山町，美里町，鹿間町，和無田町，川島町，小生町，菅原町，寺方町，高角町，曾井町，桜町，智積町，西坂部町，山之一色町，赤水町，上海老町，下海老町，平尾町，江村町，北野町，黒田町，萱生町，中村町，平津町，千代田町，伊坂町，山村町，広永町，朝明町，山城町，札場町，北山町，西大鐘町，大鐘町，あさけケ丘一丁目から三丁目まで，八千代台一丁目及び二丁目，水沢町，水沢野田町，中野町，小牧町，市場町並びに西村町を除く．），三重郡楠町，同郡朝日町及び同郡川越町
大 阪 府	大阪市，堺市，豊中市，吹田市，泉大津市，守口市，枚方市，八尾市，寝屋川市，松原市，大東市，門真市，摂津市，高石市，東大阪市，四条畷市，交野市及び泉北郡
兵 庫 県	尼崎市
岡 山 県	倉敷市（中畝，南畝，福田町松江，東塚，潮通，連島町亀島新田，連島町鶴新田，水島東千鳥町，水島西千鳥町，水島福崎町，水島南亀島町，水島北亀島町，水島明神町，水島高砂町，水島海岸通，水島西通，水島中通，水島川崎通，児島宇野津字長島新田，児島塩生及び玉島乙島に限る．）
福 岡 県	北九州市，大牟田市

付 1.4.4　地方条例による NO_X 排出基準

主な地方自治体の条例による NO_X 排出基準（新設の場合）を**付表 1.22** に示す．NO_X 排出基準値については，**付表 1.22** では，$O_2 = 0$ ％換算の基準値で整理しているが，ガスタービンに関しては機

付1 関連法令

付表 1.22 主な地方自治体の条例による NO_x 排出基準（新設の場合）（平成 25 年 10 月末現在）

	規制対象重油換算 (L/h)		対象地域	ガスタービン			ガスエンジン	
	GE	GT						
大気汚染防止法	50	35	全国	294			600	
東京都	50	5	規模	2 000 kW 未満	2 000～500 000 kW 未満	50 000 kW 以上	重油換算 50 L/h 未満	重油換算 50 L/h 以上
			第一種地域	147	105	42	300	200
			第二種地域	210	147	42	500	500
神奈川県	50	35	規模	100 000～150 000 kW 未満	150 000 kW 以上		重油換算 200 L/h 未満	重油換算 200 L/h 以上
			横浜市・川崎市・横須賀市	63	42		200	
			その他	63	42		300	200
千葉県, 千葉市	50	35	規模	50 000 kW 未満	50 000～150 000 kW 未満	150 000 kW 以上	—	
			電気卸供給事業者	84	63	42		
			特別地域と千葉市・船橋市			84	200	
			その他			126	300	
大阪府	30	35	大阪府	150			200	
大阪市	10	10	規模	2 000 kW 未満 / 2 000～6 000 kW 未満 / 6 000～20 000 kW 未満 / 20 000～150 000 kW 未満			重油換算 150 L/h 未満 / 150～650 L/h 未満 / 650 L/h 以上	
			大阪市	100 / 80 / 50 / 30			150 / 100 / 50	
愛知県	50	35	名古屋市以外	147			200	
名古屋市	50	10	規模	1 000 kW 未満	1 000 kW 以上		120 kW 未満	120 kW 以上
			名古屋市	180	140		300	200
埼玉県	50	35	規模	最大ガス量 0.5～4.0 万 m^3 N/h 未満	最大ガス量 4.0 万 m^3 N/h 以上		—	
			埼玉県	84	42		200	
神戸市	25	25	神戸市	252			600	
新潟県	50	35	規模	定格出力 30 000～100 000 kW 未満	定格出力 100 000 kW 以上		—	
			新潟県	147	63		600	

注　規制値は酸素濃度 0 % 換算の NO_x 値 [ppm].

付　　　録

器仕様として $O_2 = 16$ %のときの NO_X 値が用いられる．そこで，$O_2 = 0$ %のときと $O_2 = 16$ %のときの NO_X 値の，酸素濃度による換算表を**付表1.23**に示す．

付表1.23　酸素濃度の換算表

0 %換算 NO_X 値 [ppm]	16 %換算 NO_X 値 [ppm]
294	70
252	60
210	50
147	35
126	30
105	25
84	20
63	15
42	10

注　換算式：0 %換算 NO_X 値 $= (21-0)/(21-16) \times 16$ %換算 NO_X 値

付1.5　騒音規制法，振動規制法

騒音規制法，振動規制法では，工場または事業場に設置される著しい騒音および振動を発生する施設を"特定施設"と定義し，住居が集合している地域や病院，学校など騒音および振動を防止する必要がある地域であって，住民の生活環境を保全するために都道府県知事が定めた地域（"指定地域"）における特定施設に対する規制を行う．

ただし，特定施設の設置の届出に関しては，コージェネレーションなどの電気工作物は適用除外となっており，電気事業法の相当規定に委ねられている．

付1.5.1　規制される特定施設

騒音規制法施行令第1条，振動規制法施行令第1条に定める特定施設のうち，コージェネレーションに関連するものを**付表1.24**に示す．補機のブロアやコンプレッサなどが対象となる．

付表1.24　コージェネレーションに関連する特定施設

法	コージェネレーションに関連する特定施設
騒音規制法の対象設備	原動機の定格出力が 7.5 kW 以上の空気圧縮機および送風機
振動規制法の対象設備	原動機の定格出力が 7.5 kW 以上の圧縮機

付1.5.2　規制の基準

特定工場等において発生する騒音の規制に関する基準（告示1号）に定められる基準値を**付表1.25**に示す．また，特定工場等において発生する振動の規制に関する基準（告示90号）に定められる基準値を**付表1.26**に示す．なお，都道府県知事（市の区域内においては市長）がそれぞれの表の基準の範囲内において基準値を定めることになっており，多くの地方自治体で上乗せされた規制値を定めた条例を有しているので，導入検討においてはその確認が必要である．

付1 関 連 法 令

付表 1.25 騒音の規制に関する基準

	昼間 7時または8時から18時，19時または20時まで	朝・夕 朝：5時または6時から7時または8時まで 夕：18時，19時または20時から21時，22時または23時まで	夜間 21時，22時または23時から翌5時または6時まで
第1種区域 （住宅集合地域）	45 dB 以上 50 dB 以下	40 dB 以上 45 dB 以下	40 dB 以上 45 dB 以下
第2種区域 （住宅地域）	50 dB 以上 60 dB 以下	45 dB 以上 50 dB 以下	40 dB 以上 50 dB 以下
第3種区域 （商業・工業・住宅地域）	60 dB 以上 65 dB 以下	55 dB 以上 65 dB 以下	50 dB 以上 55 dB 以下
第4種区域 （工業地域）	65 dB 以上 70 dB 以下	60 dB 以上 70 dB 以下	55 dB 以上 65 dB 以下

注　第2種区域，第3種区域または第4種区域の区域内に所在する学校，保育所，病院，入院施設を有する診療所，図書館，特別養護老人ホームの敷地の周囲おおむね50 m の区域内における基準は本表の基準値から5 dB 減じた値以上とすることができる．
　　第1種区域：良好な住居の環境を保全するため，特に静穏の保持を必要とする区域
　　第2種区域：住居の用に供されているため，静穏の保持を必要とする区域
　　第3種区域：住居の用にあわせて商業，工業などの用に供されている区域であって，その区域内の住民の生活環境を保全するため，騒音の発生を防止する必要がある区域
　　第4種区域：主として工業などの用に供されている区域であって，その区域内の住民の生活環境を悪化させないため，著しい騒音の発生を防止する必要がある区域

付表 1.26 振動の規制に関する基準

	昼間 5時，6時，7時または8時から19時，20時，21時または22時まで	夜間 19時，20時，21時または22時から翌5時，6時，7時または8時まで
第1種区域 （住宅地域）	60 dB 以上 65 dB 以下	55 dB 以上 60 dB 以下
第2種区域 （商業・工業・住宅地域）	65 dB 以上 70 dB 以下	60 dB 以上 65 dB 以下

注　学校，保育所，病院，入院施設を有する診療所，図書館，特別養護老人ホームの敷地の周囲おおむね50 m の区域内における基準は本表の基準値から5 dB 減じた値以上とすることができる．
　　第1種区域：良好な住居の環境を保全するため，特に静穏の保持を必要とする区域および住居の用に供されているため，静穏の保持を必要とする区域
　　第2種区域：住居の用に併せて商業，工業などの用に供されている区域であって，その区域内の住民の生活環境を保全するため，振動の発生を防止する必要がある区域および主として工業などの用に供されている区域であって，その区域内の住民の生活環境を悪化させないため，著しい振動の発生を防止する必要がある区域

付 1.5.3　特定施設の設置の届出

　騒音規制法，振動規制法では，規制対象となる特定施設の設置に関して届出が必要であるが，届出に関する条項を以下に抜粋する．

付　　録

騒音規制法・振動規制法
第6条（特定施設の設置の届出） 　　指定地域内の特定工場等に特定施設を設置しようとする者は，その特定施設の設置の工事の開始の日の30日前までに，環境省令で定めるところにより，次の事項を市町村長に届け出なければならない．（以下略）

付1.6　水質汚濁防止法

水質汚濁防止法では，規制される汚水や廃液を定義し，有害物質の排出基準および上乗せ基準，総量削減計画および総量規制基準を定めている．

自家発電設備を含む電気工作物を設置する工場または事業場の設置者に関する事項としては，貯油設備などを設置するものが対象となり，事故時において以下の措置が必要となるが，同主旨の条項は，電気事業法においても規定されている．

水質汚濁防止法
第十四条の二（事故時の措置） （中略） 3　貯油施設等を設置する工場又は事業場（以下この条において「貯油事業場等」という．）の設置者は，当該貯油事業場等において，貯油施設等の破損その他の事故が発生し，油を含む水が当該貯油事業場等から公共用水域に排出され，又は地下に浸透したことにより生活環境に係る被害を生ずるおそれがあるときは，直ちに，引き続く油を含む水の排出又は浸透の防止のための応急の措置を講ずるとともに，速やかにその事故の状況及び講じた措置の概要を都道府県知事に届け出なければならない． 4　都道府県知事は，特定事業場の設置者，指定事業場の設置者又は貯油事業場等の設置者が前三項の応急の措置を講じていないと認めるときは，これらの者に対し，これらの規定に定める応急の措置を講ずべきことを命ずることができる．

付1.7　労働安全衛生法

労働安全衛生法では，ボイラー及び圧力容器に関して規定されている．
コージェネレーションを構成する装置で，該当する主な設備を**付表1.27**に示す．

付表1.27　ボイラー及び圧力容器に該当する装置

	主な該当する装置等
圧力容器	始動用エアタンク，昇圧用ガス圧縮機の緩衝タンク，膨張タンク，スチームヘッダーなど
ボイラー	排ガスボイラー，バックアップ用ボイラー

付1 関連法令

付1.7.1 ボイラー及び圧力容器の規定

付表1.28 圧力容器の区分と規定（施行令，ボイラー及び圧力容器安全規則より抜粋）

区　分	適　用	取扱い
第一種圧力容器	蒸気その他の熱媒を受け入れ，または蒸気を発生させて固体または液体を加熱する容器で，容器内の圧力が大気圧を超えるもの 大気圧における沸点を超える温度の液体をその内部に保有する容器 ゲージ圧力0.1 MPa以下で使用する容器で，内容積が0.04 m^3 以下のものまたは胴の内径が200 mm以下で，かつ，その長さが1 000 mm以下のものおよびその使用する最高のゲージ圧力をMPaで表した数値と内容積を m^3 で表した数値との積が0.004以下の容器を除く（令第1条）	（1）安全弁は，最高使用圧力以下で作動するように調整すること（規則第65条）． （2）圧力計は，使用中その機能を害するような振動を受けることがないようにし，かつ，その内部が凍結し，または80度以上の温度にならない措置を講ずること（規則第65条）． （3）圧力計の目盛には，当該第一種圧力容器の最高使用圧力を示す位置に，見やすい表示をすること（規則第65条）． （4）事業者は，第一種圧力容器取扱作業主任者の氏名を第一種圧力容器を設置している場所の見やすい箇所に掲示しなければならない（規則第66条）． （5）使用開始後，1箇月以内ごとに1回，定期的に自主検査を行い，その記録を3年間保管する（規則第67条）．
小型圧力容器	第一種圧力容器のうち，ゲージ圧力0.1 MPa以下で使用する容器で，内容積が0.2 m^3 以下のものまたは胴の内径が500 mm以下で，かつ，その長さが1 000 mm以下のもの，またはその使用する最高のゲージ圧力をMPaで表した数値と内容積を m^3 で表した数値との積が0.02以下の容器（令第1条）	（1）安全弁は，最高使用圧力以下で作動するように調整すること（規則第93条）． （2）使用開始後，1年以内ごとに1回，定期的に自主検査を行い，その記録を3年間保管する（規則第94条）．
第二種圧力容器	ゲージ圧力0.2 MPa以上の気体をその内部に保有する容器（第一種圧力容器を除く．）で，内容積が0.04 m^3 以上の容器，または胴の内径が200 mm以上で，かつ，その長さが1 000 mm以上の容器（令第1条）	（1）安全弁は，最高使用圧力以下で作動するように調整すること（規則第86条）． （2）圧力計は，使用中その機能を害するような振動を受けることがないようにし，かつ，その内部が凍結し，または80度以上の温度にならない措置を講ずること（規則第87条）． （3）圧力計の目盛には，当該第一種圧力容器の最高使用圧力を示す位置に，見やすい表示をすること（規則第87条）． （4）使用開始後，1年以内ごとに1回，定期的に自主検査を行い，その記録を3年間保管する（規則第88条）．

付 録

付表 1.29 ボイラーの区分と規定

区　分	要　件
ボイラー	イ　ゲージ圧力 0.1 MPa 以下で使用する蒸気ボイラーで，厚生労働省令で定めるところにより算定した伝熱面積（以下"伝熱面積"という．）が 0.5 m² 以下のものまたは胴の内径が 200 mm 以下で，かつ，その長さが 400 mm 以下のもの ロ　ゲージ圧力 0.3 MPa 以下で使用する蒸気ボイラーで，内容積が 0.0003 m³ 以下のもの ハ　伝熱面積が 2 m² 以下の蒸気ボイラーで，大気に開放した内径が 25 mm 以上の蒸気管を取り付けたものまたはゲージ圧力 0.05 MPa 以下で，かつ，内径が 25 mm 以上の U 形立管を蒸気部に取り付けたもの ニ　ゲージ圧力 0.1 MPa 以下の温水ボイラーで，伝熱面積が 4 m² 以下のもの ホ　ゲージ圧力 1 MPa 以下で使用する貫流ボイラー（管寄せの内径が 150 mm を超える多管式のものを除く．）で，伝熱面積が 5 m² 以下のもの（気水分離器を有するものにあっては，当該気水分離器の内径が 200 mm 以下で，かつ，その内容積が 0.02 m³ 以下のものに限る．） ヘ　内容積が 0.004 m³ 以下の貫流ボイラー（管寄せおよび気水分離器のいずれをも有しないものに限る．）で，その使用する最高のゲージ圧力を MPa で表した数値と内容積を m³ で表した数値との積が 0.02 以下のもの（令第 1 条第 3 項）
小型ボイラー	イ　ゲージ圧力 0.1 MPa 以下で使用する蒸気ボイラーで，伝熱面積が 1 m² 以下のものまたは胴の内径が 300 mm 以下で，かつ，その長さが 600 mm 以下のもの ロ　伝熱面積が 3.5 m² 以下の蒸気ボイラーで，大気に開放した内径が 25 mm 以上の蒸気管を取り付けたものまたはゲージ圧力 0.05 MPa 以下で，かつ，内径が 25 mm 以上の U 形立管を蒸気部に取り付けたもの ハ　ゲージ圧力 0.1 MPa 以下の温水ボイラーで，伝熱面積が 8 m² 以下のもの ニ　ゲージ圧力 0.2 MPa 以下の温水ボイラーで，伝熱面積が 2 m² 以下のもの ホ　ゲージ圧力 1 MPa 以下で使用する貫流ボイラー（管寄せの内径が 150 mm を超える多管式のものを除く．）で，伝熱面積が 10 m² 以下のもの（気水分離器を有するものにあっては，当該気水分離器の内径が 300 mm 以下で，かつ，その内容積が 0.07 m³ 以下のものに限る．）（令第 1 条第 4 項）
貫流ボイラー	貫流ボイラーについては，その伝熱面積に 1/10 を乗じて得た値を当該貫流ボイラーの伝熱面積とすること（規則第 24 条第 2 項 1 号）
排熱ボイラー	火気以外の高温ガスを加熱に利用するボイラーについては，その伝熱面積に 1/2 を乗じて得た値を当該ボイラーの伝熱面積とすること（規則第 24 条第 2 項 2 号）

付 1.7.2　ボイラー設置に関する届出

付表 1.30　ボイラーの設置に関する届出

項　目	内　容	届出先	時　期
ボイラー設置届	新たにボイラーを設置しようとする場合には，届出が必要である（規則第 10 条）	所轄労働基準監督署長	設置工事開始の日の 30 日前まで
ボイラー落成検査	ボイラーを設置した者は，落成検査を受けることが定められている（規則第 14 条） 落成検査に合格したボイラーには"ボイラー検査証"が公布される．	所轄労働基準監督署長	ボイラーを設置したとき

付 1.7.3　ボイラーの定期自主検査

　事業者は，ボイラーの使用を開始した後，1 月以内ごとに 1 回，定期に**付表 1.31** に示す事項について自主検査を実施しなければならない．また，この自主検査の結果を記録し，3 年間保存しなければならない．

付1 関 連 法 令

付表1.31 ボイラーの定期自主検査（ボイラー及び圧力容器安全規則第32条）

項　目		点検事項
ボイラー本体		損傷の有無
燃焼装置	油加熱器および燃料送給装置	損傷の有無
	バーナ	汚れまたは損傷の有無
	ストレーナ	つまりまたは損傷の有無
	バーナタイルおよび炉壁	汚れまたは損傷の有無
	ストーカおよび火格子	損傷の有無
	煙道	漏れその他の損傷の有無および通風圧の異常の有無
自動制御装置	起動および停止の装置，火炎検出装置，燃料遮断装置，水位調節装置ならびに圧力調節装置	機能の異常の有無
	電気配線	端子の異常の有無
附属装置および附属品	給水装置	損傷の有無および作動の状態
	蒸気管およびこれに付属する弁	損傷の有無および保温の状態
	空気予熱器	損傷の有無
	水処理装置	機能の異常の有無

付1.8　高圧ガス保安法

コージェネレーションにおいて，高圧ガス保安法が適用されるのは，非常用などの燃料としてLPGやCNG（圧縮天然ガス）が用いられる場合があげられる．

付1.8.1　高圧ガスの定義

高圧ガス保安法の規制の対象となる高圧ガスの定義を，**付表1.32**に示す．1MPa以上となるCNGは表中の1．に，0.2MPa以上となるLPGは表中の2．に該当する．

付表1.32 高圧ガスの定義（法第2条より）

高圧ガス	1．常用の温度において圧力（ゲージ圧力をいう．以下同じ．）が1MPa以上となる圧縮ガスであって現にその圧力が1MPa以上であるものまたは温度35度において圧力が1MPa以上となる圧縮ガス（圧縮アセチレンガスを除く．）
	2．常用の温度において圧力が0.2MPa以上となる圧縮アセチレンガスであって現にその圧力が0.2MPa以上であるものまたは温度15度において圧力が0.2MPa以上となる圧縮アセチレンガス
	3．常用の温度において圧力が0.2MPa以上となる液化ガスであって現にその圧力が0.2MPa以上であるものまたは圧力が0.2MPaとなる場合の温度が35度以下である液化ガス
	4．前号に掲げるものを除くほか，温度35度において圧力0Paを超える液化ガスのうち，液化シアン化水素，液化ブロムメチルまたはその他の液化ガスであって，政令で定めるもの

付 録

付 1.8.2 貯蔵所の許可・届出

高圧ガスを貯蔵する際，LPG および CNG の貯蔵する数量によって手続きが異なる．手続きを**付表 1.33** に示す．なお，LPG および CNG は**付表 1.34** の第二種ガスに相当するが，第一種ガスを一緒に貯蔵するときは，**付表 1.33** の貯蔵量は異なるので，注意を要する．

付表 1.33 高圧ガス貯蔵所の許可・届出（法第 16 条，第 17 条の 2 より）

手続き	申請・届出先	取扱	貯蔵量
許可申請	都道府県知事	第一種貯蔵所	300 m³ 以上 *¹より，CNG：1 000 m³ 以上 LPG：10 000 kg 以上
届出	都道府県知事	第二種貯蔵所	300 m³ 以上 1 000 m³ 未満
不要			300 m³ 未満

*¹ **付表 1.34** に示すガスの貯蔵量については同表の値となる．
液化ガスまたは液化ガスおよび圧縮ガスは，液化ガス 10 kg をもって容積 1 m³ とみなす．

付表 1.34 高圧ガス貯蔵所の許可にかかわるガスの種類と貯蔵量（令第 5 条より）

呼称	ガスの種類	貯蔵量の値
第一種ガス	ヘリウム，ネオン，アルゴン，クリプトン，キセノン，ラドン，窒素，二酸化炭素，フルオロカーボン（可燃性のものを除く）または空気	3 000 m³
第二種ガス	第一種ガス以外のガス（ただし，第三種ガスを除く）	1 000 m³
第三種ガス	現在のところ規定なし	－

付 1.8.3 特定高圧ガス消費届

CNG および LPG は，"当該ガスを相当程度貯蔵して消費する際に公共の安全を維持し，又は災害の発生を防止する際に防止するために特別の注意を要する高圧ガス"（特定高圧ガス）として，その消費するものは"特定高圧ガス消費届"を届け出ることが定められている．届出の対象となる数量を**付表 1.35** に示す．また，届出の手続きを**付表 1.36** に示す．

付表 1.35 届出の対象（令第 7 条より）

高圧ガスの種類	数量
圧縮天然ガス（CNG）	300 m³ 以上
液化石油ガス（LPG）	3 000 kg 以上

付表 1.36 届出の手続き（法第 24 条の 2 より）

届出単位	事業所ごと
提出期日	消費開始の 20 日前まで
内容（添付書面）	特定高圧ガスの種類，消費のための施設の位置，構造および設備ならびに消費の方法を記載した書面
提出先	都道府県知事

付1 関 連 法 令

付1.9 エネルギーの使用の合理化等に関する法律

エネルギーの使用の合理化等に関する法律（省エネルギー法）では，複数の判断基準および指針などにコージェネレーションに関する記載がある．民生用関連について，該当部分を以下に抜粋する．なお，省エネルギー法における"工場等に係わる措置等"の規程では，"工場等"に民生用施設も含まれ，民生用施設を区分して表現する場合には"専ら事務所その他類する用途"の用語が用いられる．

工場等におけるエネルギーの使用の合理化に関する事業者の判断の基準（平成25年12月27日経済産業省告示269号）より

Ⅰ　エネルギーの使用の合理化の基準
　1　専ら事務所その他これに類する用途に供する工場等におけるエネルギーの使用の合理化に関する事項
（省略）
　（5）　発電専用設備及びコージェネレーション設備に関する事項
　　①　発電専用設備及びコージェネレーション設備の管理
（省略）
　　　イ．コージェネレーション設備に使用されるガスタービン，ガスエンジン，ディーゼルエンジン等の運転の管理は，管理標準を設定して，発生する熱及び電気が十分に利用されるよう負荷の増減に応じ総合的な効率を高めるものとすること．また，複数のコージェネレーション設備の並列運転に際しては，個々の機器の特性を考慮の上，負荷の増減に応じて適切な配分がなされるように管理標準を設定し，総合的な効率の向上を図ること．
　　②　発電専用設備，コージェネレーション設備に関する計測及び記録
　　　　発電専用設備及びコージェネレーション設備については，補機等を含めた総合的な効率の改善に必要な事項の計測及び記録に関する管理標準を設定し，これに基づき定期的に計測を行い，その結果を記録すること．
　　③　発電専用設備，コージェネレーション設備の保守及び点検
　　　　発電専用設備及びコージェネレーション設備を利用する場合には，補機等を含めた総合的な効率を高い状態に維持するように保守及び点検に関する管理標準を設定し，これに基づき定期的に保守及び点検を行うこと．
　　④　発電専用設備，コージェネレーション設備の新設に当たっての措置
（省略）
　　　ウ．コージェネレーション設備を新設する場合には，熱及び電力の需要実績と将来の動向について十分な検討を行い，年間を総合して排熱及び電力の十分な利用が可能であることを確認し，適正規模の設備容量のコージェネレーション設備の設置を行うこと．
（省略）
Ⅱ　エネルギーの使用の合理化の目標及び計画的に取り組むべき措置
　1　エネルギー消費設備等に関する事項
　1-1　専ら事務所その他これらに類する用途に供する工場等におけるエネルギーの使用の合理化の目標及び計画的に取り組む措置
（省略）
　（8）　コージェネレーション設備
　　蒸気又は温水需要が大きく，将来，年間を総合して排熱の十分な利用が可能であると見込まれる場合には，コージェネレーション設備の設置を検討すること．

付　　　録

工場等における電気の需要の平準化に資する措置に関する事業者の指針（平成 25 年 12 月 27 日経済産業省告示 271 号）より
1　電気需要平準化時間帯における電気の使用から燃料又は熱の使用への転換 1-1　自家発電設備の活用 　（1）　コージェネレーション設備 　　ア．ガスタービン，ガスエンジン，ディーゼルエンジン，燃料電池等のコージェネレーション設備の導入を検討すること． 　　イ．コージェネレーション設備を新設又は更新する場合には，熱及び電気の需要の実績並びに将来の見通しについて十分な検討を行い，年間を総合して排熱及び電力の十分な利用が可能であることを確認し，適正規模の設備容量のものとすること． 　　ウ．コージェネレーション設備を新設又は更新する場合には，空気調和設備等の電気需要平準化時間帯において電気の消費量が大きい機器について，コージェネレーション設備の運転により発生する排熱を利用できる機器の設置を併せて検討すること． 　　エ．定期点検等は，電気需要平準化時間帯以外の時間帯に実施することにより，電気需要平準化時間帯における発電に努めること 　　オ．電気需要平準化時間帯において，政府が電気の需給の逼迫を知らせる警報を発令する等，電気の需給の逼迫が予想される場合には，電気需要平準化を優先し，発電出力の増加に努めること． 　（省略）

付1 関連法令

特定事業者または特定連鎖化事業者のうち専ら事務所その他これに類する用途に供する工場等を設置しているものによる中長期的な計画の作成のための指針（平成22年3月30日財務省，文部科学省，厚生労働省，農林水産省，経済産業省，国土交通省告示1号）より

（省略）
（4） 給湯器
　① 給湯熱源設備・システム
　　ガスエンジン給湯器　ガスエンジンで発電するとともに，エンジン排熱を給湯ユニットに貯め利用するもの．ガスエンジンユニットと給湯ユニットで構成．
（中略）
（8） コージェネレーション設備
　　判断基準中，目標及び措置部分の1エネルギー消費設備等に関する事項の（8）コージェネレーション設備の項目で規定する目標及び措置の実現に資する設備等の具体例としては，次に掲げる設備等が有効であることから，中長期的な計画の作成における検討対象として掲げるものである．
　① コージェネレーション設備

設備・システム・技術名	具体的内容
エンジン式コージェネレーション設備	ガスエンジン，ディーゼルエンジンを原動機とし，軸動力を発電機・圧縮機等の駆動力として利用するとともに，エンジン冷却水と排ガスから排熱を回収して熱源として利用するもの．特に動力又は電力需要とともに主として温水需要が大きい場合に有効．
ガスタービン式コージェネレーション設備	ガスタービンを原動機とし，軸動力を発電機・圧縮機等の駆動力として利用するとともに，排ガスから排熱を回収して熱源として利用するもの．特に動力又は電力需要とともに主として蒸気需要が大きい場合に有効．また，需要バランスが不規則な場合には，蒸気をタービン発電機で電気に変換できるものが有効．
燃料電池コージェネレーションシステム	原動機の代わりに燃料電池を使用して電力及び温水又は蒸気を発生させ利用するもの．電力需要と共に温水又は蒸気需要が大きい場合に有効．

　② 排熱の有効利用

設備・システム・技術名	具体的内容
排熱利用冷温熱製造装置	コージェネレーション設備の排熱を熱源とする吸収冷凍機，排熱利用吸着式冷凍機及び補助熱源として利用する排熱投入型吸収冷温水機．
排気利用デシカント空気調和システム	コージェネレーション設備の排熱を乾燥剤の再生に利用した除湿システム．
高効率熱交換器	コージェネレーション設備の排熱を効率よく温水や蒸気等に変換，また気体の加熱に利用するため，伝熱面積を増加させた熱交換器．

付　録

貨物の輸送に係る電気の需要の平準化に資する措置に関する電気使用貨物輸送事業者の指針（平成26年1月17日経済産業省・国土交通省告示第2号）より

（省略）
2　電気需要平準化時間帯における電気の使用から燃料又は熱の使用への転換
　鉄道により貨物の輸送を行う電気使用貨物輸送事業者は，駅施設等においてコージェネレーション装置又は電気需要平準化に資する空気調和設備の導入，更新又は適切な活用を検討すること．

旅客の輸送に係る電気の需要の平準化に資する措置に関する電気使用旅客輸送事業者の指針（平成26年1月17日経済産業省・国土交通省告示第3号）より

（省略）
2　電気需要平準化時間帯における電気の使用から燃料又は熱の使用への転換
　鉄道により旅客の輸送を行う電気使用旅客輸送事業者は，駅施設等においてコージェネレーション設備又は電気需要平準化に資する空気調和設備の導入，更新または適切な活用を検討すること．

特定住宅に必要とされる性能の向上に関する住宅事業建築主の判断の基準（平成26年3月31日経済産業省・国土交通省告示第5号）より

（省略）
2-2　コージェネレーションを採用する場合の住宅における一次エネルギー消費量は，2-1の規定に関わらず，次の式により算出するものとする．

$$Et = Ee \times C1 + (Lw + Lhw) \times C2 + C3 - Es$$

この式において，Et, Ee, Lw, Lhw, Es, $C1$, $C2$ 及び $C3$ は，それぞれ次の数値を表すものとする．

Et　：一次エネルギー消費量（単位　1年につきギガジュール）
Ee　：暖房，冷房，機械換気及び照明の用途に消費される年間消費電力量（単位　1年につきギガジュール）
Lw　：コージェネレーションが分担する年間給湯負荷（単位　1年につきギガジュール）
Lhw：コージェネレーションが分担する年間温水暖房負荷（単位　1年につきギガジュール）
Es　：エネルギー利用効率化設備による一次エネルギー消費量の削減量（単位　1年につきギガジュール）
$C1$　：コージェネレーションの機種等に応じて定められる定数（単位　1メガワット時につきギガジュール）
$C2$　：コージェネレーションの機種等に応じて定められる定数
$C3$　：コージェネレーションの機種等に応じて定められる定数（単位　1年につきギガジュール）

（1）　Lw：コージェネレーションが分担する年間給湯負荷（単位　1年につきギガジュール）
　年間給湯負荷は，太陽熱温水器若しくは節湯型機器の使用又は給湯配管の仕様を勘案した数値とする．
（2）　Lhw：コージェネレーションが分担する年間温水暖房負荷（単位　1年につきギガジュール）
　コージェネレーションが分担する年間温水暖房負荷は，放射パネル及び床パネル等の放熱器と配管からなる放熱系統ごとの単位時間当たりの処理負荷に，非暖房空間等への熱損失を加え，温水暖房負荷の暖房期間における合計とする．
（3）　$C1$, $C2$ 及び $C3$：コージェネレーションの機種等に応じて定められる定数
　各々の定数は，コージェネレーションの機種，性能，容量及び使用状況を勘案した数値とする．

付2 設置に係る手続き

コージェネレーションシステムの設置に係る主な手続きを**付表2.1**に示す.

付表2.1 コージェネレーションシステムの設置に係る主な手続き

	届出先	ガスエンジン	ガスタービン	届出時期
工事計画の届出[*]	所轄産業保安監督部長	1万kW以上	1千kW以上	着工の30日前まで
騒音規制に関する届出[*]		指定地域内に7.5kW以上の空気圧縮機および送風機の設置,その他地方自治体の条例によるもの		着工の30日前まで
振動規制に関する届出[*]		指定地域内に7.5kW以上の圧縮機などの設置,その他地方自治体の条例によるもの		着工の30日前まで
保安規程届		10kW以上	10kW以上	工事計画を伴うものは工事開始前 それ以外は使用開始前
ボイラー・タービン主任技術者選任届		−	300kW以上	工事着手前
電気主任技術者選任届		10kW以上	10kW以上	
固定型内燃機関設置届,指定作業場設置届など(地方自治体の条例による)	地方自治体の長	NO_x規制を行っている自治体の場合		着工の60日前まで
ばい煙発生施設設置届[*]		重油換算 35L/h以上の設備	重油換算 50L/h以上の設備	着工の60日前まで
発電設備設置届	所轄消防署長	10kW以上	10kW以上	あらかじめ
ボイラー設置届	労働基準監督署長	発電用以外で労働安全衛生法以外で定義されたボイラ		工事開始の30日前まで
系統連系事前協議	電力会社	○	○	計画段階

[*] 電気事業法の工事計画の届出を行う場合は,大気汚染防止法に係るばい煙発生施設の届出,騒音規制法・振動規制法に関する届出は電気事業法の工事計画の届出に含めて届け出る(電気事業法の工事計画の届出が不要であっても,大防法・騒音規制法・振動規制法に関して届出が必要となる場合もある).

付　　　　録

付3　系統連系に係る規定

付表3.1　系統連系時の電力品質確保に係る"電気設備の技術基準の解釈"と"電力品質確保に係る系統連系技術要件ガイドライン"の概要

		低圧配電線
適用の範囲		電力品質確保に係る系統連系技術要件ガイドライン：一般電気事業者がその供給区域内で設 電気設備の技術基準の解釈（系統連系技術要件に係るもの）：一般電気事業及び卸電気事業者
容量		原則として50 kW未満
連系区分		発電機の出力容量が契約電力に比べてきわめて小さい場合には，契約電力における電圧の連系区分より下位の電圧での連系区分に準拠して連系できる．
協議		実際の連系にあたっては，発電設備の設置者および系統側電気事業者は誠意を持って協議に
電気方式		（1）　発電設備等の電気方式は（2）に定める場合を除き連系する系統の電気方式と同一とする． （2）　発電設備等の電気方式は次のいずれかに該当する場合には，連系する系統の電気方式と異なってもよいものとする． ①最大使用電力に比べ発電設備等の容量が非常に少なく，相間の不平衡による影響が問題とならない場合 ②単相3線式の系統に単相2線式200 Vの発電設備等を連系する場合であって，受電点の遮断器を開放したときなどに負荷の不平衡により生じる過電圧に対して逆変換装置を停止する対策，または発電設備を解列する対策を行う場合 （3）　単相3線式の系統に分散型電源を連系する場合であって，負荷の不平衡により中性線に最大電流が生じるおそれがあるときは，分散型電源を施設した構内の電路であって，負荷および分散型電源の並列点よりも系統側に，3極に過電流引き外し素子を有する遮断器を施設すること．
力率	逆潮流なし	受電点力率：系統側から見て原則85 %以上，かつ進み力率とならない 逆変換装置を介して連系する発電設備等については，発電設備力率：系統側から見て，遅れ95 %以上
	逆潮流あり	・原則として受電点力率が，系統側から見て85 %以上，かつ進み力率とならない ・電圧上昇を防止するうえでやむを得ない場合は，力率を80 %まで制御可能 ・小出力の逆変換装置を用いる場合，または一般住宅の負荷のように受電点力率が適正と考 電力で制御するときは85 %以上，制御しないときは95 %以上
系統連系保護継電器による自動解列が必要な場合		①分散型電源の異常または故障 ②連系している電力系統の短絡事故，地絡事故，または高低圧混触事故 ③分散型電源の単独運転または逆充電
	共通	①逆変換装置 　過電圧継電器（発電設備保護と兼用可能） 　不足電圧継電器（発電設備保護と兼用可能） ②同期発電機 　①に加えて短絡方向継電器（条件により代用可能） 　単独運転検出機能（受動的方式） ③誘導発電機 　①に加えて単独運転検出機能（受動的方式）

付3 系統連系に係る規定

高圧配電線	特別高圧電線路	スポットネットワーク配電線
置する発電設備等以外の発電設備等と系統連系する場合		
以外の者が発電設備を一般電気事業者が運用する電力系統に連系する場合		
原則として 2 000 kW 未満	原則として 10 000 kW 未満	原則として 10 000 kW 未満
発電機設備の出力容量が契約電力に比べてきわめて小さい場合には,契約電力における電圧の連系区分より下位の電圧での連系区分に準拠して連系できる.		
あたる.		
(1) 発電設備等の電気方式は,(2)に定める場合を除き連系する系統の電気方式と同一とする. (2) 発電設備等の電気方式は次に該当する場合には,連系する系統の電気方式と異なってもよい. ①最大使用電力に比べ発電設備等の容量が非常に少なく,相間の不平衡による影響が問題とならない場合		
原則として受電点力率が,系統側から見て 85 % 以上,かつ進み力率とならない		
えられる場合は,発電設備力率を無効	系統の電圧を適正に維持できる値	-
①分散型電源の異常または故障 ②連系している電力系統の短絡事故または地絡事故 ③分散型電源の単独運転	①分散型電源の異常または故障 ②連系している電力系統の短絡事故または地絡事故.ただし,電力系統側の再閉路の方式などにより,分散型電源を解列する必要がない場合を除く.	①分散型電源の異常または故障 ②スポットネットワーク配電線の全回線の電源が喪失した場合における分散型電源の単独運転
過電圧継電器(発電設備保護と兼用可能) 不足電圧継電器(発電設備保護と兼用可能) 短絡方向継電器(同期発電機) 地絡過電圧継電器(発電設備保護と兼用可能)(受電電力容量≧逆変換装置発電設備出力容量で,単独運転検出機能等により高速遮断されるときは省略可能)	過電圧継電器(発電設備保護と兼用可能) 不足電圧継電器(発電設備保護と兼用可能) 短絡方向継電器(同期発電機) 電流差動継電器(中性点直接設置方式) 地絡過電圧継電器(発電設備保護と兼用可能)(他方式で高速に単独運転検出ができる場合,省略可能)	過電圧継電器(発電設備保護と兼用可能) 不足電圧継電器(発電設備保護と兼用可能)

付　　録

		低圧配電線		
保護継電器の設置	逆潮流なし	①逆変換装置 　逆電力継電器 　周波数低下継電器 　逆充電検出機能，または単独運転検出機能（受動的方式および能動的方式のそれぞれ一方式以上） ②同期発電機または誘導発電機 　1）不足電力継電器＋周波数低下継電器＋逆電力継電器 　2）不足電力継電器＋周波数低下継電器＋単独運転検出機能（受動的方式） 　3）発電設備の出力容量＜構内負荷の場合は，周波数低下継電器＋逆電力継電器＋単独運転検出機能（受動的方式）		
	逆潮流あり	①逆変換装置 　周波数上昇継電器 　周波数低下継電器 　単独運転検出機能 　（受動的方式および能動的方式のそれぞれ一方式以上） ②同期発電機および誘導発電機 　現時点での連系の保護技術や導入ニーズを勘案し逆潮流なしを原則とする		
保護継電器の設置場所		受電点その他故障の検出が可能な場所		
解列箇所		①逆変換装置で連系運転する場合 　1．機械的開閉箇所2か所 　2．機械的開閉箇所1か所＋ゲートブロック 　　（受動的方式の単独運転検出装置動作時は，ゲートブロックのみとすることができる） ②同期発電機または誘導発電機で連系運転する場合 　1．機械的開閉箇所2か所 ③逆変換装置で自立運転する場合 　1．機械的開閉箇所2か所 　2．機械的開閉箇所1か所＋系統停止時の誤投入防止機構＋機械的開閉箇所故障時の自立運転移行阻止機能＋連系復帰時の非同期投入防止機構 ④同期発電機または誘導発電機で自立運転する場合 　1．機械的開閉箇所2か所		
保護継電器の設置相数		①単相2線式 周波数上昇継電器　　1相設置 周波数低下継電器　　1相設置 逆電力継電器　　　　1相設置 短絡方向継電器　　　1相設置 過電圧継電器　　　　1相設置 不足電圧継電器　　　1相設置 不足電力継電器　　　1相設置 逆充電検出機能　　　1相設置	②単相3線式 周波数上昇継電器　　1相設置 周波数低下継電器　　1相設置 逆電力継電器　　　　1相設置 短絡方向継電器　　　2相設置 過電圧継電器　　　　2相設置 不足電圧継電器　　　2相設置 不足電力継電器　　　2相設置 逆充電検出機能　　　2相設置	③三相3線式 周波数上昇継電器　　1相設置 周波数低下継電器　　1相設置 逆電力継電器　　　　1相設置 短絡方向継電器　　　2相設置 過電圧継電器　　　　2相設置 不足電圧継電器　　　2相設置 不足電力継電器　　　3相設置 逆充電検出機能　　　3相設置

付3 系統連系に係る規定

高圧配電線	特別高圧電線路	スポットネットワーク配電線
逆電力継電器 （受電電力容量≫逆変換装置発電設備出力容量で，単独運転検出機能などにより高速遮断されるときは省略可能） 周波数低下継電器 （専用線で逆電力継電器で高速で検出・保護できる場合には省略可能）	周波数上昇継電器 （専用線のときは省略可能） 周波数低下継電器 逆電力継電器 （発電設備保護と兼用可能） （周波数上昇継電器，周波数低下継電器で検出・保護できないとき）	周波数低下継電器 逆電力継電器 （ネットワーク継電器の機能で代用可） （全回線において検出した場合，時限をもって発電機を解列）
周波数上昇継電器 （専用線のときは省略可能） 周波数低下継電器 転送遮断器，または単独運転検出機能（能動的方式）		－
		ネットワーク母線またはネットワーク変圧器の2次側で故障の検出が可能な場所
系統から分散型電源を解列できる次のいずれかの場所とする 1．受電用遮断器 2．分散型電源の出力端に設置する遮断器またはこれと同等の機能を有する装置 3．分散型電源の連絡用遮断器 4．母線連絡用遮断器		系統から分散型電源を解列できる次のいずれかの場所とする． 1．分散型電源の出力端に設置する遮断器またはこれと同等の機能を有する装置 2．母線連絡用遮断器 3．プロテクタ遮断器
地絡過電圧継電器　零相回路設置 過電圧継電器　　　1相設置 周波数低下継電器　1相設置 周波数上昇継電器　1相設置 逆電力継電器　　　1相設置 短絡方向継電器　　3相設置 不足電圧継電器　　3相設置	地絡過電圧継電器　零相回路設置 地絡方向リレー　　零相回路設置 地絡検出用電流差動継電器　零相回路設置 地絡検出用回線選択継電器　零相回路設置 過電圧継電器　　　1相設置 周波数低下継電器　1相設置 逆電力継電器　　　1相設置 不足電力継電器　　2相設置 短絡方向継電器　　3相設置 不足電圧継電器　　3相設置 短絡検出・地絡検出兼用電流差動継電器　3相設置 短絡検出用電流差動継電器　3相設置 短絡方向距離継電器　3相設置 短絡検出用回線選択継電器　3相設置	過電圧継電器　　　1相設置 不足電圧継電器　　1相設置 周波数低下継電器　1相設置 逆電力継電器　　　3相設置

付　　録

	低圧配電線
変圧器（逆変換装置使用時）	設置する． 次の場合，省略できる． 1．直流回路が非接地である場合，または高周波変圧器を用いる場合 2．交流出力側に直流検出器を備え，直流検出時に交流出力を停止する機能を持つ場合
自動負荷制御・発電制御	
線路無電圧確認装置の設置	
逆潮流の制限	同期発電機および誘導発電機を用いた発電設備の連系は原則として逆潮流なし．

付3　系統連系に係る規定

高圧配電線	特別高圧電線路	スポットネットワーク配電線
発電設備等の脱落時などに連系された電線路や変圧器などが過負荷となる恐れのあるときは，自動負荷制限対策を行う．		
	原則として100 kV以上の特高電線路と連系する場合で必要な場合は，運転制御装置を設置する	
線路無電圧確認装置を設置 その省略条件は， ①専用線による連系で，自動再閉路を必要としない ②逆潮がある場合 　ア　転送遮断装置＋能動的単独運転検出機能（それぞれが別の遮断器により連系を遮断） 　イ　二方式以上の単独運転検出機能（能動的一方向以上）（それぞれが別の遮断器により連系を遮断） 　ウ　能動的単独運転検出機能＋逆電力継電器（それぞれが別の遮断器により連系を遮断） ③逆潮流が生じない場合 　ア　②と同じ 　イ　逆電力がない場合で，保護継電器，計器用変圧器，制御電源配線が二系列化し，これらが互いにバックアップ可能なシーケンスとする． 　ウ　イの二系列目の簡素が可能 ・二系列目を不足電力継電器（UPR）のみとする． ・UPRをCTの末端に取り付けCTの省略． ・UPRをVTの末端に取り付けVTの省略	線路無電圧確認装置を設置 その省略条件は，逆電力がない場合で，保護継電器，計器用変圧器，制御電源配線が二系列化し，これらが互いにバックアップ可能なシーケンスとする． なお，二系列目の簡素化が可能 ・二系列目を不足電力継電器（UPR）のみとする． ・UPRをCTの末端に取り付けCTの省略． ・UPRをVTの末端に取り付けVTの省略	
発電設備等を連系する配電用変電所のバンクにおいて原則として逆潮流が生じないこと		

付　　録

		低圧配電線
常時電圧変動対策		逆潮流により低圧需要家の電圧が適正値（101 ± 6 V，202 ± 20 V）を逸脱する恐れがあるときは，進相無効電力制御機能または出力制御機能を用いて自動的に電圧を調整する対策を行う． （ただし，単相2線式2kVA以下，単相3線式6kVA以下または三相3線式15kVA以下の小出力逆変換装置については，当該進相無効電力制御機能または出力制御機能の省略可能） これにより対応できない場合は，配電線の増強などを行う．
瞬時電圧変動対策	同期発電機	制御巻線付きのものないし同等以上の乱調防止効果を有するものを使用，かつ自動同期検定装置を設置．
	誘導発電機	並列時の瞬時電圧低下により系統電圧が常時電圧から10 %を超えて逸脱する恐れがあるとき り対応できない場合は同期発電機を採用．
	自励式逆変換装置	自動的に同期がとれる機能のものを使用
	他励式逆変換装置	並列時の瞬時電圧低下により系統電圧が常時電圧から10 %を超えて逸脱する恐れがあるときは，限流リアクトルを設置． これにより対応できない場合は自励式を採用するか配電線を増強．
不要解列の防止	電圧低下時間が整定時間以内	解列せずに運転継続または自動復帰できるシステム．
	整定時間を超える場合	解列する．
	連系された系統の事故などの場合	
	連系された系統以外の事故などの場合	
短絡容量		分散型電源の連系により系統の短絡容量が他者の遮断器の遮断容量を上回る恐れがあるとき統に逆変換装置を用いて分散型電源を連系する場合は，この限りでない．
発電機運転制御装置の付加		

付3 系統連系に係る規定

高圧配電線	特別高圧電線路	スポットネットワーク配電線
一般配電線との連系であって，発電設備等の脱落などにより低圧需要家の電圧が適正値（101 ± 6 V，202 ± 20 V）を逸脱する恐れがあるときは，自動的に負荷を制限する対策を行う．これにより対応できない場合は，配電線の増強または専用線による連系とする． 逆潮流により低圧需要家の電圧が適正値（101 ± 6 V，202 ± 20 V）を逸脱する恐れがあるときは自動的に電圧を調整する対策を行う．これにより対応できない場合は，配電線の増強または専用線による連系とする．	発電設備等の連系による電圧変動が常時電圧のおおむね ± 1〜2％以内を逸脱する恐れがあるときは，自動的に電圧を調整する対策を行う．	発電設備等の脱落などによる電圧変動が常時電圧のおおむね ± 1〜2％以内を逸脱する恐れがあるときは，自動的に負荷を制限する対策を行う．
は，限流リアクトルを設置．これによ	並列時の瞬時電圧低下により系統電圧が常時電圧から2％を超えて逸脱する恐れがあるときは，限流リアクトルを設置．これにより対応できない場合は同期発電機を採用．	低圧・高圧配電線に同じ．
並列時の瞬時電圧低下により系統電圧が常時電圧から10％を超えて逸脱する恐れがあるときは，限流リアクトルを設置．これにより対応できない場合は自励式を採用．	並列時の瞬時電圧低下により系統電圧が常時電圧から2％を超えて逸脱する恐れがあるときは，限流リアクトルを設置．これにより対応できない場合は自励式を採用．	高圧配電線に同じ．
		事故回線のプロテクタ遮断器を開放．健全回路との連系は原則として保持．発電設備等は解列しない．
原則として解列しない．解列する場合は，逆電力継電器，不足電力継電器などによる解列を自動再閉路時間より短い時限かつ過渡的な電力変動による当該発電設備等の不要な遮断を回避できる時限で行う．		解列しない．
は，発電設備の設置者において短絡電流を制御する装置（限流リアクトルなど）を設置する．ただし，低圧の電力系		
	原則として100 kV以上の特高電線路と連系する場合は，必要に応じて過負荷検出装置を設置し発電抑制を行うものとする	

247

付　　録

	低圧配電線
中性点接地工事と電磁誘導障害対策の実施	
連絡体制	系統側電気事業者の営業所などと発電設備等設置者の間に保安通信用電話設備（専用保安通または携帯電話などは 35 kV 以下の電線路に連系する場合に限る）．
単独運転　逆潮流あり	
逆潮流無し	

付3　系統連系に係る規定

高圧配電線	特別高圧電線路	スポットネットワーク配電線
	単独運転時において電線路の**地絡事故**により異常電圧が発生する恐れなどがあるときは，変圧器の中性点に接地工事を施す．これによる電磁誘導障害防止対策および地中ケーブルの防護対策の強化を必要に応じて実施．	
信用電話設備，電気通信事業者の専用回線電話，一般加入電話または携帯電話など）を設置（ただし，一般加入電話		
	60 kV以上の特高電線路と連系し，逆潮流ありの場合は，系統側電気事業者の給電所などと発電設備等設置者間にスーパービジョンおよびテレメータを設置．	
	原則として単独運転は可能．ただし，適正な電圧・周波数を逸脱した単独運転を防止するため，周波数上昇継電器および周波数低下継電器，または転送遮断装置を設置．	低圧・高圧配電線に同じ．
	単独運転を防止するため，周波数上昇継電器および周波数低下継電器を設置．ただし，周波数上昇継電器または周波数低下継電器により検出・保護できない恐れがあるときは，逆電力継電器を設置．	低圧・高圧配電線に同じ．

付4 普及支援策

付4.1 経済的措置

コージェネレーションに関する国の主要な支援策（平成26年度）を以下に示す．支援策は毎年変更されるため，最新の情報を入手して対応する必要がある．

付表4.1　コージェネレーションに関する主な普及支援事業（平成26年度）

事業名称			補助率・上限額	対象事業者	主な要件	執行団体
分散型電源導入促進事業費補助金	ガスコージェネレーション推進事業	5 kW以上10 MW未満	民間団体1/3以内 地方自治体など1/2以内 上限5億円／年1事業	家庭用需要を除く全業種	省エネルギー率15％以上 最長2年以内の事業	都市ガス振興センター
		10 MW以上	1/6以内 上限なし		合計発電電力のうち，1/2以上の電力を逆潮 最長4年以内の事業	
	自家発電設備導入促進事業		1/4以内 中小企業：1/2以内	全業種	9月30日までに増出力・新増設・再稼働で過去の稼働実績と比較し，一定量以上を一定期間，電気事業者へ電気供給または自家発設備を稼働	みずほ情報総研
病院などへのコージェネレーション緊急整備事業			1/2以内	医療施設・福祉施設関係	発電出力5 kW以上 2年以内	低炭素社会創出促進協会
ZEB実証事業			1/3～2/3以内 上限5億円	全業種	建築物単体の省エネルギー率 新築・増改築30％以上 既築25％以上 BEMS装置導入 ZEB実現に資する基本要素4項目（外皮性能向上，内部発熱削減など）のうち，1項目以上導入	環境共創イニシアティブ
住宅・建築物省CO_2先導事業			1/2以内 上限5億円または総事業費5％以下	建築主，ESCO事業者など	省CO_2を実現するリーディングプロジェクト（モデル性・先導性） 特定課題への対応 非常時のエネルギー自立 エネルギー融通，街づくりの取組み	建築研究所

付 4 普 及 支 援 策

付表 4.2 ガスコージェネレーションに関する投資促進税制（平成 26 年度）

			生産性向上設備投資促進税制[*1]	中小企業投資促進税制[*2]
要件			生産等設備	
対象業種			制限なし	
優遇措置	大企業		特別償却　即時	
			税額控除　5 %	
	中小企業	資本金 3 000 万円以下	特別償却　即時	特別償却　即時
			税額控除　5 %	税額控除　10 %
		資本金 3 000 万円超～1 億円以下	特別償却　即時	特別償却　即時
			税額控除　5 %	税額控除　7 %
対象設備			最新モデルで生産性向上かつ最低取得価額以上	
最低取得価額（工事費込）			単品 160 万円	
証明書発行団体（コージェネレーションの場合）			コージェネレーション・エネルギー高度利用センターなど	

[*1] 即時償却または税額控除 5 % は平成 26 年 1 月 20 日～平成 28 年 3 月末日まで，平成 28 年 4 月 1 日～平成 29 年 3 月末日は特別償却 50 % または税額控除 4 %．
[*2] 中小企業投資促進税制は平成 26 年 1 月 20 日～平成 29 年 3 月末日まで．

付 4.2　容 積 率 緩 和

建築基準法では，用途地域ごとに容積率を定めて建築物の構造に対して規制を行っているが，緩和措置についても規定されており，省資源，省エネルギーを図る設備を設置する建築物に関しては，それを推進することを目的に一定の条件（審査会の同意と許可）を満足することによって，その容積率の緩和措置が認められ，コージェネレーション設備もその対象となる．本件に関しては，昭和 60 年 12 月 21 日付建設省住街発第 114 号住宅局長通知をはじめ，複数の技術的助言が出されていたが，平成 23 年 3 月 25 日付国住街第 188 号住宅局市街地建築課長通知において整理された．

建築基準法抜粋
第 52 条

建築物の延べ面積の敷地面積に対する割合（容積率）は，次の各号（省略）に挙げる区分に従い，当該各号に定める数値以下でなければならない．（以下省略）
　14　次に該当する建築物で，特定行政庁が交通上，安全上，防火上及び衛生上支障がないと認めて許可したものの延べ面積の敷地面積に対する割合は，その許可の範囲内において，限度を超えるものとすることができる．
　　一　同一敷地内の建築物の機械室その他これに類する部分の床面積の合計の建築物の延べ面積に対する割合が著しく大きい場合におけるその敷地内の建築物
　　二　（省略）

付　　録

国住街第 188 号
平成 23 年 3 月 25 日

各都道府県建築行政主務部長　殿

国土交通省住宅局市街地建築課長

建築基準法第 52 条第 14 項第 1 号の規定の運用等について
（技術的助言）

建築基準法（昭和 25 年法律第 201 号．以下「法」という．）第 52 条第 14 項第 1 号の規定により，建築物の機械室その他これに類する部分の床面積の合計の建築物の延べ面積に対する割合が著しく大きい建築物については，特定行政庁の許可により容積率制限の特例を認めることができることとされており，「中水道施設等を設置する建築物に係る建築基準法第 52 条第 4 項第一号の規定の運用について」（昭和 60 年 12 月 21 日付建設省住街発第 114 号住宅局長通知）及び「建築基準法第 52 条第 11 項第一号の規定の運用について」（平成 11 年 4 月 16 日付建設省住街発第 45 号住宅局市街地建築課長通知）並びに「建築基準法第 52 条第 13 項第 1 号の規定の運用について」（平成 16 年 2 月 27 日付国住街第 381 号住宅局市街地建築課長通知），「容積率特例制度の活用等について」（平成 20 年 12 月 25 日付国都計第 105 号，国住街第 177 号都市・地域整備局都市計画課長，住宅局市街地建築課長通知）においてこの取扱いを定め，地方自治法（昭和 22 年法律第 67 号）第 245 条の 4 第 1 項の規定に基づく技術的助言（以下「技術的助言」という．）として通知しているところである．

今般，規制改革の充実・強化や経済対策の推進の観点から，再生可能エネルギーの利用拡大に向けて，新エネ・省エネ設備の一層の整備推進を図る必要があることから，環境負荷の低減に資する設備に係る本特例の運用に関して，下記のとおり通知するとともに，「建築基準法第 52 条第 14 項第 1 号の許可準則」として整理した上で，別添のとおり通知する．

また，太陽光発電設備等の設置により法 53 条第 1 項から第 3 項の規定に該当しない場合であっても，個々の敷地単位で壁面の位置を制限することで周辺市街地環境の向上が図られる場合等で，安全上，防火上，衛生上支障がないと認められる場合には，法 53 条第 4 項の規定に基づく特例許可の活用が可能であることに留意する等，再生可能エネルギーの利用拡大に向けた取り組みを支援されたい．

この旨，貴職におかれては，管内の特定行政庁に対してもこの旨周知いただくようお願いする．なお，本通知は，地方自治法（昭和 22 年法律第 67 号）第 245 条の 4 第 1 項の規定に基づく技術的助言であることを申し添える．

記

1．環境負荷の低減の観点からその設置を促進する必要性の高い設備

　法第 52 条第 14 項第 1 号に係る同項の許可に当たり，建築物の機械室その他これに類する部分の床面積の合計の建築物の延べ面積に対する割合が著しく大きい場合には，建築物に一般的に設けられるものではないが，その設置を促進する必要性の高い機械室等を建築物に設置する場合を含むものである．

　この場合，環境負荷の低減等の観点からその設置を促進する必要性の高い設備として，以下の（1）から（7）に例示する設備について，幅広く本許可の判断の対象とし，積極的に対応することが望ましい．

　（1）　住宅等に設置するヒートポンプ・蓄熱システム
　（2）　住宅等に設置する潜熱回収型給湯器
　（3）　コージェネレーション設備
　（4）　燃料電池設備
　（5）　太陽熱集熱設備，太陽光発電設備
　　　（屋上又は屋外に設ける駐車場，駐輪場，建築設備等の上空に設置する太陽光パネル等とそれを

　　　　支える構造物で囲まれた部分を含む.）
　　（6）　蓄熱槽
　　（7）　蓄電池
　なお，これら以外であっても，今後の技術革新等による新たな新エネ・省エネ設備等，環境負荷の低減等の観点からその設置を促進する必要性の高い設備については，幅広く特例の対象として取り扱うことが望ましい.

2．容積率制限の特例の適用方法
　（1）　法第52条第14項第1号の適用にあたっては，法の趣旨に基づく適切な運用を行うことと併せ，許可手続きの円滑化，迅速化が図られるよう努めることが望ましい.
　　　具体的には，許可に係る事務の執行に当たっては，特例の対象となる設備があらかじめ想定されていること等を踏まえ，容積率制限緩和の許可基準について，あらかじめ建築審査会の包括的な了承を得ることにより，許可に係る事前明示性を高め，併せて，許可手続きの円滑化，迅速化に努めることが望ましい.
　（2）　容積率制限の緩和は，特定行政庁が交通上，安全上，防火上及び衛生上支障がないと認めて許可した建築物において，当該許可の範囲内で行うものであり，原則として，当該設備の用に供する建築物の部分のうち，建築物の他の部分から独立していることが明確である部分の床面積相当分について行うこと.

（別添）

　　　　　　　　建築基準法第52条第14項第1号の許可準則

第1　適用範囲
1　本許可準則は，次の（1）から（19）に掲げる施設及び設備，その他これらに類する施設等を設置する建築物に関する建築基準法（以下「法」という.）第52条第14項第1号の規定に係る同項の許可について適用する.
　　（1）　中水道施設
　　（2）　地域冷暖房施設
　　（3）　防災用備蓄倉庫
　　（4）　消防用水利施設
　　（5）　電気事業の用に供する開閉所及び変電所
　　（6）　ガス事業の用に供するバルブステーション，ガバナーステーション及び特定ガス発生設備
　　（7）　水道事業又は公共下水道の用に供するポンプ施設
　　（8）　第1種電気通信事業の用に供する電気通信交換施設
　　（9）　都市高速鉄道の用に供する停車場，開閉所及び変電所
　　（10）　発電室
　　（11）　大型受水槽室
　　（12）　汚水貯留施設
　　（13）　住宅等に設置するヒートポンプ・蓄熱システム
　　（14）　住宅等に設置する潜熱回収型給湯器
　　（15）　コージェネレーション設備
　　（16）　燃料電池設備
　　（17）　太陽熱集熱設備，太陽光発電設備
　　　　（屋上又は屋外に設ける駐車場，駐輪場，建築設備等の上空に設置する太陽光パネル等とそれらを支える構造物で囲まれた部分を含む.）
　　（18）　蓄熱槽

（19）　蓄電池

2　前項の規定に関わらず，法第52条第14項第1号に係る同項の規定による容積率制限の特例の対象となる通路等は，建築物の部分のうち，以下の（1）及び（2）の要件に該当すると特定行政庁が認めるものであること．
　（省略）

第2　容積率の緩和
1　第1第1項の規定にかかる容積率制限の特例の適用方法については，当該施設等の用に供する建築物の部分のうち，次の各号の要件を満たす部分の床面積相当分について行うものとする．
　　（1）　当該施設の本来の用に供する部分（当該施設の管理用事務室等人が常駐する部分及びこれらに付属する部分を除く．）であること．
　　（2）　当該設備の用に供する建築物の部分のうち，建築物の他の部分から独立していることが明確である部分の床面積相当分について行うこと．
　（省略）

第3　その他
1　本許可準則は法第52条第14項第1号に係る同項の許可に関する一般的な考え方を示すものが多いので，第1第1項に掲げる施設等以外であっても，省資源，省エネルギー，防災等の観点から必要なものであって，公共施設に対する負荷の増大のないものについては，積極的に対応するものとすること．特に，今後の技術革新等による新たな新エネ・省エネ設備等，環境負荷の低減等の観点からその設置を促進する必要性の高い設備については，幅広く特例の対象として取り扱うこと．一方，建築計画の内容，敷地の位置，敷地の周囲の土地利用の状況，都市施設の整備の状況等からこれによることが必ずしも適切でないと考えられる場合は，総合的な判断に基づいて弾力的に運用すること．
2　本許可準則による法第52条第14項第1号の許可が，特定の用途に供される建築物の部分の床面積に着目して行われることにかんがみ，当該部分が他の用途に転用されることのないよう，長期的観点から当該施設等の必要性に関し十分検討すること．また，本規定を適用した建築物については，台帳の整備等により建築後も引き続きその状態の把握に努めるとともに，当該建築物の所有者，管理者等にもこの旨周知を図ること．
3　本許可準則により建築される建築物は，ペンシルビル等周辺の市街地環境を害するおそれのあるものにならないよう指導すること．
4　本許可準則により建築物に設けられる施設等については，周囲の環境に対し悪影響を及ぼすことのないよう，設置位置等に関し十分指導すること．
5　本許可準則に係る事務の執行に当たっては，その円滑化，迅速化が図られるよう努めることが望ましい．
　　特に第1（13）〜（19）の設備に係る許可に係る事務の執行に当たっては，特例の対象となる設備があらかじめ想定されていること等を踏まえ，容積率制限緩和の許可基準について，あらかじめ建築審査会の包括的な了承を得ることにより，許可に係る事前明示性を高め，併せて，許可手続きの円滑化，迅速化に努めることが望ましい．
6　総合設計制度の許可を受ける建築物に本許可準則に定める施設等を設置する場合においては，法第59条の2の規定による容積率の緩和の許可と併せて，法第52条第14項第1項の規定による容積率の緩和の許可を行うことができるものであること．この場合において，当該建築物の容積率の緩和の限度は，総合設計許可準則（平成23年3月25日付国住街第186号住宅局市街地建築課長通知）第2第1項（2）から（4）までに定められた容積率の緩和の限度に，本許可準則第2に定められた容積率の緩和の限度を加えたものとする．

付5 普及状況

都市ガスコージェネレーションについては，一般社団法人日本ガス協会が毎年導入実績を調査し公表している．2013年度導入実績（累計設置容量）の公表値を以下に示す．

付表5.1 都市ガスコージェネレーションの累計設置容量（スチームタービン除く）

		累計設置容量 [万 kW]			累計設置件数 [件]		
		2012年度末	2013年度末	対前年増[率]	2012年度末	2013年度末	対前年増 [率]
業務	GE・GT・FC	114.4	115.1	0.7 (0.6 %)	5 709	5 914	205 (3.6 %)
産業	GE・GT・FC	353.0	358.8	5.8 (1.6 %)	947	1 007	60 (6.3 %)
家庭	GE・FC	14.5	17.4	2.9 (19.6 %)	149 902	184 183	34 281 (22.9 %)
合計[*1]		481.9	491.2	9.3 (1.9 %)	156 558	191 104	34 546 (22.1 %)
全国の発電設備容量	電気事業用[*2]	23 122	—	—	—	—	—
	自家用[*2]	5 611	—	—	—	—	—
	合計	28 733	—	—	—	—	—
全国の発電設備容量に対する比率	GE・GT・FC	1.68 %	—	—	—	—	—

・凡例 GE：ガスエンジン，GT：ガスタービン，FC：燃料電池．
・本統計では，スチームタービンは含んでいない．また，撤去分は差し引いている．
[*1] 端数を四捨五入しているため，合計があわない場合がある．
[*2] 出典：電気事業便覧（平成25年版）

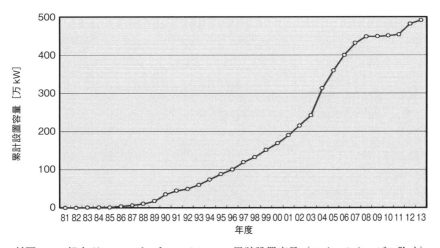

付図5.1 都市ガスコージェネレーションの累計設置容量（スチームタービン除く）

付6 電力・熱需要想定例

2.2.2項で解説を行った電力・熱需要の想定例に関し，主要部分を再掲するとともに，詳細データを掲載する．

付6.1 需要想定の概要

病院，ホテル，事務所，商業施設について建物モデルを設定し，需要想定用プログラムを用いて計算を行った．計算に用いたモデルは，標準的な室構成・運用となっているが，実際の計画建物と異なる場合もあるため，本想定例の活用にあたっては計画ごとに必要に応じて修正を行うことが望ましい．

付6.1.1 建物モデル

"エネルギー使用の合理化に関する建築主等及び特定建築物の所有者の判断の基準"（省エネルギー基準）で用いられたモデル建物[1]をベースに，建物用途毎に一般的なコージェネレーションが計画・検討される建物モデルを想定した．需要想定に用いた用途毎の建物モデル概要を**付表6.1**に示す．

付表6.1　建物モデルの概要

用　途	延べ床面積 [m^2]	規　模	備　考
病　院	40 000	地上7階 地下1階	B1〜3F：診察室，ロビー，事務室ほか，4〜6F：病室，7F：食堂他 土曜，休日の一部診療あり．
ホテル	30 000	地上23階	1F：ロビー，ラウンジほか，2〜8F：結婚式場，宴会場，9〜23F：客室． シティホテルでの需要想定．
事務所	20 000	地上14階	1F：受付，事務室，2〜14F：事務室 給湯は局所式として算定対象外とした．
商業施設	28 000	地上6階	1F：食品フロア，2〜5F：売り場，6F：レストラン 延べ床面積に駐車場 8 000 m^2 を含む．給湯は局所式として算定対象外とした．

付6.1.2 需要想定に用いたプログラム

The BEST Program　平成25年省エネ基準対応ツール（Ver.1.1.2）

付6.1.3 検討条件

地　　　域：東京
冷暖房期間：12月〜3月（暖房），4月〜11月（冷房）
設 定 温 度：22℃（暖房），26℃（冷房）
気象データ：アメダス標準年
計 算 条 件：BEST 改正省エネ基準対応ツール標準仕様条件．

付6.2 需要想定の結果

建物用途ごとに需要想定プログラムにて5分間隔で計算を行い，需要量を平日・土曜・休日別に集計を行った．結果を付6.2.1～付6.2.4に示す．

なお，ここで示す電力需要は，空調用の熱搬送動力は含むが，空調熱源機器本体の電力は含まない．空調方式に応じて適切な補正を行う必要がある．

また，上記想定に対する設備容量を計画するための参考値を設備所要容量（例）としてあわせて示す．熱源設備（熱需要）の設備所要容量は，設計条件によって計算された最大需要量に余裕率を下記のとおり見込んだ値である．

$$（設備所要容量）=（設計条件による最大需要量）\cdot K_1 \cdot K_2 \cdot K_3 \cdot K_4 \cdot K_5 \cdot a$$

ここで，

$K_1 \cdot K_2 \cdot K_3$：ポンプ負荷・配管損失・装置負荷係数（$K_1 \cdot K_2 \cdot K_3 = 1 \sim 1.05$）[2]

K_4：経年係数（$=1.05$）[2]

K_5：能力補償係数（$=1.05$）[2]

a：将来想定される負荷増などを勘案した余裕率（$=1.10$）[3]

余裕率は施設設備の状況に応じ適宜適用されたい．

建物用途によらない共通事項として，想定に用いた日数条件（月別の平日・土曜・休日日数）を**付表6.2**に示す．

付表6.2 日数条件

	平日	土曜	休日	計
1月	20	4	7	31
2月	20	3	5	28
3月	22	4	5	31
4月	20	4	6	30
5月	20	4	7	31
6月	22	4	4	30
7月	20	5	6	31
8月	23	4	4	31
9月	20	4	6	30
10月	21	4	6	31
11月	20	4	6	30
12月	21	4	6	31
計	249	48	68	365

参 考 資 料

1) 平成25年度住宅・建築物の省エネルギー基準解説書編集委員会：平成25年度省エネルギー基準に準拠した算定・判断の方法及び解説Ⅰ非住宅建築物（第二版）（2014-4/1），pp.464～487
2) 公共建築協会：建築設備設計基準（平成21年版），p.324
3) 空気調和衛生工学会：空気調和衛生工学便覧（第14版）3．空気調和設備編，p.79

付　　　録

付6.2.1　病院の需要想定（例）

付表6.3　需要原単位

		設備所要容量	年間需要
電力需要		51 W/m^2	209 kWh/m^2
熱需要	冷房	392 kJ/(m^2·h)	363 MJ/m^2
	暖房	298 kJ/(m^2·h)	162 MJ/m^2
	給湯	98 kJ/(m^2·h)	270 MJ/m^2

付表6.4　月別需要パターン

		1月	2月	3月	4月	5月	6月	7月	8月	9月	10月	11月	12月	計
電力	平日	5.41	5.41	5.94	5.84	6.02	6.68	6.44	7.53	6.27	6.32	5.82	5.67	73.35
	土曜	0.93	0.70	0.93	1.02	1.03	1.05	1.36	1.09	1.11	1.02	1.01	0.93	12.19
	休日	1.37	0.97	0.97	1.30	1.52	0.89	1.38	0.92	1.37	1.31	1.29	1.17	14.46
	計	7.72	7.07	7.84	8.15	8.57	8.62	9.18	9.54	8.76	8.64	8.13	7.77	100
冷房	平日	0.00	0.00	0.00	3.11	7.86	8.55	16.09	22.59	11.99	8.28	2.08	0.00	80.55
	土曜	0.00	0.00	0.00	0.41	1.00	1.21	2.74	2.07	2.31	0.82	0.28	0.00	10.84
	休日	0.00	0.00	0.00	0.39	0.74	0.79	2.41	1.47	1.98	0.64	0.19	0.00	8.62
	計	0.00	0.00	0.00	3.91	9.61	10.55	21.24	26.13	16.28	9.74	2.55	0.00	100
暖房	平日	20.15	18.54	15.64	0.00	0.00	0.00	0.00	0.00	0.00	0.00	0.00	16.29	70.62
	土曜	4.35	2.93	2.90	0.00	0.00	0.00	0.00	0.00	0.00	0.00	0.00	2.82	13.00
	休日	7.44	3.02	2.63	0.00	0.00	0.00	0.00	0.00	0.00	0.00	0.00	3.29	16.38
	計	31.93	24.49	21.18	0.00	0.00	0.00	0.00	0.00	0.00	0.00	0.00	22.40	100
給湯	平日	7.74	7.56	7.81	6.09	5.13	5.24	3.87	4.19	4.30	5.35	6.49	7.58	71.35
	土曜	1.31	0.97	1.18	0.98	0.86	0.78	0.87	0.76	0.67	0.90	1.06	1.21	11.55
	休日	2.36	1.55	1.56	1.44	1.69	0.77	1.02	0.76	1.09	1.42	1.65	1.78	17.10
	計	11.41	10.08	10.55	8.51	7.68	6.79	5.76	5.70	6.06	7.68	9.21	10.57	100

付6 電力・熱需要想定例

付表6.5 時刻別需要パターン（病院：電力）

	1月 平日	1月 土曜	1月 休日	2月 平日	2月 土曜	2月 休日	3月 平日	3月 土曜	3月 休日	4月 平日	4月 土曜	4月 休日	5月 平日	5月 土曜	5月 休日	6月 平日	6月 土曜	6月 休日	7月 平日	7月 土曜	7月 休日	8月 平日	8月 土曜	8月 休日	9月 平日	9月 土曜	9月 休日	10月 平日	10月 土曜	10月 休日	11月 平日	11月 土曜	11月 休日	12月 平日	12月 土曜	12月 休日
0	1.61	1.81	2.20	1.61	1.82	2.18	1.61	1.82	2.18	1.80	2.14	2.37	1.75	2.04	2.40	1.81	2.00	2.38	1.76	2.05	2.42	1.77	2.01	2.44	1.79	2.04	2.48	1.78	2.01	2.40	1.80	2.02	2.38	1.61	1.81	2.18
1	1.61	1.81	2.21	1.61	1.82	2.18	1.61	1.82	2.18	1.80	2.17	2.37	1.75	2.04	2.40	1.80	2.00	2.32	1.76	2.05	2.42	1.77	2.01	2.42	1.79	2.04	2.48	1.78	2.01	2.40	1.80	2.02	2.38	1.61	1.81	2.18
2	1.46	1.64	1.99	1.46	1.65	1.98	1.46	1.65	1.98	1.66	1.91	2.19	1.62	1.89	2.22	1.67	1.85	2.14	1.64	1.90	2.25	1.65	1.87	2.25	1.66	1.90	2.29	1.65	1.86	2.22	1.66	1.87	2.20	1.47	1.65	1.98
3	1.45	1.63	1.95	1.45	1.63	1.96	1.45	1.64	1.96	1.65	1.90	2.17	1.61	1.87	2.20	1.65	1.84	2.12	1.64	1.89	2.24	1.64	1.86	2.24	1.64	1.89	2.25	1.63	1.84	2.20	1.65	1.85	2.18	1.45	1.63	1.96
4	1.45	1.63	1.95	1.45	1.63	1.96	1.45	1.64	1.96	1.65	1.90	2.17	1.60	1.87	2.20	1.64	1.84	2.12	1.64	1.89	2.23	1.64	1.86	2.24	1.64	1.89	2.25	1.62	1.84	2.18	1.65	1.85	2.18	1.45	1.63	1.96
5	1.91	2.16	2.59	1.91	2.17	2.61	1.92	2.18	2.61	2.08	2.35	2.75	2.01	2.36	2.78	2.05	2.31	2.69	2.03	2.35	2.78	2.02	2.32	2.79	2.04	2.34	2.80	2.03	2.33	2.73	2.08	2.35	2.76	1.91	2.17	2.60
6	1.95	2.21	2.65	1.95	2.22	2.66	1.96	2.22	2.66	2.12	2.38	2.80	2.05	2.40	2.83	2.11	2.36	2.74	2.07	2.39	2.83	2.06	2.36	2.86	2.08	2.38	2.85	2.07	2.38	2.79	2.12	2.39	2.82	1.96	2.22	2.66
7	2.85	3.07	3.67	2.85	3.07	3.68	2.86	3.07	3.68	2.95	3.16	3.71	2.86	3.17	3.74	2.91	3.10	3.65	2.85	3.12	3.69	2.82	3.10	3.73	2.88	3.09	3.71	2.88	3.15	3.69	2.95	3.17	3.73	2.85	3.08	3.67
8	5.61	6.08	5.69	5.57	6.00	5.60	5.51	5.92	5.57	5.25	5.63	5.36	5.16	5.60	5.38	5.18	5.56	5.35	5.39	5.76	5.43	5.56	5.89	5.48	5.38	5.65	5.38	5.21	5.62	5.36	5.26	5.65	5.39	5.54	5.93	5.59
9	7.44	6.76	6.76	7.43	6.72	6.71	7.42	7.44	6.71	7.16	7.13	6.43	7.13	7.10	6.45	7.11	7.11	6.41	7.16	7.16	6.41	7.15	7.10	6.34	7.13	7.10	6.33	7.12	7.14	6.44	7.17	7.16	6.46	7.42	7.44	6.71
10	7.55	6.80	6.78	7.55	7.46	6.78	7.56	7.54	6.78	7.31	7.24	6.54	7.39	7.21	6.52	7.33	7.30	6.49	7.39	7.28	6.49	7.39	7.27	6.42	7.38	7.36	6.44	7.30	7.27	6.51	7.32	7.27	6.52	7.55	7.54	6.78
11	7.54	6.78	6.77	7.55	7.54	6.77	7.56	7.54	6.78	7.32	7.23	6.53	7.48	7.21	6.53	7.36	7.38	6.58	7.40	7.28	6.58	7.43	7.32	6.46	7.38	7.36	6.41	7.36	7.31	6.50	7.32	6.93	6.52	7.55	7.53	6.77
12	7.52	7.16	6.70	7.53	7.16	6.70	7.54	7.17	6.70	7.33	6.90	6.47	7.49	6.89	6.47	7.36	7.02	6.54	7.39	6.95	6.44	7.40	7.03	6.35	7.38	7.06	6.35	7.43	6.98	6.46	7.31	6.90	6.45	7.53	7.17	6.70
13	7.54	7.12	6.70	7.54	7.13	6.69	7.55	7.14	6.69	7.33	6.87	6.46	7.53	7.00	6.44	7.38	7.01	6.53	7.39	6.95	6.43	7.42	7.00	6.44	7.37	7.18	6.35	7.48	6.94	6.48	7.33	6.90	6.45	7.55	7.14	6.70
14	7.54	7.12	6.69	7.55	7.13	6.69	7.55	7.14	6.69	7.33	6.87	6.46	7.46	7.03	6.46	7.36	7.04	6.52	7.40	6.92	6.42	7.38	6.94	6.43	7.35	7.09	6.34	7.46	6.94	6.47	7.33	6.90	6.45	7.55	7.14	6.69
15	7.54	7.12	6.69	7.55	7.13	6.69	7.55	7.14	6.69	7.33	6.87	6.46	7.39	6.99	6.46	7.34	6.93	6.47	7.40	6.90	6.45	7.36	6.85	6.38	7.34	6.89	6.34	7.44	6.93	6.47	7.32	6.90	6.45	7.55	7.14	6.69
16	7.54	6.76	6.11	7.55	6.92	6.13	7.55	6.76	6.13	7.32	6.52	5.96	7.33	6.50	5.90	7.30	6.54	5.95	7.37	6.40	5.81	7.34	6.37	5.90	7.29	6.23	5.83	7.33	6.58	5.92	7.31	6.55	5.94	7.55	6.77	6.15
17	6.91	6.43	5.73	6.92	6.43	5.74	6.92	6.44	5.74	6.73	6.23	5.61	6.69	6.21	5.55	6.67	6.18	5.56	6.73	6.05	5.46	6.76	6.07	5.53	6.64	5.92	5.50	6.68	6.23	5.57	6.72	6.26	5.59	6.92	6.45	5.76
18	3.44	3.49	4.01	3.44	3.50	4.04	3.44	3.50	4.04	3.50	3.54	4.08	3.50	3.55	4.03	3.50	3.54	4.07	3.40	3.49	4.03	3.38	3.53	4.01	3.44	3.45	4.06	3.48	3.54	4.06	3.50	3.56	4.06	3.44	3.51	4.04
19	2.78	2.88	3.43	2.79	2.88	3.46	2.79	2.89	3.46	2.89	2.98	3.55	2.87	3.00	3.50	2.88	2.99	3.56	2.79	2.96	3.53	2.75	2.99	3.52	2.86	2.93	3.56	2.86	2.98	3.53	2.89	3.00	3.53	2.79	2.89	3.45
20	2.34	2.37	2.82	2.34	2.37	2.84	2.34	2.37	2.84	2.48	2.51	2.96	2.43	2.54	2.95	2.49	2.54	3.02	2.41	2.52	3.02	2.38	2.54	3.00	2.47	2.50	3.04	2.44	2.51	2.99	2.48	2.53	2.98	2.34	2.38	2.84
21	1.51	1.68	2.01	1.51	1.69	2.03	1.51	1.69	2.03	1.71	1.89	2.23	1.67	1.89	2.24	1.75	1.90	2.30	1.71	1.94	2.33	1.69	1.94	2.29	1.74	1.93	2.35	1.70	1.89	2.26	1.71	1.90	2.24	1.51	1.69	2.02
22	1.45	1.63	1.94	1.45	1.63	1.96	1.45	1.64	1.96	1.65	1.84	2.17	1.62	1.82	2.20	1.68	1.84	2.25	1.65	1.89	2.27	1.64	1.89	2.24	1.67	1.89	2.29	1.63	1.84	2.20	1.65	1.85	2.18	1.45	1.63	1.96
23	1.45	1.63	1.94	1.45	1.63	1.96	1.45	1.64	1.96	1.65	1.84	2.17	1.62	1.82	2.20	1.67	1.84	2.25	1.63	1.89	2.23	1.64	1.89	2.24	1.66	1.89	2.29	1.64	1.84	2.20	1.65	1.85	2.18	1.45	1.63	1.96
合計	100	100	100	100	100	100	100	100	100	100	100	100	100	100	100	100	100	100	100	100	100	100	100	100	100	100	100	100	100	100	100	100	100	100	100	100

付表6.6 時刻別需要パターン（病院：冷房）

	1月			2月			3月			4月			5月			6月			7月			8月			9月			10月			11月			12月		
	平日	土曜	休日	平日	土曜	休日	平日	土曜	休日	平日	土曜	休日	平日	土曜	休日	平日	土曜	休日	平日	土曜	休日	平日	土曜	休日	平日	土曜	休日	平日	土曜	休日	平日	土曜	休日	平日	土曜	休日
0	0.00	0.00	0.00	0.00	0.00	0.00	0.00	0.00	0.00	0.39	0.55	1.28	0.40	0.54	0.97	0.63	0.84	1.15	0.69	0.85	1.31	0.78	0.86	1.33	0.74	0.73	1.28	0.39	0.60	1.26	0.47	0.61	1.57	0.00	0.00	0.00
1	0.00	0.00	0.00	0.00	0.00	0.00	0.00	0.00	0.00	0.37	1.29	1.20	0.38	0.42	0.95	0.61	0.80	1.12	0.65	0.81	1.33	0.71	0.82	1.27	0.71	0.72	1.24	0.37	0.56	1.17	0.43	0.59	1.51	0.00	0.00	0.00
2	0.00	0.00	0.00	0.00	0.00	0.00	0.00	0.00	0.00	0.36	1.77	1.20	0.36	0.42	0.92	0.57	0.70	1.03	0.58	0.75	1.19	0.63	0.74	1.14	0.64	0.65	1.15	0.35	0.48	1.04	0.42	0.56	1.47	0.00	0.00	0.00
3	0.00	0.00	0.00	0.00	0.00	0.00	0.00	0.00	0.00	0.33	1.81	1.17	0.34	0.40	0.82	0.55	0.69	0.98	0.54	0.70	1.08	0.60	0.72	1.11	0.60	0.60	1.06	0.34	0.44	0.91	0.40	0.55	1.42	0.00	0.00	0.00
4	0.00	0.00	0.00	0.00	0.00	0.00	0.00	0.00	0.00	0.32	1.36	1.13	0.32	0.39	0.79	0.53	0.66	0.96	0.52	0.66	1.08	0.59	0.72	1.06	0.58	0.56	1.06	0.33	0.39	0.87	0.38	0.53	1.39	0.00	0.00	0.00
5	0.00	0.00	0.00	0.00	0.00	0.00	0.00	0.00	0.00	0.31	1.21	1.09	0.33	0.40	0.78	0.55	0.70	0.97	0.61	0.78	1.29	0.62	0.72	1.04	0.57	0.58	1.07	0.31	0.36	0.83	0.37	0.52	1.34	0.00	0.00	0.00
6	0.00	0.00	0.00	0.00	0.00	0.00	0.00	0.00	0.00	0.34	1.03	1.18	0.39	0.44	0.85	0.63	0.81	1.13	0.76	0.93	1.54	0.77	0.84	1.24	0.69	0.70	1.40	0.33	0.35	0.85	0.37	0.52	1.33	0.00	0.00	0.00
7	0.00	0.00	0.00	0.00	0.00	0.00	0.00	0.00	0.00	0.56	1.18	1.57	0.99	0.97	1.56	1.57	1.62	2.60	2.01	2.23	3.64	2.10	2.36	3.60	2.01	2.08	3.86	0.98	0.72	2.24	0.56	0.68	1.59	0.00	0.00	0.00
8	0.00	0.00	0.00	0.00	0.00	0.00	0.00	0.00	0.00	1.61	4.76	3.50	4.07	3.77	3.61	4.36	4.58	5.27	7.39	7.52	7.40	8.15	9.74	8.15	7.63	7.49	7.45	4.76	4.68	5.95	1.73	2.25	2.12	0.00	0.00	0.00
9	0.00	0.00	0.00	0.00	0.00	0.00	0.00	0.00	0.00	4.91	7.55	5.73	7.34	7.28	5.65	7.35	7.18	6.78	7.82	8.13	7.49	7.62	7.31	7.07	7.89	8.57	7.66	7.43	8.51	6.78	4.95	5.75	4.11	0.00	0.00	0.00
10	0.00	0.00	0.00	0.00	0.00	0.00	0.00	0.00	0.00	8.55	9.87	7.41	9.70	9.45	8.45	9.26	9.18	8.61	8.77	9.34	8.13	8.71	9.05	7.92	9.15	9.36	8.40	9.45	11.50	8.54	9.10	10.41	6.38	0.00	0.00	0.00
11	0.00	0.00	0.00	0.00	0.00	0.00	0.00	0.00	0.00	10.83	10.89	9.14	10.48	10.50	10.02	9.70	10.19	9.51	9.06	9.88	8.38	9.18	9.35	8.34	9.70	10.03	8.85	10.38	12.86	9.47	11.35	13.09	9.53	0.00	0.00	0.00
12	0.00	0.00	0.00	0.00	0.00	0.00	0.00	0.00	0.00	11.97	10.18	10.78	10.79	10.87	10.66	10.13	9.92	9.83	9.14	9.41	8.22	9.27	9.08	8.55	9.60	9.85	8.91	11.00	12.29	10.02	12.68	14.13	12.28	0.00	0.00	0.00
13	0.00	0.00	0.00	0.00	0.00	0.00	0.00	0.00	0.00	12.47	10.34	11.47	10.88	11.97	11.48	10.21	10.15	9.82	9.17	9.51	8.39	9.27	9.14	8.55	9.45	10.39	8.70	11.40	11.66	10.68	13.16	14.13	13.46	0.00	0.00	0.00
14	0.00	0.00	0.00	0.00	0.00	0.00	0.00	0.00	0.00	12.45	10.17	11.12	10.56	12.08	11.18	9.92	10.18	9.56	9.13	9.07	8.33	9.00	8.93	8.47	8.99	10.02	8.32	11.00	10.23	10.68	12.43	13.25	13.46	0.00	0.00	0.00
15	0.00	0.00	0.00	0.00	0.00	0.00	0.00	0.00	0.00	11.38	8.80	10.21	9.98	10.66	10.34	9.44	9.90	9.15	8.99	8.49	8.15	8.60	8.64	8.35	8.60	8.81	8.13	10.23	11.66	9.93	12.43	11.49	10.80	0.00	0.00	0.00
16	0.00	0.00	0.00	0.00	0.00	0.00	0.00	0.00	0.00	10.02	6.21	4.96	9.30	7.36	5.76	8.91	7.36	5.36	8.56	6.31	4.94	8.16	6.31	5.00	8.07	5.84	4.67	10.18	9.01	9.26	10.69	9.10	8.20	0.00	0.00	0.00
17	0.00	0.00	0.00	0.00	0.00	0.00	0.00	0.00	0.00	7.68	5.12	3.47	7.63	5.87	4.14	7.28	6.09	4.01	7.53	5.42	4.15	7.22	5.58	4.03	6.75	4.59	3.71	8.81	5.94	4.88	8.62	5.74	4.25	0.00	0.00	0.00
18	0.00	0.00	0.00	0.00	0.00	0.00	0.00	0.00	0.00	2.14	1.71	2.95	2.34	2.32	3.07	2.64	2.80	3.42	2.86	2.90	3.75	2.77	2.86	3.60	2.57	2.56	3.33	6.78	4.42	3.57	6.77	4.54	3.31	0.00	0.00	0.00
19	0.00	0.00	0.00	0.00	0.00	0.00	0.00	0.00	0.00	0.93	1.00	2.37	1.07	1.15	2.09	1.53	1.66	2.62	1.53	1.81	2.75	1.48	1.79	2.76	1.48	1.67	2.60	2.13	1.62	3.14	2.03	1.60	3.08	0.00	0.00	0.00
20	0.00	0.00	0.00	0.00	0.00	0.00	0.00	0.00	0.00	0.78	0.97	2.15	0.93	0.98	1.88	1.39	1.45	2.34	1.41	1.62	2.53	1.38	1.61	2.59	1.36	1.54	2.47	1.00	0.88	2.37	0.92	0.90	2.77	0.00	0.00	0.00
21	0.00	0.00	0.00	0.00	0.00	0.00	0.00	0.00	0.00	0.51	0.88	1.81	0.57	0.72	1.54	0.89	1.00	1.53	0.95	1.14	1.94	0.96	1.11	1.96	0.90	1.03	1.73	0.88	0.80	2.18	0.76	0.85	2.61	0.00	0.00	0.00
22	0.00	0.00	0.00	0.00	0.00	0.00	0.00	0.00	0.00	0.42	0.68	1.59	0.43	0.55	1.25	0.68	0.80	1.13	0.71	0.88	1.50	0.72	0.88	1.50	0.67	0.83	1.40	0.57	0.67	1.63	0.53	0.80	2.24	0.00	0.00	0.00
23	0.00	0.00	0.00	0.00	0.00	0.00	0.00	0.00	0.00	0.39	0.67	1.54	0.41	0.50	1.23	0.65	0.73	1.11	0.65	0.86	1.49	0.70	0.83	1.38	0.64	0.80	1.35	0.44	0.54	1.28	0.45	0.76	1.67	0.00	0.00	0.00
合計	0	0	0	0	0	0	0	0	0	100	100	100	100	100	100	100	100	100	100	100	100	100	100	100	100	100	100	100	100	100	100	100	100	0	0	0

付　　　録

付6 電力・熱需要想定例

付表6.7 時刻別需要パターン(病院:暖房)

	1月			2月			3月			4月			5月			6月			7月			8月			9月			10月			11月			12月		
	平日	土曜	休日	平日	土曜	休日	平日	土曜	休日	平日	土曜	休日	平日	土曜	休日	平日	土曜	休日	平日	土曜	休日	平日	土曜	休日	平日	土曜	休日	平日	土曜	休日	平日	土曜	休日	平日	土曜	休日
0	1.65	1.66	2.66	1.66	1.84	2.69	1.69	1.74	2.41	0.00	0.00	0.00	0.00	0.00	0.00	0.00	0.00	0.00	0.00	0.00	0.00	0.00	0.00	0.00	0.00	0.00	0.00	0.00	0.00	0.00	0.00	0.00	0.00	1.66	1.42	2.45
1	1.71	1.69	3.07	1.73	1.90	2.78	1.74	1.81	2.48	0.00	0.00	0.00	0.00	0.00	0.00	0.00	0.00	0.00	0.00	0.00	0.00	0.00	0.00	0.00	0.00	0.00	0.00	0.00	0.00	0.00	0.00	0.00	0.00	1.86	1.49	2.49
2	1.84	1.84	3.25	1.87	2.05	3.00	1.85	1.90	2.60	0.00	0.00	0.00	0.00	0.00	0.00	0.00	0.00	0.00	0.00	0.00	0.00	0.00	0.00	0.00	0.00	0.00	0.00	0.00	0.00	0.00	0.00	0.00	0.00	2.00	1.56	2.65
3	1.94	1.92	3.08	1.95	2.14	3.20	1.92	1.94	2.74	0.00	0.00	0.00	0.00	0.00	0.00	0.00	0.00	0.00	0.00	0.00	0.00	0.00	0.00	0.00	0.00	0.00	0.00	0.00	0.00	0.00	0.00	0.00	0.00	2.02	1.64	2.78
4	1.99	1.96	3.02	2.02	2.22	3.37	2.00	2.00	2.87	0.00	0.00	0.00	0.00	0.00	0.00	0.00	0.00	0.00	0.00	0.00	0.00	0.00	0.00	0.00	0.00	0.00	0.00	0.00	0.00	0.00	0.00	0.00	0.00	2.03	1.67	2.86
5	2.03	1.98	3.01	2.10	2.26	3.51	2.09	2.08	3.01	0.00	0.00	0.00	0.00	0.00	0.00	0.00	0.00	0.00	0.00	0.00	0.00	0.00	0.00	0.00	0.00	0.00	0.00	0.00	0.00	0.00	0.00	0.00	0.00	2.07	1.71	2.89
6	2.08	2.02	3.00	2.13	2.27	3.48	2.09	2.10	2.99	0.00	0.00	0.00	0.00	0.00	0.00	0.00	0.00	0.00	0.00	0.00	0.00	0.00	0.00	0.00	0.00	0.00	0.00	0.00	0.00	0.00	0.00	0.00	0.00	2.08	1.75	2.91
7	2.96	2.82	3.98	2.73	2.75	4.09	2.71	2.65	3.80	0.00	0.00	0.00	0.00	0.00	0.00	0.00	0.00	0.00	0.00	0.00	0.00	0.00	0.00	0.00	0.00	0.00	0.00	0.00	0.00	0.00	0.00	0.00	0.00	2.91	2.47	3.89
8	16.35	15.08	10.16	15.75	14.07	12.06	16.08	14.37	12.13	0.00	0.00	0.00	0.00	0.00	0.00	0.00	0.00	0.00	0.00	0.00	0.00	0.00	0.00	0.00	0.00	0.00	0.00	0.00	0.00	0.00	0.00	0.00	0.00	16.93	14.75	11.92
9	10.33	10.44	8.80	10.15	10.25	9.14	10.33	10.33	8.87	0.00	0.00	0.00	0.00	0.00	0.00	0.00	0.00	0.00	0.00	0.00	0.00	0.00	0.00	0.00	0.00	0.00	0.00	0.00	0.00	0.00	0.00	0.00	0.00	10.49	10.15	8.85
10	7.20	7.53	7.49	7.03	7.52	6.76	7.22	7.83	7.11	0.00	0.00	0.00	0.00	0.00	0.00	0.00	0.00	0.00	0.00	0.00	0.00	0.00	0.00	0.00	0.00	0.00	0.00	0.00	0.00	0.00	0.00	0.00	0.00	7.25	7.65	7.14
11	6.26	6.60	6.70	6.24	6.67	5.83	6.36	6.92	6.41	0.00	0.00	0.00	0.00	0.00	0.00	0.00	0.00	0.00	0.00	0.00	0.00	0.00	0.00	0.00	0.00	0.00	0.00	0.00	0.00	0.00	0.00	0.00	0.00	6.31	6.81	6.13
12	5.65	6.26	6.37	5.75	6.16	5.39	5.96	6.47	5.74	0.00	0.00	0.00	0.00	0.00	0.00	0.00	0.00	0.00	0.00	0.00	0.00	0.00	0.00	0.00	0.00	0.00	0.00	0.00	0.00	0.00	0.00	0.00	0.00	5.63	6.43	5.59
13	5.32	5.96	5.99	5.49	5.80	5.05	5.59	6.16	5.47	0.00	0.00	0.00	0.00	0.00	0.00	0.00	0.00	0.00	0.00	0.00	0.00	0.00	0.00	0.00	0.00	0.00	0.00	0.00	0.00	0.00	0.00	0.00	0.00	5.26	6.33	5.41
14	5.28	6.04	5.74	5.36	5.77	4.99	5.41	6.00	5.59	0.00	0.00	0.00	0.00	0.00	0.00	0.00	0.00	0.00	0.00	0.00	0.00	0.00	0.00	0.00	0.00	0.00	0.00	0.00	0.00	0.00	0.00	0.00	0.00	5.11	6.22	5.33
15	5.42	6.19	5.71	5.54	6.04	5.19	5.31	5.76	5.63	0.00	0.00	0.00	0.00	0.00	0.00	0.00	0.00	0.00	0.00	0.00	0.00	0.00	0.00	0.00	0.00	0.00	0.00	0.00	0.00	0.00	0.00	0.00	0.00	5.17	6.18	5.47
16	5.70	5.04	2.96	5.80	4.91	2.78	5.35	4.61	3.00	0.00	0.00	0.00	0.00	0.00	0.00	0.00	0.00	0.00	0.00	0.00	0.00	0.00	0.00	0.00	0.00	0.00	0.00	0.00	0.00	0.00	0.00	0.00	0.00	5.41	5.18	3.08
17	6.23	4.91	2.50	6.28	4.83	2.56	5.84	4.47	2.66	0.00	0.00	0.00	0.00	0.00	0.00	0.00	0.00	0.00	0.00	0.00	0.00	0.00	0.00	0.00	0.00	0.00	0.00	0.00	0.00	0.00	0.00	0.00	0.00	5.89	5.01	2.81
18	2.85	2.71	2.53	2.94	2.76	2.79	2.85	2.89	2.89	0.00	0.00	0.00	0.00	0.00	0.00	0.00	0.00	0.00	0.00	0.00	0.00	0.00	0.00	0.00	0.00	0.00	0.00	0.00	0.00	0.00	0.00	0.00	0.00	2.80	2.96	3.05
19	1.37	1.33	1.87	1.44	1.48	2.10	1.48	1.55	2.22	0.00	0.00	0.00	0.00	0.00	0.00	0.00	0.00	0.00	0.00	0.00	0.00	0.00	0.00	0.00	0.00	0.00	0.00	0.00	0.00	0.00	0.00	0.00	0.00	1.40	1.58	2.34
20	1.31	1.28	1.81	1.39	1.44	2.11	1.47	1.49	2.23	0.00	0.00	0.00	0.00	0.00	0.00	0.00	0.00	0.00	0.00	0.00	0.00	0.00	0.00	0.00	0.00	0.00	0.00	0.00	0.00	0.00	0.00	0.00	0.00	1.34	1.54	2.29
21	1.40	1.43	1.98	1.44	1.50	2.22	1.51	1.56	2.31	0.00	0.00	0.00	0.00	0.00	0.00	0.00	0.00	0.00	0.00	0.00	0.00	0.00	0.00	0.00	0.00	0.00	0.00	0.00	0.00	0.00	0.00	0.00	0.00	1.39	1.68	2.47
22	1.50	1.61	2.12	1.55	1.62	2.39	1.56	1.65	2.38	0.00	0.00	0.00	0.00	0.00	0.00	0.00	0.00	0.00	0.00	0.00	0.00	0.00	0.00	0.00	0.00	0.00	0.00	0.00	0.00	0.00	0.00	0.00	0.00	1.45	1.84	2.55
23	1.60	1.69	2.20	1.64	1.72	2.51	1.60	1.71	2.47	0.00	0.00	0.00	0.00	0.00	0.00	0.00	0.00	0.00	0.00	0.00	0.00	0.00	0.00	0.00	0.00	0.00	0.00	0.00	0.00	0.00	0.00	0.00	0.00	1.52	1.97	2.66
合計	100	100	100	100	100	100	100	100	100	0	0	0	0	0	0	0	0	0	0	0	0	0	0	0	0	0	0	0	0	0	0	0	0	100	100	100

付録

付表 6.8 時刻別需要パターン（病院：給湯）

	1月			2月			3月			4月			5月			6月			7月			8月			9月			10月			11月			12月		
	平日	土曜	休日	平日	土曜	休日	平日	土曜	休日	平日	土曜	休日	平日	土曜	休日	平日	土曜	休日	平日	土曜	休日	平日	土曜	休日	平日	土曜	休日	平日	土曜	休日	平日	土曜	休日	平日	土曜	休日
0	1.19	1.26	1.76	1.23	1.49	1.44	1.23	1.13	1.46	1.27	1.61	1.39	1.17	1.60	1.39	1.22	1.60	1.38	1.31	1.76	1.32	1.34	1.49	1.49	1.24	1.80	1.50	1.24	1.57	1.50	1.13	1.34	1.25	1.20	1.44	1.43
1	1.17	1.40	1.39	1.14	1.36	1.40	1.19	1.51	1.33	1.19	1.46	1.43	1.25	1.46	1.40	1.21	1.56	1.53	1.33	1.40	1.48	1.25	1.42	1.35	1.22	1.51	1.32	1.24	1.42	1.37	1.16	1.71	1.36	1.17	1.31	1.37
2	1.13	1.40	1.41	1.16	1.36	1.40	1.15	1.62	1.33	1.19	1.46	1.42	1.23	1.45	1.39	1.22	1.55	1.67	1.33	1.59	1.56	1.30	1.42	1.41	1.25	1.63	1.51	1.24	1.42	1.37	1.18	1.46	1.36	1.15	1.31	1.43
3	1.35	1.44	1.53	1.42	1.65	2.04	1.46	1.54	1.45	1.45	1.60	1.81	1.50	1.57	1.75	1.54	1.68	1.68	1.45	1.85	2.00	1.60	1.55	1.54	1.45	1.92	1.65	1.48	1.57	1.59	1.42	1.76	1.72	1.51	1.78	1.64
4	1.31	1.67	1.55	1.34	1.67	1.55	1.30	1.55	1.58	1.34	1.64	1.58	1.36	1.62	1.55	1.37	1.73	1.69	1.47	1.76	1.62	1.41	1.57	1.57	1.41	1.81	1.68	1.38	1.58	1.52	1.29	1.63	1.52	1.34	1.57	1.52
5	1.53	1.68	1.62	1.45	1.71	1.57	1.49	1.79	1.90	1.51	2.05	1.77	1.49	1.90	1.62	1.48	2.15	1.85	1.50	1.90	1.83	1.61	1.67	1.64	1.53	2.00	1.61	1.47	1.58	1.61	1.37	1.91	1.78	1.40	1.47	1.83
6	1.44	1.69	1.68	1.59	1.83	2.26	1.53	1.96	1.61	1.57	1.90	1.90	1.63	1.88	1.92	1.53	2.03	1.83	1.70	2.14	1.95	1.69	1.89	1.85	1.64	2.14	1.93	1.64	2.00	1.93	1.62	2.07	1.82	1.60	1.70	1.89
7	1.91	2.30	2.17	1.90	2.17	1.97	1.92	2.43	2.32	1.88	2.40	2.26	1.88	2.19	2.07	1.96	2.19	2.30	1.99	2.36	2.36	1.78	2.04	2.18	1.86	2.11	2.07	1.91	2.15	2.07	1.76	2.24	2.18	1.83	2.13	2.14
8	3.09	3.52	3.56	3.03	3.73	3.83	3.11	3.29	3.69	3.07	3.41	3.66	2.99	3.54	3.71	2.92	3.81	3.91	3.10	3.82	3.61	3.20	3.35	3.19	3.04	4.43	3.44	3.17	3.68	3.53	2.96	3.86	3.64	3.10	3.58	3.66
9	6.92	5.64	5.73	7.08	5.43	5.30	6.99	5.27	5.52	6.91	5.49	4.91	7.00	4.82	6.15	6.92	4.99	5.26	6.77	4.96	5.21	6.64	5.77	6.14	6.85	4.47	5.42	6.88	5.01	5.28	7.07	5.22	5.68	7.06	5.31	5.22
10	5.61	5.14	5.34	5.59	4.64	4.65	5.55	4.72	5.01	5.47	4.86	4.90	5.63	5.03	5.03	5.52	5.09	4.59	5.57	5.03	5.13	5.59	5.36	5.23	5.44	5.24	5.05	5.51	4.98	5.08	5.57	5.00	5.25	5.47	5.59	4.85
11	6.53	6.34	6.08	6.29	6.20	6.68	6.31	6.74	6.18	6.34	6.45	6.42	6.16	6.36	6.24	6.42	5.94	6.23	6.10	6.02	6.30	6.14	6.11	6.07	6.33	5.82	5.98	6.26	6.33	6.21	6.30	6.34	6.19	6.30	6.36	6.28
12	8.80	9.01	8.97	9.11	9.13	8.56	9.06	8.94	8.65	9.07	8.40	8.77	9.01	8.68	8.61	8.82	8.82	8.56	8.83	8.75	8.38	8.87	8.89	8.69	8.92	8.76	8.82	8.98	8.61	8.89	9.21	8.52	9.30	9.19	8.95	8.93
13	8.77	8.82	8.80	8.65	9.47	9.33	8.66	9.26	9.38	8.55	9.01	9.52	8.43	9.35	8.98	8.67	9.18	9.27	8.50	8.74	8.92	8.55	8.49	8.98	8.40	8.86	9.01	8.48	9.28	9.21	8.66	9.39	8.45	8.64	9.21	9.26
14	8.23	8.69	8.54	8.10	8.21	8.75	8.06	8.57	8.56	8.18	8.59	8.36	8.21	8.93	8.06	8.06	8.14	8.50	7.86	8.27	8.40	7.85	8.61	7.92	8.15	8.05	8.59	8.10	8.82	8.45	8.18	8.10	8.31	8.14	7.97	8.66
15	7.48	7.82	7.55	7.37	8.35	7.62	7.49	7.75	7.92	7.35	7.74	7.39	7.39	7.45	7.68	7.25	7.89	7.92	7.56	7.73	7.71	7.20	7.32	7.57	7.41	7.85	7.34	7.38	7.97	7.81	7.38	7.86	7.90	7.48	7.76	7.92
16	7.23	6.49	6.79	7.31	6.18	6.19	7.30	6.56	6.54	7.25	6.52	6.60	7.19	6.46	6.38	7.29	6.00	6.05	7.04	6.16	6.71	7.22	6.54	6.84	7.13	6.18	6.77	7.08	6.12	6.57	7.21	6.38	6.56	7.07	6.71	6.45
17	6.38	5.27	5.34	6.26	4.71	5.10	6.31	4.77	5.31	6.34	4.94	5.01	6.42	4.64	5.74	6.32	4.93	4.95	6.24	5.13	4.65	6.32	5.70	5.58	6.40	4.83	4.83	6.25	4.84	5.23	6.41	4.83	5.53	6.36	5.30	4.92
18	5.26	4.36	4.63	5.13	4.34	4.17	5.15	4.40	4.38	5.24	4.11	4.32	4.93	4.70	4.90	5.21	4.30	4.09	5.20	3.89	4.52	5.30	4.68	4.86	5.11	3.92	4.57	5.33	4.44	4.35	5.28	4.24	4.54	5.22	4.66	4.16
19	4.94	4.95	4.77	5.17	5.08	4.66	5.06	4.56	4.82	5.18	4.68	4.91	5.22	4.85	4.87	5.04	4.89	4.93	5.02	5.26	4.89	4.86	4.89	5.19	5.20	4.77	4.84	5.07	4.80	5.05	5.10	4.59	4.83	5.21	4.71	4.96
20	4.73	5.10	5.29	4.62	5.02	5.46	4.63	5.52	5.17	4.30	5.66	5.12	4.61	5.09	4.94	4.64	5.15	5.19	4.71	4.71	5.10	4.73	4.87	4.54	4.51	5.30	5.01	4.51	5.57	5.06	4.54	5.56	5.37	4.43	5.51	5.20
21	2.26	2.92	2.54	2.34	3.16	2.85	2.30	2.64	2.77	2.67	2.70	3.24	2.46	3.04	2.45	2.55	2.87	3.29	2.60	3.23	3.09	2.55	3.10	2.94	2.62	3.18	3.04	2.56	2.92	2.89	2.40	2.82	2.41	2.48	2.34	2.91
22	1.50	1.72	1.62	1.44	1.67	1.79	1.53	2.03	1.65	1.44	1.80	1.77	1.53	1.97	1.68	1.54	1.89	1.86	1.57	1.91	1.79	1.60	1.77	1.74	1.56	1.77	1.85	1.56	1.80	1.86	1.51	1.72	1.65	1.45	1.94	1.83
23	1.25	1.38	1.33	1.29	1.44	1.44	1.22	1.46	1.50	1.24	1.52	1.52	1.30	1.43	1.49	1.30	1.59	1.47	1.33	1.63	1.46	1.39	1.51	1.48	1.33	1.64	1.57	1.27	1.54	1.57	1.27	1.47	1.40	1.21	1.40	1.54
合計	100	100	100	100	100	100	100	100	100	100	100	100	100	100	100	100	100	100	100	100	100	100	100	100	100	100	100	100	100	100	100	100	100	100	100	100

付6 電力・熱需要想定例

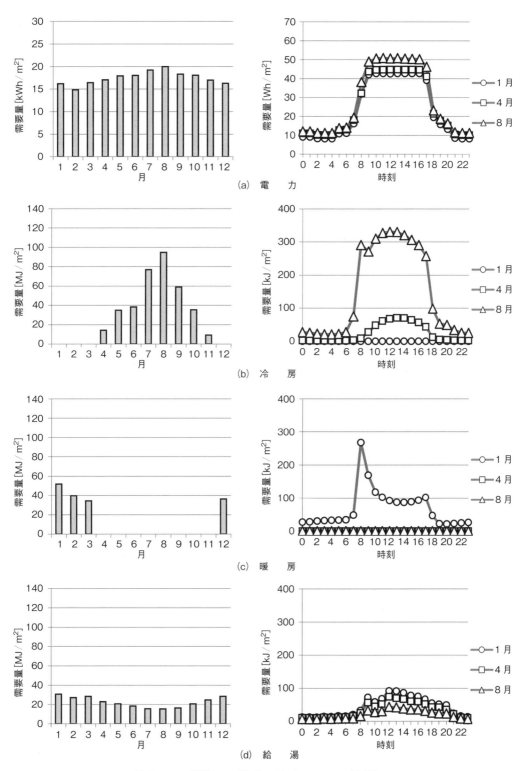

(a) 電　力

(b) 冷　房

(c) 暖　房

(d) 給　湯

付図 6.1 月別および代表日需要パターン（病院）

付　　録

付6.2.2　ホテルの需要想定（例）

付表6.9　需 要 原 単 位

		設備所要容量	年間需要
電力需要		31 W/m^2	183 kWh/m^2
熱 需 要	冷房	472 kJ/(m^2·h)	366 MJ/m^2
	暖房	369 kJ/(m^2·h)	200 MJ/m^2
	給湯	300 kJ/(m^2·h)	420 MJ/m^2

付表6.10　月別需要パターン

		1月	2月	3月	4月	5月	6月	7月	8月	9月	10月	11月	12月	計
電力	平日	5.17	5.17	5.67	5.21	5.53	6.36	6.02	6.98	5.94	5.88	5.17	5.42	68.52
	土曜	1.02	0.77	1.02	1.06	1.10	1.13	1.47	1.19	1.20	1.07	1.03	1.02	13.08
	休日	1.80	1.28	1.27	1.59	1.88	1.13	1.79	1.19	1.79	1.61	1.55	1.53	18.40
	計	7.99	7.21	7.97	7.85	8.51	8.62	9.28	9.36	8.93	8.56	7.74	7.97	100
冷房	平日	0.00	0.00	0.00	2.27	5.25	7.57	15.21	21.49	11.10	5.73	1.79	0.00	70.41
	土曜	0.00	0.00	0.00	0.50	0.97	1.54	3.39	2.67	2.96	0.76	0.50	0.00	13.29
	休日	0.00	0.00	0.00	0.87	1.26	1.44	4.44	2.69	3.79	1.17	0.65	0.00	16.30
	計	0.00	0.00	0.00	3.63	7.48	10.55	23.04	26.85	17.84	7.66	2.94	0.00	100
暖房	平日	18.57	17.80	14.34	0.00	0.00	0.00	0.00	0.00	0.00	0.00	0.00	15.51	66.23
	土曜	3.70	2.96	2.73	0.00	0.00	0.00	0.00	0.00	0.00	0.00	0.00	2.68	12.07
	休日	9.66	4.11	3.38	0.00	0.00	0.00	0.00	0.00	0.00	0.00	0.00	4.55	21.70
	計	31.93	24.87	20.45	0.00	0.00	0.00	0.00	0.00	0.00	0.00	0.00	22.74	100
給湯	平日	7.44	7.26	7.49	5.80	4.87	4.94	3.62	3.92	4.04	5.08	6.18	7.28	67.91
	土曜	1.47	1.12	1.37	1.14	0.98	0.89	0.99	0.80	0.77	1.04	1.24	1.32	13.12
	休日	2.54	1.80	1.74	1.66	1.79	0.89	1.13	0.78	1.20	1.58	1.79	2.06	18.97
	計	11.44	10.19	10.60	8.60	7.64	6.72	5.73	5.50	6.01	7.69	9.21	10.66	100

付6 電力・熱需要想定例

付表6.11 時刻別需要パターン（ホテル：電力）

	1月			2月			3月			4月			5月			6月			7月			8月			9月			10月			11月			12月		
	平日	土曜	休日	平日	土曜	休日	平日	土曜	休日	平日	土曜	休日	平日	土曜	休日	平日	土曜	休日	平日	土曜	休日	平日	土曜	休日	平日	土曜	休日	平日	土曜	休日	平日	土曜	休日	平日	土曜	休日
0	3.03	3.06	3.10	3.03	3.06	3.07	3.04	3.07	3.07	2.82	3.01	2.96	3.09	3.12	3.01	3.18	3.17	3.16	3.20	3.26	3.25	3.25	3.19	3.26	3.20	3.27	3.23	3.19	3.07	3.10	2.80	2.74	2.94	3.05	3.07	3.07
1	1.97	1.98	2.04	1.97	1.99	1.99	1.97	1.99	1.99	1.76	2.04	1.92	2.10	2.06	1.92	2.22	2.17	2.11	2.28	2.33	2.32	2.35	2.26	2.32	2.27	2.36	2.31	2.16	2.05	1.99	1.72	1.67	1.84	2.00	1.99	1.99
2	1.87	1.89	1.95	1.87	1.89	1.89	1.88	1.89	1.89	1.67	1.94	1.83	2.00	1.89	1.82	2.10	1.99	2.00	2.20	2.24	2.24	2.26	2.17	2.24	2.16	2.27	2.23	2.03	1.95	1.88	1.60	1.57	1.67	1.90	1.89	1.90
3	1.87	1.88	1.94	1.87	1.89	1.89	1.88	1.89	1.89	1.61	1.94	1.82	1.95	2.02	1.82	2.10	1.96	2.00	2.20	2.24	2.23	2.26	2.17	2.24	2.15	2.27	2.22	1.97	1.95	1.77	1.59	1.57	1.66	1.88	1.89	1.89
4	1.87	1.88	1.92	1.87	1.89	1.89	1.87	1.89	1.89	1.61	1.87	1.82	1.96	2.02	1.82	2.08	1.96	2.00	2.22	2.24	2.23	2.26	2.17	2.24	2.13	2.27	2.22	1.95	1.95	1.71	1.59	1.57	1.57	1.87	1.89	1.89
5	1.87	1.89	1.90	1.87	1.89	1.89	1.88	1.89	1.89	1.58	1.84	1.83	1.96	1.96	1.82	2.08	1.99	2.00	2.22	2.24	2.24	2.26	2.17	2.20	2.13	2.27	2.22	1.91	1.87	1.71	1.56	1.57	1.56	1.87	1.89	1.90
6	3.09	3.11	3.12	3.09	3.12	3.12	3.09	3.13	3.12	2.85	3.03	3.01	3.12	3.16	3.12	3.18	3.24	3.11	3.26	3.31	3.29	3.30	3.23	3.24	3.18	3.32	3.28	3.07	3.09	2.96	2.77	2.79	2.80	3.09	3.12	3.13
7	4.02	3.98	3.97	4.01	3.98	3.98	3.99	3.95	3.96	3.67	3.67	3.74	3.83	3.92	3.91	3.89	3.88	3.74	3.90	3.89	3.85	3.88	3.82	3.82	3.85	3.89	3.85	3.84	3.91	3.74	3.62	3.58	3.65	3.99	3.94	3.94
8	4.36	4.33	4.32	4.35	4.33	4.33	4.36	4.34	4.32	4.14	4.10	4.10	4.20	4.34	4.36	4.24	4.22	4.20	4.24	4.22	4.18	4.22	4.15	4.18	4.21	4.22	4.18	4.28	4.31	4.15	4.08	3.99	4.12	4.36	4.34	4.33
9	5.70	5.69	5.71	5.69	5.68	5.67	5.67	5.66	5.66	5.55	5.69	5.50	5.46	5.59	5.59	5.46	5.46	5.48	5.42	5.41	5.38	5.43	5.38	5.39	5.41	5.40	5.37	5.62	5.58	5.50	5.53	5.56	5.49	5.67	5.66	5.67
10	5.60	5.58	5.57	5.59	5.59	5.57	5.59	5.57	5.57	5.65	5.64	5.57	5.53	5.51	5.57	5.41	5.51	5.43	5.37	5.36	5.31	5.34	5.40	5.39	5.39	5.33	5.36	5.46	5.52	5.56	5.64	5.61	5.56	5.58	5.57	5.57
11	5.56	5.55	5.53	5.56	5.54	5.54	5.55	5.54	5.54	5.68	5.68	5.66	5.55	5.47	5.58	5.43	5.54	5.52	5.37	5.33	5.30	5.34	5.40	5.38	5.41	5.32	5.35	5.46	5.51	5.62	5.86	5.85	5.77	5.55	5.54	5.54
12	5.54	5.53	5.50	5.54	5.52	5.52	5.54	5.52	5.52	5.66	5.66	5.68	5.56	5.46	5.51	5.43	5.53	5.51	5.37	5.33	5.35	5.32	5.40	5.37	5.40	5.31	5.34	5.47	5.51	5.61	5.90	5.85	5.82	5.53	5.52	5.52
13	5.44	5.42	5.41	5.44	5.42	5.42	5.44	5.42	5.42	5.57	5.57	5.62	5.48	5.40	5.45	5.37	5.46	5.54	5.33	5.28	5.31	5.31	5.35	5.33	5.36	5.27	5.30	5.41	5.44	5.52	5.81	5.74	5.73	5.44	5.43	5.42
14	5.43	5.42	5.40	5.43	5.41	5.42	5.44	5.42	5.42	5.74	5.55	5.62	5.47	5.40	5.44	5.37	5.37	5.45	5.33	5.28	5.31	5.29	5.34	5.34	5.37	5.27	5.29	5.42	5.44	5.52	5.80	5.74	5.71	5.43	5.43	5.42
15	5.33	5.31	5.30	5.33	5.31	5.31	5.33	5.31	5.31	5.62	5.45	5.51	5.36	5.30	5.34	5.27	5.28	5.35	5.22	5.18	5.21	5.19	5.25	5.23	5.27	5.17	5.20	5.32	5.33	5.42	5.69	5.61	5.59	5.33	5.32	5.31
16	5.20	5.18	5.17	5.20	5.18	5.18	5.21	5.18	5.18	5.48	5.32	5.36	5.22	5.18	5.22	5.16	5.16	5.17	5.11	5.07	5.10	5.08	5.13	5.12	5.15	5.06	5.09	5.21	5.21	5.30	5.56	5.48	5.46	5.20	5.19	5.18
17	5.39	5.38	5.36	5.39	5.37	5.38	5.40	5.38	5.38	5.66	5.51	5.55	5.40	5.35	5.40	5.31	5.32	5.30	5.27	5.22	5.25	5.22	5.29	5.25	5.29	5.20	5.24	5.37	5.39	5.48	5.74	5.67	5.67	5.39	5.39	5.38
18	5.44	5.43	5.40	5.44	5.42	5.43	5.45	5.43	5.43	5.71	5.57	5.59	5.42	5.40	5.45	5.35	5.36	5.35	5.30	5.27	5.29	5.27	5.33	5.26	5.32	5.24	5.28	5.42	5.44	5.52	5.78	5.72	5.71	5.44	5.44	5.43
19	5.72	5.71	5.68	5.72	5.70	5.71	5.73	5.71	5.71	5.98	5.82	5.86	5.68	5.66	5.77	5.59	5.62	5.60	5.51	5.51	5.53	5.49	5.57	5.49	5.58	5.47	5.52	5.67	5.70	5.79	6.05	6.00	5.98	5.72	5.72	5.71
20	5.66	5.65	5.62	5.66	5.65	5.65	5.66	5.64	5.65	5.90	5.73	5.71	5.56	5.54	5.66	5.47	5.48	5.46	5.35	5.35	5.37	5.31	5.40	5.34	5.44	5.32	5.37	5.52	5.60	5.69	5.97	5.92	5.90	5.65	5.66	5.65
21	3.76	3.79	3.76	3.75	3.81	3.79	3.73	3.77	3.78	3.64	3.53	3.61	3.68	3.77	3.79	3.74	3.76	3.78	3.69	3.72	3.75	3.67	3.72	3.71	3.73	3.72	3.76	3.72	3.78	3.84	3.60	3.85	3.69	3.73	3.75	3.77
22	3.24	3.27	3.26	3.24	3.27	3.28	3.25	3.28	3.28	3.08	3.02	3.16	3.30	3.33	3.40	3.38	3.36	3.44	3.41	3.44	3.46	3.42	3.43	3.42	3.40	3.45	3.47	3.36	3.30	3.40	2.96	3.27	3.14	3.24	3.28	3.28
23	3.06	3.09	3.07	3.06	3.09	3.09	3.07	3.10	3.10	2.90	2.84	2.98	3.11	3.12	3.23	3.20	3.19	3.28	3.22	3.29	3.26	3.27	3.27	3.26	3.21	3.30	3.32	3.18	3.09	3.22	2.77	3.08	2.96	3.06	3.09	3.10
合計	100	100	100	100	100	100	100	100	100	100	100	100	100	100	100	100	100	100	100	100	100	100	100	100	100	100	100	100	100	100	100	100	100	100	100	100

付　　録

付表 6.12　時刻別需要パターン（ホテル：冷房）

	1月			2月			3月			4月			5月			6月			7月			8月			9月			10月			11月			12月		
	平日	土曜	休日	平日	土曜	休日	平日	土曜	休日	平日	土曜	休日	平日	土曜	休日	平日	土曜	休日	平日	土曜	休日	平日	土曜	休日	平日	土曜	休日	平日	土曜	休日	平日	土曜	休日	平日	土曜	休日
0	0.00	0.00	0.00	0.00	0.00	0.00	0.00	0.00	0.00	0.02	0.01	0.04	0.25	0.26	0.35	0.77	0.71	0.71	1.31	1.15	1.32	1.51	1.19	1.38	1.34	1.06	1.25	0.45	0.06	0.71	0.01	0.00	0.06	0.00	0.00	0.00
1	0.00	0.00	0.00	0.00	0.00	0.00	0.00	0.00	0.00	0.01	0.01	0.05	0.13	0.17	0.15	0.42	0.41	0.34	0.80	0.74	0.90	0.96	0.74	0.80	0.79	0.63	0.73	0.22	0.04	0.33	0.01	0.00	0.04	0.00	0.00	0.00
2	0.00	0.00	0.00	0.00	0.00	0.00	0.00	0.00	0.00	0.01	0.01	0.07	0.09	0.11	0.11	0.24	0.28	0.16	0.57	0.58	0.65	0.76	0.52	0.56	0.57	0.44	0.50	0.13	0.03	0.13	0.00	0.00	0.03	0.00	0.00	0.00
3	0.00	0.00	0.00	0.00	0.00	0.00	0.00	0.00	0.00	0.01	0.01	0.07	0.08	0.12	0.10	0.22	0.30	0.15	0.56	0.55	0.65	0.70	0.52	0.52	0.55	0.40	0.48	0.11	0.02	0.10	0.00	0.00	0.02	0.00	0.00	0.00
4	0.00	0.00	0.00	0.00	0.00	0.00	0.00	0.00	0.00	0.01	0.04	0.08	0.07	0.13	0.09	0.21	0.26	0.13	0.52	0.32	0.58	0.67	0.51	0.49	0.53	0.34	0.45	0.10	0.02	0.09	0.00	0.00	0.02	0.00	0.00	0.00
5	0.00	0.00	0.00	0.00	0.00	0.00	0.00	0.00	0.00	0.00	0.92	0.08	0.06	0.14	0.08	0.21	0.30	0.13	0.57	0.62	0.71	0.70	0.32	0.45	0.50	0.38	0.45	0.09	0.01	0.07	0.00	0.00	0.02	0.00	0.00	0.00
6	0.00	0.00	0.00	0.00	0.00	0.00	0.00	0.00	0.00	0.02	0.90	0.16	0.19	0.24	0.20	0.56	0.79	0.49	1.54	1.46	1.80	1.79	1.32	1.37	1.26	1.16	1.43	0.22	0.06	0.30	0.00	0.00	0.02	0.00	0.00	0.00
7	0.00	0.00	0.00	0.00	0.00	0.00	0.00	0.00	0.00	0.03	0.08	0.18	0.53	0.54	0.25	1.35	1.24	1.20	2.49	2.27	2.68	2.57	2.04	2.19	2.15	1.94	2.19	0.61	0.10	0.68	0.01	0.00	0.74	0.00	0.00	0.00
8	0.00	0.00	0.00	0.00	0.00	0.00	0.00	0.00	0.00	0.08	0.09	0.45	1.78	1.36	0.65	2.73	2.42	2.93	3.73	3.54	3.74	3.93	3.26	3.48	3.56	3.41	3.59	1.50	0.53	1.54	0.77	0.96	5.54	0.00	0.00	0.00
9	0.00	0.00	0.00	0.00	0.00	0.00	0.00	0.00	0.00	1.59	3.93	4.07	5.06	4.52	4.25	5.28	5.00	5.69	6.31	6.04	6.10	6.51	6.01	6.14	6.98	7.17	6.50	6.16	6.78	5.82	5.85	4.24	10.25	0.00	0.00	0.00
10	0.00	0.00	0.00	0.00	0.00	0.00	0.00	0.00	0.00	7.34	9.43	6.70	7.93	6.92	7.56	7.04	7.04	8.33	6.96	6.92	6.90	6.87	7.08	6.91	7.15	7.27	7.35	7.32	8.89	8.54	9.31	10.02	9.78	0.00	0.00	0.00
11	0.00	0.00	0.00	0.00	0.00	0.00	0.00	0.00	0.00	9.30	7.59	8.61	9.55	8.21	9.38	8.23	8.20	9.17	7.34	7.58	7.27	7.35	7.57	7.29	8.09	7.65	7.77	9.09	11.31	8.77	11.58	11.10	9.78	0.00	0.00	0.00
12	0.00	0.00	0.00	0.00	0.00	0.00	0.00	0.00	0.00	10.61	9.74	10.49	10.14	9.44	10.48	9.03	9.32	9.51	7.72	8.08	7.38	7.69	7.80	7.89	8.20	8.46	8.32	10.18	11.76	9.57	11.13	11.23	11.67	0.00	0.00	0.00
13	0.00	0.00	0.00	0.00	0.00	0.00	0.00	0.00	0.00	10.85	10.12	10.73	10.09	10.28	10.38	9.07	9.10	9.40	7.83	8.03	7.78	7.78	7.99	7.76	8.06	8.75	8.16	10.58	11.53	9.72	11.53	11.23	10.69	0.00	0.00	0.00
14	0.00	0.00	0.00	0.00	0.00	0.00	0.00	0.00	0.00	10.58	9.63	10.39	9.59	11.02	10.01	8.69	9.03	8.94	7.64	7.79	7.45	7.51	7.76	7.94	7.65	8.63	7.96	10.05	9.89	8.97	11.04	10.14	10.69	0.00	0.00	0.00
15	0.00	0.00	0.00	0.00	0.00	0.00	0.00	0.00	0.00	9.91	9.53	9.14	8.71	8.94	9.12	8.25	8.62	8.44	7.41	7.36	7.09	7.03	7.42	7.38	7.20	7.60	7.29	9.03	8.65	8.46	9.68	9.98	9.94	0.00	0.00	0.00
16	0.00	0.00	0.00	0.00	0.00	0.00	0.00	0.00	0.00	8.90	8.69	8.70	8.03	8.57	8.49	7.75	8.07	7.63	7.15	7.03	6.95	6.81	7.07	6.97	6.78	6.70	6.83	7.53	7.07	7.61	8.47	8.42	8.78	0.00	0.00	0.00
17	0.00	0.00	0.00	0.00	0.00	0.00	0.00	0.00	0.00	8.23	7.68	7.77	7.38	8.04	7.98	7.37	7.85	6.96	6.95	6.84	6.86	6.54	7.25	6.82	6.47	6.13	6.37	6.81	6.12	7.01	8.06	9.25	8.27	0.00	0.00	0.00
18	0.00	0.00	0.00	0.00	0.00	0.00	0.00	0.00	0.00	7.63	6.68	7.59	6.74	7.32	7.26	7.09	6.83	6.52	6.47	6.59	6.44	6.20	6.76	6.70	6.27	5.95	6.17	6.55	5.93	6.78	8.09	7.98	7.82	0.00	0.00	0.00
19	0.00	0.00	0.00	0.00	0.00	0.00	0.00	0.00	0.00	7.52	6.69	7.46	6.19	6.66	6.67	6.66	6.19	5.86	6.13	6.40	6.21	5.92	6.43	6.46	6.24	6.02	6.20	6.13	5.69	6.69	7.73	8.30	8.18	0.00	0.00	0.00
20	0.00	0.00	0.00	0.00	0.00	0.00	0.00	0.00	0.00	6.74	7.01	6.20	5.13	4.97	5.41	5.09	4.98	4.39	4.93	4.97	4.97	4.87	5.14	5.26	4.91	4.82	5.09	4.99	4.66	5.68	7.58	7.52	7.34	0.00	0.00	0.00
21	0.00	0.00	0.00	0.00	0.00	0.00	0.00	0.00	0.00	0.56	1.10	0.80	1.18	0.92	0.70	1.63	1.33	1.25	2.07	1.93	2.18	2.10	1.97	2.06	1.97	1.99	1.95	1.08	0.61	1.21	0.66	0.72	0.76	0.00	0.00	0.00
22	0.00	0.00	0.00	0.00	0.00	0.00	0.00	0.00	0.00	0.02	0.06	0.08	0.68	0.52	0.19	1.16	0.95	0.91	1.61	1.59	1.82	1.70	1.69	1.71	1.50	1.63	1.56	0.61	0.14	0.70	0.00	0.06	0.04	0.00	0.00	0.00
23	0.00	0.00	0.00	0.00	0.00	0.00	0.00	0.00	0.00	0.02	0.04	0.06	0.42	0.37	0.14	0.94	0.78	0.75	1.39	1.43	1.57	1.55	1.45	1.47	1.27	1.48	1.40	0.46	0.10	0.52	0.00	0.07	0.03	0.00	0.00	0.00
合計	0	0	0	0	0	0	0	0	0	100	100	100	100	100	100	100	100	100	100	100	100	100	100	100	100	100	100	100	100	100	100	100	100	0	0	0

付6 電力・熱需要想定例

付表6.13 時刻別需要パターン（ホテル：暖房）

	1月			2月			3月			4月			5月			6月			7月			8月			9月			10月			11月			12月		
	平日	土曜	休日	平日	土曜	休日	平日	土曜	休日	平日	土曜	休日	平日	土曜	休日	平日	土曜	休日	平日	土曜	休日	平日	土曜	休日	平日	土曜	休日	平日	土曜	休日	平日	土曜	休日	平日	土曜	休日
0	3.67	3.73	3.56	3.66	3.84	3.90	3.54	3.71	3.65	0.00	0.00	0.00	0.00	0.00	0.00	0.00	0.00	0.00	0.00	0.00	0.00	0.00	0.00	0.00	0.00	0.00	0.00	0.00	0.00	0.00	0.00	0.00	0.00	3.49	2.69	3.36
1	4.67	4.65	4.31	4.63	4.66	4.95	4.81	5.00	4.96	0.00	0.00	0.00	0.00	0.00	0.00	0.00	0.00	0.00	0.00	0.00	0.00	0.00	0.00	0.00	0.00	0.00	0.00	0.00	0.00	0.00	0.00	0.00	0.00	5.07	3.92	4.67
2	5.04	5.16	5.02	5.02	5.06	5.53	5.41	5.53	5.56	0.00	0.00	0.00	0.00	0.00	0.00	0.00	0.00	0.00	0.00	0.00	0.00	0.00	0.00	0.00	0.00	0.00	0.00	0.00	0.00	0.00	0.00	0.00	0.00	5.92	4.50	5.34
3	5.16	5.24	5.15	5.20	5.18	5.75	5.65	5.44	5.61	0.00	0.00	0.00	0.00	0.00	0.00	0.00	0.00	0.00	0.00	0.00	0.00	0.00	0.00	0.00	0.00	0.00	0.00	0.00	0.00	0.00	0.00	0.00	0.00	5.59	4.84	5.28
4	5.25	5.25	5.18	5.27	5.28	5.89	5.75	5.35	5.87	0.00	0.00	0.00	0.00	0.00	0.00	0.00	0.00	0.00	0.00	0.00	0.00	0.00	0.00	0.00	0.00	0.00	0.00	0.00	0.00	0.00	0.00	0.00	0.00	5.65	4.92	5.43
5	5.33	5.33	4.84	5.42	5.32	6.10	5.94	5.58	6.09	0.00	0.00	0.00	0.00	0.00	0.00	0.00	0.00	0.00	0.00	0.00	0.00	0.00	0.00	0.00	0.00	0.00	0.00	0.00	0.00	0.00	0.00	0.00	0.00	5.62	4.91	5.59
6	5.53	5.69	4.92	5.54	5.50	6.23	6.07	5.66	6.01	0.00	0.00	0.00	0.00	0.00	0.00	0.00	0.00	0.00	0.00	0.00	0.00	0.00	0.00	0.00	0.00	0.00	0.00	0.00	0.00	0.00	0.00	0.00	0.00	5.64	5.13	5.33
7	5.33	5.27	4.70	5.14	5.12	5.50	5.42	5.40	5.30	0.00	0.00	0.00	0.00	0.00	0.00	0.00	0.00	0.00	0.00	0.00	0.00	0.00	0.00	0.00	0.00	0.00	0.00	0.00	0.00	0.00	0.00	0.00	0.00	5.42	5.06	5.29
8	5.00	4.76	4.71	4.67	4.84	5.00	5.08	5.06	4.76	0.00	0.00	0.00	0.00	0.00	0.00	0.00	0.00	0.00	0.00	0.00	0.00	0.00	0.00	0.00	0.00	0.00	0.00	0.00	0.00	0.00	0.00	0.00	0.00	5.07	4.73	5.00
9	6.30	6.45	6.92	6.37	7.20	5.64	5.32	6.88	4.87	0.00	0.00	0.00	0.00	0.00	0.00	0.00	0.00	0.00	0.00	0.00	0.00	0.00	0.00	0.00	0.00	0.00	0.00	0.00	0.00	0.00	0.00	0.00	0.00	6.08	5.98	5.94
10	5.86	5.73	6.08	6.06	6.30	5.39	5.13	5.71	5.10	0.00	0.00	0.00	0.00	0.00	0.00	0.00	0.00	0.00	0.00	0.00	0.00	0.00	0.00	0.00	0.00	0.00	0.00	0.00	0.00	0.00	0.00	0.00	0.00	5.68	5.70	4.37
11	4.20	4.12	4.95	4.51	4.70	3.36	4.14	3.81	4.10	0.00	0.00	0.00	0.00	0.00	0.00	0.00	0.00	0.00	0.00	0.00	0.00	0.00	0.00	0.00	0.00	0.00	0.00	0.00	0.00	0.00	0.00	0.00	0.00	4.39	4.69	3.39
12	2.96	3.03	3.87	3.12	2.56	2.39	3.10	3.05	2.57	0.00	0.00	0.00	0.00	0.00	0.00	0.00	0.00	0.00	0.00	0.00	0.00	0.00	0.00	0.00	0.00	0.00	0.00	0.00	0.00	0.00	0.00	0.00	0.00	3.18	3.53	2.91
13	2.61	2.48	3.66	2.57	2.27	2.23	2.84	2.66	2.38	0.00	0.00	0.00	0.00	0.00	0.00	0.00	0.00	0.00	0.00	0.00	0.00	0.00	0.00	0.00	0.00	0.00	0.00	0.00	0.00	0.00	0.00	0.00	0.00	2.62	3.28	2.77
14	2.70	2.57	3.40	2.56	2.43	2.28	2.72	2.59	2.61	0.00	0.00	0.00	0.00	0.00	0.00	0.00	0.00	0.00	0.00	0.00	0.00	0.00	0.00	0.00	0.00	0.00	0.00	0.00	0.00	0.00	0.00	0.00	0.00	2.55	3.14	2.80
15	2.93	2.87	3.50	2.85	2.73	2.51	2.93	2.54	2.84	0.00	0.00	0.00	0.00	0.00	0.00	0.00	0.00	0.00	0.00	0.00	0.00	0.00	0.00	0.00	0.00	0.00	0.00	0.00	0.00	0.00	0.00	0.00	0.00	2.78	3.36	3.01
16	3.36	3.32	3.70	3.16	3.07	2.91	3.00	2.72	2.98	0.00	0.00	0.00	0.00	0.00	0.00	0.00	0.00	0.00	0.00	0.00	0.00	0.00	0.00	0.00	0.00	0.00	0.00	0.00	0.00	0.00	0.00	0.00	0.00	3.17	3.61	3.45
17	3.59	3.44	3.71	3.48	3.27	3.18	3.10	2.95	3.24	0.00	0.00	0.00	0.00	0.00	0.00	0.00	0.00	0.00	0.00	0.00	0.00	0.00	0.00	0.00	0.00	0.00	0.00	0.00	0.00	0.00	0.00	0.00	0.00	3.29	3.78	3.76
18	3.67	3.58	3.43	3.64	3.48	3.55	3.39	3.24	3.56	0.00	0.00	0.00	0.00	0.00	0.00	0.00	0.00	0.00	0.00	0.00	0.00	0.00	0.00	0.00	0.00	0.00	0.00	0.00	0.00	0.00	0.00	0.00	0.00	3.35	3.82	3.90
19	3.78	3.60	3.49	3.84	3.67	3.80	3.55	3.78	3.76	0.00	0.00	0.00	0.00	0.00	0.00	0.00	0.00	0.00	0.00	0.00	0.00	0.00	0.00	0.00	0.00	0.00	0.00	0.00	0.00	0.00	0.00	0.00	0.00	3.39	3.91	3.92
20	3.67	3.73	3.31	3.74	3.87	3.95	3.82	3.77	4.03	0.00	0.00	0.00	0.00	0.00	0.00	0.00	0.00	0.00	0.00	0.00	0.00	0.00	0.00	0.00	0.00	0.00	0.00	0.00	0.00	0.00	0.00	0.00	0.00	3.56	4.11	4.14
21	3.03	3.29	2.52	3.11	3.20	3.27	3.07	3.07	3.31	0.00	0.00	0.00	0.00	0.00	0.00	0.00	0.00	0.00	0.00	0.00	0.00	0.00	0.00	0.00	0.00	0.00	0.00	0.00	0.00	0.00	0.00	0.00	0.00	2.78	3.32	3.36
22	3.05	3.22	2.46	3.09	3.16	3.24	3.00	3.14	3.31	0.00	0.00	0.00	0.00	0.00	0.00	0.00	0.00	0.00	0.00	0.00	0.00	0.00	0.00	0.00	0.00	0.00	0.00	0.00	0.00	0.00	0.00	0.00	0.00	2.73	3.32	3.37
23	3.31	3.51	2.62	3.34	3.31	3.48	3.21	3.36	3.52	0.00	0.00	0.00	0.00	0.00	0.00	0.00	0.00	0.00	0.00	0.00	0.00	0.00	0.00	0.00	0.00	0.00	0.00	0.00	0.00	0.00	0.00	0.00	0.00	2.98	3.76	3.63
合計	100	100	100	100	100	100	100	100	100	0	0	0	0	0	0	0	0	0	0	0	0	0	0	0	0	0	0	0	0	0	0	0	0	100	100	100

付　　録

付表 6.14　時刻別需要パターン（ホテル：給湯）

	1月			2月			3月			4月			5月			6月			7月			8月			9月			10月			11月			12月		
	平日	土曜	休日	平日	土曜	休日	平日	土曜	休日	平日	土曜	休日	平日	土曜	休日	平日	土曜	休日	平日	土曜	休日	平日	土曜	休日	平日	土曜	休日	平日	土曜	休日	平日	土曜	休日	平日	土曜	休日
0	2.54	2.48	2.67	2.57	2.46	2.50	2.61	2.53	2.49	2.60	2.73	2.65	2.61	2.41	2.85	2.42	2.23	2.96	2.41	1.91	2.36	2.96	2.73	2.82	2.72	2.49	2.56	2.64	2.33	2.71	2.37	2.69	2.67	2.53	2.57	2.65
1	1.82	1.86	1.82	1.81	1.70	1.66	1.82	2.07	2.05	1.82	2.22	1.63	1.85	1.70	1.84	1.90	1.81	2.12	1.86	2.56	2.16	1.61	1.88	1.64	1.84	2.25	2.11	1.77	1.66	2.18	1.69	2.19	1.82	1.73	2.09	1.46
2	1.58	1.71	1.81	1.59	1.88	1.74	1.68	1.21	1.14	1.62	1.30	1.52	1.72	1.55	1.71	1.64	2.01	1.34	1.68	1.43	1.37	1.82	1.47	1.79	1.58	1.54	1.69	1.76	1.78	1.38	1.76	1.29	1.54	1.75	1.44	1.64
3	1.08	1.05	0.90	1.16	0.87	0.91	1.03	1.55	0.92	1.17	1.21	1.09	1.04	0.98	1.01	1.17	1.02	1.30	1.20	1.31	1.11	1.06	1.23	1.07	1.05	1.13	1.24	1.09	0.93	0.94	0.95	1.42	0.97	1.04	1.14	0.90
4	0.88	0.79	0.91	0.84	0.79	1.14	0.89	0.79	1.45	0.92	1.06	0.84	0.93	0.87	1.15	0.93	0.92	0.90	0.93	0.96	1.15	0.99	0.92	1.09	0.93	1.00	0.92	0.89	1.04	0.84	0.93	1.03	1.01	0.89	1.00	1.02
5	1.35	1.47	1.54	1.35	1.60	1.17	1.35	1.04	0.99	1.12	1.08	1.57	1.44	1.54	1.32	1.21	1.17	1.38	1.39	1.36	1.62	1.42	1.41	1.22	1.51	1.49	1.28	1.42	0.86	1.27	1.26	1.11	1.58	1.40	1.23	1.27
6	3.22	3.25	3.04	3.35	2.99	3.45	3.32	3.28	2.99	3.22	3.17	3.03	2.97	3.28	3.22	3.23	3.14	3.15	3.06	3.40	3.14	3.04	2.96	3.38	2.91	3.42	2.79	3.11	3.13	3.14	3.13	3.19	3.25	3.23	3.34	3.13
7	6.60	6.43	6.80	6.36	6.42	6.54	6.39	6.34	6.71	6.60	6.78	6.03	6.44	6.24	6.86	6.31	6.71	6.28	6.62	6.75	6.55	6.47	6.44	6.44	6.50	6.85	6.79	6.66	6.11	6.35	6.31	7.01	6.32	6.42	6.09	6.53
8	5.25	4.84	5.30	5.47	5.48	5.39	5.45	5.41	5.61	5.34	5.09	5.71	5.40	5.13	5.60	5.36	6.27	5.76	5.57	5.67	5.36	5.47	4.97	5.44	5.38	5.92	5.48	5.48	5.64	4.67	5.27	5.41	6.02	5.38	5.70	5.10
9	4.51	5.13	4.50	4.56	4.18	4.46	4.49	4.27	4.25	4.44	4.78	4.27	4.71	4.59	4.44	4.40	4.50	4.07	4.33	4.18	4.60	4.21	4.68	4.19	4.63	4.65	4.47	4.49	4.54	4.51	4.48	4.40	4.42	4.55	4.28	4.41
10	4.03	4.15	3.92	4.04	4.29	4.15	4.15	4.29	3.97	4.16	4.16	4.01	4.04	3.75	4.26	4.16	3.79	4.14	4.15	4.34	3.82	4.39	4.39	4.66	3.79	3.66	3.96	4.11	4.01	4.28	4.05	4.05	4.10	4.09	4.02	4.34
11	3.89	3.85	3.84	3.96	3.84	4.08	3.95	3.92	3.90	3.95	3.76	3.95	3.85	4.28	3.66	3.57	3.72	4.06	3.95	3.79	4.18	3.82	3.68	3.20	4.02	4.54	4.31	3.79	3.92	4.03	3.92	3.96	3.65	4.06	3.94	4.10
12	4.11	3.83	4.38	4.10	4.56	3.81	4.14	4.48	4.34	4.11	4.35	4.34	4.18	4.26	4.13	4.13	4.33	4.35	4.11	4.26	3.94	4.04	4.32	4.53	4.16	3.53	3.81	4.12	4.21	4.18	4.49	4.24	3.99	4.09	4.22	4.05
13	4.16	4.07	3.89	3.90	3.60	4.05	3.77	3.95	3.89	3.96	3.83	3.94	3.93	3.72	3.93	3.87	3.84	3.81	3.89	3.79	3.97	3.83	3.65	3.98	3.92	3.94	3.87	3.98	4.00	3.97	3.85	3.72	3.99	3.76	3.71	3.85
14	3.62	3.58	3.71	3.57	3.57	3.57	3.59	3.39	3.62	3.61	3.21	3.65	3.56	3.41	3.73	3.52	3.44	3.14	3.60	3.41	3.37	3.70	3.60	3.32	3.74	3.29	3.78	3.96	3.96	3.74	3.59	3.68	3.55	3.62	3.67	3.65
15	2.67	3.04	2.79	2.87	3.11	3.03	3.01	2.97	2.83	2.99	3.40	2.77	3.05	3.27	2.74	3.03	2.72	2.74	2.80	3.12	2.96	2.76	2.84	2.88	2.77	2.84	2.66	2.82	2.62	3.23	2.89	2.74	2.89	3.07	2.99	3.08
16	2.30	2.26	2.25	2.31	2.25	2.25	2.25	2.30	2.50	2.22	2.12	2.43	2.22	1.93	2.28	2.24	2.31	2.59	2.56	2.12	2.52	2.50	2.48	2.30	2.35	2.66	2.02	2.28	2.48	1.88	2.36	2.05	2.17	2.22	2.31	2.29
17	3.81	3.70	3.75	3.74	3.82	3.46	3.83	4.11	3.75	3.73	3.67	3.73	3.74	3.84	3.45	3.63	3.90	3.93	3.46	3.61	3.49	3.49	3.90	3.76	3.67	3.50	3.86	3.74	3.84	3.82	3.69	3.82	4.01	3.78	4.14	3.54
18	4.43	4.60	4.54	4.43	4.82	4.60	4.37	4.06	4.44	4.41	4.50	4.42	4.42	4.77	4.54	4.60	4.19	4.22	4.47	4.71	4.29	4.53	4.19	4.22	4.37	4.05	4.42	4.55	4.08	4.87	4.49	4.67	4.23	4.31	3.79	4.76
19	3.78	3.68	3.81	3.85	3.66	3.67	3.73	3.75	3.72	3.90	3.90	3.97	3.87	3.81	3.67	3.57	4.20	4.22	4.07	3.56	4.26	3.75	3.93	4.22	4.12	3.70	3.88	3.68	4.08	3.44	3.86	3.78	3.85	3.84	3.78	3.60
20	7.35	7.27	6.93	7.09	6.78	7.25	7.26	7.56	7.39	7.24	6.67	6.98	7.23	7.02	7.46	7.56	7.18	6.85	7.04	7.04	6.82	7.23	7.51	7.41	7.01	7.44	7.20	7.22	7.27	7.53	7.25	6.76	7.01	7.24	7.63	7.28
21	11.31	11.61	11.55	11.52	11.90	11.57	11.39	11.31	11.51	11.55	11.80	11.88	11.50	11.89	10.81	11.54	11.10	11.52	11.44	11.45	11.51	11.34	11.31	11.25	11.54	11.30	10.96	11.45	11.99	11.60	11.74	11.13	11.41	11.35	11.99	11.35
22	9.31	9.14	9.19	9.26	9.26	8.87	8.99	9.08	9.02	9.01	9.22	9.07	9.16	8.71	9.29	9.09	9.72	8.98	9.12	9.12	9.42	9.06	9.43	9.26	9.17	8.70	9.42	9.06	8.58	9.22	9.22	9.23	9.19	9.33	9.15	9.83
23	6.41	6.19	6.17	6.31	6.16	6.68	6.53	6.33	6.52	6.31	5.97	6.52	6.15	7.05	6.07	6.29	5.78	6.19	6.29	6.16	6.02	6.49	6.10	5.93	6.32	6.12	6.33	6.25	6.95	6.23	6.42	6.42	6.33	6.32	6.37	6.14
合計	100	100	100	100	100	100	100	100	100	100	100	100	100	100	100	100	100	100	100	100	100	100	100	100	100	100	100	100	100	100	100	100	100	100	100	100

付6 電力・熱需要想定例

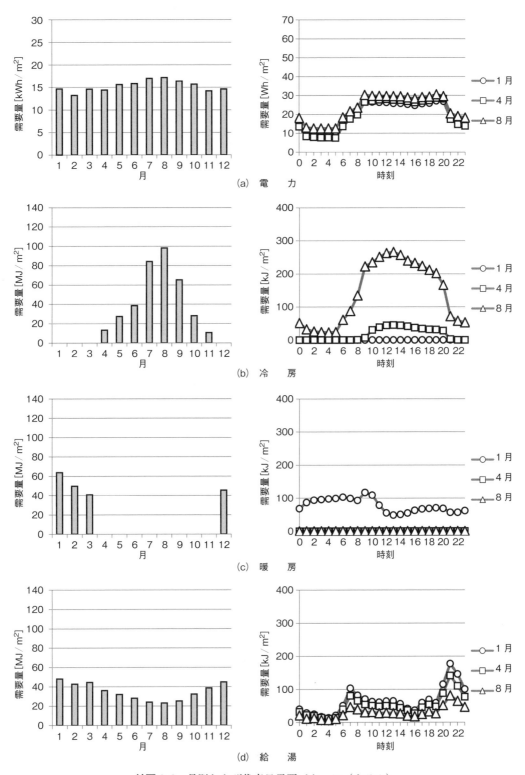

付図 6.2 月別および代表日需要パターン（ホテル）

付　　録

付 6.2.3　事務所の需要想定（例）

付表 6.15　需要原単位

		設備所要容量	年間需要
電力需要		37 W/m²	115 kWh/m²
熱需要	冷房	357 kJ/(m²·h)	295 MJ/m²
	暖房	268 kJ/(m²·h)	56 MJ/m²
	給湯	—	—

付表 6.16　月別需要パターン

		1月	2月	3月	4月	5月	6月	7月	8月	9月	10月	11月	12月	計
電力	平日	6.54	6.53	7.13	6.86	7.49	8.26	8.19	9.67	7.85	7.79	6.69	6.83	89.83
	土曜	0.29	0.18	0.24	0.34	0.39	0.40	0.55	0.49	0.46	0.37	0.31	0.28	4.30
	休日	0.50	0.30	0.30	0.52	0.62	0.39	0.67	0.51	0.68	0.56	0.46	0.37	5.87
	計	7.33	7.02	7.66	7.72	8.50	9.05	9.41	10.67	8.99	8.71	7.46	7.48	100
冷房	平日	0.00	0.00	0.00	3.35	10.14	11.02	20.32	28.12	14.78	10.34	1.58	0.00	99.66
	土曜	0.00	0.00	0.00	0.01	0.01	0.02	0.03	0.03	0.03	0.01	0.01	0.00	0.15
	休日	0.00	0.00	0.00	0.01	0.02	0.02	0.05	0.03	0.04	0.02	0.01	0.00	0.19
	計	0.00	0.00	0.00	3.37	10.18	11.06	20.40	28.18	14.85	10.37	1.60	0.00	100
暖房	平日	34.15	26.11	18.56	0.00	0.00	0.00	0.00	0.00	0.00	0.00	0.00	20.80	99.63
	土曜	0.04	0.02	0.02	0.00	0.00	0.00	0.00	0.00	0.00	0.00	0.00	0.02	0.10
	休日	0.17	0.04	0.02	0.00	0.00	0.00	0.00	0.00	0.00	0.00	0.00	0.04	0.27
	計	34.36	26.18	18.60	0.00	0.00	0.00	0.00	0.00	0.00	0.00	0.00	20.86	100
給湯	平日	—	—	—	—	—	—	—	—	—	—	—	—	—
	土曜	—	—	—	—	—	—	—	—	—	—	—	—	—
	休日	—	—	—	—	—	—	—	—	—	—	—	—	—
	計	—	—	—	—	—	—	—	—	—	—	—	—	—

付6 電力・熱需要想定例

付表6.17 時刻別需要パターン（事務所：電力）

	1月			2月			3月			4月			5月			6月			7月			8月			9月			10月			11月			12月		
	平日	土曜	休日	平日	土曜	休日	平日	土曜	休日	平日	土曜	休日	平日	土曜	休日	平日	土曜	休日	平日	土曜	休日	平日	土曜	休日	平日	土曜	休日	平日	土曜	休日	平日	土曜	休日	平日	土曜	休日
0	0.84	3.78	3.91	0.85	4.53	4.58	0.79	4.45	4.70	0.99	4.00	4.14	1.03	4.20	3.97	1.12	4.10	3.90	1.12	4.17	4.14	1.14	3.65	3.68	1.15	4.17	4.10	1.08	4.17	4.30	0.95	3.88	3.99	0.85	3.54	4.43
1	0.84	3.78	3.91	0.85	4.53	4.58	0.80	4.45	4.70	0.95	4.01	4.02	1.03	4.20	3.93	1.10	4.10	3.90	1.13	4.17	4.14	1.14	3.65	3.68	1.15	4.17	4.10	1.09	4.17	4.30	0.90	3.88	3.93	0.85	3.56	4.48
2	0.84	3.78	3.91	0.85	4.53	4.58	0.82	4.45	4.70	0.89	3.59	3.82	1.03	4.20	3.93	1.10	4.10	3.90	1.13	4.17	4.14	1.14	3.65	3.68	1.13	4.17	4.10	1.09	4.17	4.30	0.81	3.88	3.93	0.85	3.60	4.56
3	0.84	3.78	3.91	0.85	4.53	4.58	0.82	4.45	4.70	0.87	3.51	3.84	1.03	4.20	3.97	1.09	4.10	3.90	1.13	4.17	4.14	1.14	3.65	3.68	1.12	4.17	4.10	1.06	4.17	4.19	0.79	3.74	3.93	0.85	3.76	4.56
4	0.85	3.78	3.91	0.85	4.53	4.58	0.83	4.45	4.70	0.84	3.51	3.82	1.02	4.20	3.95	1.08	4.10	3.90	1.14	4.17	4.14	1.14	3.65	3.59	1.11	4.17	4.10	1.05	4.17	4.12	0.78	3.36	3.75	0.85	3.77	4.56
5	0.85	3.78	3.91	0.85	4.53	4.58	0.83	4.45	4.70	0.83	3.32	3.76	1.02	4.24	3.95	1.08	4.10	3.90	1.14	4.17	4.14	1.14	3.65	3.56	1.11	4.17	4.10	1.05	4.17	4.12	0.78	3.36	3.58	0.85	3.77	4.56
6	0.85	3.78	3.91	0.85	4.53	4.58	0.83	4.45	4.70	0.83	3.46	3.48	1.00	4.24	3.95	1.10	4.10	3.90	1.14	4.17	4.14	1.14	3.65	3.56	1.11	4.17	4.10	1.05	4.17	4.13	0.75	3.36	3.58	0.85	3.77	4.56
7	2.09	4.80	4.55	2.06	4.31	4.58	1.98	4.41	4.63	1.65	3.56	3.48	1.86	4.20	3.93	2.03	3.89	3.90	2.29	4.17	4.14	2.42	4.40	4.50	2.21	4.17	4.10	1.94	4.17	4.15	1.59	2.96	3.58	2.04	4.77	4.46
8	6.78	4.56	4.57	6.71	3.57	4.25	6.71	4.00	4.06	6.41	3.56	3.69	6.33	4.20	3.93	6.37	4.00	4.09	6.35	4.17	4.14	6.35	4.40	4.50	6.38	4.17	4.12	6.33	4.17	4.12	6.46	3.54	3.58	6.70	4.53	4.16
9	7.10	4.49	4.56	7.08	3.57	4.07	7.13	3.95	3.71	6.92	4.29	3.93	6.87	4.20	4.18	6.88	4.10	4.15	6.87	4.17	4.14	6.82	4.42	4.50	6.87	4.17	4.12	6.84	4.17	4.12	6.98	3.96	3.91	7.10	4.15	3.95
10	7.14	4.39	4.47	7.15	3.75	3.61	7.20	3.95	3.71	7.08	4.59	4.17	7.08	4.20	4.20	6.96	4.14	4.15	6.94	4.17	4.14	6.92	4.54	4.60	6.99	4.17	4.10	6.97	4.17	4.12	7.19	4.04	4.36	7.16	4.14	3.87
11	7.08	4.33	4.27	7.09	3.57	3.61	7.14	3.95	3.71	7.08	4.58	4.27	7.10	4.20	4.30	6.95	4.35	4.15	6.89	4.17	4.14	6.95	4.54	4.61	6.95	4.17	4.10	7.00	4.17	4.12	7.17	4.34	4.59	7.11	4.28	3.87
12	6.66	4.33	4.18	6.67	3.57	3.61	6.71	3.95	3.71	6.70	4.56	4.48	6.69	4.20	4.33	6.59	4.29	4.15	6.56	4.17	4.14	6.59	4.54	4.61	6.58	4.17	4.10	6.63	4.17	4.19	6.81	4.86	4.73	6.69	4.31	3.74
13	7.04	4.33	4.16	7.05	3.57	3.61	7.10	3.95	3.71	7.08	4.58	4.64	7.11	4.20	4.30	6.96	4.35	4.41	6.93	4.17	4.14	6.92	4.54	4.61	6.92	4.17	4.12	7.05	4.17	4.24	7.19	4.88	4.71	7.07	4.30	3.74
14	7.08	4.33	4.16	7.09	3.57	3.61	7.13	3.70	3.71	7.12	4.58	4.67	7.19	4.20	4.30	6.97	4.12	4.41	6.97	4.17	4.14	6.93	4.54	4.61	6.90	4.17	4.12	7.09	4.17	4.24	7.22	4.94	4.67	7.11	4.35	3.74
15	7.08	4.33	4.16	7.09	3.57	3.61	7.13	3.70	3.71	7.10	4.56	4.67	7.11	4.20	4.33	6.95	4.12	4.41	6.93	4.17	4.14	6.90	4.54	4.61	6.84	4.17	4.18	7.05	4.17	4.24	7.19	5.00	4.67	7.10	4.35	3.76
16	7.08	4.33	4.16	7.09	3.80	3.61	7.13	3.70	3.71	7.09	4.56	4.67	6.98	4.20	4.31	6.91	4.35	4.41	6.89	4.17	4.14	6.84	4.54	4.61	6.75	4.17	4.30	6.94	4.17	4.24	7.16	4.66	4.43	7.10	4.35	3.87
17	7.08	4.33	4.24	7.09	3.90	3.62	7.13	3.70	3.71	7.08	4.56	4.67	6.91	4.20	4.31	6.84	4.35	4.41	6.83	4.17	4.27	6.77	4.54	4.61	6.70	4.17	4.15	6.85	4.17	4.24	7.14	4.57	4.30	7.10	4.35	3.87
18	7.08	4.38	4.42	7.08	4.21	3.76	7.12	3.91	3.88	7.05	4.59	4.49	6.75	4.20	4.31	6.76	4.17	4.41	6.69	4.17	4.28	6.65	4.54	4.52	6.70	4.17	4.24	6.80	4.17	4.24	7.09	4.48	4.32	7.10	4.59	4.02
19	6.03	4.54	4.52	6.03	4.38	4.20	6.06	4.20	3.95	6.03	4.56	4.42	5.75	4.20	4.31	5.76	4.17	4.38	5.69	4.17	4.28	5.66	4.54	4.50	5.72	4.17	4.24	5.79	4.17	4.24	6.03	4.46	4.34	6.04	4.92	4.12
20	5.94	4.79	4.54	5.94	4.53	4.36	5.97	4.20	4.24	5.93	4.56	4.44	5.60	4.07	4.31	5.62	4.10	4.15	5.53	4.17	4.28	5.54	3.78	3.56	5.56	4.17	4.24	5.64	4.17	4.24	5.91	4.48	4.32	5.94	4.94	4.15
21	1.16	3.78	3.91	1.17	4.53	4.51	1.11	4.42	4.30	1.43	4.56	4.31	1.42	3.94	4.31	1.48	4.10	4.15	1.47	4.17	4.15	1.45	3.78	3.56	1.50	4.17	4.24	1.41	4.17	4.12	1.29	4.46	4.34	1.11	3.95	4.23
22	0.82	3.78	3.91	0.83	4.53	4.55	0.76	4.66	4.30	1.04	4.24	3.97	1.07	3.94	4.34	1.15	4.10	4.15	1.15	4.17	4.14	1.14	3.78	3.56	1.17	4.17	4.16	1.09	4.17	4.12	0.94	4.46	4.18	0.76	3.95	4.25
23	0.84	3.78	3.91	0.84	4.53	4.58	0.78	4.70	4.34	1.01	4.09	4.12	1.05	3.94	4.35	1.14	4.10	4.15	1.13	4.17	4.14	1.14	3.78	3.56	1.14	4.17	4.30	1.08	4.17	4.30	0.89	4.46	4.30	0.80	3.98	4.45
合計	100	100	100	100	100	100	100	100	100	100	100	100	100	100	100	100	100	100	100	100	100	100	100	100	100	100	100	100	100	100	100	100	100	100	100	100

付　　　録

付表 6.18　時刻別需要パターン（事務所：冷房）

	1月			2月			3月			4月			5月			6月			7月			8月			9月			10月			11月			12月		
	平日	土曜	休日	平日	土曜	休日	平日	土曜	休日	平日	土曜	休日	平日	土曜	休日	平日	土曜	休日	平日	土曜	休日	平日	土曜	休日	平日	土曜	休日	平日	土曜	休日	平日	土曜	休日	平日	土曜	休日
0	0.00	0.00	0.00	0.00	0.00	0.00	0.00	0.00	0.00	0.01	0.58	1.19	0.01	1.33	1.80	0.02	2.04	2.54	0.02	2.72	3.04	0.02	2.86	3.07	0.03	2.55	2.97	0.02	1.15	2.55	0.01	0.47	0.96	0.00	0.00	0.00
1	0.00	0.00	0.00	0.00	0.00	0.00	0.00	0.00	0.00	0.01	1.04	0.98	0.01	1.30	1.34	0.02	1.96	2.36	0.02	2.84	2.96	0.02	2.84	2.99	0.03	2.48	2.95	0.01	1.10	2.26	0.01	0.54	0.82	0.00	0.00	0.00
2	0.00	0.00	0.00	0.00	0.00	0.00	0.00	0.00	0.00	0.01	3.04	1.11	0.01	1.28	1.27	0.02	1.92	2.20	0.02	2.82	2.92	0.02	2.80	2.94	0.02	2.52	2.88	0.01	1.03	2.07	0.01	0.47	0.80	0.00	0.00	0.00
3	0.00	0.00	0.00	0.00	0.00	0.00	0.00	0.00	0.00	0.01	4.90	1.24	0.01	1.29	1.16	0.02	1.89	2.08	0.02	2.68	2.86	0.02	2.77	2.86	0.02	2.40	2.83	0.01	0.98	1.86	0.01	0.36	0.72	0.00	0.00	0.00
4	0.00	0.00	0.00	0.00	0.00	0.00	0.00	0.00	0.00	0.01	3.53	1.25	0.01	1.29	1.09	0.02	1.85	1.95	0.02	2.54	2.82	0.02	2.72	2.80	0.02	2.31	2.76	0.01	1.00	1.77	0.00	0.25	0.59	0.00	0.00	0.00
5	0.00	0.00	0.00	0.00	0.00	0.00	0.00	0.00	0.00	0.00	1.25	1.21	0.01	1.32	1.07	0.02	1.95	2.08	0.02	2.81	2.80	0.02	2.77	2.80	0.02	2.34	2.76	0.01	0.92	1.69	0.00	0.17	0.51	0.00	0.00	0.00
6	0.00	0.00	0.00	0.00	0.00	0.00	0.00	0.00	0.00	0.01	0.96	1.27	0.01	1.37	1.30	0.03	2.33	2.64	0.03	3.39	3.08	0.03	3.11	3.13	0.03	2.64	3.29	0.01	0.88	1.66	0.00	0.19	0.32	0.00	0.00	0.00
7	0.00	0.00	0.00	0.00	0.00	0.00	0.00	0.00	0.00	0.12	0.95	1.83	2.68	1.90	1.98	3.65	3.11	3.52	4.65	3.91	4.02	5.10	4.21	4.43	5.15	3.48	3.92	3.12	1.53	2.32	0.04	0.02	0.32	0.00	0.00	0.00
8	0.00	0.00	0.00	0.00	0.00	0.00	0.00	0.00	0.00	1.79	1.67	2.83	5.14	3.55	3.62	5.38	3.85	4.55	6.35	4.45	4.51	6.59	4.26	4.50	6.17	4.60	4.57	4.65	4.24	3.34	0.47	0.83	0.37	0.00	0.00	0.00
9	0.00	0.00	0.00	0.00	0.00	0.00	0.00	0.00	0.00	5.43	4.66	4.67	7.67	4.45	4.72	8.16	4.77	5.61	7.56	5.13	4.90	7.67	4.96	5.01	7.93	5.59	5.05	7.84	7.27	3.34	4.72	4.25	2.92	0.00	0.00	0.00
10	0.00	0.00	0.00	0.00	0.00	0.00	0.00	0.00	0.00	8.66	5.94	6.97	8.64	5.80	6.83	8.54	5.98	6.46	7.76	5.60	5.05	7.85	5.86	5.24	8.33	5.54	5.45	8.61	9.46	5.01	8.67	8.14	6.71	0.00	0.00	0.00
11	0.00	0.00	0.00	0.00	0.00	0.00	0.00	0.00	0.00	11.12	7.81	8.28	9.25	6.56	7.78	8.92	6.52	6.83	7.89	5.82	5.13	7.97	5.69	5.39	8.70	5.84	5.75	9.13	10.15	6.04	12.18	10.17	10.75	0.00	0.00	0.00
12	0.00	0.00	0.00	0.00	0.00	0.00	0.00	0.00	0.00	11.13	10.16	9.80	8.99	7.75	8.43	8.72	6.92	7.21	7.76	5.91	5.24	7.94	5.75	5.33	8.28	6.26	5.88	9.23	10.25	6.84	13.44	16.80	13.81	0.00	0.00	0.00
13	0.00	0.00	0.00	0.00	0.00	0.00	0.00	0.00	0.00	13.36	11.79	11.17	9.49	9.71	9.65	9.52	7.38	6.86	8.16	6.33	5.32	8.02	6.07	5.53	8.61	6.73	6.00	9.98	10.27	7.92	13.44	16.10	17.52	0.00	0.00	0.00
14	0.00	0.00	0.00	0.00	0.00	0.00	0.00	0.00	0.00	13.87	12.31	10.74	9.67	10.40	9.71	9.33	7.61	7.12	8.38	6.04	5.39	8.04	5.77	5.79	8.48	6.81	6.13	9.84	8.78	8.41	12.31	14.14	14.87	0.00	0.00	0.00
15	0.00	0.00	0.00	0.00	0.00	0.00	0.00	0.00	0.00	12.25	10.44	11.33	9.16	8.58	8.52	8.92	7.67	7.15	8.47	5.83	5.45	7.99	5.64	5.79	8.25	6.42	6.07	9.42	8.43	7.94	12.31	11.61	10.75	0.00	0.00	0.00
16	0.00	0.00	0.00	0.00	0.00	0.00	0.00	0.00	0.00	9.63	7.16	7.63	8.35	7.38	7.89	8.11	7.15	5.60	8.19	5.16	5.38	7.81	5.64	5.51	7.77	5.86	5.65	8.18	7.11	8.17	7.36	4.82	4.49	0.00	0.00	0.00
17	0.00	0.00	0.00	0.00	0.00	0.00	0.00	0.00	0.00	6.79	4.20	4.46	7.58	4.85	6.07	7.22	5.65	4.84	7.71	4.69	5.05	7.47	5.12	5.18	6.82	4.70	4.61	6.74	3.31	6.64	3.75	2.58	2.70	0.00	0.00	0.00
18	0.00	0.00	0.00	0.00	0.00	0.00	0.00	0.00	0.00	3.61	1.76	2.93	5.80	4.09	4.30	5.87	4.53	4.07	6.63	4.06	4.52	6.64	4.17	4.20	6.00	3.62	3.62	5.70	2.31	4.25	2.54	1.83	2.80	0.00	0.00	0.00
19	0.00	0.00	0.00	0.00	0.00	0.00	0.00	0.00	0.00	1.48	1.46	2.59	4.12	3.33	3.00	4.08	3.39	3.12	5.24	3.77	4.20	5.29	3.78	3.91	4.93	3.55	3.49	4.04	2.33	3.68	1.07	1.45	2.74	0.00	0.00	0.00
20	0.00	0.00	0.00	0.00	0.00	0.00	0.00	0.00	0.00	0.63	1.38	2.09	3.13	3.08	2.43	2.95	3.23	3.01	4.65	3.64	3.76	4.99	3.67	3.79	4.05	3.61	3.48	3.17	2.16	3.46	0.29	1.32	1.24	0.00	0.00	0.00
21	0.00	0.00	0.00	0.00	0.00	0.00	0.00	0.00	0.00	0.06	1.24	1.73	0.23	2.89	2.25	0.20	2.89	2.87	0.41	3.43	3.64	0.44	3.01	3.12	0.31	3.47	3.35	0.23	1.95	3.30	0.03	1.26	1.24	0.00	0.00	0.00
22	0.00	0.00	0.00	0.00	0.00	0.00	0.00	0.00	0.00	0.01	0.98	1.39	0.02	3.43	1.96	0.03	2.73	2.71	0.02	3.24	3.61	0.02	3.28	3.28	0.03	3.34	3.30	0.02	1.75	3.06	0.01	1.20	1.06	0.00	0.00	0.00
23	0.00	0.00	0.00	0.00	0.00	0.00	0.00	0.00	0.00	0.01	0.80	1.32	0.01	3.08	1.85	0.03	2.68	2.60	0.02	3.21	3.64	0.02	3.25	3.38	0.03	3.34	3.21	0.01	1.65	2.59	0.01	1.05	1.00	0.00	0.00	0.00
合計	0	0	0	0	0	0	0	0	0	100	100	100	100	100	100	100	100	100	100	100	100	100	100	100	100	100	100	100	100	100	100	100	100	0	0	0

付6 電力・熱需要想定例

付表 6.19 時刻別需要パターン（事務所：暖房）

	1月			2月			3月			4月			5月			6月			7月			8月			9月			10月			11月			12月		
	平日	土曜	休日	平日	土曜	休日	平日	土曜	休日	平日	土曜	休日	平日	土曜	休日	平日	土曜	休日	平日	土曜	休日	平日	土曜	休日	平日	土曜	休日	平日	土曜	休日	平日	土曜	休日	平日	土曜	休日
0	0.04	7.20	5.57	0.04	6.84	7.37	0.03	6.35	8.10	0.00	0.00	0.00	0.00	0.00	0.00	0.00	0.00	0.00	0.00	0.00	0.00	0.00	0.00	0.00	0.00	0.00	0.00	0.00	0.00	0.00	0.00	0.00	0.00	0.04	2.62	5.27
1	0.04	7.49	5.56	0.04	7.34	7.63	0.03	7.10	8.73	0.00	0.00	0.00	0.00	0.00	0.00	0.00	0.00	0.00	0.00	0.00	0.00	0.00	0.00	0.00	0.00	0.00	0.00	0.00	0.00	0.00	0.00	0.00	0.00	0.04	3.50	5.67
2	0.04	7.94	5.75	0.05	7.83	8.17	0.04	7.88	9.54	0.00	0.00	0.00	0.00	0.00	0.00	0.00	0.00	0.00	0.00	0.00	0.00	0.00	0.00	0.00	0.00	0.00	0.00	0.00	0.00	0.00	0.00	0.00	0.00	0.05	3.77	6.54
3	0.05	8.44	6.00	0.05	8.23	8.87	0.05	8.39	10.32	0.00	0.00	0.00	0.00	0.00	0.00	0.00	0.00	0.00	0.00	0.00	0.00	0.00	0.00	0.00	0.00	0.00	0.00	0.00	0.00	0.00	0.00	0.00	0.00	0.05	4.97	6.86
4	0.05	8.77	6.34	0.05	8.75	9.74	0.05	9.07	10.93	0.00	0.00	0.00	0.00	0.00	0.00	0.00	0.00	0.00	0.00	0.00	0.00	0.00	0.00	0.00	0.00	0.00	0.00	0.00	0.00	0.00	0.00	0.00	0.00	0.05	6.02	7.07
5	0.05	8.88	6.68	0.05	9.35	10.53	0.05	10.19	11.67	0.00	0.00	0.00	0.00	0.00	0.00	0.00	0.00	0.00	0.00	0.00	0.00	0.00	0.00	0.00	0.00	0.00	0.00	0.00	0.00	0.00	0.00	0.00	0.00	0.05	6.70	7.27
6	0.05	9.22	6.98	0.06	9.46	10.72	0.05	10.16	11.06	0.00	0.00	0.00	0.00	0.00	0.00	0.00	0.00	0.00	0.00	0.00	0.00	0.00	0.00	0.00	0.00	0.00	0.00	0.00	0.00	0.00	0.00	0.00	0.00	0.05	6.23	7.44
7	22.54	6.88	5.93	28.05	6.07	6.65	35.95	5.81	5.43	0.00	0.00	0.00	0.00	0.00	0.00	0.00	0.00	0.00	0.00	0.00	0.00	0.00	0.00	0.00	0.00	0.00	0.00	0.00	0.00	0.00	0.00	0.00	0.00	35.30	5.20	6.51
8	15.26	1.53	4.07	14.57	1.95	2.34	14.05	1.83	1.15	0.00	0.00	0.00	0.00	0.00	0.00	0.00	0.00	0.00	0.00	0.00	0.00	0.00	0.00	0.00	0.00	0.00	0.00	0.00	0.00	0.00	0.00	0.00	0.00	14.82	1.68	3.78
9	6.97	0.80	3.29	6.29	0.00	0.47	6.21	1.55	0.00	0.00	0.00	0.00	0.00	0.00	0.00	0.00	0.00	0.00	0.00	0.00	0.00	0.00	0.00	0.00	0.00	0.00	0.00	0.00	0.00	0.00	0.00	0.00	0.00	6.81	0.02	2.51
10	4.77	0.48	2.99	4.57	0.00	0.07	4.73	1.27	0.00	0.00	0.00	0.00	0.00	0.00	0.00	0.00	0.00	0.00	0.00	0.00	0.00	0.00	0.00	0.00	0.00	0.00	0.00	0.00	0.00	0.00	0.00	0.00	0.00	4.77	0.00	1.68
11	4.07	0.53	2.59	3.37	0.00	0.00	4.27	1.36	0.00	0.00	0.00	0.00	0.00	0.00	0.00	0.00	0.00	0.00	0.00	0.00	0.00	0.00	0.00	0.00	0.00	0.00	0.00	0.00	0.00	0.00	0.00	0.00	0.00	3.42	1.05	1.18
12	4.01	0.51	2.47	3.33	0.00	0.00	3.60	0.78	0.00	0.00	0.00	0.00	0.00	0.00	0.00	0.00	0.00	0.00	0.00	0.00	0.00	0.00	0.00	0.00	0.00	0.00	0.00	0.00	0.00	0.00	0.00	0.00	0.00	3.14	1.08	1.12
13	2.91	0.73	2.48	2.17	0.00	0.00	2.59	0.07	0.00	0.00	0.00	0.00	0.00	0.00	0.00	0.00	0.00	0.00	0.00	0.00	0.00	0.00	0.00	0.00	0.00	0.00	0.00	0.00	0.00	0.00	0.00	0.00	0.00	2.14	1.54	1.26
14	2.78	0.89	2.41	1.64	0.00	0.00	2.04	0.00	0.00	0.00	0.00	0.00	0.00	0.00	0.00	0.00	0.00	0.00	0.00	0.00	0.00	0.00	0.00	0.00	0.00	0.00	0.00	0.00	0.00	0.00	0.00	0.00	0.00	1.73	1.71	1.28
15	3.12	1.04	2.45	2.16	0.00	0.00	1.76	0.00	0.00	0.00	0.00	0.00	0.00	0.00	0.00	0.00	0.00	0.00	0.00	0.00	0.00	0.00	0.00	0.00	0.00	0.00	0.00	0.00	0.00	0.00	0.00	0.00	0.00	1.99	2.03	1.36
16	3.91	1.16	2.59	3.06	0.77	0.00	1.95	0.00	0.00	0.00	0.00	0.00	0.00	0.00	0.00	0.00	0.00	0.00	0.00	0.00	0.00	0.00	0.00	0.00	0.00	0.00	0.00	0.00	0.00	0.00	0.00	0.00	0.00	2.48	2.34	2.09
17	5.28	1.24	2.76	4.58	1.61	0.00	2.46	0.00	0.00	0.00	0.00	0.00	0.00	0.00	0.00	0.00	0.00	0.00	0.00	0.00	0.00	0.00	0.00	0.00	0.00	0.00	0.00	0.00	0.00	0.00	0.00	0.00	0.00	3.02	2.65	2.23
18	6.36	1.58	2.97	6.58	2.71	1.85	3.59	0.42	0.73	0.00	0.00	0.00	0.00	0.00	0.00	0.00	0.00	0.00	0.00	0.00	0.00	0.00	0.00	0.00	0.00	0.00	0.00	0.00	0.00	0.00	0.00	0.00	0.00	4.78	3.31	3.05
19	8.09	2.45	3.34	8.69	3.74	2.48	7.19	2.68	1.12	0.00	0.00	0.00	0.00	0.00	0.00	0.00	0.00	0.00	0.00	0.00	0.00	0.00	0.00	0.00	0.00	0.00	0.00	0.00	0.00	0.00	0.00	0.00	0.00	6.48	6.50	4.01
20	8.62	3.24	3.64	9.58	5.36	4.20	8.39	3.68	3.68	0.00	0.00	0.00	0.00	0.00	0.00	0.00	0.00	0.00	0.00	0.00	0.00	0.00	0.00	0.00	0.00	0.00	0.00	0.00	0.00	0.00	0.00	0.00	0.00	7.87	7.58	4.63
21	0.93	5.12	3.97	0.98	6.14	5.30	0.87	5.01	5.18	0.00	0.00	0.00	0.00	0.00	0.00	0.00	0.00	0.00	0.00	0.00	0.00	0.00	0.00	0.00	0.00	0.00	0.00	0.00	0.00	0.00	0.00	0.00	0.00	0.89	9.01	5.34
22	0.03	6.60	4.44	0.03	6.71	6.51	0.02	7.71	5.87	0.00	0.00	0.00	0.00	0.00	0.00	0.00	0.00	0.00	0.00	0.00	0.00	0.00	0.00	0.00	0.00	0.00	0.00	0.00	0.00	0.00	0.00	0.00	0.00	0.01	9.47	5.43
23	0.03	7.28	4.72	0.03	7.14	7.09	0.02	8.71	6.50	0.00	0.00	0.00	0.00	0.00	0.00	0.00	0.00	0.00	0.00	0.00	0.00	0.00	0.00	0.00	0.00	0.00	0.00	0.00	0.00	0.00	0.00	0.00	0.00	0.02	11.01	6.42
合計	100	100	100	100	100	100	100	100	100	0	0	0	0	0	0	0	0	0	0	0	0	0	0	0	0	0	0	0	0	0	0	0	0	100	100	100

付　　　録

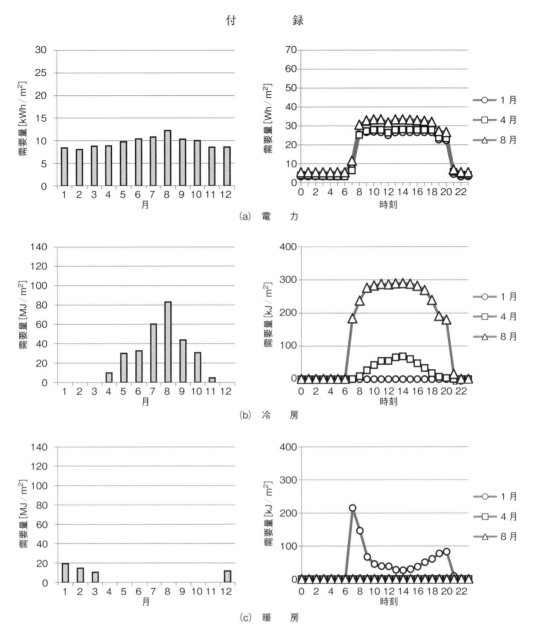

付図6.3　月別および代表日需要パターン（事務所）

付6 電力・熱需要想定例

付6.2.4 商業施設の需要想定（例）

付表6.20 需要原単位

		設備所要容量	年間需要
電力需要		62 W/m^2	284 kWh/m^2
熱需要	冷房	691 kJ/(m^2·h)	627 MJ/m^2
	暖房	366 kJ/(m^2·h)	188 MJ/m^2
	給湯	—	—

付表6.21 月別需要パターン

		1月	2月	3月	4月	5月	6月	7月	8月	9月	10月	11月	12月	計
電力	平日	5.24	5.24	5.76	5.39	5.53	6.13	5.85	6.84	5.71	5.81	5.38	5.50	68.36
	土曜	1.04	0.78	1.04	1.08	1.10	1.12	1.45	1.16	1.17	1.08	1.07	1.04	13.13
	休日	1.83	1.30	1.30	1.62	1.90	1.12	1.74	1.16	1.73	1.64	1.61	1.56	18.51
	計	8.11	7.32	8.10	8.09	8.53	8.37	9.04	9.16	8.61	8.53	8.05	8.10	100
冷房	平日	0.00	0.00	0.00	4.80	7.17	8.11	11.72	15.38	9.36	7.77	3.76	0.00	68.06
	土曜	0.00	0.00	0.00	1.18	1.52	1.63	2.83	2.22	2.41	1.28	0.99	0.00	14.05
	休日	0.00	0.00	0.00	1.75	2.35	1.58	3.50	2.21	3.16	1.95	1.39	0.00	17.89
	計	0.00	0.00	0.00	7.73	11.03	11.32	18.05	19.80	14.93	11.00	6.15	0.00	100
暖房	平日	17.98	17.46	15.89	0.00	0.00	0.00	0.00	0.00	0.00	0.00	0.00	15.84	67.17
	土曜	3.71	2.78	3.04	0.00	0.00	0.00	0.00	0.00	0.00	0.00	0.00	3.03	12.57
	休日	7.22	4.20	3.98	0.00	0.00	0.00	0.00	0.00	0.00	0.00	0.00	4.86	20.27
	計	28.91	24.45	22.91	0.00	0.00	0.00	0.00	0.00	0.00	0.00	0.00	23.73	100
給湯	平日	—	—	—	—	—	—	—	—	—	—	—	—	—
	土曜	—	—	—	—	—	—	—	—	—	—	—	—	—
	休日	—	—	—	—	—	—	—	—	—	—	—	—	—
	計	—	—	—	—	—	—	—	—	—	—	—	—	—

付表 6.22 時刻別需要パターン（商業施設：電力）

	1月			2月			3月			4月			5月			6月			7月			8月			9月			10月			11月			12月		
	平日	土曜	休日	平日	土曜	休日	平日	土曜	休日	平日	土曜	休日	平日	土曜	休日	平日	土曜	休日	平日	土曜	休日	平日	土曜	休日	平日	土曜	休日	平日	土曜	休日	平日	土曜	休日	平日	土曜	休日
0	0.80	0.80	0.80	0.80	0.80	0.80	0.80	0.80	0.80	0.78	0.78	0.77	0.76	0.76	0.77	0.75	0.75	0.75	0.72	0.72	0.72	0.70	0.72	0.72	0.73	0.72	0.73	0.76	0.77	0.77	0.78	0.78	0.78	0.80	0.80	0.80
1	0.79	0.78	0.78	0.78	0.78	0.79	0.79	0.79	0.79	0.76	0.76	0.76	0.74	0.75	0.76	0.74	0.73	0.73	0.70	0.71	0.71	0.69	0.71	0.71	0.72	0.70	0.71	0.74	0.76	0.75	0.76	0.77	0.76	0.78	0.79	0.79
2	0.78	0.78	0.78	0.78	0.79	0.79	0.78	0.79	0.79	0.76	0.76	0.76	0.74	0.75	0.76	0.73	0.73	0.75	0.69	0.71	0.70	0.69	0.70	0.71	0.72	0.70	0.71	0.75	0.76	0.76	0.76	0.76	0.76	0.78	0.79	0.79
3	0.75	0.75	0.75	0.75	0.75	0.75	0.78	0.75	0.75	0.73	0.73	0.72	0.71	0.71	0.72	0.70	0.70	0.73	0.67	0.67	0.67	0.66	0.67	0.67	0.68	0.67	0.68	0.71	0.72	0.72	0.73	0.73	0.73	0.75	0.75	0.75
4	0.74	0.75	0.75	0.74	0.75	0.75	0.74	0.75	0.75	0.72	0.72	0.72	0.70	0.71	0.71	0.70	0.69	0.70	0.67	0.67	0.67	0.65	0.65	0.67	0.68	0.67	0.68	0.70	0.72	0.71	0.72	0.73	0.72	0.74	0.75	0.75
5	0.73	0.73	0.73	0.73	0.73	0.73	0.73	0.73	0.73	0.71	0.71	0.70	0.69	0.69	0.70	0.68	0.68	0.68	0.65	0.66	0.65	0.64	0.65	0.66	0.66	0.65	0.66	0.69	0.70	0.70	0.71	0.71	0.71	0.73	0.73	0.73
6	0.81	0.81	0.81	0.81	0.82	0.82	0.73	0.82	0.82	0.79	0.79	0.78	0.77	0.77	0.78	0.76	0.76	0.76	0.73	0.73	0.73	0.71	0.73	0.73	0.74	0.73	0.74	0.77	0.78	0.78	0.79	0.79	0.79	0.81	0.81	0.82
7	1.09	1.06	1.05	1.09	1.05	1.05	1.09	1.05	1.05	1.06	1.02	1.01	1.03	1.00	1.01	1.02	0.98	0.98	0.97	0.94	0.94	0.96	0.96	0.96	1.00	0.94	0.95	1.03	1.01	1.00	1.06	1.02	1.02	1.09	1.06	1.05
8	1.51	1.48	1.48	1.51	1.47	1.47	1.51	1.47	1.47	1.47	1.43	1.42	1.43	1.40	1.41	1.42	1.37	1.37	1.35	1.32	1.32	1.33	1.34	1.34	1.38	1.31	1.33	1.43	1.42	1.41	1.47	1.44	1.43	1.51	1.48	1.47
9	5.19	5.23	5.19	5.20	5.19	5.18	5.20	5.18	5.18	5.22	5.30	5.17	5.20	5.18	5.18	5.29	5.19	5.27	5.29	5.26	5.27	5.32	5.23	5.29	5.33	5.24	5.28	5.22	5.21	5.22	5.23	5.22	5.19	5.20	5.19	5.18
10	6.94	6.97	6.94	6.94	6.94	6.94	6.94	6.94	6.94	6.98	6.98	6.95	6.99	6.98	6.91	7.01	6.96	7.01	7.02	6.97	7.00	7.01	6.96	7.01	7.05	7.01	7.04	6.95	6.92	6.95	6.99	6.99	6.94	6.95	6.94	6.94
11	7.07	7.10	7.07	7.07	7.07	7.07	7.07	7.07	7.07	7.11	7.17	7.08	7.14	7.10	7.12	7.16	7.12	7.17	7.17	7.13	7.18	7.22	7.16	7.19	7.20	7.25	7.22	7.09	7.04	7.12	7.11	7.10	7.17	7.07	7.07	7.07
12	7.12	7.13	7.12	7.12	7.12	7.12	7.12	7.12	7.12	7.17	7.16	7.13	7.23	7.21	7.18	7.23	7.23	7.22	7.24	7.22	7.19	7.26	7.23	7.22	7.25	7.30	7.27	7.19	7.15	7.15	7.15	7.15	7.12	7.12	7.12	7.12
13	7.11	7.10	7.11	7.11	7.11	7.11	7.11	7.11	7.11	7.16	7.13	7.18	7.21	7.20	7.20	7.19	7.24	7.20	7.26	7.25	7.21	7.25	7.26	7.23	7.24	7.34	7.25	7.16	7.15	7.14	7.14	7.13	7.11	7.11	7.11	7.11
14	7.14	7.14	7.14	7.14	7.14	7.14	7.14	7.14	7.14	7.18	7.17	7.24	7.25	7.23	7.25	7.21	7.28	7.34	7.30	7.31	7.25	7.28	7.30	7.25	7.25	7.38	7.28	7.22	7.18	7.17	7.17	7.16	7.19	7.14	7.14	7.14
15	7.13	7.13	7.13	7.13	7.13	7.13	7.13	7.13	7.13	7.16	7.13	7.23	7.23	7.22	7.25	7.27	7.27	7.30	7.29	7.30	7.25	7.27	7.33	7.24	7.21	7.36	7.31	7.18	7.15	7.15	7.15	7.15	7.17	7.13	7.13	7.13
16	7.10	7.12	7.10	7.10	7.10	7.10	7.10	7.10	7.10	7.12	7.09	7.16	7.16	7.19	7.14	7.18	7.24	7.14	7.25	7.27	7.23	7.23	7.30	7.20	7.18	7.33	7.26	7.12	7.08	7.12	7.12	7.12	7.14	7.10	7.10	7.10
17	7.04	7.09	7.04	7.04	7.04	7.04	7.04	7.04	7.04	7.06	7.03	7.09	7.08	7.12	7.07	7.06	7.18	7.09	7.16	7.22	7.15	7.15	7.25	7.14	7.09	7.17	7.16	7.10	7.08	7.05	7.06	7.06	7.08	7.04	7.04	7.04
18	6.94	6.93	6.94	6.94	6.94	6.94	6.94	6.94	6.94	6.95	6.92	6.98	6.94	7.01	6.95	6.95	6.95	6.97	6.98	6.98	6.99	6.99	7.02	6.99	6.94	6.89	6.89	6.96	6.96	6.98	6.95	6.96	6.98	6.94	6.94	6.94
19	6.87	6.85	6.86	6.87	6.86	6.86	6.87	6.86	6.86	6.84	6.87	6.90	6.85	6.87	6.87	6.87	6.85	6.85	6.89	6.89	6.91	6.93	6.86	6.93	6.86	6.79	6.82	6.87	6.90	6.91	6.87	6.88	6.88	6.87	6.87	6.86
20	6.82	6.81	6.82	6.82	6.82	6.82	6.82	6.82	6.82	6.79	6.82	6.80	6.79	6.76	6.82	6.81	6.80	6.77	6.81	6.82	6.86	6.86	6.75	6.80	6.80	6.70	6.76	6.82	6.85	6.82	6.83	6.83	6.80	6.82	6.82	6.82
21	6.69	6.71	6.69	6.69	6.73	6.73	6.69	6.73	6.73	6.68	6.73	6.70	6.66	6.67	6.70	6.67	6.66	6.60	6.64	6.67	6.79	6.67	6.62	6.72	6.66	6.58	6.68	6.73	6.75	6.73	6.69	6.74	6.70	6.69	6.72	6.73
22	1.85	1.86	1.86	1.85	1.87	1.87	1.85	1.87	1.87	1.80	1.81	1.79	1.76	1.77	1.79	1.74	1.73	1.74	1.66	1.68	1.67	1.63	1.67	1.68	1.70	1.66	1.69	1.76	1.80	1.78	1.81	1.82	1.81	1.85	1.86	1.87
23	0.99	1.00	1.00	0.99	1.00	1.00	0.99	1.00	1.00	0.97	0.97	0.96	0.94	0.95	0.96	0.94	0.93	0.93	0.89	0.90	0.90	0.88	0.90	0.90	0.91	0.89	0.90	0.94	0.96	0.96	0.97	0.97	0.97	0.99	1.00	1.00
合計	100	100	100	100	100	100	100	100	100	100	100	100	100	100	100	100	100	100	100	100	100	100	100	100	100	100	100	100	100	100	100	100	100	100	100	100

付6 電力・熱需要想定例

付表6.23 時刻別需要パターン(商業施設:冷房)

	1月			2月			3月			4月			5月			6月			7月			8月			9月			10月			11月			12月		
	平日	土曜	休日	平日	土曜	休日	平日	土曜	休日	平日	土曜	休日	平日	土曜	休日	平日	土曜	休日	平日	土曜	休日	平日	土曜	休日	平日	土曜	休日	平日	土曜	休日	平日	土曜	休日	平日	土曜	休日
0	0.00	0.00	0.00	0.00	0.00	0.00	0.00	0.00	0.00	0.00	0.00	0.00	0.00	0.00	0.00	0.00	0.00	0.00	0.00	0.00	0.00	0.00	0.00	0.00	0.00	0.00	0.00	0.00	0.00	0.00	0.00	0.00	0.00	0.00	0.00	0.00
1	0.00	0.00	0.00	0.00	0.00	0.00	0.00	0.00	0.00	0.00	0.00	0.00	0.00	0.00	0.00	0.00	0.00	0.00	0.00	0.00	0.00	0.00	0.00	0.00	0.00	0.00	0.00	0.00	0.00	0.00	0.00	0.00	0.00	0.00	0.00	0.00
2	0.00	0.00	0.00	0.00	0.00	0.00	0.00	0.00	0.00	0.00	0.00	0.00	0.00	0.00	0.00	0.00	0.00	0.00	0.00	0.00	0.00	0.00	0.00	0.00	0.00	0.00	0.00	0.00	0.00	0.00	0.00	0.00	0.00	0.00	0.00	0.00
3	0.00	0.00	0.00	0.00	0.00	0.00	0.00	0.00	0.00	0.00	0.00	0.00	0.00	0.00	0.00	0.00	0.00	0.00	0.00	0.00	0.00	0.00	0.00	0.00	0.00	0.00	0.00	0.00	0.00	0.00	0.00	0.00	0.00	0.00	0.00	0.00
4	0.00	0.00	0.00	0.00	0.00	0.00	0.00	0.00	0.00	0.00	0.00	0.00	0.00	0.00	0.00	0.00	0.00	0.00	0.00	0.00	0.00	0.00	0.00	0.00	0.00	0.00	0.00	0.00	0.00	0.00	0.00	0.00	0.00	0.00	0.00	0.00
5	0.00	0.00	0.00	0.00	0.00	0.00	0.00	0.00	0.00	0.00	0.00	0.00	0.00	0.00	0.00	0.00	0.00	0.00	0.00	0.00	0.00	0.00	0.00	0.00	0.00	0.00	0.00	0.00	0.00	0.00	0.00	0.00	0.00	0.00	0.00	0.00
6	0.00	0.00	0.00	0.00	0.00	0.00	0.00	0.00	0.00	0.00	0.00	0.00	0.00	0.00	0.00	0.00	0.00	0.00	0.00	0.00	0.00	0.00	0.00	0.00	0.00	0.00	0.00	0.00	0.00	0.00	0.00	0.00	0.00	0.00	0.00	0.00
7	0.00	0.00	0.00	0.00	0.00	0.00	0.00	0.00	0.00	0.00	0.00	0.00	0.00	0.00	0.00	0.00	0.00	0.00	0.00	0.00	0.00	0.00	0.00	0.00	0.00	0.00	0.00	0.00	0.00	0.00	0.00	0.00	0.00	0.00	0.00	0.00
8	0.00	0.00	0.00	0.00	0.00	0.00	0.00	0.00	0.00	5.24	4.90	4.96	5.61	5.14	5.19	5.91	5.37	5.78	6.19	5.76	5.92	6.32	5.76	5.92	6.50	5.71	6.14	6.00	6.00	5.57	6.00	4.45	5.06	0.00	0.00	0.00
9	0.00	0.00	0.00	0.00	0.00	0.00	0.00	0.00	0.00	7.31	8.05	7.06	7.80	7.44	7.46	7.85	7.35	7.63	7.82	7.59	7.71	7.88	7.28	7.66	7.91	7.58	7.81	7.28	7.00	7.22	7.00	5.85	6.39	0.00	0.00	0.00
10	0.00	0.00	0.00	0.00	0.00	0.00	0.00	0.00	0.00	8.15	9.63	7.92	8.32	7.98	8.02	8.09	7.92	8.18	8.13	8.04	8.00	8.33	7.83	7.98	8.45	8.21	8.21	8.05	7.97	7.43	7.97	7.26	7.45	0.00	0.00	0.00
11	0.00	0.00	0.00	0.00	0.00	0.00	0.00	0.00	0.00	8.76	8.90	8.57	8.65	8.41	8.24	8.48	8.38	8.14	8.20	8.17	8.07	8.31	7.99	8.08	8.46	8.48	8.41	8.47	8.86	8.14	8.86	8.31	8.59	0.00	0.00	0.00
12	0.00	0.00	0.00	0.00	0.00	0.00	0.00	0.00	0.00	9.14	8.77	8.80	8.79	8.77	8.63	8.47	8.54	8.57	8.33	8.36	8.17	8.39	8.33	8.08	8.44	8.72	8.21	8.82	8.64	8.37	9.22	8.91	8.73	0.00	0.00	0.00
13	0.00	0.00	0.00	0.00	0.00	0.00	0.00	0.00	0.00	9.28	9.14	9.33	8.73	9.06	8.86	8.49	8.93	9.07	8.36	8.68	8.40	8.39	8.50	8.36	8.35	8.86	8.48	8.81	8.80	8.70	9.35	9.55	9.36	0.00	0.00	0.00
14	0.00	0.00	0.00	0.00	0.00	0.00	0.00	0.00	0.00	9.12	9.06	9.37	8.55	9.05	9.00	8.31	9.03	9.06	8.41	8.67	8.46	8.29	8.67	8.46	8.16	8.83	8.73	8.75	8.78	8.90	9.12	9.71	9.39	0.00	0.00	0.00
15	0.00	0.00	0.00	0.00	0.00	0.00	0.00	0.00	0.00	8.67	8.60	8.93	8.23	8.84	8.72	8.20	8.95	8.48	8.27	8.50	8.33	8.10	8.57	8.43	7.96	8.50	8.55	8.29	8.48	8.61	8.48	9.24	8.99	0.00	0.00	0.00
16	0.00	0.00	0.00	0.00	0.00	0.00	0.00	0.00	0.00	8.07	8.09	8.43	7.85	8.41	8.39	7.85	8.58	8.09	7.99	8.24	8.18	7.80	8.43	8.23	7.60	7.82	8.07	7.91	8.26	8.26	7.75	8.69	8.51	0.00	0.00	0.00
17	0.00	0.00	0.00	0.00	0.00	0.00	0.00	0.00	0.00	7.16	6.97	7.46	7.19	7.67	7.50	7.32	7.37	7.32	7.31	7.51	7.56	7.18	7.68	7.58	7.08	7.04	7.11	7.28	7.58	7.58	7.04	7.86	7.69	0.00	0.00	0.00
18	0.00	0.00	0.00	0.00	0.00	0.00	0.00	0.00	0.00	6.51	6.26	6.74	6.69	6.86	6.81	6.99	6.68	6.60	6.93	7.06	7.13	6.86	6.92	7.03	6.88	6.76	6.71	6.83	7.14	7.14	6.43	7.09	6.93	0.00	0.00	0.00
19	0.00	0.00	0.00	0.00	0.00	0.00	0.00	0.00	0.00	6.08	5.66	6.04	6.48	5.90	6.27	6.73	6.28	6.32	6.69	6.51	6.61	6.69	6.57	6.61	6.69	6.41	6.28	6.53	6.48	6.67	6.24	6.36	6.27	0.00	0.00	0.00
20	0.00	0.00	0.00	0.00	0.00	0.00	0.00	0.00	0.00	5.63	5.13	5.50	6.14	5.62	5.96	6.29	5.76	5.85	6.36	6.04	5.85	6.42	6.35	6.55	6.47	6.11	6.28	6.22	6.06	6.37	5.69	5.81	5.83	0.00	0.00	0.00
21	0.00	0.00	0.00	0.00	0.00	0.00	0.00	0.00	0.00	0.89	0.84	0.89	1.00	0.84	0.95	1.04	0.86	0.90	1.01	0.85	1.00	1.03	1.10	1.03	1.05	0.97	1.03	1.03	0.93	1.03	0.85	0.91	0.81	0.00	0.00	0.00
22	0.00	0.00	0.00	0.00	0.00	0.00	0.00	0.00	0.00	0.00	0.00	0.00	0.00	0.00	0.00	0.00	0.00	0.00	0.00	0.00	0.00	0.00	0.00	0.00	0.00	0.00	0.00	0.00	0.00	0.00	0.00	0.00	0.00	0.00	0.00	0.00
23	0.00	0.00	0.00	0.00	0.00	0.00	0.00	0.00	0.00	0.00	0.00	0.00	0.00	0.00	0.00	0.00	0.00	0.00	0.00	0.00	0.00	0.00	0.00	0.00	0.00	0.00	0.00	0.00	0.00	0.00	0.00	0.00	0.00	0.00	0.00	0.00
合計	0	0	0	0	0	0	0	0	0	100	100	100	100	100	100	100	100	100	100	100	100	100	100	100	100	100	100	100	100	100	100	100	100	0	0	0

付表 6.24 時刻別需要パターン（商業施設：暖房）

	1月			2月			3月			4月			5月			6月			7月			8月			9月			10月			11月			12月		
	平日	土曜	休日	平日	土曜	休日	平日	土曜	休日	平日	土曜	休日	平日	土曜	休日	平日	土曜	休日	平日	土曜	休日	平日	土曜	休日	平日	土曜	休日	平日	土曜	休日	平日	土曜	休日	平日	土曜	休日
0	0.00	0.00	0.00	0.00	0.00	0.00	0.00	0.00	0.00	0.00	0.00	0.00	0.00	0.00	0.00	0.00	0.00	0.00	0.00	0.00	0.00	0.00	0.00	0.00	0.00	0.00	0.00	0.00	0.00	0.00	0.00	0.00	0.00	0.00	0.00	0.00
1	0.00	0.00	0.00	0.00	0.00	0.00	0.00	0.00	0.00	0.00	0.00	0.00	0.00	0.00	0.00	0.00	0.00	0.00	0.00	0.00	0.00	0.00	0.00	0.00	0.00	0.00	0.00	0.00	0.00	0.00	0.00	0.00	0.00	0.00	0.00	0.00
2	0.00	0.00	0.00	0.00	0.00	0.00	0.00	0.00	0.00	0.00	0.00	0.00	0.00	0.00	0.00	0.00	0.00	0.00	0.00	0.00	0.00	0.00	0.00	0.00	0.00	0.00	0.00	0.00	0.00	0.00	0.00	0.00	0.00	0.00	0.00	0.00
3	0.00	0.00	0.00	0.00	0.00	0.00	0.00	0.00	0.00	0.00	0.00	0.00	0.00	0.00	0.00	0.00	0.00	0.00	0.00	0.00	0.00	0.00	0.00	0.00	0.00	0.00	0.00	0.00	0.00	0.00	0.00	0.00	0.00	0.00	0.00	0.00
4	0.00	0.00	0.00	0.00	0.00	0.00	0.00	0.00	0.00	0.00	0.00	0.00	0.00	0.00	0.00	0.00	0.00	0.00	0.00	0.00	0.00	0.00	0.00	0.00	0.00	0.00	0.00	0.00	0.00	0.00	0.00	0.00	0.00	0.00	0.00	0.00
5	0.00	0.00	0.00	0.00	0.00	0.00	0.00	0.00	0.00	0.00	0.00	0.00	0.00	0.00	0.00	0.00	0.00	0.00	0.00	0.00	0.00	0.00	0.00	0.00	0.00	0.00	0.00	0.00	0.00	0.00	0.00	0.00	0.00	0.00	0.00	0.00
6	0.00	0.00	0.00	0.00	0.00	0.00	0.00	0.00	0.00	0.00	0.00	0.00	0.00	0.00	0.00	0.00	0.00	0.00	0.00	0.00	0.00	0.00	0.00	0.00	0.00	0.00	0.00	0.00	0.00	0.00	0.00	0.00	0.00	0.00	0.00	0.00
7	0.00	0.00	0.00	0.00	0.00	0.00	0.00	0.00	0.00	0.00	0.00	0.00	0.00	0.00	0.00	0.00	0.00	0.00	0.00	0.00	0.00	0.00	0.00	0.00	0.00	0.00	0.00	0.00	0.00	0.00	0.00	0.00	0.00	0.00	0.00	0.00
8	7.95	7.89	9.33	7.78	7.92	8.17	8.03	7.77	7.90	0.00	0.00	0.00	0.00	0.00	0.00	0.00	0.00	0.00	0.00	0.00	0.00	0.00	0.00	0.00	0.00	0.00	0.00	0.00	0.00	0.00	0.00	0.00	0.00	8.06	7.06	7.50
9	8.92	8.39	9.41	8.73	8.64	8.81	9.01	9.04	8.74	0.00	0.00	0.00	0.00	0.00	0.00	0.00	0.00	0.00	0.00	0.00	0.00	0.00	0.00	0.00	0.00	0.00	0.00	0.00	0.00	0.00	0.00	0.00	0.00	9.49	8.69	8.60
10	7.87	7.57	8.80	7.79	7.84	7.70	7.97	7.92	7.88	0.00	0.00	0.00	0.00	0.00	0.00	0.00	0.00	0.00	0.00	0.00	0.00	0.00	0.00	0.00	0.00	0.00	0.00	0.00	0.00	0.00	0.00	0.00	0.00	8.10	7.84	7.57
11	7.38	7.24	8.10	7.39	7.45	7.21	7.58	7.56	7.26	0.00	0.00	0.00	0.00	0.00	0.00	0.00	0.00	0.00	0.00	0.00	0.00	0.00	0.00	0.00	0.00	0.00	0.00	0.00	0.00	0.00	0.00	0.00	0.00	7.53	7.57	7.09
12	7.10	7.11	7.56	7.18	7.16	6.93	7.28	7.36	7.05	0.00	0.00	0.00	0.00	0.00	0.00	0.00	0.00	0.00	0.00	0.00	0.00	0.00	0.00	0.00	0.00	0.00	0.00	0.00	0.00	0.00	0.00	0.00	0.00	7.15	7.38	6.94
13	7.06	7.13	7.16	7.11	7.01	6.84	7.13	7.20	7.19	0.00	0.00	0.00	0.00	0.00	0.00	0.00	0.00	0.00	0.00	0.00	0.00	0.00	0.00	0.00	0.00	0.00	0.00	0.00	0.00	0.00	0.00	0.00	0.00	6.99	7.24	6.87
14	7.19	7.28	7.06	7.21	7.14	6.99	6.99	6.96	7.17	0.00	0.00	0.00	0.00	0.00	0.00	0.00	0.00	0.00	0.00	0.00	0.00	0.00	0.00	0.00	0.00	0.00	0.00	0.00	0.00	0.00	0.00	0.00	0.00	7.02	7.23	7.00
15	7.37	7.49	7.06	7.37	7.31	7.16	7.02	7.02	7.21	0.00	0.00	0.00	0.00	0.00	0.00	0.00	0.00	0.00	0.00	0.00	0.00	0.00	0.00	0.00	0.00	0.00	0.00	0.00	0.00	0.00	0.00	0.00	0.00	7.22	7.37	7.33
16	7.61	7.78	7.19	7.62	7.51	7.49	7.30	7.27	7.39	0.00	0.00	0.00	0.00	0.00	0.00	0.00	0.00	0.00	0.00	0.00	0.00	0.00	0.00	0.00	0.00	0.00	0.00	0.00	0.00	0.00	0.00	0.00	0.00	7.46	7.61	7.77
17	7.52	7.63	6.86	7.54	7.45	7.59	7.34	7.48	7.54	0.00	0.00	0.00	0.00	0.00	0.00	0.00	0.00	0.00	0.00	0.00	0.00	0.00	0.00	0.00	0.00	0.00	0.00	0.00	0.00	0.00	0.00	0.00	0.00	7.38	7.51	7.87
18	7.62	7.71	6.86	7.68	7.71	7.84	7.56	7.69	7.77	0.00	0.00	0.00	0.00	0.00	0.00	0.00	0.00	0.00	0.00	0.00	0.00	0.00	0.00	0.00	0.00	0.00	0.00	0.00	0.00	0.00	0.00	0.00	0.00	7.44	7.75	8.07
19	7.76	7.90	6.93	7.88	7.99	8.13	7.97	7.87	8.01	0.00	0.00	0.00	0.00	0.00	0.00	0.00	0.00	0.00	0.00	0.00	0.00	0.00	0.00	0.00	0.00	0.00	0.00	0.00	0.00	0.00	0.00	0.00	0.00	7.68	7.88	8.26
20	7.98	8.19	7.08	8.06	8.17	8.41	8.11	8.16	8.20	0.00	0.00	0.00	0.00	0.00	0.00	0.00	0.00	0.00	0.00	0.00	0.00	0.00	0.00	0.00	0.00	0.00	0.00	0.00	0.00	0.00	0.00	0.00	0.00	7.82	8.17	8.41
21	0.68	0.70	0.62	0.68	0.69	0.72	0.69	0.70	0.69	0.00	0.00	0.00	0.00	0.00	0.00	0.00	0.00	0.00	0.00	0.00	0.00	0.00	0.00	0.00	0.00	0.00	0.00	0.00	0.00	0.00	0.00	0.00	0.00	0.66	0.70	0.71
22	0.00	0.00	0.00	0.00	0.00	0.00	0.00	0.00	0.00	0.00	0.00	0.00	0.00	0.00	0.00	0.00	0.00	0.00	0.00	0.00	0.00	0.00	0.00	0.00	0.00	0.00	0.00	0.00	0.00	0.00	0.00	0.00	0.00	0.00	0.00	0.00
23	0.00	0.00	0.00	0.00	0.00	0.00	0.00	0.00	0.00	0.00	0.00	0.00	0.00	0.00	0.00	0.00	0.00	0.00	0.00	0.00	0.00	0.00	0.00	0.00	0.00	0.00	0.00	0.00	0.00	0.00	0.00	0.00	0.00	0.00	0.00	0.00
合計	100	100	100	100	100	100	100	100	100	0	0	0	0	0	0	0	0	0	0	0	0	0	0	0	0	0	0	0	0	0	0	0	0	100	100	100

付6　電力・熱需要想定例

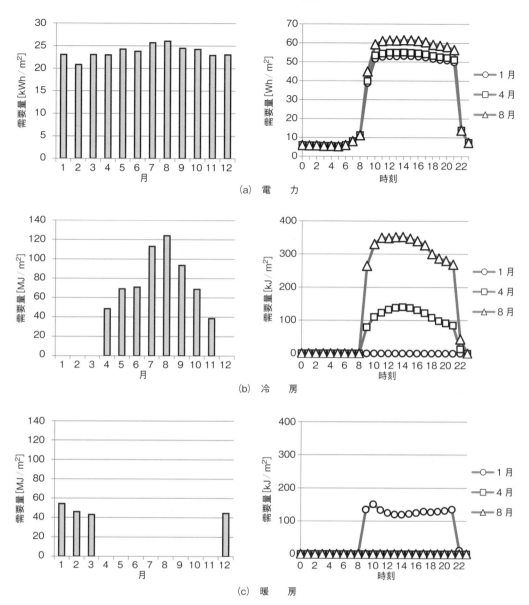

(a) 電　力

(b) 冷　房

(c) 暖　房

付図6.4　月別および代表日需要パターン（商業施設）

付録

付7 燃料・電気・熱のエネルギー換算値・CO_2排出係数

国の制度などで用いられる燃料・電気・熱のエネルギー換算値，CO_2排出係数などを以下にまとめる．

付7.1 燃料のエネルギー換算値（発熱量）・CO_2排出係数

付表7.1 燃料の発熱量およびCO_2排出係数

燃料の種類	単位発熱量[*1] （高位発熱量）	CO_2排出係数[*1]		高位→ 低位発熱量 換算係数[*2]
		発熱量あたり CO_2換算	単位量あたり CO_2換算	
原料炭	29.0 GJ/t	0.0898 t-CO_2/GJ	2.61 t-CO_2/t	0.975
一般炭	25.7 GJ/t	0.0906 t-CO_2/GJ	2.33 t-CO_2/t	0.975
無煙炭	26.9 GJ/t	0.0935 t-CO_2/GJ	2.52 t-CO_2/t	1.000
コークス	29.4 GJ/t	0.1078 t-CO_2/GJ	3.17 t-CO_2/t	1.000
石油コークス	29.9 GJ/t	0.0931 t-CO_2/GJ	2.78 t-CO_2/t	0.975
コールタール	37.3 GJ/t	0.0766 t-CO_2/GJ	2.86 t-CO_2/t	—
石油アスファルト	40.9 GJ/t	0.0763 t-CO_2/GJ	3.12 t-CO_2/t	—
コンデンセート（NGL）	35.3 GJ/kL	0.0675 t-CO_2/GJ	2.38 t-CO_2/kL	—
原油（NGL除く）	38.2 GJ/kL	0.0686 t-CO_2/GJ	2.62 t-CO_2/kL	0.950
ガソリン	34.6 GJ/kL	0.0671 t-CO_2/GJ	2.32 t-CO_2/kL	0.950
ナフサ	33.6 GJ/kL	0.0667 t-CO_2/GJ	2.24 t-CO_2/kL	0.950
ジェット燃料油	36.7 GJ/kL	0.0671 t-CO_2/GJ	2.46 t-CO_2/kL	0.950
灯油	36.7 GJ/kL	0.0678 t-CO_2/GJ	2.49 t-CO_2/kL	0.950
軽油	37.7 GJ/kL	0.0686 t-CO_2/GJ	2.58 t-CO_2/kL	0.950
A重油	39.1 GJ/kL	0.0693 t-CO_2/GJ	2.71 t-CO_2/kL	0.950
B・C重油	41.9 GJ/kL	0.0715 t-CO_2/GJ	3.00 t-CO_2/kL	0.975
液化石油ガス（LPG）	50.8 GJ/t	0.0590 t-CO_2/GJ	3.00 t-CO_2/t	0.925
石油系炭化水素ガス	44.9 GJ/千Nm^3	0.0521 t-CO_2/GJ	2.34 t-CO_2/千Nm^3	—
液化天然ガス（LNG）	54.6 GJ/t	0.0495 t-CO_2/GJ	2.70 t-CO_2/t	0.900
天然ガス（LNG除く）	43.5 GJ/千Nm^3	0.0510 t-CO_2/GJ	2.22 t-CO_2/千Nm^3	0.900
コークス炉ガス	21.1 GJ/千Nm^3	0.0403 t-CO_2/GJ	0.85 t-CO_2/千Nm^3	0.900
高炉ガス	3.41 GJ/千Nm^3	0.0964 t-CO_2/GJ	0.33 t-CO_2/千Nm^3	1.000
転炉ガス	8.41 GJ/千Nm^3	0.1408 t-CO_2/GJ	1.18 t-CO_2/千Nm^3	1.000
都市ガス	44.8 GJ/千Nm^3	0.0499 t-CO_2/GJ	2.23 t-CO_2/千Nm^3	0.900

[*1] 温室効果ガス排出量算定・報告マニュアル（Ver 3.5）（平成26年6月） 第Ⅱ編 温室効果ガス排出量の算定方法より．
[*2] 国内における地球温暖化対策のための排出削減・吸収量認証制度（J-クレジット制度）モニタリング・算定規程（排出削減プロジェクト用）（Ver.2.0）（平成26年5月7日）．

付7.2 電気の一次エネルギー換算値・CO_2 排出係数

付7.2.1 電気の一次エネルギー換算値

付表7.2 電気の一次エネルギー換算値

電気事業者からの電気	昼間（8：00～22：00）	9 970 kJ/kWh
	夜間（22：00～8：00）	9 280 kJ/kWh
その 他		9 760 kJ/kWh

・エネルギーの使用の合理化等に関する法律（平成25年度改正）設定値
・同法建築物に係るエネルギーの使用の合理化に関する建築主及び特定建築物の所有者の判断基準では，電気事業者からの電気も 9 760 kJ/kWh が標準値となっている．

付7.2.2 電気の CO_2 排出係数（6.4節参照）

＜排出量の算定を行う場合＞
　環境省発表資料を利用．
＜対策の効果を評価する場合＞【例示】

付表7.3 電気の CO_2 排出係数（対策効果評価用）例

対策効果算定用係数の代表例	0.00069 t-CO_2/kWh

・中央環境審議会地球環境部会：目標達成シナリオ小委員会中間とりまとめで用いられた火力平均排出係数．

付7.3 熱の一次エネルギー換算値・CO_2 排出係数

付7.3.1 熱の一次エネルギー換算値

付表7.4 他人から供給される熱の一次エネルギー換算値

産業用蒸気	1.02 GJ/GJ
産業用蒸気以外の蒸気	1.36 GJ/GJ
温　　水	1.36 GJ/GJ
冷　　水	1.36 GJ/GJ

・エネルギーの使用の合理化等に関する法律（平成25年度改正）設定値

付7.3.2 熱のCO_2排出係数

付表7.5 他人から供給される熱のCO_2排出係数

産業用蒸気	0.060 t-CO_2/GJ
産業用蒸気以外の蒸気	0.057 t-CO_2/GJ
温　　水	0.057 t-CO_2/GJ
冷　　水	0.057 t-CO_2/GJ

・地球温暖化対策の推進に関する法律（平成25年度改正）設定値

付7.4　系統電力のLHV/HHV換算係数

　系統電力の一次エネルギー換算値をHHVからLHVに換算する係数は，発電所で用いられた燃料の換算係数から求める．

　付7.2に示した省エネルギー法で用いる一次エネルギー換算値が平成15年度実績から求められているため（**表2.10**参照），同様に平成15年度の火力電源構成からLHV/HHV換算の加重比率を求めると**付表7.6**のとおりである．

　系統電力のLHV/HHV換算係数は約0.93となる．

付表7.6 他人から供給される熱のCO_2排出係数

発電方式	発電電力量 [GWh/年]	一次エネルギー消費量 [GWh/年]	燃料の LHV/HHV比率*	LHV/HHV 加重比率
石炭	127 458	315 074	0.975	0.279
石油	54 469	143 602	0.950	0.124
LNG	270 489	641 550	0.900	0.525
合計	452 416	1 100 227		0.928

　　一般電気事業者9社　電力需給の概要　平成15年度実績より．
　　*　**付表7.1**より．

執筆者一覧

　本書は，東京ガス㈱，大阪ガス㈱，東邦ガス㈱から委託研究"新時代のコージェネレーションシステム設計法に関する研究"を受け，平成25年10月に設置された"新時代のコージェネレーションシステム設計法に関する研究会"の研究成果を"出版委員会コージェネレーションシステム改訂小委員会"がまとめたものである．

　"新時代のコージェネレーションシステム設計法に関する研究会"
　"出版委員会コージェネレーションシステム改訂小委員会"

<委員等>

	氏　名	所　属
委員長	川瀬　貴晴	千葉大学大学院 工学研究科 建築・都市科学専攻
副委員長	亀谷　茂樹	東京海洋大学大学院 海洋システム工学専攻
委　員	秋澤　淳	東京農工大学大学院 工学研究院 先端機械システム部門
	井上　俊彦	川崎重工業（株）ガスタービン・機械カンパニー エネルギーソリューション本部企画部
	小川　聡嗣	東邦ガス（株）エネルギー計画部
	坂倉　淳	東京ガス（株）都市エネルギー事業部
	坂本　光男[※1]	大阪ガス（株）エネルギー技術部
	笹嶋　賢一	（株）日本設計 環境・設備設計群
	下田　吉之	大阪大学大学院 工学研究科 環境・エネルギー工学専攻
	髙口　洋人	早稲田大学 理工学術院 創造理工学部建築学科
	高柳　慎太郎	（株）日建設計設備設計部門 設備設計部
	田中　英紀	名古屋大学 施設・環境計画推進室
	林　清史	ヤンマーエネルギーシステム（株）エンジニアリング部
	福知　徹[※2]	大阪ガス（株）エネルギー技術部
事務局	今成　岳人	東京ガス（株）エネルギー企画部
	白木　一成	大阪ガス（株）エネルギー事業部 計画部
協力委員	浅川　伸一郎[※3]	東京ガス（株）都市エネルギー事業部
	磯﨑　光成[※4]	東邦ガス（株）エネルギー計画部
	大平　晋	大阪ガス（株）エネルギー事業部 計画部
	岡本　利之	大阪ガス（株）エネルギー事業部 計画部
	岸田　一聰[※5]	東京ガス（株）都市エネルギー事業部
	竹内　由実	東京ガス（株）ソリューション技術部
	武谷　亮	東京ガス（株）ソリューション技術部
	田中　敦	大阪ガス（株）エネルギー開発部
	比嘉　盛嗣[※6]	東邦ガス（株）エネルギー計画部
	平田　和弘[※7]	東京ガス（株）エネルギー企画部

[※1] 2014年3月まで　[※2] 2014年4月から　[※3] 2014年4月から　[※4] 2014年10月から
[※5] 2014年3月まで　[※6] 2014年9月まで　[※7] 2014年9月から

執筆者一覧

<執筆協力者>

氏　名	所　属
石和田 尚弘	東京ガス（株）ソリューション技術部
大熊 恭輔	東京ガス（株）ソリューション技術部
金子 大作	東京ガス（株）ソリューション技術部
川端 康晴	東京ガス（株）ソリューション技術部
式森 孝好	大阪ガス（株）エネルギー開発部
寺澤 秀彰	東京ガス（株）ソリューション技術部
中務 泰成	大阪ガス（株）エネルギー技術部
福田 琢也	大阪ガス（株）エネルギー開発部
松村 隆之	東京ガス（株）ソリューション技術部
安田 岳之	東京ガス（株）都市エネルギー事業部
吉田 拓也	東京ガス（株）ソリューション技術部

<執筆担当>

章・節・項	執筆者
第1章 1.1～1.3	川瀬 貴晴　白木 一成
第2章 2.1	下田 吉之　安田 岳之
第2章 2.2	下田 吉之　浅川 伸一郎
第2章 2.3	下田 吉之　安田 岳之
第2章 2.4	下田 吉之　白木 一成
第2章 2.5	下田 吉之　浅川 伸一郎
第2章 2.6～2.8	下田 吉之　白木 一成
第2章 2.9～2.10	下田 吉之　浅川 伸一郎
第2章 2.11	下田 吉之　大平 晋
第2章 2.12.1	下田 吉之　今成 岳人
第2章 2.12.2	下田 吉之　浅川 伸一郎
第2章 2.13	下田 吉之　比嘉 盛嗣
第2章 2.14～2.15	下田 吉之　安田 岳之
第3章 3.1～3.2	高柳 慎太郎　今成 岳人
第3章 3.3	笹嶋 賢一　今成 岳人
第3章 3.4	高口 洋人　中務 泰成
第3章 3.5	高口 洋人　大平 晋
第3章 3.6.1～3.6.3	笹嶋 賢一　今成 岳人
第3章 3.6.4	高柳 慎太郎　今成 岳人
第3章 3.6.5～3.6.6	笹嶋 賢一　今成 岳人
第3章 3.7	高口 洋人　安田 岳之
第4章 4.1	田中 英紀　中務 泰成
第4章 4.2～4.3	田中 英紀　林 清史　井上 俊彦　浅川 伸一郎
第5章 5.1.1	秋澤 淳　石和田 尚弘
第5章 5.1.2	秋澤 淳　井上 俊彦　寺澤 秀彰
第5章 5.2	秋澤 淳　金子 大作
第5章 5.3	秋澤 淳　松村 隆之
第5章 5.4～5.5	秋澤 淳　吉田 拓也
第5章 5.6～5.7	秋澤 淳　中務 泰成
第5章 5.8	亀谷 茂樹　磯崎 光成　比嘉 盛嗣
第5章 5.9.1	亀谷 茂樹　林 清史　中務 泰成
第5章 5.9.2	亀谷 茂樹　大平 晋
第5章 5.10.1～5.10.2	亀谷 茂樹　川端 康晴
第5章 5.10.3	亀谷 茂樹　大平 晋
第5章 5.11	亀谷 茂樹　中務 泰成
第5章 5.12.1	亀谷 茂樹　大熊 恭輔　吉田 拓也
第5章 5.12.2～5.12.5	亀谷 茂樹　磯崎 光成　比嘉 盛嗣
第6章 6.1～6.2	川瀬 貴晴　白木 一成
第6章 6.3.1	川瀬 貴晴　坂倉 淳　今成 岳人
第6章 6.3.2	川瀬 貴晴　今成 岳人
第6章 6.4	下田 吉之　白木 一成
第7章 7.1	比嘉 盛嗣
第7章 7.2～7.3	浅川 伸一郎
第7章 7.4	比嘉 盛嗣
第7章 7.5	浅川 伸一郎
第7章 7.6	福田 琢也
第7章 7.7	式森 孝好
巻末付録 付1～付5	大平 晋
巻末付録 付6	浅川 伸一郎
巻末付録 付7	白木 一成

索　引

あ　行

圧縮機················133
圧縮比················130
圧力容器···············230
油入変圧器··············154
油着火················130
安全管理検査·············218
安全管理審査·············218

硫黄酸化物············59, 225
一次エネルギー換算値·········54
一軸型ガスタービン··········135
一重効用···············144
一般用電気工作物···········214

運転台数制御·············104

エコノマイザ·············141
エネルギー換算値···········53
エネルギー基本計画··········176
エネルギーシミュレーション······66
エネルギー使用原単位·········65
エネルギー政策基本法·········176
エネルギーマネジメントシステム····122
エンクロージャ············99
遠心圧縮機··············134
エンジン冷却水········12, 131, 140

オットーサイクル···········130
温水吸収冷凍機··········15, 145
温水蒸気化システム··········170
温水熱交換器···········94, 140

か　行

カーボンニュートラル·········173
界磁喪失保護·············153
改質装置·············12, 163
開放サイクル·············135
過回転················153

火気設備···············220
過給方式···············132
ガス圧縮機（ガスコンプレッサ）·····76
ガスエンジン············9, 130
ガス吸収冷温水機·········15, 145
ガス事業法··············75
ガス専焼ライン············76
ガス専焼発電設備·········76, 111
ガスタービン·············10
過電圧継電器·············154
過電圧保護··············153
過電流保護··············153
火力平均排出係数·········59, 193
カルノーサイクル···········164
環境性················59
貫流式················141

気化熱················145
危険物················220
気中遮断器··············152
希薄燃焼············132, 157
希薄予混合燃焼方式··········158
逆潮流··············37, 105
逆潮流電力制御············105
逆電力回避運転制御··········105
逆電力継電器··········38, 154
逆電力保護··············153
ギャランティード・セイビングス方式··68
吸収器················145
吸収冷凍機···········15, 144
吸着剤················148
吸着冷凍機···········16, 147
希溶液················145
凝縮器················145
強制循環式··············143
共通制御盤··············152
京都議定書目標達成計画········181
業務用電力契約············36
緊急ガス遮断装置···········76

285

空気過剰率……………………………101，132
区分バルブ………………………………76
クリープ強度…………………………134

系統分離………………………………36，89
系統連系……………………………36，89，240
系統連系技術要件ガイドライン…36，89，187，240
系統連系規程……………………………36
契約電力…………………………………36

コイル付貯湯槽…………………………15
高圧受電方式……………………………86
高位発熱量基準…………………………53
高温作動型燃料電池……………………164
高温酸化………………………………134
光化学スモッグ………………………156
高速停電検出リレー…………………109
高調波…………………………………90
交流発電機……………………………138
コージェネレーション…………………2
コージェネレーションシステム………2
コージェネレーションユニット………2
国土強靭化法…………………………183
固体高分子形燃料電池………………164
固体酸化物形燃料電池………………164
固定子温度保護………………………153
コベネフィット…………………………71
コンバインド……………………………11

さ　行

サーマル NO_x ………………………156
災害拠点病院……………………………22
再生器…………………………………145
再生サイクル…………………………135
最低買電量………………………………37
再熱サイクル…………………………135
三元触媒…………………………132，157
三重効用………………………………144

シェアード・セイビングス方式………68
シェールガス……………………………4
ジェネライト……………………14，160
ジェネリンク……………………15，145
自家発補給電力…………………………38
自家用電気工作物……………………214
事業継続計画………………22，70，107
事業用電気工作物……………………214

軸受温度保護…………………………153
軸流圧縮機……………………………134
自然循環式……………………………143
自動同期制御盤………………………152
資本回収係数……………………………51
遮断器…………………………………152
臭化リチウム水溶液…………………144
周波数上昇保護………………………153
周波数低下継電器……………………154
周波数低下保護………………………153
重要負荷………………………23，107，168
受電電圧…………………………………36
受電電力一定制御……………………104
主任技術者……………………………215
受変電設備……………………………152
省エネルギー法………………………176
消化ガス………………………………164
蒸気圧縮機……………………………169
蒸気エゼクタ…………………………171
蒸気吸収冷凍機…………………16，147
蒸気駆動式空気圧縮機………………172
蒸気タービン……………………………10
常時監視………………………………106
小出力発電設備………………………214
蒸発器…………………………………145
消防法……………………………76，220
消防用設備………………………109，222
使用前安全管理検査…………………218
使用前安全管理審査…………………218
使用前自主検査………………………218
常用防災兼用発電設備………22，76，167，222
触媒燃焼方式…………………………159
除湿ロータ……………………………149
シリカゲル……………………………147
自立運転…………………………………39
シロキサン……………………………173
新エネルギー導入大綱………………180
新エネルギー法………………………176
真空遮断器……………………………152
進相コンデンサ…………………………91

水管式…………………………………141
スクリュー式蒸気発電………………171
スケール…………………………134，150
スタック……………………………12，163
ストイキ燃焼…………………………132
スポットネットワーク受電方式………87

索　引

スマートエネルギーネットワーク……………189
スライム……………………………………150

整圧器………………………………………75
成績係数……………………………15, 144
静翼…………………………………………134
整流器………………………………………91
石油代替エネルギー法……………………176
接地保護……………………………………153
設備所要容量………………………………29
全蒸気回収ガスエンジンコージェネレーションシステム…………………………………169
選択触媒還元脱硝方式……………………157
全電源平均排出係数………………60, 192
線路無電圧確認装置………………………154

総合効率……………………………………56
速度ドループ率……………………………110

た　行

大気汚染防止法……………………………156
第2種吸収ヒートポンプ…………………170
単効用………………………………………144
単室式………………………………………132
単純回収年数………………………………51
単純サイクル………………………………135
単独運転……………………………………39
短絡方向継電器……………………………154

地域冷暖房…………………………………169
地球温暖化対策推進大綱…………………181
地球温暖化対策の推進に関する法律……181
窒素酸化物………………………117, 156, 226
地表面水平加速度…………………………76
中圧供給……………………………………75
中圧導管……………………………………107
中温再生器…………………………………145
中間冷却サイクル…………………………135
長期エネルギー需給見通し………………176
直流・交流変換装置………………………163
直流電源盤…………………………………152
地絡過電圧継電器…………………………154

低圧供給……………………………………75
低圧受電方式………………………………86
低圧蒸気発生装置…………………………169
低位発熱量基準……………………………53

定期安全管理検査…………………123, 218
定期安全管理審査…………………123, 218
定期事業者検査……………………123, 218
定期点検……………………………………123
低電圧保護…………………………………153
停電時継続運転システム…………23, 108
停電対応………………………23, 107, 161, 167
デシカント空調機……………………16, 148
デュアルフューエル………………………108
デューリング線図…………………………171
電圧ドループ率……………………………110
電解質………………………………………162
点火プラグ…………………………………132
点火方式……………………………………132
電気管理技術者……………………………126
電気事業法…………………………116, 214
電気主任技術者……………………126, 216
電気需要平準化評価原単位………64, 182
電気設備の技術基準の解釈………36, 89, 240
電気保安法人………………………………126
電主熱従運転………………………………39
転送遮断装置…………………………37, 154
天然ガス……………………………………4
電力送り出し盤……………………………152
電力寄与率…………………………………56
電力需要平準化………………………6, 63, 182
電力年負荷率…………………………64, 183
電力品質確保に係る系統連系技術要件ガイドライン…………………………36, 89, 240

等価逆相電流………………………………91
同期運転……………………………………110
同期渋滞……………………………………153
同期発電機…………………………………138
投入可能負荷容量…………………………111
投入可能負荷率……………………………111
動翼…………………………………………134
動力負荷契約………………………………36
登録安全管理審査機関……………………218
特定供給……………………………………22
特定電気事業………………………………23
毒物及び劇物取締法………………………157
特別高圧受電回避…………………………41
特別高圧受電方式…………………………86
都市ガス……………………………………4
ドラフト……………………………………101
トリジェネレーション……………………3

287

索　引

な 行

- 二軸型ガスタービン……………………135
- 二重管式排ガス熱交換器…………………141
- 二重効用………………………………145
- 日常点検………………………………123
- 日本内燃力発電設備協会………………110

- 熱主電従運転……………………………39
- 熱電可変システム…………………………11
- 熱電比……………………………………27
- 年間経常費………………………………50
- 燃焼器…………………………………134
- 燃料電池……………………11, 162, 215

- 濃溶液…………………………………145
- ノッキング……………………………131
- NOx 低減技術…………………………156
- ノンエナジーベネフィット………………71

は 行

- ばい煙…………………………………225
- バイオガスエンジン……………………172
- 排ガス投入型ガス吸収冷温水機……………16
- 排ガス熱交換器…………………………141
- 排ガスボイラ……………………141, 230
- 排気再循環……………………………157
- 排気タービン式…………………………132
- ばいじん……………………………59, 226
- 配線用遮断器…………………………152
- 配電盤…………………………………152
- バイナリー発電…………………………173
- 排熱回収…………………………………11
- 排熱回収効率……………………………56
- 排熱回収装置………………………3, 140
- 排熱回収熱交換器………………131, 147
- 排熱寄与率………………………………56
- 排熱再生器……………………………147
- 排熱制御用三方弁………………………147
- 排熱投入型ガス吸収冷温水機……15, 145
- 排熱利用機器……………………………15
- 排熱利用吸収冷凍機……………………144
- 排熱利用効率……………………………56
- 排熱利用熱源機…………………………42
- 排熱利用率………………………………56
- 配分法……………………………………57
- バックアップ熱源………………………43

- 発電機制御盤…………………………152
- 発電機盤………………………………152
- 発電機負荷率……………………………56
- 発電機連絡遮断器盤……………………152
- 発電効率…………………………………56
- 発電電力一定制御……………………104
- 発熱量……………………………………53
- パワーコンディショナ…………………163

- ピークカット（ピーク対策）……6, 63, 182
- 非常用発電設備…………………22, 107, 222
- 比熱比…………………………………130
- 火花点火………………………………132
- 比率差動保護…………………………153

- 負荷切替え盤…………………………152
- 負荷投入曲線…………………………111
- 負荷分担コントローラ…………………110
- 複合発電…………………………………11
- 副室式…………………………………132
- 不足電圧継電器………………………154
- 不足電力継電器…………………………38
- フューエル NO_x ………………………156
- ブラックアウトスタート………23, 107, 167
- フラッシュタンク………………………169
- プレート式熱交換器……………………140

- ベースライン……………………………45
- 変圧器…………………………………152

- 保安規制………………………………215
- ボイラー………………………………230
- ボイラー・タービン主任技術者…………127
- 防災設備………………………………225
- 防災負荷…………………………23, 107
- 膨張比…………………………………130
- 法定事業者検査………………………218
- 放熱装置……………………………3, 150
- 補機盤…………………………………152
- 補機変圧器盤…………………………152
- 保護継電器……………………………152
- ポリエチレン管…………………………75

ま 行

- マージナル電源排出係数……………60, 192
- マイクロコージェネレーション………14, 160
- マイコンメータ…………………………75

索　　引

マスター工程 ································· 77

水・蒸気噴射方式 ······················ 158
密閉サイクル ···························· 135
ミラーサイクル ························ 131

無効横流制御 ···························· 105
無効電力制御 ···························· 104
無電圧確認装置 ···························· 37

メンテナンススペース ············· 113

モールド変圧器 ························ 154

や　行

誘導発電機 ································ 138

容積率緩和 ························· 74, 251
溶接安全管理検査 ····················· 218
溶接安全管理審査 ····················· 218
溶接鋼管 ····································· 75
溶接事業者検査 ························ 218
溶融炭酸塩形燃料電池 ············· 164
予備電源 ·································· 225

ら　行

ラジエータ ································ 151

力率一定制御 ···························· 104
力率改善 ·································· 138
リン酸形燃料電池 ····················· 164

冷却塔 ······································ 150
冷却翼 ······································ 135
励磁装置 ·································· 138
冷媒 ··· 145
連続運転可能時間 ····················· 110
連絡遮断器盤 ···························· 152

労働安全衛生法 ························ 157

英文索引

BCP ······························ 22, 70, 107
BEMS ································ 35, 155
BEST（Program） ······················ 28
BLCP ··· 71
BOS ······························ 23, 107, 167
BTG ··· 10

CASCADE ································ 67
CGS ··· 2
CHP ··· 2
CNG ································· 107, 233
COP ·································· 15, 144

DSR ··· 154
DSS 運転 ···································· 39

EGR ··· 157
ESCO ··· 68
ESP ·· 68

HHV ·· 53

LHV ·· 53
LPG ··· 233
LPG エアガス発生装置 ············· 108

OVGR ····································· 154
OVR ··· 154

PLC ··· 155

RPR ·································· 38, 154

SCR ··· 157
SOx ·· 59

UFR ··· 154
UPR ··· 38
UVR ··· 154

WSS 運転 ··································· 39

289

都市ガスコージェネレーションの計画・設計と運用

平成27年3月25日	初版第1刷発行
平成27年6月30日	初版第2刷発行
平成28年5月23日	初版第3刷発行
令和2年6月1日	初版第4刷発行

編集著作権者　公益社団法人　空気調和・衛生工学会
発　行　所　公益社団法人　空気調和・衛生工学会
　　　　　　〒162-0825　東京都新宿区神楽坂四丁目8番
　　　　　　電　話　(03) 5206 - 3600
　　　　　　F A X　(03) 5206 - 3603
　　　　　　郵便振替口座　00190 - 1 - 37842

発　売　所　丸善出版株式会社
　　　　　　〒101-0051　東京都千代田区神田神保町
　　　　　　　　　　　　二丁目17番
　　　　　　電　話　東京 (03) 3512 - 3256

印　刷・製　本　三松堂株式会社

方法のいかんを問わず無断複製・転載を禁ずる．

ISBN 978-4-87418-060-0